Der Autor

Pfarrer Dr. theol. Karl Hammer, geb. 1936 in Ansbach, studierte u. a. in Tübingen, Göttingen, Heidelberg und Basel evangelische Theologie und Philosophie sowie Musikgeschichte, christliche Archäologie und Kunstgeschichte. Er promovierte 1961 mit einer Arbeit über Mozart und habilitierte sich, nachdem er sich während seiner Tätigkeit im Schuldienst der Kirchengeschichte zugewandt hatte, 1969 in Basel mit einer Arbeit über die evangelische Kriegstheologie im wilhelminischen Deutschland. Seit 1967 wirkt er als Pfarrer in Schweizer Gemeinden und seit 1969 als Dozent für Neuere Kirchen- und Theologiegeschichte an der Universität Basel.
Veröffentlichungen u. a.: ›W. A. Mozart. Eine theologische Deutung‹ (1964); ›Grundfragen der Kirchengeschichte‹ (1970); ›Hans Küng in der Kirchengeschichte‹ (1971); ›Christen, Krieg und Frieden. Eine historische Analyse‹ (1972); ›Adolf v. Harnack und der Erste Weltkrieg‹ (1972).

Karl Hammer:
Deutsche Kriegstheologie 1870–1918

Deutscher
Taschenbuch
Verlag

Juni 1974
Deutscher Taschenbuch Verlag GmbH & Co. KG,
München

Umschlaggestaltung: Celestino Piatti
Gesamtherstellung: Graph. Werkstätten Kösel, Kempten
Printed in Germany · ISBN 3-423-04151-X

Den Gefallenen von 1870/71
und 1914–1918 zum Andenken
Der Gegenwart zum Nachdenken
Der Zukunft zum Umdenken

Inhalt

Vorwort 9

Historischer Teil

Der Deutsch-Französische Krieg 1870/71 15

Der Erste Weltkrieg 30

August 1914 37
Die Kriegspredigt 1914 50
1915–1918 58
Die katholische Kirche während des Ersten Weltkriegs . . 73

Systematisch-theologischer Teil

Zur Gotteslehre 94
Krieg und Frieden 114
Zur Christologie 129
Zur Lehre vom Heiligen Geist 134
Recht und Pflicht 136
Vaterland und Patriotismus 146
Nationalismus und Antisemitismus 159
Treue bis zum Tod 165
Die Zukunft der Kirche 170

Dokumentationsteil

157 Dokumente 177
Abkürzungen 345
Literaturverzeichnis 346
Biographisches über die wichtigsten Personen 370
Personenregister 380

Vorwort

Angesichts der Hekatomben von Gefallenen, die in drei Kriegen der letzten hundert Jahre ihr Leben für Deutschlands »Thron und Altar« hingaben, drängte sich dem Verfasser die Frage auf: Von welchen Idealen geleitet, ja angestachelt, mit welchem Glauben erfüllt zogen die Deutschen 1870 und wieder 1914–18, großenteils freiwillig, gegen ihre Feinde in Ost und West, in Schlacht und Tod? Daß die Beantwortung dieser Frage nicht nur eine Aufgabe der Profanhistoriker sein kann, sondern auch die Theologie angeht, dürfte einleuchten. Weniger klar ist, warum man sich auf dieser Seite mit »unbewältigter Vergangenheit« vor 1933 bisher so spärlich auseinandergesetzt hat.

Während die Dokumentationen über Deutschlands Geschichte im neunzehnten und zwanzigsten Jahrhundert heute bereits in Taschenbuch-Format die Regale füllen und ein kritisches Bild der jüngeren Vergangenheit erschließen helfen, geht die Auseinandersetzung von Kirchen und Theologie mit dieser Geschichtsperiode in Deutschland nur selten über das Jahr 1933 zurück. Wohl gibt es einzelne kritische Darstellungen von evangelischer und katholischer Kriegspredigt im Ersten Weltkrieg[1] und von der Rolle der Kirchen neben und in der Politik,[2] die der heutigen Sicht des (Kirchen-)Historikers Rechnung tragen. Da aber die Dokumentation fehlt, beruht die neue Sicht allein auf einzelnen Kurzzitaten, die, aus dem Zusammenhang gerissen, leicht einen ganz falschen Eindruck bei heutigen Lesern erzeugen können, weil sie weder ein geschlossenes Gesamtbild des politischen Glaubensbekenntnisses vermitteln noch dem historischen Augenblick, dem es entsprang, angemessen Rechnung tragen.

Deshalb wurde das Thema in diesem Buch nach verschiedenen Richtungen wesentlich weiter gefaßt.

Der zeitliche Rahmen erstreckt sich nicht nur auf den Ersten Weltkrieg, sondern auf die ganze Epoche des Zweiten Deutschen

[1] Z. B. W. *Pressel:* Die Kriegspredigt 1914–1918 in der evangelischen Kirche Deutschlands (Göttingen 1967). *H. Missalla:* »Gott mit uns«. Die deutsche katholische Kriegspredigt 1914–1918 (München 1968)

[2] *G. Mehnert:* Evangelische Kirche und Politik 1917–1919 (Düsseldorf 1959). *G. Motschmann:* Evangelische Kirche und preußischer Staat in den Anfängen der Weimarer Republik (Lübeck 1969)

Kaiserreichs vom Beginn des Deutsch-Französischen Kriegs bis zum Ende des Kaiserreichs und des Ersten Weltkriegs. Nur so läßt sich die gewachsene Einheit des außenpolitischen deutschen Glaubensbekenntnisses »Mit Gott für König und Vaterland« darstellen. Da es aber um die Erfassung der »Kriegstheologie« geht, welche naturgemäß *während* der Kriege viel stärker zur Sprache kam als dazwischen, ist die lange Friedenszeit zwischen 1871 und 1913 nur in Andeutung erfaßt.

Auch bei dieser Ausweitung des zeitlichen Rahmens über die engen Grenzen von Spezialuntersuchungen hinaus darf freilich nicht vorausgesetzt werden, daß 1870 etwa als die Geburtsstunde jenes Glaubensbekenntnisses anzusehen sei. Gerade das geschichtsbewußte, vornehmlich von seinen prominenten Historikern (z. B. Heinrich v. Treitschke, Heinrich v. Sybel, Johann Gustav Droysen) geistig getragene Kaiserreich knüpfte wie selten eine Epoche an eklektisch herausgegriffene frühere Ahnen und Daten einer heroisch verstandenen Vor-Geschichte an. Besonders was das Selbstverständnis des protestantischen Hohenzollern-Thrones und -Reiches anlangt, wurde damals immer wieder auf die Reformation, König Friedrich II. und besonders die »Befreiungskriege« von 1812–15 sowie deren geistige wie militärische Führergestalten Bezug genommen.

Da dieses Buch aus einer Habilitationsschrift über die »Theologie des Krieges im protestantischen Deutschland des Zweiten Kaiserreichs 1870–1918« hervorging, die bereits mit dem Revolutionsjahr 1848/49 einsetzte und mit einem Anhang über »die Ahnengalerie« jener Kriegstheologie schloß, überwiegen auch in der vorliegenden Umarbeitung, Kürzung und Erweiterung noch die protestantischen Stimmen. Dies erscheint jedoch durch die konfessionelle Proportionalität sowohl der Bevölkerung als auch des Schrifttums im Kaiserreich gerechtfertigt.

Die Arbeit bemüht sich um einen Querschnitt aus allem Reden und Schreiben vom Krieg während und zwischen den deutschen Kriegen sowohl bei evangelischen wie katholischen Theologen, Kirchenführern, Pfarrern und kirchlichen Schriftstellern. Sie beschränkt ihre Auswahl nicht auf Predigten, sondern erfaßt auch Hirtenbriefe, kirchenamtliche Erlasse, Zeitschriftenartikel und Kommentare, Briefe, Reden und Meditationen.

Bei der Zusammenstellung des Materials fiel immer wieder eine weitgehende Übereinstimmung der Universitätstheologie mit dem Reden und Denken benachbarter Wissenschaftsdisziplinen wie der Historik, Nationalökonomie, Philosophie und Philologie auf, deren parallele Beiträge zur »Kriegstheologie« nur aus platztechnischen Gründen gestrichen wurden.[3] Man darf also davon ausgehen, daß sich bei den Theologen, sobald sie auf Kriegsprobleme kamen, ebenso oft Anleihen bei Historikern usw. ereigneten, wie umgekehrt das historische Pathos jener Zeit durch die Kirchen weithin amtlich-dogmatische Unterstützung fand.

Daß der zeitlich wie konfessionell schier überbordende Stoff dieses Buches auch zu anderen Einschränkungen zwang, ist verständlich. Vor allem die Auswahl der vorgestellten Namen mußte notwendig subjektiv bleiben. Weil sich unschwer ein ganzes Dutzend Bücher mit jeweils verschiedenen Dokumenten und Zitaten darüber zusammenstellen ließe, wurde auch von vornherein auf nur annähernde Vollständigkeit der Dokumente verzichtet. Als *repräsentativ* für »deutsche Kriegstheologie 1870–1918« darf die Zusammenstellung dennoch gelten, weil die ausgewählten Verfasser innerhalb ihrer Konfession jeweils verschiedenen kirchenpolitischen wie theologischen Gruppen und Richtungen angehörten. Daneben wurde darauf geachtet, daß diese Verfasser möglichst wenig einseitig vorgestellt wurden. Zu diesem Zweck wurden im Dokumententeil die Quellen völlig originalgetreu, also auch mit den Hervorhebungen, wiedergegeben (Kürzungen waren naturgemäß nicht zu vermeiden), damit das Bild, das sich der Leser von jener Zeit macht, nicht auf den Kommentar des Verfassers angewiesen ist.

Dieser Kommentar selbst zerfällt in einen historischen und einen systematischen Teil. Das ganze Buch verfolgt somit einen doppelten theologischen Zweck:

Wie historisch-kritische Kleinarbeit nur dann einen Sinn hat, wenn sie zu einem neuen Überblick beiträgt, so kann umgekehrt ein systematisch-theologischer Überblick nur durch vorgängige historische Arbeit zustande kommen. In diesem Fall geht es nicht an, unter heutigen Gesichtspunkten über jene Zeit abzuurteilen,

[3] Aus dem gleichen Grund wurden auch Stimmen aus dem Ausland nicht mehr wiedergegeben.

ohne sich nach bestem Vermögen anhand der zeitgenössischen wie der historiographischen Literatur in sie versetzt zu haben. Die Darstellung muß sich darum ebensoweit von kritikloser Lobhudelei oder auch nur Apologetik wie von Schadenfreude und Besserwisserei fernhalten. Der Leser wird – besonders wenn er sich sofort an die Lektüre der Dokumente begibt – sehr genau deren Datum und historische Umgebung berücksichtigen und insofern den *historischen* Kommentar tunlichst beiziehen müssen.

Der *systematische* Kommentar sucht daraufhin inhaltlich zu ordnen und in Zusammenhang zu bringen, was historisch, geographisch, traditionell und konfessionell an getrennten Orten gesichtet, doch demselben Zweck nutzbar gemacht wurde: das klassische apostolische Glaubensbekenntnis in patriotischer, kriegerischer, idealistisch-philosophischer oder neuheidnisch-germanischer Adaptierung an die jeweilige Kriegslage zur Abwehr des äußeren, meist als weniger christlich diffamierten Feindes. Was hier alles in und unter dem Namen der Theologie verkündet werden konnte, ist das Erschreckende in diesem Buch, das auch in der Absicht stellvertretender Buße zusammengestellt wurde und damit keinesfalls unsere Gegenwart in ähnliche Gefahren gerät, nur unter umgekehrten Vorzeichen.

Bei all den schaudererregenden Zeugnissen deutscher Kriegstheologie sei nicht vergessen, daß es die gelegentlichen Parerga, nicht die Hauptwerke bedeutender und anonymer deutscher Theologen waren, die hier themagerecht aneinandergereiht sind, obwohl es freilich anderseits erschreckend wenige gab, die anders dachten und redeten.

Schließlich sei noch darauf hingewiesen, daß es 1870–1918 in Europa keineswegs nur eine »deutsche Kriegstheologie« gab, sondern daß ähnlich selbstgerechte theologische Rechtfertigungen des eigenen Tuns auch auf alliierter Seite der Kriegspropaganda dienten. Nicht zuletzt Verirrungen dieser Art trugen ja zu der seither in ganz Europa zu beklagenden Entkirchlichung weitgehend bei.

Dieses Buch wurde in der Meinung geschrieben, daß Läuterung und Besserung nur aus Umkehr, hier aus offener, kritischer Rückschau hervorgehen kann. Möge den Kirchen damit gedient sein!

Delémont, am 2. September 1970 Karl Hammer

Historischer Teil

Der Deutsch-Französische Krieg 1870/71

Dieser Krieg ist der letzte von der Art gewesen, die man als »Kabinettskriege« zu bezeichnen pflegt. Er hat sich primär aus dynastischen Prestigegründen entzündet. Trotzdem hat das bei seinem Ausbruch stark aufbrausende patriotische Empfinden ihn nicht den miteinander ringenden Dynastien überlassen. Die konstitutionellen Monarchien Europas waren immerhin noch insoweit »intakt«, daß das von ihnen ausgehende unterschwellige Ringen um die europäische Hegemonie sich auf das Volk übertrug und den von Bismarck als »Falle« für Napoleon III. geplanten Hohenzollern-Thron in Spanien, welcher für Frankreich der Kriegsanlaß wurde,[1] bald vergessen ließ. Der entfesselte Krieg diente bei den Deutschen ebenso zur Abreagierung aufgestauter Revanchegelüste gegenüber Frankreich wegen des unter Napoleon I. Erlittenen wie als Mittel zu der eigenen Einigung,[2] welche die ebenfalls durch Bismarck von langer Hand im geheimen vorbereitete Kaiserkrönung Wilhelms I. zu Versailles dann vollzog. Die letzten süddeutschen Bedenken waren durch den glücklichen Ausgang des Feldzugs hinweggeräumt. Den Franzosen dagegen sollte der Krieg »Rache für Sadowa« verschaffen. Sie fühlten sich durch die Niederlage Österreichs bei Königsgrätz (1866) selber geschädigt und durch den immer stärker hervortretenden Militarismus Preußens bedroht.

Der Krieg von 1870/71 scheint uns aus dem heutigen Abstand an der Schwelle vom absolutistisch-dynastischen Autoritätsdenken in der Politik zu der erwachenden nationalen Mitverantwortung zu liegen. Er zeigt den Übergang von autokratischem zu nationalem Imperialismus. Nicht daß König Wilhelm von Preußen als »Autokrat« gehandelt hätte – das Gegenteil ist der Fall –,[3]

[1] Vgl. dazu *Erich Eyck:* Bismarck und das deutsche Reich (Zürich 1955), 207 ff., besonders 212.

[2] *E. Eyck* fragt (aaO. 220) dazu mit Recht: »War aber ein Krieg mit Frankreich wirklich der einzige Weg, die Einigung Deutschlands herbeizuführen? ... War es wirklich für das deutsche Volk unmöglich, sich aus eigenem, freiem Entschluß zu einem einheitlichen Staate zusammenzuschließen?«

[3] Vgl. *E. Eyck* (aaO. 221): »Bismarck allein war es, der die Initiative in der Hand behielt und die Andern als seine Werkzeuge gebrauchte.«

aber die innere und rechtliche Verfassung Europas war vor 1871 derart, daß diplomatische Fäden, deren maliziöse Verknüpfungen dann zu Kriegen führten, bei Hof gesponnen wurden, während bereits 1914 beim Ausbruch des Ersten Weltkriegs die Volksvertretungen der einzelnen Länder ein viel gewichtigeres Wort mitredeten, die nationale Mitverantwortung demnach gestiegen war. Umgekehrt war bereits 1870 die Erziehung des Volkes im nationalen Geist so weit gediehen bzw. erzog gerade dieser für die Deutschen erfolgreiche Krieg selbst so stark in ihm, daß die Reichsgründung 1871 auch heute noch als ein Produkt dieses »letzten Einigungskriegs« betrachtet werden kann. Dazu kam das seit Hegel in Preußen nie erloschene kulturelle Sendungsbewußtsein, welches das deutsche Verlangen nach mehr Lebensraum sowohl in Europa wie in Übersee sanktionierte.

Wenn wir uns nun der Frage zuwenden, wie sich die evangelischen Geistlichen zu diesem Krieg stellten, wie ihre Verkündigung 1870/71 in politicis ausgesehen hat, dann ist die ziemlich vorbehaltlose Billigung, ja Verstärkung all dieser nationalen und militanten Töne der vorherrschende Eindruck. Erstaunlich, wie Walter Bredendiek[4] zu seinem Urteil kommen kann, »den Krieg von 1870/71 jedenfalls [habe] die evangelische Kirche nicht in nationaler Hochstimmung erlebt«. Gewiß, bei den 1870 von den Behörden angeordneten Volks-Buß- und Bettags-Predigten zeigt sich öfter als 1914 beim selben Anlaß eine theologisch vertiefte Bereitschaft zu echter Buße. Weil jedoch in der lutherischen »Gesetz-und-Evangeliums«-Predigt das große Nein zum Menschen, also die Aufforderung zur Buße, immer am Anfang steht und durch das gnadenvolle Ja Gottes überwunden wird, hat diese gewohnte Reihenfolge in der politischen Predigt die Wirkung, daß das Ja zu der Frage: »Haben wir ein Recht, mit Frankreich Krieg zu führen?«, weil es am Schluß steht, ein viel stärkeres Gewicht bekommen als das zuvor ehrlichen Herzens gesagte Bekenntnis: »Wir haben die Kriegsgeißel verdient, weil unsrer Sünden zu viele waren.«

[4] *Walter Bredendiek:* Irrwege und Warnlichter (1966), 12 f. Daß »alles, was die konservativen Theologen dieser Zeit taten und dachten, ehrlich und ernsthaft war«, schließt nicht aus, daß auch ihr schon damals verkündigter Imperialismus »ehrlich und ernsthaft« gemeint war.

Auch Heinrich Fausel[5] kann sich z. B. Adolf Stoeckers Urteil, die »Kriegspredigt des Siebzigerkriegs ... sei von ›Selbstüberhebung‹ frei gewesen«, nicht ganz anschließen: »Auch wenn die Predigt von grober Selbstüberhebung frei war, so war es doch die öffentliche Meinung nicht, weder in der breiten Masse noch in der Führungsschicht.«[6]

Wie viel exegetische und seelsorgerliche Sorgfalt einzelne Prediger – es war schon 1870/71 nicht die Mehrheit – damals noch aufwandten, mögen zwei längere Predigtausschnitte zum Kriegs- und Friedensbeginn zeigen, die der Erlanger Theologieprofessor Gerhard v. Zezschwitz 1870 und 1871 hielt [Dokumentarteil – weiterhin mit D bezeichnet – 1 und 2]. Sie dürften dem mittleren Grundton der politischen Predigt 1870/71 entsprechen. Eine gediegene Untersuchung legte im Kriegsjahr 1916 Paul Piechowski als Dissertation in Königsberg über »Die Kriegspredigt von 1870/71« vor. Aus dieser bringen wir die nachstehenden Auszüge, um zu zeigen, wie sehr 1870 bereits der Anfang vom Ende des Zweiten Kaiserreichs war.

Gar nicht bußfertig lautete z. B. der Aufruf des Marburger Konsistoriums am 26. 7. 1870 zum Bußtag: »Vielmehr war gesagt worden, es gelte jetzt wie zu den Zeiten Joels zu rufen: ›Heiligt den Streit, erwecket die Starken, laßt herzukommen und hinausziehen alle Kriegsleute; machet aus euren Pflugscharen Schwerter und aus euren Sicheln Spieße; der Schwache spreche: ich bin stark‹.«[7] Doch war die Toleranz dieses Konsistoriums, das »Geistliche, die von einem anderen Gesichtspunkt aus die Zeitlage betrachteten, nicht tadeln« ließ,[8] immerhin noch größer als die der »Allgemeinen Evangelisch-Lutherischen Kirchenzeitung«, die nichts Besseres zu tun wußte, als eine der wenigen echten Bußpredigten, wie sie Schwalb in Bremen hielt, »scharf« zu verurteilen. [D 3]

Bußpredigten, in denen der Ton mehr auf der Buße als auf dem Patriotismus lag, waren in streng lutherischen Kreisen immerhin häufiger als in liberalen, deren Entrüstung darüber laut P. Pie-

[5] *Heinrich Fausel:* Im Jahre 1914. Theol. Ex. h. 121 (1965), 14

[6] Vgl. auch die Zitate von Moltke und Bismarck bei *Fausel* aaO. 14. Vgl. dort auch 7.

[7] *Paul Piechowski:* Die Kriegspredigt von 1870/71 (Königsberg 1916), 49

[8] *P. Piechowski* aaO. 50

chowski groß gewesen sei.[9] Jedoch darf darüber nicht vergessen werden, daß die kirchliche Opposition gerade in Hessen gegen Preußen seit 1848 auch einen politischen Akzent enthielt.

Im ganzen unterscheidet P. Piechowski[10] drei Gruppen von Bußpredigten:

»1) Der erste Predigtstrom umfaßt die Predigten, die ... scharf und deutlich, ernst und unerbittlich wieder und wieder den Ruf zur Buße ertönen lassen ... Die Predigt wird zum ernsten Bußspiegel. Innere Zerknirschung, tiefe Reue soll die religiös-sittliche Frucht des Tages sein.« Als Kronzeugen dafür können allerdings nur wenige namhaft gemacht werden, z. B. die Reformierten A. Zahn in Halle und Kohlbrügge in Elberfeld, die Lutheraner M. Zech in Kaufbeuren, L. H. Hunzinger in Mecklenburg, A. Keppel in Nürnberg. Wie leicht sich übrigens aus der sittlichen Umkehr eine geschichtstheologisch verbrämte Umkehr »Kehre wieder, deutsches Volk, kehre wieder zu dem Gott deiner Väter!« machen ließ bzw. der Hinweis auf die große Vergangenheit (Reformation, Befreiungskriege) zur Verheißung einer großen Zukunft wurde, zeigte sich schon 1870 und viel mehr noch 1914.

»2) Die zweite Gruppe umfaßt die Predigten, die ihren Zweck ... vielmehr darin (sehen), die Seelen aufzurichten, zu trösten, ihnen Mut einzuflößen.[11]

3) Die dritte Gruppe ist ... die weitaus umfangreichste. Sie umfaßt die Predigten, die alle Einseitigkeiten vermeiden und sowohl das Sünden- wie das Gnadenbewußtsein im Zuhörer wecken wollen.«[12]

Es gibt eine Frage, die damals und 1914 so gleichlautend beantwortet wurde, daß eine Arbeit, die sich um den gleichbleibenden Geist im Zweiten Kaiserreich bemüht, auf sie eingehen muß: die Frage nach der Schuld und Ursache des Krieges. Wenn P. Piechowski feststellt: »Einstimmig wird geurteilt, daß Frankreich freventlich diesen Krieg vom Zaune gebrochen habe« und wenn er die »Triebfedern« im »Neid auf die Erfolge der preußischen Waffen im Ringen 1866 ..., auf die wirtschaftliche Entwicklung

[9] *P. Piechowski* aaO. 19. Vgl. dazu AELKZ 1870, Sp. 723–25 und 984.

[10] *P. Piechowski* aaO. 12–17

[11] *P. Piechowski* aaO. 15

[12] *P. Piechowski* aaO. 17

Deutschlands« und in der »Furcht, den eingebildeten Ruhm der ersten Nation der Erde zu verlieren« sieht, auf deutscher Seite hingegen alles nur im rosigsten Licht: »Preußen dagegen hat den Krieg nicht gewollt; für seine Friedensliebe gibt es unwidersprechliche Beweise« [D 4], so ist das nicht nur genau derselbe Ton wie 1914. Vielmehr zeigt sich auch, daß bei dem Versuch, durch die Bußtagspredigt zu echter Buße zu führen, schon 1870 der Hebel zu kurz angesetzt war, so daß statt eines Umdenkens politische Gleichschaltung mit der nationalen und konservativen Presse, oft sogar ruhmselige Selbstüberhebung durch die evangelische Geistlichkeit bewirkt wurde; ihre politische Einseitigkeit war dabei zugleich theologische Kurzschlüssigkeit.

Die Phrase vom »Verteidigungskrieg« findet sich 1870 ebenso wie die Berufung auf Martin Luther. Daß die *Kanzel* gelegentlich zum Ort der Kriegsberichterstattung wird und die *Predigt* zum Kommentar dieses Geschehens, ist gegen frühere Kriegszeiten nicht neu, die patriotische Verherrlichung und der Ton des Rühmens allerdings nicht gerade evangelisch. [D 5]

So urteilt z. B. der selber während eines nationalistischen Kriegs schreibende P. Piechowski zusammenfassend: »Soweit wir sehen, hat es die Kriegspredigt mit wenigen Ausnahmen vermieden, auf Stellen der Bibel näher einzugehen, wonach ein das eigene Volk und Vaterland bevorzugender Patriotismus mit der von Christus geforderten Gesinnung unvereinbar erscheint. Vielmehr bemüht sich die Predigt um den Nachweis, daß der Gedanke der Volksgemeinschaft, des Staatsbürgertums auch mit der von Christus verkündeten neuen Lebensgesinnung voll und ganz im Einklang steht. Zu diesem Zwecke wird auf Grund biblischer Aussagen der Heiland selbst als der gute Patriot und Bürger hingestellt.« [13]

Auch gibt »die Kriegspredigt ... auf viele Fragen, mit denen wir vor sie treten, keine oder doch nur eine höchst unzureichende Antwort. Wir vermissen in ihren Ausführungen gerade hinsichtlich des ›Kriegsproblems‹ eine mannigfaltigere und tiefere Betrachtungsweise, und wir müssen urteilen, sie wird der außerordentlichen Fülle von Problemen, die in der Fragestellung Gott und Krieg enthalten liegt, nicht gerecht.« [13]

[13] *P. Piechowski* aaO. 84 f.

Ein Unterschied zwischen 1870 und 1914 sei aber nicht vergessen: Die nationalistischen Töne verbreiteten sich 1870 von Berlin und Preußen aus über das erst zu einigende Reich und fanden bei süddeutschen, hessischen und katholischen Geistlichen durchaus nicht immer ein freudiges und starkes Echo.

Der Präsident des bayerischen Oberkonsistoriums Dr. Adolf Harleß konnte es 1870 nicht unterlassen, ein Mißtrauensvotum gegen die deutsche Politik seines Ministerpräsidenten Hohenlohe abzugeben: »Ob und mit welchem Herzen Dr. Harleß für den Sieg der preußischen und deutschen Waffen öffentlich gebetet haben mag, wissen wir nicht. Seine Ansprache vom 23. Juli kennt nur ein bayrisches Vaterland und wünscht, daß man nicht den Arm von Fleisch (implicite – den preußischen Adler) für seine Stärke halte.« [14]

Ein prophetisches Wort findet sich auch in einem Brief vom 19. 8. 1870, den die in Leipzig erscheinende »Zeitschrift für die gesamte lutherische Theologie und Kirche« 1871 unter »Zeitzeichen« abdruckt:[15] »Der deutsche Bürgerkrieg von 1866 war der Anfang einer Ära, in welcher Gut und Blut der deutschen Völker zur Befriedigung dynastischen Ehrgeizes aufgeopfert wird... Und was wird die Frucht des jetzigen Kampfes sein?... Ein zur Unvermeidlichkeit werdender Militärdespotismus [sc. Preußens], der nur für seine Zwecke Sinn, nur für seine Träger Geld hat und haben kann, der die Herrschaft des Mammonismus und des Materialismus, der Genußsucht und Frivolität begünstigen muß.«

Daß diese antipreußische Stimmung 1870 keine Seltenheit war, 1866, nach dem Sieg der preußischen Zündnadelgewehre über Österreich und seine Verbündeten, aber noch nicht in süddeutschen Predigten zum Ausdruck kam (»finden wir nirgends eine Äußerung partikularistischer Art«), bestätigt P. Piechowski: »Sowohl die württembergischen als auch die badischen und auch, soweit wir sehen, die bayrischen Prediger vereinigen sich in dem aufrichtigen Bemühen, mit vaterländischer Empfindung die neu

[14] Vgl. Allgemeine kirchliche Chronik 1870, 129, und Protestantische Kirchenzeitung 1871, Nr. 1.

[15] Zeitschrift für die gesamte lutherische Theologie und Kirche 1871, 477

gewonnene Einheit zu feiern und, den Blick auf die Zukunft gerichtet, in den Tönen höchster Begeisterung von der Herrlichkeit eines großen, einigen deutschen Vaterlandes zu reden.« [16]

1870 hingegen wurden Buße und Demut predigende Pfarrer [17] am Abend des 27. 7. von einer »lärmenden, johlenden Menge« in Marburg, Kassel und anderen Orten belästigt. »Pfarrer Rückert in Kassel hat drei Abende hintereinander Katzenmusik erhalten.« [17] »Es kam sogar zu Hausfriedensbruch und persönlicher Belästigung. Die lutherischen Geistlichen wurden aus dem Argwohn heraus, es liege ihrem Tun ein preußenfeindlicher Beweggrund unter, als Volksfeinde bezichtigt und bei dem vorgesetzten Konsistorium angeklagt. So erfolgten die sogenannten ›Bettagsdisziplinaruntersuchungen‹.« Diese »endeten allerdings zuweilen auch für den kirchlichen Liberalismus ungünstig.« [18] Ja, es kam in Hannover sogar dazu, wie die »Hessische Morgenzeitung« zu berichten weiß, daß »eine nicht ganz kleine Zahl pietistischer Pastoren ziemlich laut für den Sieg der französischen Waffen betete«.[19]

Kein Wunder, daß auf der Gegenseite »z. B. Monod seiner Gemeinde zu Paris in einer Reformationspredigt« sagen konnte, »daß durch das preußische Volk in diesem Krieg die Reformation entehrt sei, ... und der Holländer *Vreede* sich um den Nachweis bemüht, daß Preußen von jeher und auch in diesem Kriege ein europäischer Teufel gewesen ist«.[20]

Auch die Einfärbung als evangelisch-katholischer Religionskrieg fehlte nicht. Da hier die Volksstimmung natürlich einseitig war, standen die jesuitischen Prediger, die auch in Deutschland die Meinung vertraten, es sei »auf die Ausrottung des Katholizismus abgesehen«,[21] auf verlorenem Posten und zogen sich ebenso den Volkshaß zu, wie umgekehrt A. Zahn und Romberg der Volksstimmung entsprachen, wenn sie Rom und Paris als geistliche und weltliche Hure verteufelten. [D 6] Wie deutsche Biederkeit und

[16] *P. Piechowski* aaO. 54

[17] Die Namen *Kolbe* und Superintendent *Kümmel* in Marburg sind von Piechowski (aaO. 50) genannt.

[18] *P. Piechowski* aaO. 50 f.

[19] *P. Piechowski* aaO. 52

[20] *P. Piechowski* aaO. 55, Anm. 1

[21] *P. Piechowski* aaO. 57

Wahrhaftigkeit welscher Tücke und Falschheit auch in der Predigt gegenübergestellt wurden, dafür gibt es genug Beispiele. [D 7]
Abschließend seien aus der großen Zahl prominenter (Ober-) Hofprediger der damaligen Zeit, unter Karl v. Gerok (Stuttgart), Rudolf Kögel (Berlin), Friedrich Ahlfeld (Dresden) und Wilhelm Hoffmann (Berlin), nur die Brüder Max und Emil Frommel (Berlin), »zwei Repräsentanten des weltoffenen und weltfreudigen Christentums« (Achelis),[22] etwas ausführlicher vorgestellt, da gerade E. Frommel – aus musischem Malerhaus bei Karlsruhe, die Mutter Henriette Gambs aus elsässischem Patriziergeschlecht stammend – am Deutsch-Französischen Krieg in besonderer Weise Anteil nahm und seine Eindrücke, die er als preußischer Feldprediger in und um Straßburg 1870 sammelte, zu Papier brachte.[23]
In Emil Frommel sammeln sich die verschiedenen Strömungen dieser »jung« sein wollenden, in Wirklichkeit aber einer unwiederbringlichen Vergangenheit nachjagenden Zeit auf typische Weise. Er wollte, nach einer in religiöser Hinsicht unbefriedigten Jugend, Mediziner werden, doch wiesen ihn die Eltern zur Theologie, die er in Halle und Erlangen als Burschenschaftler kennenlernte. Sein Bruder Max, der in die lutherische Separation gegen

[22] *Achelis:* Meister evangelischer Kanzelberedsamkeit. In *Karl Werckshagen:* Der Protestantismus am Ende des XIX. Jahrhunderts (Berlin 1902), 702

[23] Vgl. *Emil Frommel:* Erzählungen, 2 Bde., besonders Bd. 2,2 »O Straßburg, du wunderschöne Stadt« (Stuttgart 1900), 161 ff. Die Allianz von deutschem »Eichbaum« und »Tannenbaum«, die der preußische Feldprediger unter dem Christbaum im Kriegslager 1870 beschwört – vgl. dazu auch *E. Frommel:* In des Königs Rock. Geschichten aus Krieg und Frieden (Berlin ²1877, 59) –, war dem beliebten Volksschriftsteller durchweg ein Herzensanliegen. In immer neuen »Erzählungen für das Volk, Aufsätzen und Vorträgen mannigfachen Inhalts in einer fortlaufenden Reihe von Bändchen« – so der Obertitel der »Gesammelten Schriften«, welche nach Frommels Tod durch das »Frommel-Gedenkwerk« fortgesetzt wurden –, vielfach auch im zeitgenössischen, teils blutrünstigen, teils antifranzösischen Karl-May-Stil (»Eine gute preußische Klinge«, »Etliche Reiterstücklein«, »Von Kanonieren und Füsilieren und eisernen Kreuzen«, aaO. 61, 110, 119) fand dieses in hohen Auflagen gedruckte Doppelvermächtnis *E. Frommels* im Volk weithin freudige Aufnahme. In zwei langen Predigten über das fünfte Gebot (vgl. *E. Frommel:* Die zehn Gebote Gottes in Predigten gehalten. Barmen ⁵1885) findet sich keine Andeutung über das Töten im Kriege; um so fester verwurzelt ist anderweitig der Vorrang der Ehre des Schlachtfeldes, »wenn König und Vaterland rufen«, vor allen anderen christlichen Tugenden. Diesen Treuschwur müssen auch »Gott und sein heiliges Evangelium« besiegeln. (Vgl. In des Königs Rock, 101, 109.)

die badische Union ging und sich 1880 wieder von ihr löste, wurde später Generalsuperintendent in Celle-Lüneburg. Emil begann als Vikar in Karlsruhe und kam über Wuppertal-Barmen (1864) als Garnisonspfarrer 1870 nach Berlin. Dort genoß er in der kaiserlichen Familie hohes Ansehen. Er hat Wilhelm I. sechzehnmal nach Bad Gastein begleitet und die älteren Kaisersöhne konfirmiert. Seine musische Ader ließ ihn ähnlich wie den württembergischen Hofprediger K. Gerok überdies zu einem vielgelesenen Volksschriftsteller werden.[24]

Durch die Beschreibung seiner Erlebnisse beim Feldzug 1870/71 bekommt man aus erster Hand einen Eindruck von seiner leutseligen Art wie von seinem seelsorgerischen Bemühen in Kriegszeiten, das freilich das Kriegsproblem selber ebensowenig von der Wurzel her anpackt wie etwa seine Predigt über das fünfte Gebot.[25] Die Stimmung, die E. Frommel beim Kriegsausbruch in Berlin und bei der Depesche vom Sieg bei Wörth beschreibt [D 8] oder am 30. September 1870, beim Einzug der deutschen Truppen in Straßburg, auf der Kanzel der Straßburger Thomaskirche wiedergab [D 9], die Empfindungen, die seine eigenen Gedichte über das deutsch-elsässische Verhältnis das Bräutigam-Braut-Verhältnis strapazieren lassen,[26] passen sich dem nationalistischen Ton von G. Hesekiel[27] und E. Geibel [D 10] an. Im »Kreuz von Eisen«, dem »alten Zeichen«, verbindet sich »der alte Gott im Himmel« mit dem »alten Könige« in Berlin (Hesekiel), ähnlich, wie das römische Labarum sich unter Konstantin »verchristlichte« durch das zum Kreuz stilisierte ⳨.

In der »Kreuzzeitung« fand diese Allianz weithin sichtbaren Ausdruck. Überhaupt würde es eine eigene wissenschaftliche Untersuchung verdienen, wie oft, wann und wo das Kreuz überall in der Geschichte des Christentums zum Abzeichen staatlicher Verdienstlichkeit herabgewürdigt wurde bis hin zum »Eisernen Kreuz«, zum »Ritterkreuz« und neuerdings zum »Bundesverdienstkreuz«.[28]

[24] Vgl. dazu *Achelis* aaO. 703 ff.

[25] *E. Frommel:* Die zehn Gebote Gottes (Barmen ^{5}1885)

[26] Vgl. *E. Frommel:* Erzählungen II, 203 f., 258, 273 f.

[27] Vgl. *E. Frommel* aaO. II, 163 f.

[28] *Karl Kupischs* Essay: Das Kreuz in der Geschichte, in: Europa und Deutschland (Berlin 1967), 101–121, geht in der bezeichneten Richtung. Seine Andeutungen über

Die »byzantinische« Vergötzung der preußischen Staatsmacht, die mit der siegreichen Beendigung des Deutsch-Französischen Kriegs und der Kaiserproklamation zu Versailles 1871 in ganz Deutschland, auch im Süden, ihren Anfang nahm, wurde durch die evangelische Kirche und ihre Vertreter weder verhindert noch gehemmt – abgesehen von den militärischen Kreisen des Adels –, sondern gerade durch sie am meisten gestützt und theologisch verbrämt.

Das durch den Waffensieg von Sedan [D 11] erstrittene, im Spiegelsaal zu Versailles 1871 aus der Taufe gehobene Zweite Deutsche Kaiserreich sei gottgewollt [D 12]; selbst seine »engen, bevormundenden Schranken« werden von Willibald Beyschlag gesegnet. [D 13] Alles Vortreffliche, was die Deutschen anderen Völkern voraushaben, sei aus der deutschen Ehe, dem intakten Familienleben erwachsen.[29] Das Deutsche Kaiserreich, selbst zum Vaterland für viele geworden, sei die Ordnungsmacht nach Gottes Willen, wie schon Luther im (als Übergangslösung gedachten) landesherrlichen Kirchenregiment sie hinstellte.

Paul Drews läßt 1908 der äußeren Ordnung die innere Weihe entsprechen, wie Friedrich Julius Stahl es schon 1853 tat.

Veräußerlichte dieser Luthers Rechtsfertigungslehre staatsrechtlich, so Paul Drews[30] Luthers Tauflehre: »*Wenn Luther ... in der Schrift an den Adel auch der weltlichen Obrigkeit, den Fürsten usw., das Priestertum zuspricht, so nimmt er sie als wahrhaft gläubig an.* Daraus folgt weiter: Luther schreibt der weltlichen

die verschiedenen Gestalten im Mißbrauch des Kreuzsymbols von den Kreuzzügen bis zum »Eisernen Kreuz« und »Ritterkreuz« verdienten freilich noch eine ausführlichere wissenschaftliche Auswertung.

[29] Vgl. *E. Frommel:* Die zehn Gebote Gottes, in Predigten (149) über das 6. Gebot: »Gottes Ordnung ist's also, daß die Ehe geschlossen werde zwischen einem Mann und einem Weib ..., daß das Haus die Pflanzstätte der Tugend und Zucht werde und in ihm die Träger der künftigen Zeit, treue Bürger und Untertanen erzogen werden. Darum ruht auch auf der Ehe und ihrer Heiligkeit das ganze Wohl des Vaterlandes und des Staates. Nehmt dem Volk diese seine Krone, dann wird's die Fürstenkrone rauben; nehmt ihm die Verfassung seines Hauses und Herdes, so wird die Verfassung des Vaterlandes brechen. Ehe das Haus des Vaterlandes in einem Volke zusammenbricht, brechen die Häuser der Ehen zusammen. Sind die Ehen faul, wird der Staat faul.«

[30] *Paul Drews:* Entsprach das Staatskirchentum dem Ideale Luthers? Ergänzungsheft zur ZThK, 18 (1908), 9 ff. Vgl. *F. J. Stahl:* Der Protestantismus als politisches Prinzip (1853) 12 ff. und 32 ff.

Obrigkeit nicht deshalb, weil sie äußerlich durch die Taufe zur Christenheit gehört, *sondern weil sie innerlich christlich ist, weil sie Glauben hat, das Recht zu Reformen in der Christenheit zu.* Man darf also nicht aus der Schrift an den Adel herauslesen: Jede äußerliche christliche Obrigkeit hat als solche die kirchliche Regierungsgewalt. Die Grundbedingungen dafür sind vielmehr, daß sie als wahrhaft christlich gelten kann ...«

Wer revolutionär denkt wie die Sozialdemokratie oder gar revolutionär handelt wie die Verüber der Attentate auf den preußischen wie den russischen Kaiser oder der Mörder des amerikanischen Präsidenten Garfield [D 14], verdient nicht nur die irdische Aburteilung. Ihn trifft auch der himmlische, ewige Fluch. Wer aber im treuen Waffendienst für König und Kaiser heimgegangen ist, der bekommt von demselben Hofprediger E. Frommel eine ehrende Leichenrede »de Pietate et Armis«. [D 15]

Je höher einer in dieser militär-adligen Hierarchie steht, desto tiefer beugen der Prediger – und mit und unter ihm die gläubig-untertane Bürger- und Christen-Gemeinde – ihre Knie, am allertiefsten natürlich vor dem Kaiser und seiner Familie.[31] [D 16]

Der heute schwer nachvollziehbaren Entscheidung, daß man ausgerechnet den Schlachtentag von Sedan (2. September 1870) und nicht, anderen Vorschlägen zufolge, den 18. Januar (den Tag der Kaiserproklamation zu Versailles) oder den 10. Mai (den der Unterzeichnung des Frankfurter Friedens) zum Anlaß einer alljährlich wiederkehrenden vaterländischen Feier, ja zur eigentlichen Geburtsstunde des Zweiten Deutschen Kaiserreichs emporstilisierte, der dann bis 1914 im ganzen Reich mit Festgottesdiensten, Vereinsaufmärschen, Schulfeiern und in Berlin auch mit Paraden feierlich begangen wurde, ging Theodor Schieder[32] nach. Erste Stufe war dabei eine im Frühjahr 1871 an Kaiser Wilhelm I. von kirchlich-evangelischen und liberalen Kreisen – »angeregt durch den Protestantenverein in Berlin« – eingereichte Petition, »er möge den Tag eines allgemeinen deutschen Volks- und Kirchenfestes als Stiftungsfestes des Reiches benennen«.[32]

[31] Vgl. zu *Adolf Stoeckers* Kaiserverehrung auch seinen Nachruf zum »Gedächtnis Kaiser Wilhelms I.« in der Deutsch-Evangelischen Kirchenzeitung 11 (1897), Nr. 12, 105.
[32] Vgl. *Theodor Schieder:* Das deutsche Kaiserreich von 1871 als Nationalstaat (Köln, Opladen 1961), besonders 76 ff. und 125 ff.

Die Eingabe trug die Unterschriften von 88 Wissenschaftlern, Geistlichen und Publizisten, »hauptsächlich aus Berlin und Heidelberg«,[33] darunter die Professoren v. Holtzendorff, M. Baumgarten[34] (Rostock), J. K. Bluntschli, Gass, H. v. Treitschke, H. Schulze-Delitzsch u. a.

Da der Kaiser, wohl wissend um gewisse Widerstände gegen eine solche obrigkeitliche Festsetzung, die Wahl des Tages lieber dem »freien Antrieb« des Volkes überlassen wollte, nahm kein Geringerer als Pastor Friedrich v. Bodelschwingh, der Begründer der Bethelschen Anstalten, die kaiserliche Antwort zum Anlaß, seinerseits, in Analogie zu Ernst Moritz Arndts Feier der Völkerschlacht bei Leipzig (1813), den Sedans-Tag als rein weltliches deutsches Volksfest vorzuschlagen [D 17], das sich ab 1873 endgültig – auch gegen den ab 1874 spürbaren Widerstand von Katholiken und später Sozialdemokraten – durchsetzte. Bereits Th. Schieder fiel auf, daß Fr. v. Bodelschwingh »an die Möglichkeit, daß das Nationale zu einer Art Glaubensersatz für das Religiöse werden könne, nicht dachte«.[35]

Freilich ging das Wachstum des nationalen Bewußtseins im Reich nur langsam vor sich. Wie zwischen 1870 und 1914 auf dem Gebiet der Wissenschaften der ursprüngliche Kosmopolitismus zusehends dem Bekenntnis zum Nationalstaat Platz machte, zeigt Th. Schieder an einer Gegenüberstellung einer Akademierede des deutschen Physiologen Emil Du Bois-Reymond 1878 mit der großen Denkschrift, die Adolf v. Harnack 1909 vor der Gründung der Kaiser-Wilhelm-Gesellschaft für den Kaiser verfaßte. Während ersterer 1878 vor »den Gefahren des Nationalgefühls, dem *furor nationalis*« noch eindrücklich warnte, erschien es letzterem 1909 als »nationalpolitisch verhängnisvoll«, wenn die deutsche Naturwissenschaft hinter der anderer Länder weiterhin zurückbliebe.

Man kann gewiß nicht behaupten, daß die römisch-katholische Geistlichkeit den Deutsch-Französischen Krieg und seine Folgen,

[33] *Th. Schieder* aaO. 134

[34] Vgl. auch *Michael Baumgarten:* Der Protestantismus als politisches Princip im deutschen Reich. Deutsche Zeit- und Streit-Fragen. Flugschriften zur Kenntnis der Gegenwart 1 (1872), Nr. 9.

[35] *Th. Schieder* aaO. 126

die deutsche Reichseinigung unter preußischer Ägide und damit den endgültigen Ausschluß der rund zwanzig Millionen Katholiken Österreich-Ungarns aus dem deutschen Staatenverband, in gleicher Weise eingesegnet und begrüßt hätte wie die evangelische.

Schon der deutsche Krieg 1866 hatte ja gezeigt, daß Preußen die Einigung Deutschlands ohne und gegen Österreich suchte. Die Katholiken, die anders über Deutschlands Zukunft dachten, durften in preußischen Landen ihren Gefühlen nur insgeheim Ausdruck geben. Fritz Vigener teilt einen noch nach 1879 geheimgehaltenen, vom 28. 8. 1866, also unmittelbar nach dem Prager Frieden, datierten Brief des Mainzer Bischofs Wilhelm Emmanuel v. Ketteler an Kaiser Franz Joseph mit [D 18], dessen Inhalt den Gefühlen vieler Katholiken zwischen 1866 und 1870 entsprach.

Obwohl der bayerische Ministerpräsident v. Hohenlohe, dessen Politik hierin sogar bei der lutherischen Geistlichkeit nicht nur Zustimmung fand, auch die Bürger des nach Österreich größten katholischen Landes zu den Waffen rief, deren Erfolgen unter ihrem Kronprinzen die rasche und siegreiche Beendigung des Feldzugs nicht zuletzt zuzuschreiben war, kann unmöglich behauptet werden, daß sich die deutschen Katholiken sofort und einhellig für die neue Lösung der deutschen Frage begeistert hätten. Besonders die Bevölkerung der traditionell franzosenfreundlichen nördlichen Rheinprovinzen, deren Mentalität auch nach fast hundertjähriger Zugehörigkeit zu Preußen mehr zu Paris neigte als zu Berlin, bewahrte unter Führung ihres alsbald auch im Reichstag streitbar hervortretenden Bischofs W. E. v. Ketteler eine bisweilen bissig wirkende Zurückhaltung.

Einen willkommenen Anlaß, zu zeigen, daß man in Mainz anders dachte als in Berlin, boten z. B. die Sedans-Feiern, die »nicht selten eine scharfe Wendung gegen die Klerikalen nahmen«.[36] Prompt bespöttelten katholische Zeitungen die Nationalfeier als »St. Sedantag« oder gar als »Satanfeier«. [D 19] Am 22. 8. 1874 verbot Bischof E. v. Ketteler den Geistlichen seiner Diözese jede Art kirchlicher Teilnahme an den Sedans-Feiern.

[36] *Fritz Vigener:* Ketteler. Ein deutsches Bischofsleben des 19. Jahrhunderts (München 1924), 682

»Nur ein Gebet oder Bittamt des Pfarrers gestattete er, ›um Gottes Gnade und Segen über Deutschland zu erflehen und namentlich um Gott zu bitten, daß er uns die innere Einheit wiedergebe, ohne welche die äußere Einheit nur ein leerer Schein ist‹.«[37]
Kettelers Abwertung der Sedans-Feiern zu einem propagandistischen Kunstgriff der Liberalen, denen es weniger um den »Sieg des deutschen Volkes über Frankreich als ihre Siege über die katholische Kirche« gehe,[38] muß freilich im Zusammenhang mit der Gesamtlage des deutschen Katholizismus gesehen werden.
Der deutsche Episkopat sah sich 1870 vor eine doppelte Schwierigkeit gestellt: Er hatte der Öffentlichkeit, das heißt einer überwiegenden Mehrheit von Protestanten sowie einer starken Opposition im eigenen Kirchenvolk, die sich publizistisch Gehör zu verschaffen wußte, auch noch die eben vom Ersten Vatikanischen Konzil promulgierte Lehre von der päpstlichen Unfehlbarkeit in Dingen von Glauben und Sitten schmackhaft zu machen, eine Lehre, die sich überdies selbst bei den katholischen Regierungen Europas keiner großen Beliebtheit erfreute, weil diese nicht ganz zu Unrecht eine Überordnung der geistlichen Gewalt über die weltliche – wie im Mittelalter – befürchteten.
Da Napoleon III. seine zum Schutz des Papstes und des Kirchenstaats in Italien stationierten Truppen einen Tag nach der Verkündigung jenes Dogmas abzog, weil er sie gegen die Deutschen benötigte, besteht eine eigenartige Verbindung zwischen dem Deutsch-Französischen Krieg und dem Ersten Vatikanum. Der vor der Verkündigung des neuen Dogmas über dessen Sinn und Geltung noch uneinige deutsche Episkopat trat danach einhellig für die neue Lehre ein, was manchen ehemaligen Gegnern, u. a. Ketteler,[39] als »Umfall« ausgelegt wurde. Er hatte deshalb Mühe, bei der gegen die Kurie und das sie beschützende kaiserliche Frankreich in den meisten deutschen Ländern aufgebrachten Stimmung seine Staatsloyalität zu bekunden. Die nächstliegende Möglichkeit dazu bot der Krieg selbst. Es war schlicht die Alternative: Rom oder Berlin?, weltweiter katholischer oder national

[37] Nach *Th. Schieder* aaO. 129
[38] Vgl. Preußische Jahrbücher 34 (1874), 314 ff.
[39] Vgl. z. B. *Joseph Hubert Reinkens:* Kniefall und Fall des Bischofs Wilhelm Emmanuel Freiherr v. Ketteler gewürdigt (Bonn ²1877).

zersplitterter Glaube?, vor die sich der zeitgenössische Katholizismus in Deutschland gestellt sah. Der Ausgang des Krieges, ja schon »Sedan« sollte die Waage eher zugunsten der zweiten Seite senken. Und so hatte das altkatholische Schisma, das auf die Verkündigung der päpstlichen Unfehlbarkeit folgte, auf politischem Gebiet auch die Folge, daß sich prononciert nationalbewußte und zum Risiko der Spaltung bereite Katholiken der neugegründeten altkatholischen Kirche anschlossen. Die Entscheidung gegen die Unfehlbarkeit von Pius IX. war meist zugleich eine Entscheidung für Kaiser Wilhelm I.

Man darf diesen Schluß einer Flut von Streitschriften zu Beginn der siebziger Jahre entnehmen, darunter besonders solche des ersten altkatholischen Bischofs Joseph Hubert Reinkens, dessen Ergebenheit gegenüber dem Hohenzollern-Haus – zu jener Zeit von keiner römisch-katholischen Seite angestrebt – derjenigen der protestantischen Hoftheologen A. Stoecker, E. Frommel oder H. v. Schubert [vgl. D 14, 15, 16] sehr nahe kommt. [D 20] Daß die römisch-katholische Bevölkerung Deutschlands umgekehrt dem neuen Reich bereits vor dem »Kulturkampf« mit innerer Reserve gegenübertrat, bestätigt auch F. Vigener:

«... es bleibt bestehen, daß nur allzu viele Klerikale das ›protestantische‹ Kaiserreich im Herzen nicht liebten und Sedan für kirchlich belastet hielten schon wegen der geschichtlichen Zusammenhänge zwischen dem 2. und dem 20. September, zwischen der Gefangennahme Napoleons und dem Einzug der Italiener in Rom.« [40]

[40] *Fr. Vigener:* Ketteler, 682

Der Erste Weltkrieg

»Der Krieg ist nun da. Er redet zu einem jeden von uns, und durch ihn spricht Gott der Herr. So wollen wir heute nur mahnen, daß jeder sein Herz dieser gewaltigen Sprache auftue und unter sie sich beuge ... Die kirchliche Zeitgeschichte wird nicht zu Worte kommen inmitten der Weltgeschichte, in der wir stehen ...«

Protestantenblatt (Bremen/Berlin 1914)

Der ehemalige Redaktionshelfer an der von Martin Rade edierten »Christlichen Welt« und bereits in Safenwil im Aargau amtierende, vormals in Rades Pfarrhaus vikarierende Karl Barth schrieb 1914 in den »Neuen Wegen« voller Protest gegen seinen früheren Lehrer: »Alles, was Sie in der ›Christlichen Welt‹ jetzt sagen, geht von der stillschweigenden oder ausdrücklichen Voraussetzung aus, daß Deutschland recht hat in diesem Kriege.« [1]

Diesen Eindruck vermittelte in der Tat nicht nur das in der »Christlichen Welt«, sondern fast alles in kirchlichen und wissenschaftlichen Blättern von Theologenfeder ab August 1914 (und überwiegend auch in den folgenden Jahren) Publizierte. Für uns, die wir durch ein halbes Jahrhundert vom Ersten Weltkrieg getrennt sind und Mühe haben, uns in seine Entstehung hineinzudenken, gibt zunächst die Frage zu denken, die für dieses ganze verflossene Halbjahrhundert in immer neuen Varianten bedeutsam ist: Wie kam es zum Ausbruch dieses Weltenbrands, der in gewisser Weise einen zweiten, noch verheerenderen aus sich heraus gebären sollte? Wen trifft die Schuld daran?

Die »Kriegsschuldfrage« spielte nicht erst ab 1918 eine Rolle, sondern bereits 1914. Unmittelbar nach der Mobilmachung begann sich ein doch wohl allenthalben vorhandenes »Gewissen« in einseitigen Unschuldsbeteuerungen und Vorwürfen an das jeweils feindliche Ausland im Blätterwald ebenso wie auf den Kanzeln und Rednerpulten Europas Luft zu machen. Da wir es hier nur mit einer Dokumentation der deutschen Stellungnahmen zu tun haben, kann sich der von Golo Mann [2] bei der Lektüre von Fritz Fischers Buch »Griff nach der Weltmacht« beklagte Ein-

[1] Zitiert nach *Gottfried Mehnert:* Evangelische Kirche und Politik 1917–1919 (Düsseldorf 1959), 31

[2] *Golo Mann:* Der Griff nach der Weltmacht. In: Deutsche Kriegsziele 1914–18. Ullstein-Buch Nr. 616 (Frankfurt/Berlin 1964), 186 f.: »Das ganze Werk Fischers ... würde als eine Materialsammlung genügen ... Als eine Geschichte deutscher Politik im Ersten Weltkrieg genügt es nicht ... Von 856 Seiten sind 855 den deutschen Kriegszielen, eine einzige den Kriegszielen der Russen, Briten und Franzosen gewidmet, mit dem Vermerk, es seien Ziele gewesen, wie sie dem Geist des Imperialismus im frühen 20. Jahrhundert entsprachen. In der Tat, das waren sie. Aber auch die Deutschen lebten in dieser Zeit, und was sie erstrebten, läßt sich ohne Vergleich mit dem, was ihre Gegner erstrebten, nicht gerecht bewerten. Ein solcher Vergleich hätte, was die Vorkriegspolitik betrifft, zeigen können, daß der deutsche Imperialismus von dem französischen, russischen und englischen nicht wesensverschieden, daß Deutschland nur ein später Nachahmer seiner glücklicheren Konkurrenten war ...«

druck wiederholen. Ein Vergleich mit den Äußerungen und Predigten französischer, englischer und russischer Theologen würde aber wahrscheinlich zeigen, daß der nationale Gesichtspunkt dort kaum minder alle anderen überwucherte.
Wir sehen heute die Vorfälle von 1914 wesentlich anders als die Zeitgenossen. Die heutige Sicht kann sich weitgehend auf die sorgfältige Erforschung jener Zeit durch die jüngere Historikergeneration stützen. Sie war den Zeitgenossen nicht möglich, weil Geheimdiplomatie und parlamentarische Mitbestimmung einander nicht einfach ablösten, sondern gegenseitig in den verschiedensten Varianten durchdrangen und weil die Publizistik, zeitweise zensuriert, stets aber von oben gesteuert, die regierungsgemäße Sicht dem Leser »einimpfte«. Obwohl es ungerecht scheinen könnte, wollen wir also diesen geschichtlichen Abschnitt über den Ersten Weltkrieg doch damit beginnen, die Selbsteinschätzung der deutschen Politik zum Kriegsbeginn kurz darzustellen.
Der Marburger Neukantianer Paul Natorp[3] schreibt beispielsweise 1914 in einem Brief an einen holländischen Theologen »über den gegenwärtigen Krieg. Das moralische Urteil ist einfach: Er sollte nicht sein, und wer ihn zu verantworten hat, hat eine ewige, nicht zu tilgende Schuld auf sich geladen. Wer ihn zu verantworten hat, darüber ist in Deutschland kein noch so geringes Schwanken. Es sind die Mörder von Serajewo, ich meine nicht die ausführenden Organe, sondern deren intellektuelle Anstifter in Belgrad und Petrograd; es ist der sich ›Panslawismus‹ nennende *Pantatarismus*, der seit Jahrzehnten schon in skrupelloser Minierarbeit den Weltenbrand anzulegen am Werke war; dem in unbegreiflicher Verblendung gegen ihre eigensten wahren Interessen die Westmächte sich zu Helfershelfern verschrieben haben... Aber das deutsche Volk in seiner ungeheuren Masse, vom Kaiser bis zum letzten Sozialdemokraten, hat von seiner Friedensliebe seit mehr als vierzig Jahren immer wieder die stärksten Beweise geliefert; es war entschlossen, nicht ohne absolut dringende Not je wieder zu den Waffen zu greifen – aber auch entschlossen, wenn die Stunde der Not kam, sie so zu [ge]brauchen, daß man zu weiterer Herausforderung die Lust verliert...«

[3] CW 1914, Nr. 38, 861 f. Vgl. denselben auch in: Der Tag der Deutschen (Hagen i. W. 1915), 20.

Ganz andere Gesichtspunkte stellt Ernst Vogt[4] nebeneinander, die, wie er meint, den späteren Historiker als »reizvolle Aufgabe« zum Aufweis der Kriegsursachen zwingen werden:
»Die persönlichen Motive, die sich für uns ... an die Namen Alexander III., Eduard VII. und Delcassé knüpfen, werden zurücktreten; aber auch die politischen Systeme und Anschauungen, deren Vertreter diese Männer waren und sind, werden nicht allein zu würdigen sein. Dahinter erhebt sich die Lehre von dem weltwirtschaftlichen Gegensatz, die den Völkern Krieg und Frieden gebieten soll, von dem Futterplatz, der ... immer einmal wieder mit den Waffen verteidigt werden muß. Auch das Problembündel, das in dem Verhältnis von Staat zu Nation und Rasse ruht, wird eine Rolle spielen bei der Betrachtung dieses Krieges, in dem Rußland für den Rassegedanken kämpft, während Österreich-Deutschland den Staat gegen eine Überspannung von beidem – Rasse wie Nationalität – verteidigt. Ganz in der Ferne aber, da, wo Geschichte sich mit Naturwissenschaft berührt und die Völker in ihrer unablässig langsamen Bewegung dem kalt ruhigen Vordringen der Gletschermassen gleichen, zeichnen sich die Linien des weltgeschichtlichen Prozesses der großen Wanderung ab, die die Völker immer und immer wieder vom Sonnenaufgang gegen Abend führt.«
Eine für das Jahr 1914 erstaunlich objektive Vogelperspektive! Eine in ihrer Nüchternheit ähnlich singuläre Selbsterkenntnis bot der vielfach angefochtene Marburger Theologieprofessor Martin Rade in seiner »Christlichen Welt«,[5] wenn er zum Kriegsausbruch bemerkt:
»Des reellen Gewinns winkt uns wenig in diesem Krieg und sehr von ferne. Und doch können wir von keinem reinen Verteidigungskrieg reden. Wir waren auch mitschuldig an dem bisherigen Zustande, der nur einen Nicht-Krieg bedeutete, aber keinen Frieden. Nun will endlich die furchtbare jahrelange Spannung ein Ende haben. So wirkt der entsetzlichste Krieg wie eine Wohltat. Jetzt hört wenigstens die Heuchelei auf.«
Die beiden Schlußsätze zeugen von einer – freilich allgemein verbreiteten – Kurzschlüssigkeit, wie sie etwa auch der »Reforma-

[4] CW 1914, Nr. 37, 834
[5] CW 1914, Nr. 32, 767

tion«,[6] dem Organ der Stoecker-Partei in Berlin, zu entnehmen ist, die von einer »Erlösung«, einem »Aufatmen, einem stolzen Aufblicken« des deutschen Volkes spricht, als endlich der Krieg ausbricht. [D 21]

Für den liberalen Theologen Otto Baumgarten in Kiel kam der »Ausbruch des Krieges nicht ganz überraschend«. Er widmete in seiner »Evangelischen Freiheit« ähnlich wie M. Rade in der »Christlichen Welt« und Fr. Naumann in der »Hilfe« dem Kriegsgeschehen eine wöchentliche Chronik, in der er beispielsweise am Reichstagsbeschluß vom 4. August die große Einmütigkeit feiert. [D 22] So zeitbedingt O. Baumgartens Stellungnahmen den Kriegsverlauf kommentierten, so beweglich vermochte der Emeritus noch umzudenken, als der Krieg verloren war:

»So war es für den Ausländer zumeist unfaßlich, daß wir Deutschen mit voller Aufrichtigkeit den Frieden sichern wollten durch immer steigende Kriegsrüstung, daß wir, von einigen chauvinistischen Kreisen abgesehen, die deutsche Flotte höher und höher führen wollten, ohne an einen Konflikt mit der größten Seemacht zu denken, daß der Kanzler Bethmann Hollweg aufs tiefste überrascht war durch die englische Kriegserklärung ... Viel von dem mangelnden Vertrauen der Welt zu Charakter und Ehrlichkeit der Deutschen erklärt sich aus dem Unvermögen der Welt, unsern verkehrten Idealismus als ein wirklich fehlendes Augenmaß für alle Macht und wahrscheinliche Wirkung isolierender Ansprüche zu verstehen.« [7]

Die englische Kriegserklärung traf 1914 nicht nur Reichskanzler Theobald v. Bethmann Hollweg und Professor Baumgarten, sondern, wie letzterer sich ausdrückt: »viele, ja fast alle mit mir wie aus heiterem Himmel«.[8] Einer der vielen war auch der Vater von Ernst Ginsberg. Von ihm schreibt der Sohn 1965 in seinen Erinnerungen darüber: [9]

»Ich erinnere mich, daß mein Vater ... mit totenblassem Gesicht und wie immer seinen Schnurrbart zwirbelnd mir entgegenrief: ›Jetzt haben uns die Engländer doch tatsächlich auch den Krieg

[6] Die Reformation, 13 (1914). Wochenschau von Martin Kiehr, 377 f.

[7] *Otto Baumgarten:* Die Wirkungen des Weltkrieges (1927), 7 f.

[8] O. *Baumgarten:* Kirchliche Chronik der EF 1914, 316

[9] *Ernst Ginsberg:* Abschied (Zürich 1965), 50

erklärt!‹ Es war ihm alles vollkommen unbegreiflich, denn Deutschland, sein Deutschland, war die Unschuld und die Gerechtigkeit selbst, und nur Bösewichte konnten es in einen Krieg verwickeln.«

In diesem Geiste verfaßte der zehnjährige Sohn Ernst Ginsberg zwei Gedichte, eines zum Kriegsanfang und eines an Hindenburg.

Daß die Empörung gegen das feindliche Ausland so einhellig war, lag nicht nur an der Presse, sondern wohl auch zu einem Teil an Aufrufen, wie sie in der »Allgemeinen Evangelisch-Lutherischen Kirchenzeitung« am 4. 9. 1914 (»An die evangelischen Christen im Auslande«) abgedruckt, zunächst aber von den Christen des Inlands gelesen wurden. [D 23] Ihr Grundtenor: »Die Schuld [am Kriegsgeschehen] fällt nicht auf unser Volk und unsere Regierung« wurde von Theologen wie E. v. Dryander, H. v. Bezzel, A. v. Deißmann, A. v. Harnack, Fr. v. Bodelschwingh, J. Kaftan, W. Herrmann, C. Mirbt, Fr. Loofs, Wobbermin und Wundt geteilt und unterzeichnet, blieb jedoch bei Schweizer Pfarrern nicht unwidersprochen.[10]

Wie man die angeblich »rechtliche« Verletzung der belgischen Neutralität durch das Reich, deren »Notwendigkeit« selbst der Reichskanzler in seiner Rede vor dem Reichstag bedauerte – diese charaktervolle Konzession Bethmann Hollwegs wurde umgekehrt selbst von manchem Theologen bedauert! –, nicht nur mit dem kategorischen Imperativ in Einklang bringen konnte, sondern auch juristisch und historisch in den folgenden Jahren zu rechtfertigen versuchte, lehrt eine Flut von Schriften zu diesem Problem.[11]

Daß jene Selbsteinschätzung des Kriegsausbruchs von Leitartiklern der Zeitungen und offiziellen Verlautbarungen beeinflußt war, die wiederum auf die deutsche Historiographie dieser Generation (H. Oncken, J. G. Droysen, Fr. Meinecke) ebenso einseitig einwirkte wie schon auf die Historikergeneration der L. v. Ranke, H. v. Treitschke und H. v. Sybel, so daß ein heutiger Histori-

[10] Vgl. den Aufruf von Schweizer Pfarrern an die evangelischen Christen in den kriegführenden Ländern (1914).

[11] Vgl. etwa *Th. Köstlin* über Kerler: Deutschlands Verletzung der belgischen Neutralität. Eine sittliche Notwendigkeit. In EF 1916, 78 f.

ker von einer »ganzen Schule von Historikern, dem Neorankeanismus«[12] reden kann, braucht hier nicht bewiesen zu werden. Wie selbstherrlich man noch am 27. 10. 1917 in Preußen die Dinge zu sehen imstande war, mag ein Zitat für viele zeigen: H. Oncken[13] redet bei der Kriegsschuldfrage nur von Franzosen und Russen, denen er die Hauptschuld zumißt, während die Engländer glimpflich davonkommen. Wurzeln des Krieges entdeckt er aber immerhin bereits 1870/71, 1884/85 (Kolonialerwerb) und 1912 (Balkankrieg). Nach gut dreijährigem Kriegswüten kommt Oncken zu dem Schluß: »Wie auch immer unsere Hoffnungen und Rechnungen auseinandergehen, unser Siegeswille ist einzig darin, daß wir imstande sind, der vereinten Macht der von England geführten Welt zu trotzen und sie *sogar zu zwingen, einen nachteiligen Frieden* zu suchen.«[14]
Diese Gedanken waren so im Oktober 1917 wohl nicht mehr Allgemeingut im Denken des deutschen Volkes. Trotzdem konnte Friedrich Naumann[15] 1916 in seinem Rückblick »Zwei Kriegsjahre!« mit einigem Recht schreiben: »Es ist seit der Völkerwanderung der erste Volks- und Völkerkrieg im vollen Sinn des Wortes. Einen solchen Grad der Militarisierung hätte jedermann für unmöglich gehalten, wenn er nicht in zwei Jahren wirklich geworden wäre. Heute aber wissen wir, daß diese Umformung des nationalen Daseins nötig ist, lebensnotwendig! Wir erleben das, was seit Kant als kategorischer Imperativ bezeichnet wird, die rückhaltlose Einfügung aller Einzelpersonen in das Schicksal des Gesamtkörpers.« 1964 muß auch der Historiker Fritz Fischer[16] zugestehen: »Schon bevor er ausgebrochen war, verlor der Krieg den Charakter des herkömmlichen Kabinettskriegs, als der er erstanden war.«

[12] *Fritz Fischer:* Griff nach der Weltmacht (Düsseldorf [3]1964), 184
[13] *Hermann Oncken:* Die weltgeschichtlichen Probleme des großen Krieges (1917), 5 f.
[14] *H. Oncken* aaO. 24
[15] Hilfe 1916
[16] *Fr. Fischer:* Griff nach der Weltmacht, 99

August 1914[17]

»Wenn Rußland Gott anruft, so ist das Gotteslästerung. Wir können es tun.« D. Fr. Lahusen am 31. 7. 1914[18]

Was im deutschen Volk während der ersten Kriegsmonate vorging, hat wohl Fr. Fischer[19] am kürzesten und nüchternsten zusammengefaßt:

»Die Erregung der begeisterten Massen, die auf Straßen und Plätzen Lieder sangen, wurzelte in dem subjektiv ehrlichen Gefühl, Opfer einer jahrelangen ›Einkreisung‹ und eines wohlgeplanten Überfalls mißgünstiger Feinde geworden zu sein, so wie es der Reichskanzler später oft genug aussprach... Die deutsche Auffassung vom Ersten Weltkrieg als einem reinen Verteidigungskrieg hat in Deutschland so stark nachgewirkt, daß sie das Bild der deutschen Kriegszielpolitik in den Jahren 1914 bis 1918, ja auch heute noch weitgehend bestimmt.«

Aus der zeitgenössischen Begeisterung genüge uns die eher zögernde Stimme M. Rades:[20]

»Das Beste am Krieg ist sein Anfang. Dies Durchzucktsein und Durchglühtsein des ganzen Volkes von einer Empfindung! Dieser Kurssturz alles sonst so Wichtigen!«

Hält man das, was das deutsche Volk 1914 empfand und seine Regierung beschloß, während sogar die Sozialdemokratie, bislang stärkste Opposition im Reichstag, aus Patriotismus der Kriegsvorlage zustimmte, gegen die wahren imperialistischen Kriegsziele, die von der modernen Forschung hinter diesem »reinen Verteidigungskrieg« entdeckt wurden, so fällt es schwer, nicht von Verblendung zu sprechen.

Lassen wir zunächst wieder Fr. Fischer, der sicher einseitig gerade diese Ziele und Ideen in den Geheimdokumenten der Kriegsjahre aufdeckt, das Wort:[21]

17 Zu der Flut von Büchern, die allein über die Ereignisse dieses Monats veröffentlicht wurden, vergleiche man den Dokumentationsteil.

18 In einem Brief an seinen Sohn. Vgl. Briefe, 84.

19 *Fr. Fischer:* Griff nach der Weltmacht, 110

20 CW 1914, Nr. 32, 769

21 *Fr. Fischer:* Deutsche Kriegsziele. In *Ernst Graf v. Lynar:* Deutsche Kriegsziele 1914–1918. Ullsteinbuch Nr. 616 (Berlin 1964), 20 f.

»Es handelt sich ... um Ausbau und Sicherung einer deutschen Weltmachtstellung als Ertrag des mit so ungeheuren Opfern als Verteidigungskrieg – wie er vom Volk empfunden, von der Regierung feierlich proklamiert wurde – begonnenen Weltkrieges, wobei die überseeischen und Orientziele als Fortsetzung der seit 1890 im Zuge eines voll bejahten Imperialismus betriebenen ›Weltpolitik‹ erscheinen ...!

Die ... kontinentalen Kriegsziele als Basis der angestrebten Weltmachtstellung bestanden aus dem Ausbau erweiterter direkter und indirekter Einflußmöglichkeiten Deutschlands: Von begrenzten unmittelbaren Annexionen (z. B. Lüttich, Longwy-Briey, Luxemburg, bzw. polnischer Grenzstreifen und Kurland, Litauen) reichten sie über ›Mitteleuropa‹, als zumindest wirtschaftliche Einheit, und eine Kette von vorgeplanten mehr oder minder von Deutschland abhängigen neu zu schaffenden Pufferstaaten (z. B. Belgien, Polen, Ukraine) hin zur Absteckung wirtschaftspolitischer Einflußsphären (z. B. Rumänien, Türkei, Georgien). Hinzu kam, daß unter Abstoßung gewisser überseeischer Außenposten, zumal in der Südsee, eine Arrondierung und Konzentration des afrikanischen Kolonialbesitzes – eben in Fortführung der bis 1914 geführten Politik – durch Bildung eines zusammenhängenden verteidigungsfähigen deutschen ›Mitteleuropa‹ angestrebt wurde, das über den Sudan und Ägypten eine Verbindung zu der arabisch-türkischen Welt erhalten sollte. Die deutsche Kriegszielpolitik wurde bis 1917 und, mit der kleinen Abweichung der Friedensresolution, auch darüber hinaus nicht nur von den Gruppen der Alldeutschen und der dritten OHL unter Ludendorff propagiert, sondern von einer breiten Front vertreten, die von dem alldeutschen Flügel der Konservativen über National-Liberale, Zentrum und Freisinn bis zu dem rechten Flügel der SPD reichte.«

Die Friedensbedingungen, die Reichskanzler Bethmann Hollweg 1917 an Präsident Wilson stellte, entsprachen, soweit sie Deutschland selbst betreffen, noch ganz den oben angegebenen von 1914.[22]

Diese Ziele wurden sicher nicht primär vom Kaiser entworfen,

[22] Vgl. *Fr. Fischer* aaO. 44 f.

sondern gingen im ganzen auf die Alldeutschen[23] zurück, im gemäßigteren Sinn auf das Auswärtige Amt und Bethmann Hollweg,[24] wobei die Parteien und militärischen Kreise im einzelnen unterschiedlich radikal, alle jedoch durchaus annexionistisch aus-

[23] Vgl. z. B. *Daniel Frymann* (alias Claß): Wenn ich der Kaiser wär – (Leipzig 1914).

[24] Über Bethmann Hollweg vgl. *Fr. Fischer:* Griff nach der Weltmacht, 112 und 133. Besonders aber *Karl Dietrich Erdmann:* Zur Beurteilung Bethmann Hollwegs. In: Geschichte in Wissenschaft und Unterricht, 15 (Stuttgart 1964), 525–540, welcher aus den Tagebüchern Kurt Riezlers, des engsten Mitarbeiters des Kanzlers, ein gemäßigt konservatives, fatalistisches Persönlichkeitsbild von diesem zeichnet: »Dieser Fatalismus trug bei ihm durchweg einen pessimistischen Zug. Das ist oft bezeugt« (535). In dieser eher düsteren, den Krieg als unausweichliches Verhängnis beurteilenden Haltung unterscheidet sich der selten begeisterte und einer Begeisterung fähige Bethmann Hollweg auch im August 1914 von dem pseudoreligiösen Triumphgefühl der allermeisten Deutschen: »Nichts von Triumphgefühl und Eroberungsgeste bei Bethmann Hollweg in jenen ganzen Augustwochen des deutschen Voranstürmens. Der Bethmann Hollweg dieses Tagebuches ist ein Mann, der zerquält ist in sittlicher Verantwortung, der es ›wortlos trägt, daß er das deutsche Volk in diesen Krieg führen mußte‹, der sich grämt (15. und 18. August 1914).«
»... stehen wir vor dem tiefsten inneren Widerspruch dieses Mannes, der vielleicht an den Kern seines Wesens rührt. Denn ohne Zweifel war er doch bemüht, im Kriege die deutsche Herrschaft zum Zwecke der Daseinssicherung des Reiches auszubauen, wenn und soweit dies möglich war. Aber er war zugleich von tiefster Skepsis darüber erfüllt ... ›Es liegt eine furchtbare Tragik in dem Krieg‹, so lesen wir in einem Gespräch mit Bethmann Hollweg, ›vielleicht auch in dem Schicksal des deutschen Volkes. Kein Zweifel, daß es an seiner politischen Herrschaft, wenn es siegt, intellektuell zugrunde gehen wird ... Er sagte, es wäre eine Tragödie, das deutsche Schicksal ...‹ Und eingeflochten in dieses Gespräch findet sich die Erinnerung an Nietzsches düsteres Wort bei der Reichsgründung, daß der Sieg völlige Niederlage bedeuten könne, ›die Niederlage, ja Exstirpation des deutschen Geistes zugunsten des deutschen Reiches‹« (aaO. 538 ff.).
Dieser Geschichtsfatalismus erinnert in seiner Skepsis sowohl an Nietzsches Worte von 1871, wie an den Pessimismus Albrecht Ritschls anläßlich des Todes des von ihm sehr verehrten Kaisers Wilhelm I. (1888), der ihn zu der »peinlichen Frage« veranlaßte, »ob Kaiser Wilhelm nach Karl dem Großen oder nach Otto dem Großen dekliniert wird, ob er eine geschichtliche Episode oder der Anfang einer dreihundertjährigen Größe unseres Volkes sein wird. Ich kann mich eines Pessimismus nicht erwehren, der in meinem Temperament nicht, vielleicht in meiner Altersstufe begründet, dem aber die Zeitgeschichte sehr Nahrungsstoff bietet.« (Vgl. *Otto Ritschl:* Albrecht Ritschls Leben, Bd. 2, 498.)
Zur Erklärung dieser Zwitternatur Bethmann Hollwegs wird das angestammte säkularisierte Luthertum des Herrn von Hohenfinow nicht ausreichen, das ihn ähnlich wie Bezzel oder Ritschl vor dem populären Hurra-Enthusiasmus in Preußen-Deutschland warnte, sondern der verhängnisvolle Umstand hinzuzunehmen sein, daß er das großdeutsche Erbe Bismarcks als »Mehrer des Reichs« verwalten mußte, und jener damals im deutschen Volk lebendige sonderbare »Kriegsidealismus«, von dem auch Erdmann spricht (aaO. 535).

gerichtet waren. Trotzdem sollte hier, wo es um die Stellung der evangelischen Kirche zu all diesen Dingen geht, auch von der persönlichen Einstellung des Kaisers die Rede sein, der als »Proteusnatur« überaus leicht zu begeistern war. Denn der Satz A. Stoeckers: »Wir Preußen machen zwischen König und Vaterland keinen Unterschied. Wo der König ist, da ist das Vaterland, und wo das Vaterland ist, da ist der König« [25] drückt nicht nur das Selbstverständnis auch eines Wilhelm II. aus, sondern ebenso die Überzeugung der meisten politisch verantwortlichen Deutschen bis 1917, darunter allen voran der evangelischen Geistlichkeit, deren letzter summus episcopus Wilhelm II. war. Auch die Meinung von Graf Waldersee (1888): »Wir dienen dem Herrn, den Gott uns gegeben hat, als Landesherrn und werden ihm auch treu sein, wenn er nicht so sein sollte, wie wir ihn wünschen« [26] galt im neunzehnten Jahrhundert noch so einhellig wie dann wieder in den Jahren des Ersten Weltkriegs.[27] Wilhelm II. hatte seit 1900 immer mehr Fehler oder vielmehr Taktlosigkeiten begangen, die ihm vorübergehend die Gunst mancher Anhänger entzogen. An zwei dieser Fauxpas sei erinnert: an die Rede bei der Rekrutenvereidigung in Potsdam 1891 [D 24] und an die »Hunnenrede«,[28] die den Kaiser nicht nur in den Reihen der deutschen Sozialdemokratie, sondern auf dem ganzen Erdball »unmöglich« machten, von ihm selber jedoch wohl ebensowenig in ihrer möglichen Fernwirkung auf Andersdenkende bedacht waren wie das heftig umstrittene Interview mit dem »Daily Telegraph« 1908.[29]

Die Frage, ob die deutsche politische Spitze 1914 leichtsinnig den

[25] Zitiert nach: Zwischen den Zeiten 8 (1924), 34

[26] Zitiert nach *Fr. Fischer:* Der deutsche Protestantismus, HZ 171, 515.

[27] Wie dieser »deutsche Kaiserkult und Servilismus« schon um 1890 kritisch von einem in Berlin studierenden Schweizer Theologen betrachtet wurde, geht aus dem Tagebuch von *Leonhard Ragaz* hervor. (Zitiert bei *Markus Mattmüller:* L. Ragaz, Bd. I [Zürich 1957] 56 ff.) Vgl. nunmehr auch: Leonhard Ragaz in seinen Briefen. 1. Band, 1887–1914 (Zürich 1966), 4 ff. Brief Nr. 2: An seine Eltern und Geschwister aus Berlin, 16. Juni 1889.

[28] Abgedruckt bei *Georg Kotowski:* Das Wilhelminische Deutschland. Fischer-Bücherei Nr. 611 (Frankfurt 1965), 54 f.

[29] Vgl. dazu u. a. *E. Eyck:* Das persönliche Regiment Wilhelms II. (Zürich 1948), 492 ff. Neuerdings auch: *Ernst Johann* (Hrsg.): Reden des Kaisers. Ansprachen, Predigten und Trinksprüche Wilhelms II. dtv-Dokumente 354 (München 1966), Nr. 8 und 32

Krieg vom Zaun brach, wird angesichts der schwankenden, leicht entzündbaren, aber oft auch vorsichtig dämpfenden Art des Obersten deutschen Kriegsherrn sicher nicht mit einem einfachen Ja zu beantworten sein. Menschlicher Leichtsinn hat Wilhelm II. gewiß nicht bewogen, pathetisch den tausendfach zitierten Satz auszusprechen: »Ich bin gezwungen, zur Abwehr eines durch nichts gerechtfertigten Angriffs das Schwert zu ziehen«. [D 25] Und gewiß ist es dem praktizierenden Protestanten »Gewissenssache gewesen, wenn möglich den Ausbruch des Krieges zu verhüten«. Ob jedoch seine »vergeblichen Bemühungen« wirklich ausreichend waren, ihm objektiv dieses »reine Gewissen über den Ursprung des Krieges« zu verschaffen, über dessen »Gerechtigkeit« er »sicher« war, darf füglich bezweifelt werden.[30] Immerhin wollen zwei sonst so verschiedenartige Stimmen wie die von Houston Stewart Chamberlain und dem späteren Theologieprofessor Emil Fuchs, die über Wilhelms II. Friedensrede merkwürdig übereinstimmten, beachtet sein:

H. St. Chamberlain schrieb nach Ausbruch des Krieges 1914 in der »Internationalen Wochenschrift für Wissenschaft, Kunst und Technik«:[31] »In ganz Deutschland hat in den letzten vierunddreißig Jahren nicht ein einziger Mann gelebt, der den Krieg gewollt hätte, nicht ein einziger. Wer das Gegenteil behauptet, lügt – sei es wissentlich oder unwissentlich.« Den deutschen Kaiser läßt Chamberlain von zwei »Dominanten« seines Handelns bestimmt sein: »Das tiefe, nie weichende Gefühl der Verantwortung vor Gott und – hierdurch eng und stark bedingt – der energische, herrische, ja – wenn es nicht zu paradox klingt – der ungestüme Wille, Deutschland den Frieden zu bewahren... Kein Wunsch – dessen bin ich innerlichst überzeugt – überwog bei

[30] Vgl. dazu *G. Kotowski* in der Fischer-Bücherei Nr. 611: Das Wilhelminische Deutschland, und *Imanuel Geiß:* Juli 1914. dtv-Dokumente 293 (München 1965). Visionär scheinen die Worte, welche Bismarck Wilhelm II. in dessen erste Thronrede (1888) mischte: »Meine Liebe zum deutschen Heere ... wird Mich niemals in Versuchung führen, dem Lande die Wohltaten des Friedens zu verkümmern, *wenn der Krieg nicht eine durch Angriff uns aufgedrungene Notwendigkeit ist*... Diese Stärke zu Angriffszwecken zu benutzen, liegt mir fern.« (Zitiert nach *Emil Ludwig:* Wilhelm der Zweite [Frankfurt 1968] 49.) Die Tragik des Ersten Weltkriegs liegt auch darin, daß 1914 kaum jemand die »aufgedrungene Notwendigkeit« dieses Kriegs bezweifelte.

[31] Zitiert nach AELKZ 1914, 946 ff.

Wilhelm II. den einen, auf seinem Sterbebett sich sagen zu können: Ich habe meinem Land unverbrüchlichen Frieden bewahrt, die Geschichte wird mich den ›Friedenskaiser‹ nennen.«
Nun, diesen Gefallen tut ihm die Geschichte nicht. Die beiden Seelen in Wilhelm II.: die das Ausland immer wieder als typisch teutsch anmutende Großmannssucht, die ihn imperialistisch und annexionistisch denken, reden, handeln ließ, und die andere, daß er verantwortungsbewußt und demütig vor Gott stand, waren jedenfalls nicht mehr so miteinander zur Deckung gebracht wie noch bei seinem Großvater, Wilhelm I.
Aus den »Erinnerungen« [32] von Emil Fuchs über die Vorkriegsstimmung sei noch ein ähnliches Urteil zitiert, wobei Fuchs nicht in Gefahr steht, apologetisch oder irgendwie »alldeutsch« zu reden. Er war 1914 auf der Studentenkonferenz in Aarau und schreibt davon: »... sosehr man in der Schweiz schon auf den sich vorbereitenden Krieg hinwies, ich glaubte nicht an die Möglichkeit eines solchen. Ich war fest von der Wahrheit der Friedensreden unserer führenden Staatsmänner und Wilhelms II. überzeugt, die ja auch ehrlich gemeint waren, die aber nichts nützten, wenn man nicht die Politik grundlegend änderte. Das aber eben sah man nicht. Wir alle sahen es nicht.«
Die »Proteusnatur« des Regenten zeigte sich auch auf dem Gebiet des Glaubens. Seine vielfach bezeugte rasche Auffassungsgabe ließen Wilhelm II. sich ebenso schnell für theologische Fachprobleme begeistern und dann entsprechend verbindlich auftreten,[33] wie sein leicht historisch-synkretistisches Religionsverständnis ihn das eine Mal für die germanische, ein anderes Mal für die vorderasiatische Mythologie einnahm. Auch Politik und Religion vermischten sich ihm unter der Hand eigenartig, wenn er eine Reise nach Jerusalem unternahm und sich im Orient 1898 zum »Beschützer der mohammedanischen Welt« aufwarf [D 26] oder wenn er die katholischen Polen 1915, so unrealistisch wie wirkungslos, durch plakatierte Anschläge auf die deutsche Seite zu ziehen versuchte, indem er ihnen suggerierte, die Jungfrau Maria sei ihm im Traum erschienen und habe das deutsche Schwert gesegnet. [D 27]

[32] *Emil Fuchs:* Mein Leben, Bd. I (Leipzig 1957), 275
[33] Vgl. seine Stellungnahme im »Bibel-Babel-Streit«.

Die imperialistische Seite Wilhelms II. dürfte sich auch ein wenig aus dem Bewußtsein erklären, Erbe einer großen Vergangenheit zu sein, ja mehr noch, ihr Restaurator und Konservator zu werden durch die Errichtung einer neuen deutschen kaiserlichen Hegemonie in Europa.[34] Der historisch getreue Wiederaufbau eines Römerkastells im Taunus, der mittelalterlichen Hochkönigsburg im Elsaß, die jeweils halbpolitischen Reisen nach dem Orient, nach »Nordland«, nach Sizilien, an sich Kleinigkeiten, zeigen Wilhelm II. stets im vollen Engagement und weisen auf eine Eklektikernatur hin, wie das fin de siècle sie mehrfach hervorgebracht hat. Ludwigs II. von Bayern Märchenschlösser spiegeln eine ähnliche Sehnsucht nach vergangener Prunk- und Machtentfaltung wider; nur ist der museale und friedliche Charakter dieses Sammelsuriums bei ihm noch offenkundiger als bei Wilhelm II.

Wie wirkte der Glaube und das Vorbild des Regenten nun auf seine Untertanen ein? Das von ihm 1914 verordnete Kriegsgebet spricht für sich selber. Es lautet: »Allmächtiger, barmherziger Gott! Herr der Heerscharen! Wir bitten dich in Demut um Deinen allmächtigen Beistand für unser deutsches Vaterland. Segne die gesamte deutsche Kriegsmacht. Führe uns zum Siege und gib uns Gnade, daß wir auch gegen unsere Feinde uns als Christen erweisen. Laß uns bald zu einem die Ehre und Unabhängigkeit Deutschlands dauernd verbürgenden Frieden gelangen.« [35]

Daß Wilhelm II. den Frieden ehrlich suchte und, je länger der Krieg dauerte und Opfer forderte, desto mehr – freilich einen nicht nur »die Ehre und Unabhängigkeit«, sondern Vergrößerung

[34] Vgl. dazu heute *Fr. Fischer:* Deutsche Kriegsziele (Hrsg. Lynar, Ullstein 616, 55 ff. und 65): »Gestützt auf die verbündete Türkei, insbesondere auf die Ideen und Energie Enver Paschas, hofften die Deutschen mit Hilfe einer panslawischen Bewegung, deren Tragweite freilich überschätzt wurde, Aufstände von Marokko bis Indien entfachen zu können.« (Vgl. dort auch die Fußnote 81.) Ferner 57: »Daneben bemühte man sich anhaltend, Persien selbst in den Krieg zu ziehen, unter anderem durch die Ausdehnung des Heiligen Krieges auf die Schiiten ...« Dann 65: »Wie in anderen Gebieten Rußlands erwartete Berlin auch in Kongreßpolen sofort nach Kriegsbeginn einen Aufstand gegen Rußland, ganz in Verkennung der realen Verhältnisse in Polen; denn die Polen waren überwiegend ententefreundlich und antideutsch eingestellt, was sie nicht zuletzt mit der deutschen Ostmarkpolitik begründeten ... (Dabei hoffte man auf moralische Unterstützung des Vatikans; Wilhelm II. und Benedikt XV. erscheinen auf den Proklamationen im Bilde nebeneinander.)«

[35] Zitiert nach *Erich Förster:* Die Stellung der evangelischen Kirche im Kriege, 118 f.

Deutschlands garantierenden Frieden! –, darf wohl ebenso sicher angenommen werden wie die Tatsache, daß er den Kriegsausbruch 1914 nicht mit allen Mitteln zu verhindern gesucht hatte.
Am 31. 10. 1916 hat der Kaiser an seinen Reichskanzler folgenden Brief gerichtet: [36]
»Unser Gespräch habe ich noch nachher gründlich überdacht. Es ist klar, die in Kriegspsychose befangenen, von Lug und Trug im Wahn des Kampfes und im Haß gehaltenen Völker unserer Feinde haben keine Männer, die imstande wären, die den moralischen Mut besäßen, das befreiende Wort zu sprechen. Den Vorschlag zum Frieden zu machen, ist eine sittliche Tat, die notwendig ist, um die Welt – auch die Neutralen – von dem auf allen lastenden Druck zu befreien. Zu einer solchen Tat gehört ein Herrscher, der ein Gewissen hat und sich Gott verantwortlich fühlt und ein Herz für seine und die feindlichen Menschen. Der, unbekümmert um die eventuell absichtlichen Mißdeutungen seines Schrittes, den Willen hat, die Welt von ihren Leiden zu befreien. Ich habe den Mut dazu, ich will es auf Gott wagen. Legen Sie mir bald die Noten vor und machen Sie alles bereit.

Wilhelm I. R.«

Trotz des bitteren Lächelns, das solche Töne heute in uns auslösen, kann nicht oft genug festgestellt werden, daß sie aus ehrlichem Herzen kamen.
Aus solchem Herzen sprach auch die Geistlichkeit, die diesem Thron zu Füßen stand, ihr Wort, voll Anhänglichkeit und Verehrung für das Kaiserhaus auch dann noch, als es mit dessen Herrlichkeit vorbei war, sprachen die Berliner (Ober-)Hofprediger Bruno Doehring [37] und Ernst v. Dryander, um nur diese beiden herauszugreifen, von denen vor allem letzterer seiner Verbundenheit mit Wilhelm II. aufs deutlichste Ausdruck gegeben hat. Geht Doehring bei der Verkehrung des schrecklichen Todes auf dem Schlachtfeld in den »begnadetsten ... von den vielen Wegen, auf denen Gott die Seinen zu sich rufen kann« [D 28] auch bisweilen seltsame Wege und steht seine Kriegspre-

[36] Zitiert nach CdcW 1917, 83 f.
[37] Vgl. über Doehring, Dryander, den Militäroberpfarrer im großen Hauptquartier D. G. Goens und Pfarrer Pott auch *G. Mehnert:* Evangelische Kirche und Politik 1917–1919, 34 ff.

digtensammlung »Gott und wir Deutsche« ganz unter diesem Thema, so war dies doch die ehrliche Überzeugung der kriegsgemäß verengten »Thron und Altar«-Perspektive.
Diese verzerrte Perspektive brachte selbst den von vielen ehemaligen Schülern und Untergebenen weit günstiger beurteilten E. v. Dryander dazu, »den Kollektivhaß gegen die Feindvölker mit der Weihnachtsbotschaft zu harmonisieren«,[38] freilich nicht so ungut und unbiblisch, wie Mehnert abschätzig meint. [D 29]
Vielleicht spiegelt keiner der berühmten Prediger aus der zweiten Hälfte des Zweiten Kaiserreichs das theologisch verbrämte Kulturbewußtsein, die Bildung und doch auch Bemühung um Vermittlung nach allen Seiten hin so deutlich wider wie die Gestalt Dryanders.
Dem Urteil W. Franks (in »Stöcker und die christlich-soziale Bewegung«), mit Dryander habe »die Gestalt der servilen Abbés aus der Zeit Ludwigs XIV. wieder Einzug gehalten«, tritt Dryanders Schüler Günther Dehn[39] entgegen: »Dies stimmt gewiß nicht. Es gilt vielmehr auch für Dryander das Wort, das man für Kögel (seinen Vorgänger) geprägt hat: ›Ein Royalist, aber kein Byzantiner‹. Daß Dryander die Katastrophe der deutschen Niederlage im ersten Weltkrieg innerlich überwunden hat, glaube ich nicht. Er war in dieser Zeit von starkem Ressentiment gegen die Weimarer Republik erfüllt, was auch in seinen Predigten zum Ausdruck kam.«
Dieses Urteil Dehns wird durch die Schlußkapitel von Dryanders »Erinnerungen« bestätigt, aus deren Einleitung wir zitieren:[40] »In der schweren Zeit des vaterländischen Zusammenbruchs lohnt es sich doppelt, sich auf die ›vorigen Wunder‹ zu besinnen. Es wächst die Sehnsucht, noch einmal in einer fremd gewordenen Zeit den Weg ins Kinderland zu suchen und den Klängen längst vergangener Tage zu lauschen ...«
Die Zeit, der Dryander 1922 resigniert nachtrauerte, begann für ihn 1871 in dem Gottesdienst, in dem der Hofprediger Rudolf Kögel den heimkehrenden »kaiserlichen Sieger im Dom segnete«. Der Augenzeuge berichtet gerührt: »Wir sahen, wie aus den

[38] *G. Mehnert* aaO. 35
[39] *Günther Dehn:* Die vorigen Jahre, 126 f.
[40] *Ernst v. Dryander:* Erinnerungen aus meinem Leben (Bielefeld 1922), 1

Augen des Helden unter Kögels ergreifenden Segensworten für das Haus der Hohenzollern die Tränen rollten. Die unsern folgten von selbst...«[41] Das überwiegend retrospektive Kulturbewußtsein dieser Zeit leuchtet auch aus der Predigt Dryanders anläßlich der »Jahrhundertfeier der Erhebung Preußens und der Freiheitskriege im Dom zu Berlin am 10. März 1913« über die »vorigen Wunder« von Psalm 77,12–16. Daß die Liebe des Oberhofpredigers, der im oftmals von theologischen »Richtungskämpfen« zerrissenen Berliner Oberkirchenrat den Ruf eines guten Vermittlers genoß, zum angestammten Thron nicht einseitig war, geht daraus hervor, daß ihm noch 1918 der »Hohe Orden vom Schwarzen Adler« verliehen wurde.[42]

An dem »persönlichen Regiment Wilhelms II.«, wie Erich Eyck sein Werk über diesen betitelt, hat Eyck den Zug übergangen, daß Wilhelm sich gelegentlich um das Tun seiner Militärpfarrer kümmerte, sie im Großen Hauptquartier empfing und »pastoraltheologische Ansprachen« an sie hielt. [D 30] Daß solche Reden, von den Feldgeistlichen entsprechend weitergegeben an die Truppe, je länger der Krieg dauerte, desto weniger ihren Zweck erfüllten und in zunehmendem Maß berechtigtes »Nörgeln und Kritisieren« der Truppe nicht verhindern konnten, ist das Eine, die bis zuletzt und noch länger (vgl. die offiziellen Stellungnahmen des Evangelischen Oberkirchenrates in Preußen 1919) anhaltende, ja eher wachsende als sich verringernde Gefolgschaftstreue der evangelischen Geistlichkeit ein Anderes.

Die Aufrufe, Predigten und Erlasse der kirchlichen Stellen an das evangelische Kirchenvolk in Heimat und Feld, die Gruß- und Dankadressen der Geistlichkeit an den Kaiser bezeigen nicht nur tiefste Ergebenheit gegenüber dem obersten Kriegsherrn, sondern auch im Inhalt lediglich ein völlig unkritisches Nachsagen dessen, was »von oben kommt«. [D 31–36] Daß selbst die Sozialdemokraten gelegentlich – noch 1917! – in den Huldigungschor gegenüber dem Kaiser einstimmten, was in den Kirchenblättern dankbar registriert wurde, kann dabei nicht überhört werden.[43] Die

[41] *Dryander* aaO. 16

[42] CW 1918, 286

[43] Vgl. CdcW 1917, 88 (Adresse des »Volksfreund«) und 183 (Erklärung von Professor em. *D. Weber*, Bonn, namens der Evangelischen Arbeitervereine).

»alleruntertänigste Huldigung« der zweihundert in Brüssel zu einer »Kriegstagung« unter Vorsitz von Professor Reinhold Seeberg versammelten Kriegspfarrer erneuerte ihr Treuegelöbnis dem Kaiser gegenüber; sie »geloben mit dem tapferen Westheere treulich auszuhalten bis zu einem siegreichen Ende«. [D 37, 38]
Wie solches im Ausland aufgenommen wurde, davon kann hier nur stichprobenweise eine Andeutung gegeben werden.[44]
Der englische »Guardian« beispielsweise schrieb 1915: »Der einzige Gott der Deutschen ist der Angriffskrieg... Es ist von schrecklicher Bedeutung, daß Deutschland das materialistischste Land Europas ist.« In Frankreich mache sich bereits eine geistige Wiedergeburt bemerkbar; in Belgien trete der geistliche Aufschwung klar zutage, und England streife, besonders wenn »die Kirche« ihre jetzige Aufgabe erkenne, schnell die Hülle des Materialismus ab. War es so ganz falsch, wenn der »Guardian« forderte, daß man die Leitung der Weltgeschichte wieder Gott und nicht dem Kaiser übergeben solle? War es weiter so ganz unverständig, wenn dort vorgeschlagen wurde, die anglikanische Kirche, ja sogar alle englischen protestantischen »Sekten« sollten den Protestantismus ablehnen, weil er aus Deutschland stamme? Andere Theologen wandten sich gegen die wissenschaftliche Theologie, weil ihre Hauptvertreter Deutsche seien (und als solche ähnlich ausfallend gegen England redeten, wie z. B. A. v. Harnack). Man behandelte in englischen Kirchenblättern ernstlich die Frage, ob man noch den Choral »Nun danket alle Gott« und andere aus Deutschland stammende Kirchenlieder singen dürfe. »Andere sonst ernste christliche Zeitschriften stellen geradezu Deutschland als die satanische Macht der Finsternis, den deutschen Kaiser als den Antichrist dar, den es unter Gebet und Flehen zu bekämpfen gelte bis aufs Blut. Eine umfangreiche Broschüre der ... vielgelesenen Penn Lewis bemüht sich ... nachzuweisen, daß Kaiser Wilhelm von Dämonen besessen sei.«
Fühlte sich Kaiser Wilhelm II. somit als »oberster Kriegsherr« für Volk, Heer und Kirche, so hatte dieser mehr aus germanischem als christlichem Denken entsprossene Führergedanke doch eine Grenze: Als gegen Ende des Krieges die Widerstandskraft

[44] Zitiert nach CdcW 1915, 109 f.

des deutschen Heeres und Volkes stark erlahmte, wurde nach Bethmann Hollwegs Abgang Reichskanzler Georg Michaelis in der evangelischen Presse als betont »christliche Persönlichkeit« wegen seiner Abstammung aus pietistischen Kreisen herausgestellt.[45] Auf Umwegen über den Hof legte er dem Kaiser nahe, an die Front zu gehen, um allenfalls durch einen Heldentod des obersten »Herzogs« dem Volk die demoralisierten Nerven neu zu stählen.[46] Dieser lehnte aber energisch ab, wie er sich auch bei der endgültigen Katastrophe der Verantwortung durch die Flucht nach Holland entzog. Von der Nutzlosigkeit jenes Ansinnens abgesehen, sollte man der Parallele mit dem Ende der Hitlerschen Katastrophe 1945 in Berlin doch mehr Bedeutung zumessen, als es weithin geschieht.

Es ist nicht ganz müßig, nach den Gründen zu fragen, warum die Katastrophe 1918 kommen mußte, aber es ist wohl zu einfach, wenn Johannes Haller[47] die »größte Schuld ... den verantwortlichen Trägern der Staatsgewalt, am meisten dem Reichskanzler« anlasten will.

»Sie haben nicht nur nichts getan, die öffentliche Meinung zu erziehen und vor Abwegen zu bewahren, sie haben sie sogar systematisch irregeführt.« Haller datiert den Beginn dieser bis heute in Deutschland mit wenigen kurzen Unterbrechungen üblichen Methode bereits in die Ära Bülow: »In ihr wurde das Beschönigen und Vertuschen, das Bemänteln und Frisieren der Tatsachen zum System erhoben. Hatten wir eine Schlappe erlitten, so wurde daraus ein Erfolg gemacht, und war der Mißerfolg gar zu deutlich, so sollte es unter den gegebenen Umständen immer noch ein erfreuliches Ereignis sein. Der Kanzler, unübertrefflich in der Kunst, die Dinge immer wieder notdürftig zu ›arrangieren‹ und auch die verfahrenste Situation einzurenken, gewöhnte die Nation förmlich daran, den Brunnen immer erst zuzudecken, wenn wieder ein Kind hineingefallen war. So entstand jene Atmosphäre des bequemen Optimismus und heilenden Selbstbetrugs, in der

[45] Vgl. dazu die Beschreibung seiner Berufung zum Kanzler durch Michaelis selber in seiner Autobiographie »Für Staat und Volk«, 311 und 381.

[46] Vgl. dazu *Siegfried A. Kaehler:* Vier quellenkritische Untersuchungen zum Kriegsende 1918 (Göttingen 1960), 423 ff.

[47] *Johannes Haller:* Die Ära Bülow (1922), 148 f.

das energische politische Denken einschlief, das Gefühl der Verantwortung taub wurde, die Fähigkeit zu freiem persönlichem Entschluß erstickte in seichter Schönrederei, bis schließlich die große Masse der Nation in einem Zustand halbwachen Träumens ihrem Verhängnis entgegentaumelte, eine Schar von Blinden mit einem blinden Führer an der Spitze, dem Abgrund zu.«

Dieser 1922 geschriebene traurige *Epilog* auf die Jahre 1897 bis 1909 muß auch als *Prolog* zum folgenden Kapitel gelesen werden. Denn die Predigten, die zu Kriegsbeginn 1914 gehalten wurden, unzählige Male gedruckt und sich in Tenor und Wortwahl schier endlos wiederholend, erwuchsen nur deshalb aus so viel Begeisterung und entzündeten sie ihrerseits, weil das »energische politische Denken« längst eingeschlafen war und Deutschland – wie das übrige Europa – einem Krieg entgegensah, über dessen Folgen man sich nicht allzu vielen kritischen Gedanken hingab.

»Solange es Menschen gibt, wird das Jahr 1914 in ihrer Erinnerung fortleben und den bedeutungsvollsten zugerechnet werden. Unsere fernsten Nachkommen werden singen und sagen von diesem Jahre des furchtbarsten Völkerkampfes, der je auf Erden getobt hat, von dem Überfall der halben Welt auf das friedliche Deutschland, von der deutschen Einigkeit und Opferfreudigkeit, von deutscher Kraft und deutschem Heldentum, von nie geahnten Siegen deutscher Waffen und von dem zähen, ergreifenden Ringen im Osten und Westen, zur See und in den Lüften. – Blutrot ist der Strahlenkranz, in dessen Schmuck das Jahr 1914 ins Meer der Zeiten gesunken ist; aber ein Strahlenkranz ist's, der allen kommenden Geschlechtern den Weg zu deutscher Größe weisen wird.«

Pfarrer E. Le Seur in einer Neujahrspredigt 1915

»Mit der Kritik von Predigten ist es eine eigene Sache. Es wird zu viel Mittelgut auf den Markt geworfen. Es wäre besser, mancher liebe Amtsbruder hätte seine Predigten daraufhin genauer angesehen, ob sie wohl durchaus zum Druck befördert werden mußten ... Was jetzt alles gedruckt wird, ist nicht nur Sintflut, es ist geradezu Sündflut.«

In einem Brief eines Doktors der Theologie [1]

Diese »Sintflut« theologisch-systematisch zu ordnen, wird die Aufgabe des zweiten Teiles sein. Hier kann es nur darum gehen, eine knappe Auswahl von Predigten vorzustellen, die bei Ausbruch des Krieges und noch im ersten Kriegsjahr, als die strategischen Aussichten für das deutsche Heer günstig standen, die ungehemmte Begeisterung widerspiegelten, welche das deutsche Volk samt seinen geistlichen Führern ergriff und zu überschwenglichem Pathos hinriß.

»Distanz ... und hemmungslose Anpassung: das sind die Pole, innerhalb deren sich die politische Auslegung der Schrift bewegte. Das Pendel schien allerdings damals verdächtig weit nur zum einen Pol hin auszuschlagen: Indem man die Situation des

[1] AELKZ 1916, 649

Kriegsausbruchs als Gottes Stunde heiligend überhöhte, situationsgerecht predigen wollte, ... verfiel man eben dieser Situation. Indem man aus dem biblischen einen kantisch-germanischen Gott machte, klangen die Inhalte der biblischen Geschichte zu nahe dem, was sich patriotischer common sense ohnehin selbst sagen konnte.« So faßt Wolf Dieter Marsch sein Urteil über »die politische Predigt zum Kriegsbeginn 1914/15« zusammen.[2]
Daß diese Sicht durchaus nicht durch die Entfernung verzerrt ist, beweist die positiv gemeinte Erkenntnis M. Rades vom Jahr 1915: »Ich bin der Meinung, die Kirche hat ihre Schuldigkeit getan. Sie hat es verstanden, den Beruf, den der Kriegsausbruch für unser Volk ihr zeigte, zu erfüllen... Die Kirche ist von Kriegsanfang an rückhaltlos und grundsätzlich auf die Seite des kämpfenden Volkes getreten. Für die Kirchenbehörden – als Staatsbehörden – war das unumgänglich... Das Christentum ging auf im Deutschtum. Nicht daß man vergessen hätte, daß es etwas anderes ist... Aber man fand irgendwie die Gleichung, man zog unwillkürlich, unter einem inneren Zwang und darum mit ganzem Ernst, das Christentum in den Dienst der nationalen Erhebung, des staatlichen Widerstandes, der kriegerischen Kraft. Feldprediger wurden wir alle, nicht nur überzeugt mit Luther, ›daß Kriegsleute auch in seligem Stande sein können‹, sondern auch unserm Kaiser vertrauend: ›Mit reinem Gewissen und reiner Hand ergreifen wir das Schwert.‹« [3]
Nun, jede Begeisterung läßt Objektivität weitgehend vermissen und nimmt alle bisherigen objektiven Maßstäbe in ihren Dienst. Es ist also zu fragen, *was* die Prediger damals so einhellig entflammte, daß das Bibelwort zur bloßen »Hilfstruppe« der einen, nationalen Idee werden konnte.
Da waren einmal die von oben nach unten systematisch lancierten Ideen: »Wir sind überfallen worden, seit Jahren bereits von allen Seiten planmäßig eingekreist. Die anderen Völker Europas neiden uns nicht nur unseren Lebensraum in Europa, sondern wollen auch jede weitere Ausbreitung in Übersee hindern.« Hinzu kam, daß Deutschland sich kulturell als »Mauer« und »Schutzwall« gegen die seit Jahrhunderten aus dem Osten andrängenden

[2] Ev. Theol. 1964, 531 f.
[3] CdcW 1915, 377 f.

»Horden« des Slawismus, nun des »Panslawismus«, verstand und sich in diesem Kampf nach der britischen Kriegserklärung von der gemein-germanischem Wesen am nächsten verbundenen Macht, Großbritannien, aufs schmählichste verlassen glaubte.
Vergleicht man daraufhin Predigten, die zum allgemeinen Buß- und Bettag am 9. 8. 1914 in Deutschland gehalten wurden, um preußischer Tradition gemäß einen Krieg jeweils mit einem solchen Tag zu eröffnen, mit Bußtagspredigten vom Jahre 1870, so fällt auf, daß die dort schon im Keim vorhandene Veräußerlichung der Buße und die dialektische Verkehrung der Demut in Verherrlichung des eigenen Rechts 1914 bis zur Blasphemie fortgeschritten ist. [D 39, 40]
So konnte selbst ein Adolf Schlatter[4] an diesem Tag sagen: »Es glüht die helle Hoffnung in unserer Seele, daß sich eine große Stunde nahe, die unserem Volk einen Fortschritt bringe, nach innen die verstärkte Einigung, nach außen die versuchte Macht; aber die Hoffnung ist noch nicht Gewißheit. Wir warten ...«
Pfarrer D. Hackenschmidt,[5] Straßburg, konnte am 30. 8. 1914 in einer Predigt über Mt 10,34 die Frage »Wie denken wir göttlich vom Krieg?« mit der Parole beantworten: »Es geht *Mit Gott* für Kaiser und Vaterland.«
Ähnlich der Tübinger Garnisonspfarrer Dr. O. Meyer am 20. 9. 1914 vor dem Ausmarsch Kriegsfreiwilliger: »*Gott und das Vaterland.* Wir spüren es jetzt unmittelbar: beide gehören zusammen.« [D 41]
Christ und Soldat konnten fast gleichgesetzt werden. Zahlreich sind auch die Predigten, welche die Anfangserfolge des deutschen Heeres in West und Ost zu einem Triumph des größeren Glaubens auswerteten. Als Beispiel genüge die Predigt des Rektors D. Samuel Eck der Landesuniversität Gießen, der Jes 7,9 übersetzt: »Wir glauben, darum bleiben wir.« [D 42] Daß die Gießener theologische Fakultät auf ihren patriotischen Ruf im Zweiten Kaiserreich hielt, geht auch daraus hervor, daß sowohl Bismarck wie später Reichskanzler Bethmann Hollweg (1915) von ihr den theologischen Ehrendoktor verliehen bekamen.

[4] Kriegspredigten aus dem großen Krieg 1914 und 1915, Hrsg. *Paul Wurster,* 1915, 1. Vgl. zu Schlatter auch *H. Fausel:* Theol. Ex. h. 121, 35 ff.
[5] *P. Wurster:* Kriegspredigten aaO. 167

Die Sehnsucht vieler älterer Patrioten erinnerte sich an 1870 und pries die Teilnahme auch im – und teils sogar als – Gottesdienst. [D 43]

Aus einer »Veteranengrabrede in Kriegszeit« von Pastor Freybe:[6] »Wer 1870/71 seine Pflicht getan, der hat auch für die Zukunft mitgearbeitet, der hat mit dazu beigetragen, daß wir lange Frieden hatten, aber auch dazu, daß wir uns 1914 so einig, willig und freudig erheben konnten, um der grimmigen Gegenwart mutig und gerüstet zu begegnen.«

Die »Sünden«, die in der Predigt gerügt werden, sind Uneinigkeit aus Parteihader, den der Kriegsbeginn mit einem Mal hinweggefegt hat, die Gottlosigkeit, die aber nur bei *einer* Partei gesehen wird, und die Sittenlosigkeit, die wieder nur sehr oberflächlich in seichter Literatur, Theater, französischer Mode u. ä. angeprangert wird.[7]

Meldete der Kriegsbericht eine unerwartete Niederlage – anfangs geschah dies eher als später, als die Niederlagen zahlreicher wurden –, so hielten es die Prediger für ihre Pflicht, die Gemeinden zu trösten mit dem Argument: Wenngleich die Feinde zahlreicher sind, ist doch Gott mit uns; zum Teil auch unter Hinweis auf den anfänglichen Buß- und Bettag vom 9. 8. 1914, an dem doch das ganze Volk Buße getan habe für seine Sünden. [D 44, 45] Im übrigen herrschte das stolze Bewußtsein der eigenen Überlegenheit vor, besonders der geistigen, religiösen und kulturellen Überlegenheit gegenüber der fremden »Bestialität, Brutalität, Roheit, Falschheit, Niedrigkeit und Zügellosigkeit«. [D 46–49] Was in dieser Hinsicht damals auf deutschen Kanzeln mit großem Pathos von »deutschem Christentum« als dem »Licht der Welt« verkündet wurde, half ohne Zweifel den Boden bereiten für eine noch oberflächlichere Auslegung der Bibel in den dreißiger Jahren dieses Jahrhunderts.

Wir grenzen uns damit ab von dem Urteil Heinrich Fausels,[8] das sich wohl vor allem auf die Beispiele aus der von Professor Paul Wurster, Tübingen, herausgegebenen »Monatsschrift« stützt, die

[6] EF 1914, 418

[7] Vgl. u. a. die Predigt von D. C. A. *Witz-Oberlin* am 9. 8. 1914 über Mt 10,28 ff. in *P. Wurster:* Kriegspredigten ..., 262 ff.

[8] Theol. Ex. h. 121 (1965), 31

aus Württemberg stammen: »Der billig-ruhmredige Patriotismus wird (in der Predigt!) abgewehrt, das Zeitungsgeschwätz von der Unüberwindlichkeit deutscher Kraft, von der Unerschöpflichkeit deutscher Kultur.« Freilich könnte Fausel auch auf Professor Gustav Wohlenbergs (Erlangen) »Winke und Warnungen – Predigten in der Kriegszeit«[9] verweisen, der forderte: Der Kriegsprediger »lasse den Donner der Kanonen, das Geknatter der Gewehre, kurz die ganze Atmosphäre des Krieges nicht zu stark hervortreten. Er vergesse nie, daß er auch in Kriegszeiten ein Prediger Jesu Christi ist, der die geoffenbarte Wahrheit voll und ganz, zur Zeit und zur Unzeit, zu bezeugen hat. Er darf über dem, was das Vaterland und seinen Ruhm angeht, nicht außer acht lassen, daß die Christen eines besseren Vaterlandes begehren, daß über den Weltreichen, auch über dem eigenen Vaterland, das Gottes- und Himmelreich steht, welches ewig währt und dauernden Frieden verbürgt und keinen Unterschied der Personen, Völker, Länder kennt... Der Prediger darf demgemäß nicht sein eigenes Volk ungebührlich preisen und loben und hat sich aufs fleißigste vor der prahlerischen Gesinnung und Sprechweise zu hüten: Ich danke dir, Gott, daß ich Deutscher nicht bin wie die Engländer, Franzosen usw. Gewiß, er mag in Demut Gott die Ehre dafür geben, was er alles gerade unserem Volke Großes und Herrliches gegeben hat, mag auch dieser Überzeugung Ausdruck geben, daß, wenn irgendein Krieg, dann dieser für uns ein gerechter ist; aber verbannt sei von der Kanzel eine absprechende, selbstherrliche ... Tonart... Wer gibt uns denn das Recht, *bedingungslos* oder fast ohne Einschränkung urbi et orbi zu verkündigen: Wir werden, wir müssen siegen, Gott verläßt keinen Deutschen? Ich kann mir nicht helfen, ich habe den Eindruck, hier wird viel gesündigt; unsere Predigten sollten davon frei bleiben... Weg mit allem falschen Opportunismus!... Patriotismus ist noch keine Gottesliebe, kein Gottesdienst. Ja, wir erleben es, daß gerade Gottesleugner patriotischen Sinn beweisen. Der heidnischen Antike war der Staat, das Vaterland alles.«

Solche Töne, gerade aus Erlangen, waren selten und gingen viel-

[9] AELKZ 1914, 858 f.

leicht damals unter im allgemeinen Getöse jener Theologie, »die den christlichen Glauben mit dem Nomos des deutschen Volkes identifizierte«. Auch Walter Bredendiek [10] ist der Meinung, daß »damit eigentlich bereits die Geschichte der ›Deutschen Christen‹ begann. Alle Begriffe, mit denen später die Hossenfelder, Ludwig Müller, Leffler e tutti quanti hantierten, wurden schon damals geprägt oder erhielten – soweit sie älter waren – einen neuen Sinn. Zurhellen belehrte die Gemeindeglieder: ›Nun magst du wissen, wer sein Vaterland ehrt, ehrt seinen Gott; wer seinem Vaterland gibt, gibt seinem Gott‹, denn: ›Uns Deutschen steckt das Christentum im Blute‹.«

Selbst einer der zurückhaltendsten unter den prominenten Predigern dieser Zeit, der bayerische Oberkonsistorial-Präsident Hermann v. Bezzel, der am Bußtag noch am meisten von echter Buße zu sagen wußte, konnte gelegentlich nicht umhin, wie Adolf v. Harnack England und dem übrigen Ausland außer seinen sonstigen »Sünden« den internationalen »Lügenfeldzug« vorzuwerfen.[11] [D 50]

Manfred Seitz [12] und Hermann Fausel [13] stimmen darin überein, daß »das National-Religiöse nicht die Substanz der Bezzelschen Verkündigung, wohl aber immer wieder in Predigt, Kriegsandacht und Gebet durchscheinendes Element [ist]« (Fausel). »Die Einheit von Thron und Altar tritt uns – bei seiner sonst den Dingen weit vorauseilenden Schau – noch ungebrochen entgegen« (Seitz), wobei Fausel hinzufügt, »daß kaum ein Theologe so klar wie Bezzel das heraufziehende Ende der konstantinischen Epoche vorausgesehen hat.« [14]

Fragt man sich heute, von dem allgemeinen patriotischen Chor erschreckt: Wo waren denn Theologen, die sich von dem allgemeinen patriotischen Rausch *nicht* anstecken ließen und das Evan-

10 *W. Bredendiek:* Irrwege und Warnlichter (Hamburg 1966), 69

11 Vgl. auch *Bezzels* Gebetsstunde am 6. 8. 1914 im Münchener Diakonissenhaus. In *P. Wurster:* Kriegspredigten ..., 73 ff.

12 *Manfred Seitz:* Hermann Bezzel. Forschungen zur Lehre und Geschichte des Protestantismus 10, XVIII (1960), 220

13 Theol. Ex. h. 121, 33

14 Vgl. dazu etwa *Bezzels* Brief vom 7. 3. 1916 (Hrsg. *Schmerl,* 299 f.), wo er die Frage nach »Grund und Zweck des Krieges« gut von eschatologischer Erwartung her beantwortete.

gelium als Krisis aller falschen Götter zu verkündigen wagten?, so stößt man auf eine verschwindend kleine Zahl von »Dissenters«, die ihre abweichende Theologie auch schwarz auf weiß hinterlassen haben. Das argumentum e silentio verdient freilich Beachtung: Diejenigen, welche damals anders predigten, waren entweder zu bescheiden oder zu sehr von der Schonung der Schwachen eingenommen, als daß sie noch mehr »Ärgernis« durch ihre andersartige Predigt geben wollten, und so nahmen sie davon Abstand, sie drucken zu lassen.

Ohne Anspruch auf Vollständigkeit seien aber wenigstens zwei inländische Zeugen zitiert, deren Predigt unzweideutig christologisch und eschatologisch ausgerichtet war, Rudolf Schlunck und Christoph Blumhardt jun.

»Daß der Weltkrieg ein Gericht über Nationalstolz und Nationalreligion *aller* Völker sei, war die Erkenntnis jenes einsamen Rufers [Schlunck] in der Wüste«, kommentiert *Fausel*[15] die Predigten dieses als Landsturmmann eingezogenen hessischen Renitenz-Pfarrers, der »in einem langen Kampfe voll von Demütigungen und um den Preis seiner Gesundheit« seine Beförderung zum Offizier durchsetzte, die ihm die preußische Militärbehörde versagen wollte wegen »Widerstandes gegen den preußischen Staatsgeist«.

Wir zitieren hier nur eine Tagebuchnotiz Schluncks vom 6. 8. 1914: »Der Neutralitätsbruch des deutschen Reiches, das in Belgien einmarschiert war, die Verletzung des Völkerrechts und deren zynische Entschuldigung durch den Reichskanzler, machte mir viel zu schaffen.«[16] Er war einer der ganz wenigen, die gemerkt haben, daß »die Ursache dieses Krieges im Abfall der christlichen Nationen zum heidnischen Sünden- und Machtwillen« lag.[17]

Hat Schlunck das Gottesgericht über die Völker draußen an der Front seinen Soldaten verkündigt, so in der Heimat Christoph Blumhardt jun. Freilich klingt das in der Morgenandacht am 7. 8. 1914 noch ziemlich dunkel fatalistisch: »Es ist schon lange

[15] Theol. Ex. h. 121, 40

[16] Ein Pfarrer im Kriege. Kriegsbriefe des renitenten Pfarrers Rudolf Schlunck (1931), 10

[17] *H. Fausel* aaO. 40

bestimmt und schon lange vorbereitet: es muß über unser Europa eine Trübsal kommen.« Gleichzeitig findet er es jedoch läppisch, »wenn man heute bloß auf Rußland die Schuld schiebt«. [D 51] Im ganzen betrachtet, distanziert sich *diese* Kriegserwartung, die der blinden Ergebung in das Kommende (»Es ist der Herr!«) nur von fernher ein neutestamentliches Licht aufsetzt, nicht von unkritisch lutherischer und untätig mohammedanischer Zuschauerhaltung. Lutherische theologia crucis wird gewiß bei Blumhardt seelsorgerisch trostreich. [D 52] Ob man aber mit Hilfe des Evangeliums nicht energischer in die furchtbare Schuldverkettung hätte eindringen können, als Blumhardt es tut, der trotz des mutigen Schrittes, daß er aus Solidarität mit der arbeitenden Bevölkerung in die Sozialdemokratie eintrat, die schon in allen Fugen ächzende Obrigkeit der Fürstenhäuser für gottgewollt ansah wie irgendeiner seiner Kollegen (vgl. die Andacht am 3. 7. 1914 nach der Ermordung des österreichischen Thronfolgers [18]); ob sich von christlicher Warte am 4. 10. 1914 nicht noch etwas anderes hätte sagen lassen als dies: »Uns ist nicht bange; wir haben längst vorgesehen, daß etwas kommen muß, was die Welt aufrüttelt, auch wenn es das größte Übel ist...«,[19] das mag gefragt werden. Zuweilen hat Blumhardt solche Worte gefunden. [D 53, 54]

[18] *Christoph Blumhardt:* Gottes Reich kommt! Predigten und Andachten 1907–1917 (Leipzig 1932), Nr. 45, 353 ff.
[19] *Chr. Blumhardt* aaO. Nr. 48, 371 ff.

Wir können hier nicht den diplomatischen und militärischen Wechselfällen des Krieges nachgehen und die daraus resultierenden wechselnden Stellungnahmen kirchlicher Vertreter in ihrer jeweiligen Aktualität schrittweise reflektieren. Dies besorgten die Chroniken der »Christlichen Welt«, der »Evangelischen Freiheit«, der »Hilfe«, der »Reformation«, der »Kreuzzeitung« und ähnlicher theologischer und kirchlicher Blätter in reichem Maße. Da es in diesem Buch aber mehr um eine systematische Untersuchung der in jener Theologie auftretenden Begriffe geht, wird in unserer historischen Einleitung nur grob unterschieden zwischen den einheitlich begeisterten Äußerungen zu Kriegsbeginn 1914 und den sich allmählich während des Kriegsverlaufs ernüchternden oder sich verhärtenden Worten und »Parolen« der Kirche. Die genaue Nachzeichnung der im einzelnen voneinander abweichenden Urteile der kirchlichen Blätter und Predigten, etwa zu den Friedensinitiativen Papst Benedikts XV. oder Präsident Wilsons, zu dem strategischen und politischen Zusammenbruch gegen Kriegsende, zu den verschiedenen Friedensschlüssen, würde ein eigenes Buch füllen.[1]

Daß der heroische Ton, wie er auf heimatlichen Kanzeln noch viel stärker angeschlagen wurde, schon 1915 von den Soldaten im Feld nicht mehr angenommen wurde, ist eine Tatsache, die man sich in dafür verantwortlichen Kreisen entweder gar nicht oder nur ungern eingestand. Die »Christliche Welt« gibt dazu 1915 – freilich ohne Angabe des Absenders – »aus der Front« eine bewegende Zuschrift wieder. [D 55] Ernstmeinende Christen und Theologen sprachen bei Kriegsausbruch von einem »Bankerott der Christenheit«. Martin Rade, der dies wagte, wurde vielfach angefeindet. Denn es überwog der Chor derer, die Patrioten- und Christenpflicht identifizieren zu können glaubten. Gut verträgt sich beides miteinander auch bei Bischof Michael v. Faulhaber. [D 56]

[1] Am besten orientiert bislang immer noch *Gottfried Mehnert* aaO. In diesem Buch wird auch die vorhergegangene Zeit sorgfältig unter diesem Gesichtspunkt dargestellt. Ferner *W. Pressel* aaO.

Andere glaubten, aus diesem unvereinbaren Dualismus die Forderung nach einem wenigstens zeitweiligen »Moratorium des Christentums« ableiten zu dürfen, denn der Krieg müsse, koste es, was es wolle, vorerst einmal gewonnen werden. War man erst mitten drin, so fragte »die landläufige Theologie im ersten Weltkrieg ... nicht mehr nach der iusta causa und der legitima auctoritas und schon gar nicht der recta intentio, für sie wurde der Krieg aus einem notwendigen Übel zu einem Gut, einem metaphysischen Wert an und für sich«.[2]

Diese Beurteilung begann jedoch meines Erachtens nicht erst im Krieg, sondern findet sich bereits in der »Friedenszeit«, insofern keine bekannte evangelische oder katholische Ethik der Zeit von 1871 bis 1914 das Kriegsproblem als »Problem« darstellte, ein Schweigen, durch das die christliche Glorifizierung des Patriotismus ermöglicht wurde.[3] Ein Kind stolpert viel eher in eine Gefahr hinein, über die es nicht aufgeklärt wurde, und muß diesen Schritt, auch wenn es selbst hinterher die »Gefahr« oder »Sünde« nicht erkennt, gewöhnlich teuer bezahlen. Das theologische Reden vom Krieg 1914 und in den nächsten Jahren gleicht in unserem Zusammenhang einem solchen Hineinstolpern. Denn ein Bewußtsein, es irgendwie falsch gemacht zu haben, regte sich, von wenigen Ausnahmen abgesehen, frühestens nach der Bitte General Ludendorffs um einen Waffenstillstand, als 1918 der endgültige Zusammenbruch der politischen und militärischen Führung offenbar geworden war. Selbst da war aber das Erwachen aus dem patriotischen Traum noch nicht allgemein. Es führte auch keineswegs – wie 1945 – zu allgemeiner Bußfertigkeit von Volk und Kirche, sondern die patriotischen Töne herrschten gerade an der Spitze selbst 1919 noch vor.

Hatte die Kirche 1914 den von Deutschland begonnenen Krieg als einen vom Ausland »aufgezwungenen Verteidigungskrieg« verkündigt, den das deutsche Volk und Heer »mit reinem Gewis-

[2] *W. Bredendiek:* Irrwege und Warnlichter (Hamburg 1966), 26. Vgl. *Erich Förster:* Die Stellung der evangelischen Ethik im Kriege (1927).

[3] Vgl. *E. Förster:* aaO. 112: »Viel wichtiger ist ..., daß die evangelische Kirche auch innerlich dem Kriege ungerüstet entgegenging, denn das eigentliche schwere Problem, das der Krieg für den Christen bedeutet, war kaum deutlich ins Bewußtsein getreten. Kirche und Theologie hatten sich überhaupt wenig mit Sozialethik befaßt.«

sen« zu führen habe, so stellte sich alsbald für sie das Problem, eine sich schon sechs Monate nach Beginn – und je länger, desto mehr – regende »Friedenssehnsucht« richtig einzuschätzen und seelsorgerisch zu behandeln. Von einem grundsätzlichen Pazifismus, wie er etwa in der »Deutschen Friedensbewegung« bereits *vor* dem Krieg von kirchlichen Vertretern geächtet wurde, gibt W. Bredendiek Zeugnis:

»Die politische und klerikale Reaktion versuchte, diese Entwicklung im Keim zu ersticken. Die in der Friedensgesellschaft mitarbeitenden Pfarrer wurden als Irrlehrer und Schwärmer, schlechte Patrioten und Staatsfeinde angeprangert. Gesellschaftlicher Boykott, Diffamierung vor der Öffentlichkeit, Denunziation bei den Kirchenleitungen und den politischen Behörden und Schikanen durch diese gehörten bald zu den alltäglichen Erfahrungen der ›Friedenspfarrer‹. Ein evangelischer Theologe ... berichtete 1897 über seine diesbezüglichen Erlebnisse:

›Von Kollegen und sogenannten Freunden habe ich mancherlei Unbill erfahren. Einer hat einmal geradezu vor mir ausgespuckt wegen der Gemeinschaft mit ›Juden und Judengenossen‹; ein anderer sagte mir, schreiben könne ich, was ich wolle (wahrscheinlich, weil es ja niemand zu lesen brauchte), aber öffentlich reden dürfe ich nicht, das mache zu viel peinliches Aufsehen. Ein dritter schrieb mir, meine Tätigkeit als Friedensfreund lasse sich nicht mit meinem Amt vereinbaren, da in der Augsburgischen Konfession von 1530 Art. XVI stehe, daß es keine Sünde sei, rechte Kriege zu führen, und da durch unsere Tätigkeit die Anarchisten gestärkt würden ... Ein Amtsbruder, der sich einer gewissen Berühmtheit erfreut und den ich brieflich zur Mitarbeit gewinnen wollte, antwortete mir, daß er in keiner Weise für die zugewiesene Aufgabe geeignet sei ... Auch sei da weiter nichts zu erreichen als die Steigerung der Wünsche in Tausenden. Die Erfüllung muß ein anderer bringen als wir Menschen und durch andere Mittel als die menschlichen.‹« [4]

Bredendiek schließt sein Referat mit dem Hinweis: »Bei den öffentlichen Veranstaltungen der DFG waren es häufig Pfarrer, die als Wortführer der Opposition gegen die Friedensbewegung

[4] *W. Bredendiek:* Irrwege 43

auftraten.« »Liberal« und »positiv« waren in diesem Punkt nach Bredendiek keine Gegensätze mehr.[5]
Abgesehen von dem bis heute von Lutheranern strapazierten Artikel XVI der Augustana sind es in diesem Bericht vor allem zwei Argumente, die nach Ausbruch des Krieges immer mehr Gewicht erlangen: einmal das unbezweifelte Recht, gerechte Kriege zu führen, welches bereits ein grundsätzliches Nein zu aktiver Bemühung um den Frieden in sich schließt, und zweitens die bis heute fortdauernde Verdächtigung, daß diejenigen, die sich ehrlich um Frieden bemühten, dem eigenen Vaterland schaden wollten und die anarchistischen Kräfte förderten, weil diese ebenfalls gegen die Regierung seien. Dahinter steht stets das gleiche theologische Diktum: Die Obrigkeit habe immer recht, auch wenn sie Krieg beschließe; Friedenssehnsucht sei falsche Weichheit und müsse unterdrückt werden. So jedenfalls drückte es 1915 selbst der anpassungsfähige M. Rade aus [D 57], ebenso wie 1916 nach zwanzigmonatiger Kriegsdauer ein offizieller Aufruf des bayerischen Oberkonsistoriums »an seine Pfarrer, Hilfsgeistlichen und exponierten Vikare«. [D 58] M. Rade ließ einige Wochen darauf übrigens einen »lustigen« (»Nun ist es eine Lust zu leben«) Aufruf los: »Alles Volk in die Schützengräben!« [D 59], der im Jargon den »Eisernen Blättern« Gottfried Traubs [D 60, 61] ebensowenig nachsteht wie den aus dem Zweiten Weltkrieg bekannten Plakatrufen der Nazi-Regierung – zu einer Zeit übrigens (März 1915), als seinem Kollegen Otto Baumgarten,[6] mit dem ihn sonst viel verbindet, »die Erwartung eines Friedensschlusses mit Rußland für spätestens Pfingsten nicht phantastisch erscheint«.
Freilich meint auch Baumgarten es nicht im Sinn eines totalen Friedens, sondern umgekehrt: »Daß dann mit verdoppelter Wucht gegen die befestigten Stellungen in Frankreich vorgegangen und dieses zum Frieden gezwungen werden wird, ehe der Winter hereinbricht, will auch wahrscheinlich erscheinen. Und endlich darf selbst ein vorsichtiger, die Zähigkeit und Opferwilligkeit der Engländer hoch einschätzender Mann auf ein absehbares Ende des Krieges mit England rechnen.«

[5] *W. Bredendiek* aaO. 55
[6] Kirchliche Chronik in EF 1915, 112

Aus solchen optimistischen, ja utopistischen Kommentaren wird nicht nur die Einseitigkeit der schon im Ersten Weltkriege beschönigenden Frontberichterstattung ersichtlich, auf der solche Kommentare aufbauten, sondern auch die Seite, zu welcher die evangelische Pfarrerschaft in der sich allmählich herausbildenden Alternative von »Verständigungsfrieden« (Sozialdemokratie) oder »Siegfrieden« (Alldeutsche, Konservative) hinneigte – eine Alternative, welche die Einheit der Parteien im Reichstag nach 1914 wieder zerriß. Wie man sich selber in Illusionen über die kaiserliche Politik hineinsteigerte, und zwar im Grunde von Kriegsweihnacht zu Kriegsweihnacht den Frieden auf Erden herbeisehnte, ohne aber auch nur einen Finger dafür zu rühren, außer daß man unentwegt vertröstende Artikel schrieb, die der Wahrheit des eigenen Rechts und der Unwahrheit der Feinde Ausdruck gaben, das ist vom heutigen Standpunkt aus leicht und bitter festzustellen. [D 62, 63]

Dreizehn Theologen hatten 1914 den »Oktoberaufruf« der 93 Universitätsprofessoren mitunterzeichnet, welcher der deutschen Sache einseitig das Recht zusprach. Man könnte nun fragen, ob bei ihnen während der Kriegsjahre nicht ein Umdenken wahrzunehmen ist, das der veränderten Situation auf den Kriegsschauplätzen Rechnung trägt. Diese Frage verdiente eine ausführliche Behandlung, zumal da Wilhelm Herrmann, Adolf Schlatter, Adolf Deißmann, Reinhold Seeberg, Adolf v. Harnack und Friedrich Naumann, unter den mitunterzeichnenden katholischen Kollegen Albert Ehrhard und Sebastian Merkle zur theologischen Prominenz in Deutschland zählten.[7]

Die deutsche wissenschaftliche Theologie war vor dem Krieg in aller Welt ebenso angesehen wie die anderen Wissenschaften. Deutschland, »das Land der Dichter und Denker«, und seine Universitäten galten als vorbildlich nicht nur in europäischer Forschung. Der Erste Weltkrieg und die eindeutigen Äußerungen deutscher Wissenschaftler zerstörten jedoch weithin sowohl Deutschlands Renommee in der Welt wie auch die vielfältigen persönlichen und wissenschaftlichen Kontakte internationaler Art.

[7] Vgl. das bis heute nachschwingende Entsetzen etwa bei *Karl Barth* über »das schreckliche Manifest der 93 ...« im Nachwort Barths zur Schleiermacher-Auswahl im Siebenstern-Taschenbuch Nr. 113/114 (München 1968), 293.

Besonders deutlich zeigte sich das bei Harnack, der dank seinem Auftreten 1911 in London besonders in England geschätzt war.[8] Maurice Goguel, der Wilhelm Herrmann seine Doktorarbeit gewidmet hatte, schrieb erbost an diesen, nachdem er dessen Unterschrift unter dem »Aufruf der Dreiundneunzig« entdeckt hatte: »Sie, der Sie eine so strenge Moral lehren, Sie rechtfertigen die Verletzung der belgischen Neutralität und rufen, ich weiß nicht welche Verständigung Belgiens und Frankreichs an. Sie behaupten, von dieser Verschwörung den unwiderleglichen Beweis zu haben, bringen diesen Beweis aber nicht auf. Sie vergehen sich daher gleichzeitig gegen die Regeln der Loyalität und der wissenschaftlichen Methode. Wir sind im Recht, zu behaupten, daß dieser Beweis nicht existiert, da der Kanzler die Verletzung der belgischen Neutralität nur als einen Akt der Notwehr zu rechtfertigen versucht hat.«[9]
Wie die mit Recht berühmte deutsche Wissenschaft 1914 in diesem Punkt plötzlich alle Objektivität verlieren konnte, dafür ist auch Professor Wilhelm Wundt in Leipzig, damals mit 82 Jahren der Nestor unter den deutschen Wissenschaftlern, ein Beispiel. Sein einziger Wechsel aus dem Hörsaal in eine Volksversammlung ließ ihn am 10. 9. 1914 in der Leipziger Albert-Halle über Fichtes Losung sprechen: »Siegen, nur siegen, schlechthin siegen!«[10]
Denselben Siegeston behielt auch der Professor für Dogmengeschichte Reinhold Seeberg von Anfang bis Ende des Krieges unbeirrbar bei. Die Argumente, die er aus der deutschen Historikerschule des »Neorankeanismus« gelernt hat, daß, wenn »die Völker um ihre Stellung im geschichtlichen Leben kämpfen, ihre Kraft der Maßstab in diesem Kampf ist«; daß »je nachdem, wie sie die Prüfung bestehen, sie einen größeren oder geringeren Anteil an den Früchten des Lebens und an Einfluß auf die Weltentwicklung«[11] haben; daß dieser moderne Krieg folglich »in noch höherem Grade eine Prüfung des geistigen Könnens und der sittlichen Kraft eines Volkes ist«; daß darin der »Rassegedanke«

8 Vgl. dazu *Karl Hammer:* Adolf von Harnack und der Erste Weltkrieg. In ZEE, 1972, 85 ff.

9 CW 1914, 566. In der zweiten und dritten Textzeile ist wohl gemeint: »Sie berufen sich auf ich weiß nicht welche Übereinkunft zwischen Frankreich und Belgien.«

10 CW 1914, 484 f.

11 *Reinhold Seeberg:* Geschichte, Krieg und Seele, 31 (vgl. 49)

eine ebenso große Rolle spielt wie der der »Auslese« und jedes Heldentum das »Opfer der Selbsthingabe« verlangt[12] [D 64] – diese Argumente beherrschen seinen Predigtton so sehr wie seine merkwürdig prophetische »völkische Eschatologie«, die ihn auf das Ehrenmal der Berliner Universität für die Gefallenen 1919 die Worte setzen ließ: »Victi invictis victuri.«

Ist dieses bekannte Wort auch mehrfach deutbar, so leistete sich Seeberg noch genug eindeutige Entgleisungen. So konnte er schreiben: »Wir sind gewiß, daß unser Volk, indem es die Liebespflicht gegen die eigenen Kinder erfüllt in dem großen Liebeswerk des Kriegs, darum doch den humanen Sinn der allgemeinen Menschenliebe nicht verlieren wird. Das ist kein Zeichen der Schwäche, sondern der inneren Kraft und der sittlichen Kultur.«[13]

Sind ihm »jene wunderbaren Jahre von 1807 bis 1813, da in bitterer Not ein Frühling über Deutschland anbricht, so schön und wunderbar, wie er kaum je früher erlebt worden war, als der Idealismus der größten Götter unseres Volkes zusammengezogen wird zur Einigung mit der Ordnung und Disziplin, die die Preußen-Könige in ihrem Staate hergestellt hatten«,[14] Beispiel und Vorbild der Gegenwart, so ist kein Zweifel, daß er sich selber als einen der Führer in der Repristination dieses Idealzustands des deutschen Volkes empfand. [Vgl. D 37, 65]

Otto Baumgarten, Systematiker in Kiel und Herausgeber der »Evangelischen Freiheit«, ein Mann, an dem unverdächtige Zeugen die leidenschaftliche Wahrheitsliebe und die Bereitschaft loben, noch im Alter völlig umzudenken,[15] scheint dennoch ganz der 1918 dahingegangenen Ära anzugehören, wenn 1927 sein Schlußsatz im Rückblick auf den verlorenen Krieg lautet:

»Nachdem wir uns der Überspannung des Nationalismus erwehrt haben, wie sie so natürlich aus der Kriegspsychose erwächst, können wir doch den tiefsten Sinn und die bleibende Bedeutung dieser furchtbaren Zeit dahin zusammenfassen, daß sie uns um unseres christlichen Glaubens und sittlichen persönlichen Idealismus

[12] *R. Seeberg* aaO. 69

[13] AaO. 86

[14] AaO. 100

[15] *Emil Fuchs:* Erinnerungen I, 268: »ein Mann von restlos ehrlichem Wesen und einer leidenschaftlichen Wahrhaftigkeit, die man begeistert lieben mußte«.

willen in nie endende Verpflichtung gegen Vaterland und Volk verstrickt, in dem auch für uns die starken Wurzeln unserer Kraft liegen.« [16]

Kein Wunder, daß diese Form des theologischen Liberalismus, der zweifellos auch seine großen Verdienste hat (etwa die Bemühungen um die Sittlichkeit im Kriege, um die Sozialethik und die Seelsorge), nach dem Krieg in Deutschland nicht wiedererstand. Gott blieb auch dieser Theologie – das hat Baumgarten selbst erkannt – »in seiner Weltregierung, wie Ibsen im ›Brand‹ zeigt, ein verborgener Gott«. Und wenn Baumgarten auch nicht steckenbleiben möchte »bei solcher Resignation und in der Eiskirche starrer Gesetze...; durch den Donner der Gesetze ertönt uns wie Brand eine Stimme ›Gott ist deus caritatis‹«,[17] so spürt man das in seinen Predigten[18] [D 66] so wenig wie in seinen Kommentaren in der »Evangelischen Freiheit«.

Seine sonstigen Leistungen, die Bücher über Bismarck und seine nach Kriegsbeginn aktuell angesetzte Vorlesung »Politik und Moral«, überwiegend Paraphrasen zu Treitschke, erweisen ihn nicht nur politisch als treuen Gefolgsmann dieser geistigen Träger der wilhelminischen Politik, sondern auch als einen der Vielen, die eine politisch-theologische Ahnenreihe von Bismarck über die Helden der Befreiungskriege, den »Alten Fritzen« u. a. bis zu Luther aufstellten, ein Chor im Himmel, der gegen die »Einkreisung Deutschlands« und die »internationale Verschwörung« tapfer mitfocht. Die vielzitierte Formel: »Wir Protestanten orientieren uns nicht nach Stockholm und Rom, sondern nach Friedrichsruh und Wittenberg« stammte zwar von dem befreundeten

[16] *Otto Baumgarten:* Christentum und Weltkrieg, 138. Man vergleiche damit seine Meinung über L. Ragaz (Über den Sinn des Krieges) im Juni 1915 (EF 1915, 194): »... Über die Frage: ›Wer ist schuld an dem Krieg?‹ erhebt er sich zu einer Anklage der gesamten Kultur, des Kapitalismus, Mammonismus, Imperialismus, Nationalismus, die unserem Leben die falsche egoistische Raubtier-Richtung gegeben. Die Lösung findet er in einer allgemeinen Umkehr zum sittlichen Idealismus, der in entschlossenem Friedenswillen, internationalem Sozialismus, Überwindung des Staatsegoismus und internationalen Parlamenten sich auswirken wird. Ich glaube nicht, daß Ähnliches je auf Erden bestand, also auch nicht zurückkehren kann, wie denn die Zielidee des Reiches Gottes auf Erden die Ursache aller Utopien ist.«

[17] O. *Baumgarten* aaO. 32

[18] Vgl. auch O. *Baumgartens* Predigt »Der Tod fürs Vaterland« am 15. 11. 1919 über Offb 2,10 in EF 1914, 444 ff.

G. Traub und wurde in der »Täglichen Rundschau« zuerst geäußert, entsprach aber ganz dem Denken Baumgartens.
Auf die »annexionistische« Zielsetzung dieses theologischen und politischen Liberalismus muß nun noch etwas eingegangen werden. Denn auch sie entstammt längerer Tradition und ist nicht nur von Baumgarten vertreten worden, sondern vorher schon von Paul de Lagarde und Treitschke. Nachher wurde sie von Gottfried Traub, Friedrich Naumann, Paul Rohrbach weiterentwickelt, und zwar nicht nur in der »Hilfe«, ihrem Organ für die Öffentlichkeit. Diese feindselige Haltung gegenüber allem, was aus dem westlichen Ausland stammte, führte dazu, daß 1917 und 1919, weitab von der vielgerühmten wissenschaftlichen Objektivierung, Wilsons Botschaft am 18. Mai 1917 »die unverschämteste, anmaßendste und heuchlerischste« Kundgebung genannt wurde, »die seit den Tagen Napoleons I. das Oberhaupt einer Großmacht an ein anderes Volk gerichtet hat«.[19]
Die Zukunft konnte noch eher mit Harnacks als mit Naumanns politischen Maximen bestritten werden. Wie verlegen Naumann und Rade, Männer der »Mitte« also, noch 1918 der Zukunft gegenüberstanden, als sie sich notgedrungen nicht mehr überlegen spottend mit dem Programm Wilsons auseinanderzusetzen hatten, weil die Situation Deutschlands inzwischen hoffnungslos geworden war, zeigt Rades Kommentar in der »Christlichen Welt« 1918, Nr. 46/47, wo er den »Völkerbund« als Fata morgana bezeichnet [D 67], und der Naumanns in der »Hilfe« vom 17. 10. 1918. [D 68]
»Selbstbestimmung der Völker« (Rade: »welch ein Unsinn«), heute als Gemeingut der westlichen Ideologien viel berufen und verteidigt, war den Deutschen damals noch so fremd, daß es kein Wunder ist, wenn ein Zweiter Weltkrieg alte annexionistische Pläne wieder aufleben und – vorläufig – begraben ließ.
Der »deutsche Gedanke«, von Prinz Max von Baden zehn Jahre später »ethischer Imperialismus« genannt,[20] sollte durch das Ende

[19] *Adolf v. Harnack:* Wilsons Botschaft und die deutsche Freiheit (Gotha 1918), 1 ff.
[20] Vgl. *Friedrich C. Sell:* Die Tragödie des deutschen Liberalismus (1953), 297 über Rohrbachs und Naumanns liberalen Imperialismus: »Das Ziel ...: Die Welt sollte in den den Deutschen zugänglichen Gebieten mit dem geistigen Gehalt des deutschen Volksgedankens durchtränkt werden. Was dieser deutsche Gedanke eigentlich ausdrücken soll, ist reichlich vage. Man dachte dabei an die Errungenschaften der Kultur,

des Ersten Weltkriegs noch nicht überwunden werden. Es liegt eine gewisse Tragik darin, daß die Besten in der Führung Deutschlands sich ihre schon lang vor dem Krieg konzipierten imperialistisch-annexionistischen Kriegsziele mehr vom »Alldeutschen Verband« und von dessen Maßlosigkeit eingeben ließen als von den demokratischen Ideen der westlichen Nachbarstaaten, die, nach 1918 erstmals praktiziert im Diktat des Versailler Friedens (Volksabstimmungen in Eupen-Malmédy, Schleswig, Ost- und Westpreußen 1920), heute als selbstverständliche Voraussetzung für die endgültige Regelung der Deutschlandfrage nach dem Zweiten Weltkrieg geltend gemacht werden.
Programm und Geschichte der »Alldeutschen«, nachzulesen in den »Alldeutschen Heften« und in dem Buch von Daniel Frymann (alias Heinrich Class): »Wenn ich der Kaiser wär« (1912), formuliert Friedrich C. Sell folgendermaßen: Aufgrund der Abtretung von Sansibar und Witu gegen Helgoland 1890 »organisierte sich zum erstenmal der bisher nur latent vorhandene Chauvinismus. Der Alldeutsche Verband wurde gegründet. Sein Programm war nicht nur national, sondern ausgesprochen antiinternational und umfaßte einen rücksichtslosen Kampf gegen Katholiken und Sozialisten, eine Erziehung zum Gedanken des deutschen Volkstums, die Organisation aller Auslandsdeutschen – die fünfte Kolonne wird schon vorgeahnt – und die Verfolgung einer kraftvollen Machtpolitik in Europa und Übersee. Ausgangspunkt der Alldeutschen war der Gedanke, daß der Krieg von 1870/71 sich nicht gelohnt hätte. Zwei Provinzen und fünf Milliarden Francs waren offenbar nicht genug. Neue Ansprüche müßten erhoben werden ... Dieses offizielle Programm der Alldeutschen ... ist nichts anderes als der Grundriß für die Neuordnung Europas, die Hitler auf dem Höhepunkt seiner Siege ins Leben rufen wollte. Nicht die kleinste Einzelheit war in diesem Plan, die er später nicht von seinem alldeutschen Paten übernommen hätte.« [21]
Zu den indirekten Vätern des Alldeutschen Gedankens zählt Sell mit Recht außer Treitschke und P. de Lagarde auch Karl Jentsch

Wissenschaft und Technik, an die Eigenschaften, die dazu verhelfen, Arbeitsenergie und Pflichterfüllung, an die Sprache, die den Gedanken ausdrückt ...«

[21] *Fr. C. Sell* aaO. 279 f.

und Erich Dombrowski in der ab 1907 alldeutsch tönenden »Neuen Rundschau«.[22]

Daß wir nicht allein stehen, wenn wir die deutsche Kriegspolitik durch die Forderungen der »Alldeutschen« beeinflußt und je länger, je mehr durch sie diktiert sehen, zeigt auch Fritz Fischer:

»An die Rechtssozialisten schließt sich die etwas freischwebende Gruppe der liberalen Intelligenz an, zu denen Männer wie Naumann, Rohrbach, Delbrück, Meinecke usw. gehörten; auch sie gelten in der Literatur als anti-annexionistisch. Diese Beurteilung stützt sich in erster Linie auf ihre Gegeneingabe zu der von Reinhold Seeberg, Dietrich Schäfer, Schwerin, Gildenmeister und anderen lancierten sogenannten Intellektuelleneingabe mit ihren alldeutschen Positionen. Der entscheidende Satz in der liberalen Gegendenkschrift vom Sommer 1915 bekennt sich jedoch nur zu dem Grundsatz, daß ›die Einverleibung oder Angliederung *selbständiger und an Selbständigkeit gewöhnter Völker zu vermeiden*‹ sei ... Ihre Formel zielte nur auf die Ablehnung einer Annexion *ganz* Belgiens, allenfalls noch auf die ganz Polens, da nur dort die Völker an Selbständigkeit gewöhnt seien. Sonst aber gab sie freie Hand im Osten.

Das ist keine überscharfe nachträgliche Konstruktion, vielmehr hat einer der repräsentativen Köpfe dieser Gruppe, *Adolf v. Harnack,* noch im gleichen Jahr die Einwände seines besorgten baltischen Landsmannes Broederich-Kurmahlen zu zerstreuen versucht mit einem Kommentar, der geradezu ›den Schlüssel zum Verständnis der Delbrück-Rohrbach-Harnackschen Eingabe liefert‹. Harnack wandte sich ... ausdrücklich gegen das ›Mißverständnis‹, als hätten er und seine Freunde mit ihrem Schritt gegen eine ›Ausbreitung‹ schlechthin protestieren wollen. In dem Teil über den Westen schrieb Harnack wörtlich: ›... Lesen und überlegen Sie die Eingabe unter diesem Gesichtspunkt, so werden Sie finden, daß Annexionen betreffend nichts anderes ausgeschlossen ist als die runde Annexion des belgischen Staates. Weder die Annexion von Teilen von Belgien noch die Ordnung der Dinge, nach welcher Belgien teilweise oder ganz unselbständig ... wird, ist ausgeschlossen ...‹ [23]

[22] Vgl. hierzu *Fr. C. Sell* aaO. 283 und 294 f.

[23] Vgl. dazu *K. Hammer* aaO.

Das ist voll und ganz die Linie Bethmann Hollwegs ... Nicht anders hat *Rohrbach* mit fast dithyrambischen Worten für die Gewinnung der Ostseeprovinzen bis zum Peipussee geworben, während er gleichzeitig auch den völkisch-rassischen Gedanken einer Rettung der vier Millionen Flamen für das ›Germanentum‹ in Europa propagierte. In beiden Punkten unterschied er sich kaum von den Alldeutschen, gegen die er sich später, ab Mitte 1916, so dezidiert absetzte.« [24]

Daß auch O. Baumgarten 1917 noch gar nicht daran dachte, seine schon in »Politik und Moral« an Treitschke ausgerichtete Billigung der Eroberungspolitik zu revidieren, zeigt ein Abschnitt aus seiner Kirchlichen Chronik in »Evangelische Freiheit«. [D 69] Rade hat 1917 ähnliche Vorstellungen, wenn er Meineckes bereits mäßigende Silvestervision »Nicht Niederwerfung, sondern Gleichgewicht« mit »politische Lage der Zukunft« kennzeichnet. [D 70] Waren Rades Beiträge seit 1914 hin- und hergeworfen zwischen weiser Mäßigung, überspannt patriotischen Forderungen und byzantinischer Kaiser- und Kanzlerverehrung [25] [D 71], so sollten sie im Chaos des letzten Kriegsjahrs vollends ihre Klarheit einbüßen. [26] [D 72, 73]

Daß man auch im Krieg objektiv bleiben konnte – am ehesten freilich in einem neutralen Land wie Holland –, beweisen die sechsspaltigen Ausführungen über »Krieg und Moral«, in denen sechs Theologieprofessoren der Universität Groningen (»Christliche Welt« vom 2. 3. 1918, 177 f.) ihrer Entrüstung über die »Politik und Moral« Baumgartens und den seit Kriegsbeginn geänderten Kurs der »Christlichen Welt« auf vornehme Weise Ausdruck gaben. [27]

24 *Fritz Fischer:* Deutsche Kriegsziele 1914–18 (Hrsg. Lynar), 102 ff.

25 Vgl. *Martin Rades* »Zu Kaisers Geburtstag«, CW 1917, 81 ff.

26 »Die Verpflichtung der Kirche zur Friedensarbeit« sollte M. Rade erst zehn Jahre später anläßlich eines gleichnamigen Vortrags (München 1927) aufgehen, desgleichen die Erkenntnis, »daß wir *in erster Linie Christen sind, in zweiter Deutsche, Franzosen, Engländer und Amerikaner* und daß jenes Band unzerreißbar ist, auch wenn noch so furchtbare Kriege die Nationen zerreißen« (aaO. 12). Daß Rade 1914 den »Aufruf der 93« *nicht* mitunterzeichnete, gehört immerhin auch für den scharfen Kritiker der CW Karl Barth heute noch zu den wenigen Lichtblicken in seiner damaligen Enttäuschung von seinen Lehrern. Vgl. Schleiermacher-Auswahl, Siebenstern-Taschenbuch Nr. 113/114, 293.

27 CW 1918, 178: »Unser Gesichtspunkt stimmt noch immer überein mit dem Ihrigen vor dem Kriege!«

»An den *Parteien* der Kriegszielmehrheit hätte ein Kanzler des Status-quo-Friedens, wenn es ihn in Deutschland je gegeben hätte, ohnehin keinen Rückhalt finden können, jedenfalls nicht bis zum Frühjahr 1917«, urteilt Fritz Fischer.[28] Dasselbe gilt für die »offen annexionistischen Verbände von Industrie und Landwirtschaft, dazu die Mittelstandsvertretungen bis hin zu den christlichen Bauern- und Arbeitervereinen«. »Sie hätte auch ein prinzipiell anti-annexionistischer Kanzler mit einer größeren Willenskraft, als Bethmann Hollweg sie besaß, kaum überwinden können. Die Wirtschaft fand seit Mitte 1916 in steigendem Maß rücksichtslose Verfechter ihrer Ziele in der dritten OHL unter Ludendorff und Hindenburg, und gemeinsam drängten sie ab Frühjahr 1917 die gemäßigte Linie Bethmann Hollwegs zurück.
Der Sturz Bethmann Hollwegs zeigt auf tragische Weise, wer in Deutschland tatsächlich die Macht in Händen hatte. Gerade die menschlich sympathische und zweifellos geistig hochstehende Persönlichkeit *Bethmann Hollwegs* – trotz aller Grenzen und Schwächen noch immer die bedeutendste politische Figur des kaiserlichen Deutschland im Kriege – konnte sich eben nur so lange als Leiter der christlichen Reichspolitik halten, wie jene Kräfte ihn noch einigermaßen nach innen für tragbar und nach außen für vorteilhaft hielten.« [28]

Wie sehr Fr. Fischer auch damit recht hat, daß »das Bündnis von Wirtschaft, Bildungsbürgertum, hoher Bürokratie, Marine und Armee seine sakrale Überhöhung in der deutschen Kriegstheologie beider Kirchen fand, besonders bei den Protestanten, die unbefangen Gott für den deutschen Siegfrieden in Anspruch nahmen«,[29] geht etwa aus der Rehabilitierung G. Traubs durch den preußischen Oberkirchenrat nach dem Krieg hervor.

[28] *Fr. Fischer* aaO. 108 ff.

[29] *Fr. Fischer* aaO. 110. Dieses sorgsam abgewogene Urteil zeigt, daß die Generation, die den Zusammenbruch von 1918 in ihrer Jugend miterlebte, es sich zu leicht machte, wenn sie einfach dem Kanzler, unter dessen Führung der Krieg ausbrach, die Hauptschuld daran zuschieben wollte. Nicht nur der Tübinger Historiker *Johannes Haller* tat dies 1922 (in seiner Schrift: Die Ära Bülow, 142), sondern auch der ehemalige württembergische Landesbischof *Theophil Wurm* in seinen »Erinnerungen« (62 ff.), wenn er meint: »Die Nation entbehrte eines wirklich geraden Kopfes, denn das war der Kaiser nicht, der vorher so oft großsprecherisch aufgetreten war, und auch der Reichskanzler, die Generäle und der Generalstab waren ihrer Aufgabe nicht gewach-

Günther Dehn schreibt in seinen Erinnerungen darüber:[30] »D. Lahusen [Dehns Schwiegervater, der oberste Berliner Geistliche 1919] sagte mir damals: ... Der Oberkirchenrat habe gemeint, man sei es diesem Manne schuldig, ihm wegen seiner im Kriege bewiesenen vorbildlichen patriotischen Haltung die Rechte des geistlichen Standes wiederzugeben«, die man ihm einst wegen seiner mutigen, aber liberalen Verteidigung des pantheistischen Pfarrers Jatho entzogen hatte.

Daß die Kirche in ihrer monarchistisch-konservativen Haltung, in der sie jedes neue Kriegsjahr mit der Mahnung begann, »auf Gottes Stunde zu warten« [D 74], unbeirrbar auch noch verharrte, als jede Hoffnung auf einen Sieg des kaiserlichen Deutschland durch die Revolution und Niederlage endgültig dahin war, bezeugt unter vielen anderen G. Dehn:

»Die Kirche blieb [nach der Revolution] ... genau das, was sie vorher gewesen war, konservativ-monarchisch zusammengeführt. Die Fürbitte für den Kaiser beziehungsweise für den Landesfürsten im öffentlichen Gottesdienst wurde von vielen Pfarrern noch Jahre nach dem Kriege fortgesetzt ... Die sogenannte Dolchstoßlegende, das ›unbesiegte‹ Heer sei ein Opfer linksradikaler Hetzer geworden, wurde gerade auch in christlichen Kreisen gläubig aufgenommen.«[31]

Es mag sein, daß eine systematische Betrachtung von Predigten, die gegen Ende des Kriegs gehalten wurden, ein vielfältigeres Bild ergeben würde als die des Jahres 1914. Wachsende Zurückhaltung, wenn nicht Einsicht spricht sich schon darin aus, daß die Zahl der 1917 und 1918 gedruckten Predigten lange nicht an die der allein zu Kriegsbeginn veröffentlichten geistlichen Druckerzeugnisse heranreicht. Dieser Rückgang gegen Kriegsende dürfte nämlich nicht allein mit kriegswirtschaftlich bedingten Einschränkungen, Papierknappheit usw. zu begründen sein. Zunehmendes mitmenschliches Empfinden und entsprechend abnehmendes Heroisieren macht sich in ihnen ebenso bemerkbar wie betrübte Ratlosigkeit gegenüber dem Willen des sich immer mehr verbergenden Gottes. [D 75–78]

sen ... Im Reichstag war die Kriegspartei an der Spitze, und der Reichskanzler Bethmann Hollweg blieb so lange passiv, bis nichts mehr zu machen war.«

[30] *G. Dehn:* Die vorigen Jahre, 208 f. [31] *G. Dehn* aaO. 209

Tief resigniert klingt auch das 1918 einsetzende Umdenken von Ernst Troeltsch, dem Hauptvertreter des sogenannten Kulturprotestantismus, der 1914 nur den Ruf kannte: »Zu den Waffen, zu den Waffen!« [D 79] Jetzt prophezeit er in seinem erleuchtenden Aufsatz: Das Wesen des Weltkrieges,[32] daß »ein deutsches Friedensangebot nur in Gestalt eines Sieges verwirklicht werden kann, daß aber auch ein deutscher Sieg nur eine Selbstbehauptung und keine Zertrümmerung der fremden Großstaaten zu sein braucht. Es ist nur die gleichberechtigte und gesicherte Einfügung Deutschlands in ein System nicht mehr der kontinentalen, sondern der planetarischen Mächtegruppierung, was ja freilich eine recht bedeutende Verschiebung der Gesamtlage, vor allem für England, bedeutet. Was uns Selbstbehauptung ist, scheint den Andern Beeinträchtigung ihrer bisherigen Machtstellung und damit ihrer Lebensinteressen, und die bloße Staatskunst hat sich unfähig und ungewillt erwiesen, diesen Knoten diplomatisch zu lösen.«

Troeltsch, der seine »Skizze jäh abbricht«, sieht kalt: »Auf geistigem Gebiet sind sicher tiefste Wandlungen vorauszusetzen, etwa ähnlich wie nach dem Dreißigjährigen Krieg. Es wird ein Zusammenbruch der modernen politisch-moralisch-kulturellen Dogmatik sein.«

Diese 1918 zusammengebrochene Dogmatik darzustellen, ist im systematischen Teil unsere Aufgabe.

[32] *Ernst Troeltsch:* Das Wesen des Weltkrieges. In: *Max Schwarte* (Hrsg.): Der Weltkrieg in seiner Einwirkung auf das deutsche Volk (Leipzig 1918)

Der römisch-katholische Klerus und Episkopat, die Universitätstheologen und die Zeitschriften nahmen gegenüber den Problemen des Ersten Weltkriegs Stellungen ein, die im ganzen den protestantischen weit näher lagen als noch 1870/71. Auch wenn es weiterhin Schattierungen und Zwischentöne gab, hatte die katholische Christenheit des Kaiserreichs nach den inneren Stürmen des »Kulturkampfs«, dessen schwächende Wirkung beide Teile erkannt hatten, immer mehr gelernt, im neuen, protestantisch geführten Zentralstaat heimisch zu werden,[1] zumal sich der wilhelminische Staat alle Mühe gab, katholischen Belangen wenigstens formell Rechnung zu tragen. Die letztere Tatsache wird zwar bis heute aus alter Animosität gegen das protestantische Preußentum gern heruntergespielt,[2] kann aber nicht geleugnet werden.

Als der Krieg ausbrach, empfand man ihn im katholischen Lager deshalb überwiegend als patriotische Bewährungsprobe, welche Gelegenheit bot, die bislang nur verbal geübte Loyalität unter Beweis zu stellen, den bedrängten Glaubensbrüdern Österreich-Ungarns beizuspringen und die auch hier behauptete Überlegenheit der germanischen Rasse über Romanen und Slawen in Geschlossenheit zu demonstrieren.

Das bedeutet zunächst, daß der Ausbruch des Ersten Weltkriegs dem machtvollen und bis 1914 intakten Internationalismus des Katholizismus einen nicht weniger starken Schlag versetzte als dem Sozialismus, der Wissenschaft oder der Friedensbewegung. Da der Internationalismus jedoch katholischem Denken mehr

[1] *Georg Pfeilschifter:* »Der deutsche Kulturkampf ist seit einem Menschenalter verschwunden, und wir Jüngeren wissen aus eigener Erfahrung nicht mehr, was er war.« In: Deutsche Kultur, Katholizismus und Weltkrieg (Freiburg 1915), 237

[2] Vgl. etwa *Karl Buchheim:* Ultramontanismus und Demokratie (München 1963), z. B. 377 ff., oder *Heinrich Lutz:* Die deutschen Katholiken und der erste Weltkrieg (Hochland 55, 1962/63, 193 ff.), der zwar von den Katholiken als »Untermietern« im Gebäude »des Reichs« (195) spricht, aber dennoch zugibt, daß die »tatsächlichen Möglichkeiten kultureller und politischer Selbstbehauptung und Entfaltung ... keineswegs ausgeschöpft wurden«.

von der Wurzel her anhaftet als protestantischem, ging er jenem wenigstens nicht gänzlich verloren.[3] Das sollte sich während der Weiterentwicklung des Kriegs und besonders danach zeigen, als katholische Theologen und Politiker früher imstande waren, sich auf die unverhofften Wendungen einzustellen, als protestantische, denen die Gleichung deutsch-protestantisch-hohenzollerisch-monarchistisch viel tiefer saß.[4] Dennoch kann das nicht darüber hinwegtäuschen, daß der Sommer und Herbst 1914 auch die deutschen Katholiken in einen Taumel des Nationalismus fallen ließ, der dem der übrigen Deutschen in nichts nachstand. [D 80] Der Unterschied liegt allenfalls in der Nuance.

Die angesehene Zeitschrift »Hochland« informierte während der Kriegszeit ihre Leser ebenso wie protestantische Kirchenzeitungen und die »Christliche Welt«, die »Evangelische Freiheit«, die »Hilfe« u. a. durch eine regelmäßige politisch-militärische »Kriegschronik«. Während sie dort jedoch von den theologischen Herausgebern und Mitarbeitern (Naumann, Rade, Baumgarten u. a.) selbst besorgt wurde, war sie im »Hochland« einem Fachmann, dem Generalmajor Friedrich Otto, anvertraut. Das pastorale und erlebnisgefüllte Pendant dazu lieferte Militäroberpfarrer Dr. Balthasar Poertner in seinen sechs »Briefen eines Feldgeistlichen vom Kriegsschauplatz an den Herausgeber des Hochland«. [D 81–83] Schon nach dem fünften seiner Kriegsbriefe aus dem Osten konnte der Verfasser auf die Verleihung des Eisernen Kreuzes hinweisen.

Länger ließ sich der Herausgeber des »Hochland«, Professor Carl Muth, mit seiner Begeisterung zum Krieg Zeit. Während die Augustnummer 1914 auch des leisesten Hinweises auf die drohende Kriegsgefahr, die im Juli durch ganz Europa lief, entbehrte, dafür Hans Rost ausführlich über den »Zerfall des deutschen Judentums« klagen ließ,[5] erschienen jeweils zu Beginn des

[3] Auch nach *H. Lutz* aaO., der zu Recht nur noch »*eine* abstrakte Dimension« der geschrumpften Idee von der übernationalen Kirche sieht: »die deutschen Katholiken und der Papst«. Die gar nicht so sehr »abstrakte Dimension« sollte noch den Zweiten Weltkrieg überdauern.

[4] Diese Gleichung, vom westlichen Ausland oft pauschal unterstellt (u. a. auch von Theologen wie *G. Goyau*), blieb nicht unbestritten. Vgl. *Franz Xaver Kiefl:* Katholizismus und Protestantismus im gegenwärtigen Deutschland. In: *Gg. Pfeilschifter* aaO. 320

[5] Hochland 11/II, August 1914, 545 ff.

zweiten, dritten und vierten Kriegsjahrgangs mannhafte Rück- und Vorblicke von C. Muth. [D 84] Im ersten offenbart ihm das »Kriegsunwetter« dreierlei: »Das war der Anfang: ein Schauspiel für Gott und Menschen und herrlich bis zum Jüngsten Tag!« Danach war es »wie ein großes Atemanhalten«, und später wird es ihm doch Anlaß zur »Selbstschau«.[6] »Hochland« steht mit diesem verspäteten Bekenntnis zum Patriotismus nicht allein.

Erst ein Jahr nach Kriegsbeginn wurde nach einer französischen Entgleisung auf Anregung des Freiburger Historikers Heinrich Finke, unter dem Ehrenvorsitz des bayerischen Ministers Georg Graf v. Hertling und dem Vorsitz von Professor Joseph Mausbach ein »Arbeitsausschuß zur Verteidigung deutscher und katholischer Interessen im Weltkrieg« gegründet, dem 47 bekannte Wissenschaftler angehörten, darunter Historiker wie Martin Spahn, Aloys Schulte und Hermann v. Grauert, aber auch der Theologe und Reichstagsabgeordnete Franz Hitze. Dieser Ausschuß versandte Wochenschriften (Herausgeber: Professor Engelbert Krebs) und Monatshefte (Herausgeber: Dr. Schnitzler) an die katholische Presse des Auslands in einer Auflage von 30 000.

Anlaß zu dieser Notwehr deutscher katholischer Geistesmänner boten die in dem französischen Sammelwerk »La Guerre Allemande et le Catholicisme« (erschienen im April 1915) erhobenen Anklagen gegen den deutschen Katholizismus, deren Kernpunkte die Verletzung der belgischen Neutralität, die angeblichen Greuel der deutschen Truppen und ihre Mißachtung französischer Gotteshäuser waren.

»Dieser erste große Angriff auf unser religiöses Leben und seine Leistungen« ist nach den Worten des Freiburger Theologieprofessors Georg Pfeilschifter »eine planmäßig organisierte Aktion weiter und maßgebender katholischer Kreise in Frankreich, ›einer Elite französischer Katholiken‹«. Denn »nicht nur gehören dem französischen Komitee, unter dessen ›hohem Patronate‹ das Buch herausgegeben wurde, zwei französische Kardinäle und neun französische Bischöfe an, sondern der Kardinal und Erzbischof

[6] Hochland 13/I, Oktober 1915, 1 ff. Vgl. dazu *Clemens Bauer:* Carl Muth und des Hochland Weg aus dem Kaiserreich in die Weimarer Republik. Hochland 54 (1966/1967), 234 ff.

Amette von Paris ist in einem Einführungsschreiben ausdrücklich als kirchlicher Garant eingetreten für die Personen der Mitarbeiter wie für den Inhalt ihrer Aufsätze.« [7]

Nach drei Vorbesprechungen wurde von den »Herren Michael v. Faulhaber, Bischof von Speyer, Geheimrat Finke, Universitätsprofessor aus Freiburg, Prälat Mausbach, Universitätsprofessor aus Münster [D 85], Universitätsprofessor Schrörs aus Bonn« und dem Herausgeber Professor Pfeilschifter der Plan zu einer deutschen Gegenschrift gefaßt, welche »abwehren, nicht erwidern« wollte. Bereits Ende November 1915 erschien das Sammelwerk »Deutsche Kultur, Katholizismus und Weltkrieg« mit zwanzig Beiträgen. Außer den Genannten schrieben darin auch die Professoren Godehard Josef Ebers, Franz Sawicki, Aloys Meister, Wladislaus Switalski, Joseph Sauer, Alois Knöpfler, Hermann v. Grauert, Carl Muth, Joseph Schmidlin, Hermann Platz, Goetz Briefs sowie Domdekan Dr. Franz X. Kiefl und P. Peter Lippert SJ., somit ein den französischen Autoren zwar nicht an episkopalen Weihen, wohl aber geistig ebenbürtiges Gremium. Bis August 1916 erlebte das Werk bereits drei Auflagen und drei Übersetzungen.

Eine weitere »deutsche Abwehr französischer Angriffe« durch »La Guerre Allemande et le Catholicisme« bildete eine von über hundert prominenten Katholiken unterzeichnete Denkschrift.[8] Unter den Unterzeichnern befinden sich Freiherr v. Aretin, Verleger Bachem, Matthias Erzberger, August Pieper, der Generaldirektor des Volksvereins für das katholische Deutschland sowie Peter Spahn, der Fraktionsvorsitzende des Zentrums im Reichstag, der »als Sprecher der bürgerlichen Parteien regelmäßig ... jedesmal ungefähr das gleiche unter heftigem Beifall aller Nichtsozialisten vorbrachte«: [9]

»In dem uns freventlich aufgedrungenen schwersten aller Kriege wollen wir durchhalten, bis ein Friede errungen ist, der den ungeheuren Opfern entspricht, welche das deutsche Volk gebracht hat ...«

[7] *Gg. Pfeilschifter* aaO. Vorwort, III

[8] Der deutsche Krieg und der Katholizismus. Deutsche Abwehr französischer Angriffe (Berlin 1915)

[9] *H. Lutz* aaO. 199

»La Guerre Allemande et le Catholicisme« war natürlich nicht das einzige Werk, das aus Ignoranz oder aus Enttäuschung darüber, daß die These vom »Religionskrieg« nicht zutraf, vorwiegend gegen den deutschen Katholizismus gerichtet wurde. Das »Katholische Komitee für französische Propaganda« unter seinen Präsidenten Kardinal Luçon, Erzbischof von Reims, und Kardinal Amette, Erzbischof von Paris, ließ unter der Direktion von Mgr. Baudrillart, Rektor des Institut Catholique in Paris, mit Unterschrift von acht Mitgliedern der Académie Française und neun Bischöfen ein reich mit zerstörten französischen und belgischen Kirchen bebildertes »Album – Deutscher Krieg und Katholizismus« 1915 in Paris herausgeben, das Heinrich Heines[10] Prognosen für deutsches Christentum aus den Jahren 1834/35 an den Anfang stellte: »Das Christentum – und das ist sein schönstes Verdienst – hat jene brutale germanische Kampflust einigermaßen besänftigt, konnte sie jedoch nicht zerstören, und wenn einst der zähmende Talisman, das Kreuz, zerbricht, dann rasselt wieder empor die Wildheit der alten Kämpfer, die unsinnige Berserkerwut, wovon die nordischen Dichter soviel singen und sagen. Jener Talisman ist morsch, und kommen wird der Tag, wo er kläglich zusammenbricht. Die alten steinernen Götter erheben sich dann aus dem verschollenen Schutt und reiben sich den tausendjährigen Staub aus den Augen, und Thor mit dem Riesenhammer springt endlich empor und zerschlägt die gotischen Dome...«
Zur Illustration der Stelle »Thor springt empor« ist links daneben aus der Münchner Zeitschrift »Jugend« (Februar 1915) eine brutale Mannesfigur wiedergegeben, welche mit der Linken die Türme einer gotischen Kathedrale umfaßt und in der eisern behandschuhten Rechten auf die Dächer einschlägt, daß die Brocken fliegen. Das Bildmaterial im Innern zeigt in unscharfen Photographien aus dem Kriegsgebiet vor und nach der Zerstörung Löwen, Mecheln (Sitz des Kardinals Mercier), Dinant, Ypern, Reims, Soissons u. a. In Pfeilschifters Abwehrwerk mußte darum Professor J. Sauer auch derlei Anschuldigungen richtigstellen.[11]
Gern zitierte man in Paris das Buch des holländischen Refor-

[10] *Heinrich Heine:* De l'Allemagne 1834, I, III
[11] *Joseph Sauer:* Kunst und heilige Stätten im Kriege. In: *Gg. Pfeilschifter* aaO. 173 ff.

mierten L. H. Grondijs,[12] das der deutschen Heeresleitung die Absicht eines »antireligiösen Kriegs« unterstellte, allein auf die Aussage eines bayerischen Soldaten gestützt: »Absichtlich ließ man die protestantischen Regimenter gegen das katholische Belgien marschieren, während die katholischen Truppen vorzugsweise in das katholische Polen, gegen die orthodoxen Russen geschickt wurden.« Unter neuen Kleinphotos verwüsteter Kirchen steht folgender Text: »Angesichts solcher Schandtaten drängt sich einem unwillkürlich die Frage auf, in welchem Sinn die deutsche Armee und ihr oberster Kriegsherr die Formel ›Gott mit uns‹ verstehen. Sollte ihr so oft angerufener ›altdeutscher Gott‹ nicht mit der heidnischen Gottheit identisch sein, die ihren ungesitteten Vorfahren in den Wäldern Germaniens den Haß gegen Jesus Christus und seine Missionare eingegeben hatte?«

Da die Beschießung der Kathedrale von Reims die Gefühle der geschichtsbewußten Franzosen besonders verletzte, wird als Begründung das Wort Wilhelms II. zitiert, »als er einer seiner Verwandten, der Landgräfin von Hessen, anläßlich ihres Übertritts zum Katholizismus Folgendes schrieb: ›Ich hasse die Religion, die Du angenommen hast; Du bekehrst Dich also zu jenem, ›römischen Aberglauben‘, dessen Vernichtung ich als meine Lebensaufgabe ansehe.‹« [13]

Da es hier nur um die Darstellung der *deutschen* Kriegstheologie gehen kann, wird Wert auf die Feststellung gelegt, wie wenig der französische Vorwurf des »Religionskriegs« bei den deutschen Katholiken verfing, wie sehr umgekehrt gerade solche ausländischen Vorwürfe diese nur um so geschlossener in die nationale Front trieben. Nicht nur, daß man die Frage »Katholik-Sein *oder* Deutscher-Sein?« nicht als Alternative akzeptierte, löste man sie auch hier eher mit einer Gleichung, wenn auch nicht so eindeutig und spontan wie auf protestantischer Seite.

Daß sich das von Fichte und E. M. Arndt schon vor dem Krieg übernommene Reden vom »deutschen Gott«, von »deutscher Religion« und »deutschem Christentum«, wie etwa Arthur Bonus, K. Becker, Gertrud Prellwitz, Julius Burggraf und Friedrich Gogarten es vertraten, mit dem katholischen Glauben noch weniger

[12] *L. H. Grondijs:* Die Deutschen in Belgien (1915)

[13] Album – Deutscher Krieg und Katholizismus (Paris 1915), 4–9

als mit protestantischem vertrug, fiel beispielsweise den Jesuiten in den »Stimmen der Zeit« auf.[14]

Im großen ganzen wurde jedoch das katholische Glaubensgut an das nationale angeglichen, wobei die konfessionellen Lehrunterschiede nicht nur in der Praxis [D 87], sondern auch in der Theorie immer mehr verschwanden. Das ist auch der Grund, warum wir es überhaupt wagen, evangelische und katholische Kriegstheologie im selben Buch zu vereinen und im systematischen Teil ohne weiteren Hinweis auf die Konfession der Verfasser Dokumente aus beiden Kirchen nebeneinander zu stellen. Titel wie »Die sittliche Berechtigung und Bedeutung des Krieges«,[15] »Vom gerechten Krieg und seinen Wirkungen«,[16] »Tapferkeit«, »Opfer« usw. werden im gleichen Sinn von katholischen wie evangelischen Autoren abgehandelt. Während sich aber bei ersteren dem Zeugnis aus der Heiligen Schrift mehr Hinweise auf die Kirchenväter von Tertullian und Augustin bis zu Thomas von Aquin beigesellen, verweisen die protestantischen Autoren mehr auf ihre jüngere Tradition von Luther über die Zeugen der Befreiungskriege und des Idealismus bis zu Paul de Lagarde. Und wenn das den Krieg moralisch, politisch und theologisch rechtfertigende Schrifttum, das millionenfach an die Front verschickt wurde,[17]

[14] Vgl. die Besprechung von Friedrich Gogartens »Religion und Volkstum» (Jena 1915) durch *Otto Zimmermann* in St. d. Z. 91 (1916), 66 ff. Auch *Joseph Pohle* (in: Meinertz-Sacher aaO. 189) wehrt sich gegen die »unhistorische Behauptung, erst Luther habe das *deutsche Christentum* in die Welt gebracht, und dieses habe in möglichst gerader Linie über den großen Kurfürsten, Friedrich den Großen, Kant, Hegel zum neuen Deutschen Reiche geführt (Treitschke) . . ., weil sie eine Verunglimpfung der ganzen, zum Teil glänzenden deutschen Vergangenheit in sich schließt«. [D 86]

[15] Vgl. *Franz Köhler:* Das religiös-sittliche Bewußtsein im Weltkriege (Tübingen 1917; protestantisch) und *August Messer:* Die sittliche Berechtigung und Bedeutung des Krieges (in: Hochland 12/I, März 1915, 641 ff.; katholisch).

[16] Man vergleiche die mannigfachen, sich auf Luther und die Confessio Augustana berufenden evangelischen Artikel über den »gerechten Krieg« mit *Joseph Mausbach:* Vom gerechten Kriege und seinen Wirkungen. Zeitgemäße Gedanken (in: Hochland 12/I, Oktober 1914, 1 ff.).

[17] Große katholische Organisationen machten sich »die unentgeltliche Verteilung von Lesestoff ins Feld und in die Lazarette zur Aufgabe«. Gg. Pfeilschifter nennt (aaO. 256 f.) an erster Stelle den »Arbeitsausschuß katholischer Vereinigungen (= Caritasverband, Borromäusverein, Volksverein für das katholische Deutschland und die Malteserritter) zur Verteilung von Lesestoff im Felde und in den Lazaretten mit dem Sitz in Berlin«. Dort auch genaue Zahlenangaben über die Quantität des verschickten Lesestoffs.

beiderseits der Propaganda diente und zu diesem Zweck die Bibel entsprechend einseitig auslegte, wie der systematische Teil belegt, finden sich manchmal erstaunlicherweise auf katholischer Seite objektivere exegetische Einsichten als bei den liberalen und konservativen Theologen jener Konfession, welche die Heilige Schrift als alleinige Richtschnur ihres Glaubens bekennt. Man vergleiche dazu [18] etwa die Schrift des evangelischen Alttestamentlers Otto Eißfeldt [19] mit der Parallelschrift seines katholischen Kollegen, des Bischofs von Speyer, Michael von Faulhaber, [20] der auch als Erzbischof von München-Freising (ab 1917) der alten Monarchie noch länger nachtrauerte als mancher andere prominente Katholik.

In dem historisch begreiflichen Anpassungsprozeß des deutschen Katholizismus an das protestantisch regierte Kaiserreich hat die Staatsräson des letzteren über ersteren gesiegt. Doch kann niemand behaupten, diese Anpassung sei den katholischen Oberhäuptern unwillkommen gewesen oder gar aufgezwungen worden. Man denke nur an das Telegramm, welches die deutschen Kardinäle und Erzbischöfe v. Hartmann (Köln) und v. Bettinger (München) im Juni 1915 an Wilhelm II. gerichtet haben [D 88] und in dem wiederum die Empörung über »La Guerre Allemande et le Catholicisme« in Ergebenheit gegenüber dem eignen Staat und Thron umgewandelt war. Die angekündigte »Beschwerde der Fuldaer Bischofskonferenz beim Oberhaupt der Kirche« erfolgte am 17. August 1915; doch war sie bereits auf den Ausdruck des »Schmerzes« zusammengeschmolzen, was es Papst Benedikt XV. erleichterte, unter Hinweis auf die allgemeine Friedenssehnsucht »alle Katholiken [zu ermahnen], daß sie jede Zwietracht meiden sollten«. [D 89]

Das führt zu der Frage weiter, wie der deutsche Episkopat in Hirtenbriefen das Kirchenvolk bezüglich des Kriegs zu beeinflussen suchte. Der Hirtenbrief der deutschen Bischöfe vom 13. 12. 1914 [D 90] könnte auch von protestantischen Theologen

[18] Vgl. zum Beispiel die ausführliche »Übersicht« über evangelische und katholische Literatur zum Thema »Das Evangelium und der Friede« von *Christian Pesch* SJ. in St. d. Z. 91 (1916), 47–65.

[19] *Otto Eißfeldt:* Krieg und Bibel (Tübingen 1915)

[20] *Michael v. Faulhaber:* Der Krieg im Lichte des Evangeliums (München o. J.; 1915?)

verfaßt sein, da der erste Satz ganz im Ton ihrer Buß- und Bettag-Kanzelabkündigungen gehalten ist und das Paradox fertigbringt, gleich nach der Mahnung, wir sollten »uns nicht in die Schuld anderer Völker vertiefen, sondern in unsere eigene«, mit Kaiser, Kanzler und sämtlichen andern deutschen Autoritäten zu behaupten: »Wir sind unschuldig am Ausbruch des Krieges; er ist uns aufgezwungen worden; das können wir vor Gott und der Welt bezeugen.« Auch die Verurteilung der »Auswüchse der Frauenmode«, des »ehrlosen Nachäffens einer fremdländisch verseuchten Literatur und Kunst« sowie die dann konsequente Nebeneinanderstellung von »unchristlich« und »undeutsch« scheinen eher protestantischen als eigenen Theologen abgeschaut. Proben von den »mehr als zwei Dutzend Hirtenschreiben« der einzelnen Bischöfe während des ersten Kriegsjahrs, die sämtlich die hier vorgezeichnete Linie einhalten, gibt Professor Alois Knöpfler in seinem interessanten Vergleich »deutscher und französischer Kriegshirtenbriefe«, die sich ihm wie die »Höhenluft der Berge« von »dem Nebel der Niederungen« abheben.[21] [D 91] In der Tat kann das wenigstens verbale Festhalten am Bußgedanken als interkonfessioneller Bestandteil deutscher Theologie von 1870 bis 1917 durchgängig festgestellt werden. [D 92]
Einen Einschnitt in der geschlossenen evangelisch-katholischen Kriegstheologie bedeutete die verschiedene Aufnahme der Friedensnote Papst Benedikts XV. vom Frühjahr 1917. Alte antipäpstliche und insoweit auch antikatholische Ressentiments, zwar nur vereinzelt und geheim formuliert, aber doch nicht minder gefährlich für die neugewonnene patriotische Einheit deutscher Christen, lebten auf protestantischer Seite wieder auf [D 93] und schienen auf katholischer Seite dem von den Jesuiten allzeit geförderten Internationalismus, der ebenfalls seine politischen Ziele verfolgte, neue Kräfte zuzuführen.
Diese politischen Interessen bestanden in der seit 1870 für die Kurie so wenig wie für die Jesuiten erledigten »Römischen Frage«, welche in den »Stimmen der Zeit« eine breite historische Darstellung durch R. v. Nostitz-Rieneck mitten im Krieg erfuhr. Politisch aktiv wurde zunächst der Zentrumsabgeordnete Mat-

[21] *Gg. Pfeilschifter* aaO. 284

thias Erzberger, der nach dem Kriegseintritt Italiens auf der Gegenseite der Mittelmächte dem Papst im Fall eines deutschen Sieges eine Entschädigung für den 1870 verlorenen Kirchenstaat versprach, falls dieser den unbequemen belgischen Kardinal Mercier von Mecheln durch den flämischen und prodeutschen Bischof von Namur ersetze. Erzberger hatte freilich mit diesem Vorschlag in Rom kein Glück und wandelte sich alsbald zum entschiedensten deutschen Befürworter der päpstlichen Friedenspolitik.[22]

In den »Stimmen der Zeit« wird aber auch der Kriegsbeginn mit vergleichsweise größerer Objektivität behandelt als in evangelischen Veröffentlichungen. [D 94] Der Mitredakteur dieses Blatts, Otto Zimmermann SJ., der von seiner Warte bereits die Gefahren des von Burggraf, Bonus und Gogarten propagierten »deutschen Christentums« erkannt und verurteilt hatte, schätzte zwar zu Beginn des Krieges die handgreiflichen Beweise neudeutscher patriotischer Religiosität noch ebenso falsch als »Gottesbeweis des Weltkriegs«[23] ein wie seine evangelischen Kollegen, stellte jedoch schon 1916 die kritische Frage: »Soll die Religion national sein?«,[24] wobei immerhin postuliert wird: »1. Man darf Gott nicht nationalisieren. 2. Man darf die Nation nicht vergöttlichen«, was ihm positiv freilich so hegelisch wie andern bedeutet: »3. Man soll Gott als den Urheber der Nation ehren. 4. Man soll die Nation als die Schöpfung Gottes ehren.«[25]

Angesichts der in Deutschland weitverbreiteten, u. a. bis auf H. St. Chamberlain[26] zurückgehenden Tradition, den Jesuiten »Abstumpfung des Nationalgefühls« vorzuwerfen,[27] kann es kaum verwundern, wenn nicht einmal ein Jesuit schon den Anfängen des Nationalismus als Religion in Deutschland mit der nötigen Eindeutigkeit gewehrt hat.

[22] Vgl. dazu *H. Lutz* aaO. 48 ff.

[23] Vgl. O. *Zimmermann:* Der Gottesbeweis des Weltkriegs (Freiburg 1915).

[24] O. *Zimmermann:* Soll die Religion national sein? Ergänzungshefte zu den St. d. Z. (1916), 1. Reihe, 3. Heft

[25] So die Überschriften in O. *Zimmermann* aaO. Vgl. auch von demselben: Deutsche Religion? In St. d. Z. 91 (1916), 327 ff.

[26] *Houston Stewart Chamberlain:* Die Grundlagen des 19. Jahrhunderts (München 1899), 665

[27] Vgl. O. *Zimmermann* aaO. 66

Man kann auch kaum behaupten, daß der katholische Episkopat im Verlauf des langen Kriegs früher als die evangelischen Kirchenleitungen die Weiterentwicklung der deutschen Innen- und Außenpolitik richtig vorausgesehen habe. Im Gegenteil: Die Bischöfe begründeten noch an Allerheiligen 1917 in ihrem gemeinsamen Hirtenschreiben ihre unbedingte Loyalität zu »unseren Herrscherhäusern und unserer monarchischen Staatsverfassung« mit Röm 13 und, noch stärker, gemäß der Enzyklika Immortale Dei (1885) Leos XIII., mit dem Gebot: »Gebet Gott, was Gottes ist, und dem Kaiser, was des Kaisers ist«. [D 95] Früher als beim Gros der evangelischen Stimmen ist jedoch, sicher unter dem Einfluß der Friedensnote Papst Benedikts XV. und seines eifrigen Werbers Matthias Erzberger, eine gewisse Aufgeschlossenheit für den Frieden festzustellen. Wir treffen damit zugleich – wie auf evangelischer Seite fast nur bei Harnack – auf konstruktive Gedanken über das Leben nach dem Kriege. Zwar betreffen die bischöflichen Vorschläge überwiegend kirchliche Anliegen wie Orden und Kongregationen, Caritas, Una Sancta, die Ablehnung der Trennung von Kirche und Staat. Wenn aber die an erster Stelle genannte Sorge für Familie und Kindererziehung im gleichen Sinn zu lesen ist, darf aus der unmittelbar darauf folgenden alten Forderung »Katholische Schulen für katholische Kinder« immerhin geschlossen werden, daß die katholische Kirche Deutschlands von der Revolution 1918 nicht so völlig unvorbereitet getroffen wurde wie die protestantische. Die Bischöfe standen mit ihrer Sorge für die Zukunft nicht allein. »Die Ideen des Christentums und die reichen Kräfte des Katholizismus in ihrer positiv erneuernden und fördernden Art für die deutschen Verhältnisse und deren Zukunftsgestaltung geltend machen« will beispielsweise auch das vom »Arbeitsausschuß zur Verteidigung deutscher und katholischer Interessen im Weltkrieg« durch Professor Max Meinertz und Dr. Hermann Sacher 1918 herausgegebene doppelbändige Sammelwerk »Deutschland und der Katholizismus«. Es mochte der leitenden Mitgestaltung der Prälaten J. Mausbach und A. Pieper so wenig entraten wie das zu Beginn des Kriegs erschienene Sammelwerk »Deutsche Kultur, Katholizismus und Weltkrieg«. Auch andere Autoren des alten Werks finden sich als Wegweiser des neuen: Domdekan Fr. X. Kiefl, die

Professoren H. Schrörs, H. Finke, H. v. Grauert und E. Krebs. Und so zeigen deren Artikel die ganze Schwerfälligkeit eines innerlich noch nicht mitvollzogenen Abschieds vom »Weltkrieg und den Grundlagen unserer geistig-sittlichen Kultur« – so der Titel des einleitenden Referats von E. Krebs, in dem wieder einmal das »in andern Ländern bis heute nicht in seinem sittlichen Wesen verstandene ... artmäßig *deutsche*« Wesen des Militarismus aus spezifisch deutscher Pflichttreue gefolgert und dem »kirchlichen Pflichtbewußtsein«, das »vollbesuchte Sonntagsgottesdienste und fleißigen Sakramentenempfang der großen Menge«[28] zeitigte, an die Seite gestellt wird. Ansatzgemäß bilden jene auf fast tausend Seiten vorgetragenen »Gedanken zur Neugestaltung des deutschen Geistes- und Gesellschaftslebens« eine Brücke, um jenseits des in seinen Ausmaßen und Wirkungen nicht völlig erkannten Zusammenbruchs von 1918 »dem Prinzip des Fortschritts als eines organischen Weiterbaus auf bewährter Grundlage huldigen zu können«.[29]
Wie morsch die angeblich so »bewährte Grundlage« war und wohin ein »organischer Weiterbau« auf ihr führte, lehrte die Geschichte nach 1918. Es ist der Annahme von Heinrich Lutz grundsätzlich zuzustimmen, daß der deutsche Katholizismus nach einer vorübergehenden »Linkswendung«, solange der Einfluß von Papst Benedikts Friedensnote wirkte – auch das »Hochland« öffnete sich ihm, wenn es von dem in anderen Blättern verfemten Friedrich Wilhelm Förster im Mai 1918 einen Artikel über »Demokratie und Aristokratie« brachte –, sich dem letzten von der OHL diktierten Berliner Regierungskurs beugte und unter der allgemeinen Losung »Das Vaterland in Not!« wieder nach rechts segelte.[30] Doch dürfen diese »Wendungen« nicht pauschal für alle federführenden Katholiken angenommen werden, wie Lutz dies voraussetzt. Es handelt sich eher um den letztlich untauglichen Versuch, beides zugleich zu tun: dem Friedensgedanken des Papstes Rechnung zu tragen und doch den spezifisch

[28] *Meinertz-Sacher:* Deutschland und der Katholizismus (Freiburg 1918), I, 4. So schwärmte schon O. *Zimmermann:* Der Gottesbeweis des Weltkrieges (Münster [6]1915), 11 ff.
[29] *Meinertz-Sacher* aaO. I, V
[30] Vgl. *H. Lutz* aaO. 194.

deutschen »Errungenschaften« oder auch nur Eigenschaften nicht den Abschied zu geben.

So unterscheiden sich auch die Gedächtnisreden zu Ehren gefallener Universitätsangehöriger kaum voneinander, ob sie in Berlin von dem evangelischen Theologieprofessor und Rektor Reinhold Seeberg oder in Freiburg von dem katholischen Wirklichen Geheimen Rat und Rektor Professor Heinrich Finke[31] nahezu gleichzeitig gehalten wurden. Die weihevolle Verklärung des Todes fürs Vaterland zum christlichen Martyrium ist gleich stark und angesichts der Niederlage gleich hilflos, so daß gerade sie den Keim für neue sinnlose Opfer der Zukunft barg.

[31] *Heinrich Finke:* Unseren Gefallenen zum Gedächtnis. Rede, gehalten am 29. März 1919 in der Aula der Universität Freiburg (Freiburg 1919). Zu *R. Seeberg* s. o. S. 62

Systematisch-theologischer Teil

»Es könnte sein, daß man es zu bunt getrieben hat mit der Religion! Aus den rauchenden Trümmern Europas wird sich die Frage erheben an die Hüter des ›wahren Christentums‹: Was habt Ihr aus unserem Christentum gemacht? Ein Prunk- und Paradestück der Staatsallmacht, ein Palladium der Autorität, eine Religion der Vornehmen, Reichen und Mächtigen, ein Evangelium der Kanonen, eine ›sittliche‹ Pflicht zum Hassen, Töten und Verwüsten, einen Kultus, der nicht besser ist als die Religion der Skythen, die ein nacktes Schwert als ihren Gott verehrten. Und zu dem Kainsgeschlecht, das sich Christen nennt und die blutbesudelten Hände faltet zum Te Deum, wird Gott sprechen: ›Wo ist Dein Bruder Abel?‹«

S. Zurlinden

(Der Weltkrieg. 1. Bd., Zürich 1917, 435)

Jede Zeit hat ihr geistiges »Fluidum« und »Milieu«. Dieser »Zeitgeist« wird, wie äußerlich von der herrschenden »Mode«, den Sitten und Gebräuchen, so innerlich von den vorwaltenden Ideen oder Ideologien bestimmt. Zu deren Gestaltung hat in der Geschichte des Abendlands vor allem auch die christliche Dogmatik, selbst in säkularisierter Form, beigetragen. Diese »Dogmatik«, ihrerseits im Lauf eines jahrhundertelangen Prozesses entwickelt, hat durch die bewahrenden Jahrhunderte des Mittelalters bis in die sich allmählich von ihr lösende Neuzeit immer eher »konservativ« gewirkt. Insoweit sich aber die Lehren und in der Auslegung die jeweils eine Zeitlang dominierenden Dogmen einem Zeitbedürfnis anpaßten, waren sie dann auch Gemeingut der in und von ihr lebenden Christenheit. Nie mehr wurde freilich seit der Aufklärung die Gesamtheit des christlichen Glaubensbekenntnisses, wie das späte Altertum sie entwickelt hatte, von der ganzen getauften Christenheit spontan angenommen und gläubig geteilt.

Nach den Glaubenskriegen des sechzehnten und siebzehnten Jahrhunderts führte die Sehnsucht nach einem allen westlichen Religionen und Konfessionen gemeinsamen Glauben zu jenem Toleranzdenken, das bei den jeweils progressiven Denkern vom altkirchlichen Glaubensbekenntnis nur noch den Ersten Artikel übrigließ. Aber auch konservativere Philosophen und Theologen legten vor allem auf diesen den Ton unter teils bewußter, teils unbewußter Verkürzung der Christologie und Pneumatologie. Islam, Juden- und Christentum fanden sich nur in der Verehrung jenes humanen, mit der antiken Weisheit eines Sokrates und mit der Macht eines Augustus regierenden Vatergottes, dessen Güte und Barmherzigkeit nachzuahmen höchstes Ziel jeder menschlichen Staatskunst wie der Menschenkinder insgemein sein müsse. In Lessings »Nathan« hat dieses Denken sich ähnlich wie etwa in Mozarts »Entführung aus dem Serail«, der »Zauberflöte« und dem »Titus« künstlerische Denkmäler gesetzt.

Der Erste Artikel regierte das Zeitalter der Aufklärung in seiner spezifischen Zuspitzung auf die Vorsehungslehre. Diese Überbetonung des Vorsehungsglaubens im achtzehnten Jahrhundert war sogar noch im zwanzigsten wirksam, wenn seine Diktatoren von Wilhelm II. bis Hitler nicht nur sich selbst als Werkzeuge der Vorsehung immer wieder gesehen und bezeichnet haben, sondern als solche auch gläubig akzeptiert wurden. Doch war es das Hervortreten dieser Lehre nicht allein, was den Glauben der Deutschen zwischen 1850 und 1950 kennzeichnet.

Der nachfolgende Versuch einer systematischen Zusammenstellung der wesentlichen Glaubensartikel des politischen Protestantismus im Zweiten Kaiserreich bezweckt zunächst den Erweis innerer Einheit der Zeit von 1870 bis 1918. Er will aber auch zeigen, daß im politischen und kulturellen Glaubensbekenntnis dieser Zeit einerseits ursprüngliche Theologumena in säkularisierter Form geglaubt wurden wie andererseits politische Desideranda und Credenda eine theologische Weihe erhielten und daß daraus nicht nur der »Kulturprotestantismus«, sondern auch bis heute fortwirkende Verknüpfungen von religiösen und politischen Zielvorstellungen entstanden.

Dieser letztere Schluß kann hier nicht mehr in extenso durchgeführt werden, doch drängt sich seine Evidenz von selbst auf für jeden, der die letzten fünfzig Jahre deutscher Geschichte kennt. Die Literatur darüber ist heute bereits mindestens doppelt so umfangreich wie jene über die hier zur Debatte stehende Epoche. Die Verbindung zum neunzehnten Jahrhundert wird dabei heute vielfach zu gering eingeschätzt – ein weiterer Grund, sich ausschließlich auf das Zweite Kaiserreich zu beschränken.

Das merkwürdige Ineinanderfließen von politischer und religiö-

ser Begeisterung und Reflexion, das sich 1870 wie 1914 bei den größten wie den kleinsten Geistern ereignete, kam nicht von ungefähr. Es hatte in der jahrzehntelangen Predigt- und Schulerziehung des deutschen Volkes gemäß dem Ritschl-Harnackschen System eine theologische Wurzel und Voraussetzung.
Heinrich v. Treitschke schrieb am 24. 11. 1870 an Franz Overbeck: »Ich habe erst im Verlauf der letzten Jahre und nun gar in diesem Kriege die Bedeutung des religiösen Lebens recht verstehen gelernt.«[1] Oberhofprediger Adolf Stoecker urteilte über 1870: »Die übereinstimmende Meinung der Menschen, welche damals mit religiösen und sittlichen Augen unser Volk beobachtet hatten, ging dahin, daß im Jahre 1870, besonders in den ersten Monaten des Krieges, unser Volk von einem gottesfürchtigen Geist beseelt war wie vielleicht nie zuvor... Unser Volk in seiner Gesamtheit [war] während des Krieges unter der Herrschaft des christlichen Geistes [gestanden].«[2]
Wie wenig andererseits dieser »christliche Geist« 1870 und 1914 mit dem zu tun hatte, was ein junger Theologe in dieser Wissenschaft und diesem Beruf suchte, berichtet der nachmalige Generalsuperintendent von Berlin, D. Friedrich Lahusen: »Von dem frommen Heer, von dem die uns von daheim gesandten Schriften redeten, war wenig zu spüren, religiöse Anregung fehlte fast ganz... Einmal hatte ich an einem Feldgottesdienst teilgenommen, aber von der Predigt kein Wort verstanden. Durch dieses ganze Soldatenleben hatte ich wohl die Verbindung mit Gott nicht ganz verloren, aber ... ich war doch zweifelhaft geworden, ob ich das Studium der Theologie aufgeben sollte.«[3]
Die Kriegspsychose, das Erlebnis 1870 wie 1914, an einem »Weltereignis« teilzuhaben, führte bei vielen »zum Bewußtsein von Gedanken und religiösen Gefühlen..., die sie lange für verloren und überwunden glaubten«. Der Maler Franz Marc, der dies am 11. 11. 1914 aus Lothringen an seine Mutter schrieb[4] und das Schlachtgetümmel mehr als einmal als »mystisch« beschreibt,[5]

[1] *Heinrich v. Treitschke:* Briefe III, 293 f.

[2] Christlich-Sozial, 152, hier zitiert nach *Wilhelm Lütgert:* Die Religion des deutschen Idealismus und ihr Ende, Bd. IV, 408

[3] Zitiert nach *Wilhelm Lütgert* aaO. IV, 410 f.

[4] *Franz Marc:* Briefe aus dem Felde. List-Bücher 302 (München 1966), 24 f.

[5] *Fr. Marc* aaO. 7,9

zieht daraus als gläubiger Katholik die Folgerung, »daß man nicht auf alte Glaubensformeln und -gewohnheiten zurückgreifen kann, wenn man wirklich Grund fassen will in diesem Meer von Unruhe und Kriegsgewühl, sondern daß sich neue religiöse Gedanken bilden werden«.[4]

Wie von katholischer Theologenwarte im Ausland die deutschen protestantischen Systeme Albrecht Ritschls und Adolf v. Harnacks als »Meisterwerke der Anpassung« dargestellt werden konnten, davon gebe Georges Goyau, Mitglied der Académie Française und Consultor der Ritenkongregation, Zeugnis. Goyau bemühte sich auch um die Aufhellung des Belgien-Deutschlandproblems (1918):

Die Sprache Ritschls und Harnacks »ist absichtlich unbestimmt, unsicher, doppelsinnig, dem halb durchsichtigen, zarten, beunruhigenden Schleier vergleichbar, mit dem man die Statuen von Hermaphroditen zu verhüllen pflegt. Um diese Sprache sprechen zu können, muß man gewisse Rezepte beobachten; für das Predigen lernt man dieselben und wendet sie an. Wenn man nach dem Stil der modernen Theologie predigt, befriedigt man jedermann, oder man verdirbt es wenigstens mit niemandem: nicht mit den Frommen, welche herauszufinden glauben, daß der Prediger orthodox sei; nicht mit den Unfrommen, welche fühlen, daß der Prediger den alten Liberalismus überholt hat. Diese Art zu predigen ist eine Gewähr für den Frieden; sobald ein Schüler Ritschls das Wort Gottes von der Kanzel verkündigt, ist der Staat sicher..., keine Geschichten zu bekommen. Seit 25 Jahren [also seit Bestehen des Zweiten Kaiserreichs] liefert die moderne Theologie selbst ein künstliches Mittel, um die erkünstelte Einheit in der Kirche zu erhalten, auf welche der deutsche Staat Gewicht legt.«[6]

»Die zwei Gestalten sind nämlich nicht von gleicher Stärke; der Staat ist frei, die Kirche gebunden. Der Staat ist eine Macht im Protestantismus, während der Protestantismus selbst keine andere Macht im Staate besitzt als die, welche dieser ihm leiht;... während zwanzig Jahren hat Stoecker auf diese Geißel aufmerksam gemacht.«[7] Goyaus Prognose für die Zukunft lautet düster:

[6] *Georges Goyau:* Das religiöse Deutschland. Der Protestantismus. Einleitung, 20

[7] *G. Goyau* aaO. 22

»Die Kirchen Deutschlands, die bereits nichts anderes mehr sind, als Impersonalitäten im Staate ..., können niemals für das evangelische Christentum einen bestimmenden Einfluß auf das öffentliche Leben Deutschlands zurückerobern.« [8]

[8] *G. Goyau* aaO. 23 f.

Zur Gotteslehre[9]

»Wir fuhren in den Hardanger Fjord ein. Noch waren rings die Berge vom Nebel verhängt, aber dann riß der Wolkenvorhang, und die Sonne trat mit solcher Majestät hervor, daß wir auf der Kommandobrücke die Hacken zusammennahmen ...«

Wilhelm II. 1912[10]

Wenn wir zu Beginn dieses Teils an Albrecht B. Ritschl (1822 bis 1889) und nicht an irgendeinem seinerzeit populäreren Theologen das Gerüst der damaligen Dogmatik exemplifizieren, so soll er damit nicht zum Kristallisationspunkt jener Staats- und Vaterlandstheologie erhoben oder gar zum prononcierten Chauvinisten unter den evangelischen Theologen gestempelt werden. Dazu war er zu kritisch und stand er allem aktiven kirchenpolitischen Engagement zu reserviert gegenüber. Aber die staatsethische Theologie des eher unpolitischen Ritschl kann für seine Zeit typisch genannt werden und ist nicht ohne Einfluß auf seinen großen Schülerkreis geblieben. Außerdem bedeutet er der heutigen protestantischen Theologie wieder viel. Schon nach seinem Ableben (1889) galt er bei seinen zahlreichen promovierten Schülern als *der* systematische Theologe seiner Zeit, obwohl sein dogmengeschichtliches Werk wichtiger war.[11] Hier sei jener kleine,

[9] Wir betiteln die drei Abschnitte des systematischen Teils »*Zur* Gotteslehre, *Zur* Christologie, *Zur* Lehre vom Heiligen Geist«, um den naheliegenden Eindruck zu vermeiden, die hier vorgestellte »Kriegstheologie« sei an die Stelle der früheren Gotteslehre, Christologie und Pneumatologie getreten. Die Kriegstheologie läßt sich unter den genannten Teilen ohne weiteres subsumieren; sie bildet folglich in der Epoche des Zweiten Kaiserreichs und teils darüber hinaus einen wesentlichen, zu Kriegszeiten vielleicht den wirksamsten Teil der evangelischen Verkündigung. Aber selbstverständlich wußten die aufgeführten Theologen über ihre Gotteslehre, Christologie usw. auch noch anderes zu sagen. Während jedoch ihre eigentliche theologische Arbeit, die zum Teil dickleibigen Folianten ihres Lebenswerks, schon damals nur einen beschränkten Leser- und Wirkungskreis fanden, wurde die modifizierte »Anwendung« jener »theoretischen« Theologie in der – an Massenwirksamkeit dem Einfluß der heutigen Massenmedien vergleichbaren – reichen Kriegspublizistik zum gewaltigen »Zuchtmeister« weniger auf Christus als aufs Vaterland hin. Den selten begriffenen Zusammenhang zwischen solcher Theologen»theorie« und -»praxis« gilt es darzulegen, ihre innere Konsequenz aufzuweisen.

[10] Vgl. *Egon Jameson:* ABC der dümmsten Sätze. rororo-Bändchen Nr. 704, 121.

[11] Diese Einschätzung gilt noch heute. Vgl. zum Beispiel *Rolf Schäfer:* Ritschl. Grundlinien eines theologischen Systems (Tübingen 1968). Auch da wird wieder einmal ver-

als Leitfaden an höheren Schulen gedachte »Unterricht in der christlichen Religion« auf seine herrschenden Auskünfte hin befragt.

An diesem Katechismus fällt zunächst auf, daß eine eigentliche »Lehre von Gott« fehlt, weil »der gründliche Gegner des Pietismus« ebenso »Gegner aller Metaphysik in der Theologie« [12] war, und daß »Gott« bei ihm nur in Verbindung mit seiner »Offenbarung« oder seinem »Reich« vorkommt. So erklärt es sich, daß seine Schüler und andere Theologen wenig von Gottes biblischem Tun, dafür um so mehr von seinem 1870 und 1914 angeblich sichtbaren Willen und Handeln zu erzählen wußten, das nicht ohne Beziehung zu seinem Reich stehe. Da Gott bereits von Hegel in die Geschichte hinein aufgelöst wurde, war »Gottes Walten im Krieg 1870/71« (Ludwig Weber [D 96]) den deutschen Zeitgenossen ebenso selbstverständlich wie 1914.[13]

Gert Lewek legt in seiner Dissertation über Ludwig Weber mit Recht Wert auf die Feststellung, daß Weber die »vom Reformator festgehaltene Unterscheidung von Offenbarung und irdischer Geschichte entfernt hat; Weber verwandelte den verborgenen Sinn der Geschichte in eine säkulare Geschichtsmetaphysik und mißbrauchte die Geheimnisse Gottes zu einer völlig unkritischen staatspolitischen Glorifizierung und Sanktionierung machiavellistischer Methoden der Staatsräson.« [14]

Dieser Kommentar ließe sich unter unzählige Reden von Gott in der fraglichen Epoche setzen. Ob freilich der apologetische Versuch Lewehs, Luther selbst von diesen Geschichtsoffenbarungs-Kurzschlüssen ganz auszunehmen, geglückt ist, kann hier nicht untersucht werden. Auch wenn man davon absieht, daß die Kirchenpresse 1870 wie 1914 Luther als Vorbild pries und oft zitierte, kann man nicht verkennen, daß seine Lehre vom Deus abscon-

sucht, die systematischen Grundlinien von Ritschls Theologie ohne Berücksichtigung der historischen nachzuzeichnen.

[12] *Karl Barth:* Die protestantische Theologie im 19. Jahrhundert (Zollikon 1952), 602

[13] Daß der Krieg als solcher von Theologen zum »Offenbarer« bzw. »Offenbarungsträger« gemacht werden konnte, lehrt zum Beispiel der Titel einer Sammlung von zwölf Kriegspredigten, die 1914 von zwölf prominenten Pfarrern herausgegeben wurde: »Offenbarungen des Krieges« (Göttingen 1914).

[14] *Gert Lewek:* Kirche und soziale Frage um die Jahrhundertwende (Neukirchen 1963), 46

ditus und Deus revelatus, bei ihm selber noch in rein theologischer Dialektik begriffen, im neunzehnten Jahrhundert überhöht durch Hegels Geschichtsmetaphysik, in einen Zusammenhang gebracht wurde mit dem religiösen Erlebnis der Weltgeschichte, an der auch der seinen »Platz an der Sonne« suchende Deutsche teilhaben darf. Daß der »verborgene Gott« im Krieg sich in all seiner Größe offenbaren und dem »kulturell überlegenen« deutschen Volk verbünden könnte, war ein Gedanke, der einfachen wie anspruchsvollen Hörern verständlich, ja bald selbstverständlich wurde. Auch ein Christoph Blumhardt[15] [D 51] ist mit dem Rat, bei allem dunklen Schicksalswalten den dahinter stehenden »Herren« zu erkennen, ganz nahe an die sonst selten an sein Denken rührende »Allgemeine evangelisch-lutherische Kirchenzeitung« herangerückt, welche am 7. 8. 1914 unter dem Thema »Krieg!« Psalm 46, 11 [D 97] damit erklärt, daß der bisher schweigende Gott nun im Krieg plötzlich zu reden anfange. Blumhardt ist ebensoweit entfernt von der naheliegenden Frage nach dem Schuldzusammenhang, der die Völker widereinander in Haß und Krieg hetzt, wie etwa Albert Körber,[16] der in einer Kurzpredigt 1915 antwortet: »Nicht Gründe und Gegengründe, nicht theologische Philosophie, nicht Bücher überzeugen, Gott selbst, der lebendige Gott im Walten der Geschichte, im Einzelschicksal des Soldaten und der Familien, im Kriegsschicksal, Gott überwiegt, er lebt, er redet; ich darf auch, ich muß mit ihm reden.«
Hinter all dem steht vielleicht weniger A. Ritschl als H. v. Treitschke, der 1895 »zum Gedächtnis des großen Krieges 1870« seinen »Totengräber«-Fatalismus mehr aus germanischer als aus christlicher Religion ableitete:
»So, gerade so, unfehlbar wie der Hammer Thors mußte das deutsche Schwert schmetternd niederfallen, so, wider alle Erfahrung mußte das wandelbare Kriegsglück zur Unwandelbarkeit gezwungen werden und Kranz um Kranz um unsere Fahnen winden, wenn dies bestverleumdete und bestverhöhnte aller Völker wieder die gerechte Stelle in der Staatenwelt erringen sollte.«[17]

[15] *Chr. Blumhardt jun.:* Gottes Reich kommt! Vgl. ab Nr. 45 (1914), besonders 366 f., 371, 376, 378 f., 383.

[16] *Albert Körber:* Wir Christen im Kriege (1915). Predigt: »Die Kraft zum Durchhalten«, 18

[17] *H. v. Treitschke:* Zum Gedächtniß des großen Krieges 1870 (1895), 5

Man beachte auch den Stil, in dem die Auserwählung des deutschen Volkes 1870 aus göttlichem Zwang abgeleitet wird: »Hundertdreißigtausend deutsche Männer fielen dem unersättlichen Kriege zum Opfer, endlos schienen die Züge der nachrückenden alten Landwehrmänner, mehr als eine Million unserer Krieger überschritten nach und nach die französische Grenze. Alle kamen, es mußte sein.« [18]

Die unsichtbare Gottheit und Vorsehung, der deus absconditus, hat sich in König Wilhelm von Preußen nach Treitschke ein sichtbares Abbild geschaffen: »Seine Majestät sieht alles – so wetterten die Feldwebel ihre säumigen Leute an, und sie sagten die Wahrheit. Als ihn das Schicksal im hohen Alter auf den nie gesuchten Thron gehoben, da empfand er bald, daß die Vorsehung ihn und sein Heer zum Werkzeug für ihre Fügungen bestimmt hatte. Wenn ich dies nicht glaubte, sagte er ruhig, wie hätte ich sonst die Last dieses Krieges tragen können?« [19]

Die »Nötigung« zum Krieg und zum Ruhm des Kaisertums wird hier nicht bloß, wie bei den Alldeutschen und in manchen Wirtschaftskreisen, zum Erfordernis des »Volks ohne Raum«, sondern vom »Schicksal« befohlen. Freilich »nur, wem er die Augen öffnet, sieht seine tiefverdeckten Spuren ... Die überwältigende Art der uns immer wieder mit elementarer Gewalt bestürmenden und erschütternden Kriegsereignisse – das ist ganz die Weite des aus Verborgenheit und Nacht heraus wirkenden Gottes, der uns seines Wesens unendliche Tiefen aufleuchten läßt, damit die erschreckten Gewissen die Abgründe schauen und den geheimnisvollen Hintergrund des gewaltigen Geschehens und zitternd Fühlung suchen mit dem urgewaltig Heiligen.« [20]

Daß ein so oder ähnlich ausgerichteter Konfirmandenunterricht beim wahren Kriegserleben an der Front »ohne jeden Erfolg geblieben ist«, berichtet ein Maschinistenmaat in einem Feldpostbrief an seinen Pastor. [D 98] War er ein »Nicht-Erwählter« oder hatte er recht, wenn er angesichts der wahllos treffenden Kriegsfurie nicht glauben wollte, daß »Gott selbst mit zündendem Strahl die Schätze gehoben [hat], die reicher, als wir es ahnten, in

[18] *H. v. Treitschke* aaO. 15
[19] *H. v. Treitschke* aaO. 16
[20] *Franz Köhler:* Das religiös sittliche Bewußtsein im Weltkriege (Tübingen 1917), 5 f.

den Tiefen der Seelen verborgen lagen«?[21] War der einfache deutsche Krieger nicht besser beraten, wenn er von keinem derartigen Feldgottesdienst mehr etwas wissen, nicht mehr Sätze wie jene anhören wollte, die Franz Köhler aus einer reichen Kenntnis von Kriegspredigten zusammenfaßt:

»Auf dem düsteren Hintergrunde des menschenmordenden Krieges wird uns Gott offenbar als der, der neues Leben schafft, inneres, opferfähiges und darum wahres, bleibendes Leben. Alles kam so gewaltig und übermenschlich, daß wir Gott selbst am Schaffen schauen können. Wie Gott selbst letztlich als der Allgebietende und Allwirkende in allem Geschehen ist, so ist er es auch in diesem Kriege. Im Donner der Schlachten erhebt er seine Stimme, die nun niemand mehr überhören kann.« Wie selbstverständlich heißt es da: »Seinem Volke drückt Gott selbst das Schwert in die Hand; wir müssen es zücken, um unsere heiligsten Güter zu verteidigen. Wir hatten geglaubt, ihrer uns im Sonnenschein erfreuen zu dürfen. Gott hat es anders gewollt...« Feuerbachs Umkehrung: »Der Mensch schuf Gott nach seinem Bilde...« feiert hier Triumphe wie nie zuvor.

Köhler zweifelt »keinen Augenblick daran, daß Gott seine großen Heilsabsichten nicht nur trotz dieses Krieges, sondern gerade durch ihn verwirklichen wird. Gott gebraucht nicht bloß, er braucht auch den Krieg zur Verwirklichung seiner Gedanken und Ziele... Gott geht durch die deutschen Lande mit neuen Offenbarungen seiner Macht; er geht durch unser Volk und unsere Herzen und lehrt uns die neue, uns lange unbekannte Weise, daß der Tod – Gottes Werk ist wie das Leben, daß der Tod nur eine andere Form des Lebens, eine andere Art des Seins in Gott, dem ewigen Leben, ist.«

Dies ist nicht nur rhetorisch, sondern theologisch gemeinter Unsinn. Besonders traurig ist jedoch die Tatsache, daß die Weise von »Gottes Offenbarungen in deutschen Landen«, die 1915 erst anhob, eine noch verheerendere Zukunft haben sollte.

Vom Ersten Artikel des traditionellen Credo wurde aber nicht nur Gottes Erwählung und Vorsehung in einseitiger Verkennung

[21] *Fr. Köhler:* Der Weltkrieg im Lichte der deutsch-protestantischen Kriegspredigt (Tübingen 1915), 4 ff.

ausgelegt, auch Gottes Vaterschaft wurde, wie Köhler belegt, in Einklang mit dem Krieg gebracht:

Unter der Überschrift: »Der durch den Krieg leidende Gott« führt er an: »Der Vater leidet unter den Leiden seiner Kinder. Was für ein namenloses Leiden bereitet Gott dieser Krieg! Mit ihm ist ein großer Völker-Karfreitag angebrochen!« [21]

Da Köhler eine systematische Zusammenfassung dessen gibt, was er in der Fülle gedruckter Kriegspredigten aus dem Ersten Weltkriegsjahr gelesen hat, haben wir Ursache, auf seine Darlegungen ausführlicher einzugehen.

Zum Ersten Glaubensartikel gehört auch die zeitgemäße Abwandlung des Schöpfergott-Glaubens im Sinne des um die Jahrhundertwende herrschenden Populärdarwinismus:

»Alles Leben besteht nur als Raub am Leben anderer. So biete dein Leben als Einsatz dar für dein Recht, an das Leben der anderen zu tasten. Leben gegen Leben! Setzt ihr nicht das Leben ein, nie wird euch das Leben gewonnen sein! Und siehe zu, daß du der Stärkere bleibst mit all den Mitteln, die dir das Leben an die Hand gibt. Es geht ein unheimlicher schuldschwerer Zusammenhang zwischen Lebenbehaupten und Lebenvernichtenmüssen durch aller Leben. Die Stelle, die du einnimmst, kann und darf kein anderer einnehmen. Und doch wollen es die vielen anderen. So erweise dich, die anderen abwehrend, als den berechtigten Vertreter deiner Stelle und hilf deinem Volke dazu, daß es da bleiben kann, wohin seine geschichtliche Entwicklung, wohin Gott selbst es gewiesen.« [22]

Es waltet also wohl ein unbestimmtes Gefühl von »schuldschwerem Zusammenhang«; aber dabei wird es dem Verfasser »unheimlich«. Statt zu versuchen, ihn mit der Bibel aufzuhellen, verläßt man sich lieber auf das neodarwinistische »Recht des Stärkeren«.

Eine Unterscheidung, die das neunzehnte Jahrhundert kultiviert, wenn nicht hervorgebracht hat und auf die noch einzugehen sein wird, die Unterscheidung zwischen individuellem und gesellschaftlichem Tun, feiert Triumphe: »Ich kühle ja nicht in wildem Rachedurst und in Blutgier mein Privatmütchen im Blute der

[22] *Fr. Köhler:* Das religiös-sittliche Bewußtsein, 26

Feinde. Sondern ich handle unpersönlich als Vollzugsorgan, als Priester am Altar der Freiheit meines Volkes.«[22]
Kosmologisches Ausmaß haben die Behauptungen: *»Zerstörung und Schöpfung,* zerstörende und schaffende Kräfte, *liegen in eins* gebunden in den Tiefen des Chaos. Die Schöpfung ist noch nicht vollendet. Sie kann es nur werden durch Zerstörung. Anders kann sich aus dem Chaos der Kosmos nicht entwickeln.« Selbst ein von den Nazis nachmals viel zitierter Satz findet sich bereits bei Fr. Köhler: »Der Krieg ist nach Gottes Willen ein Gericht der Zerstörung über alles Lebensunfähige.«[23]
Ist demnach auch der Krieg eine notwendige Veranstaltung des verborgenen Schöpfergottes, so offenbart dieser sich bald als »Gott der Deutschen«, der sie berufen und auserwählt hat wie Jehova Israel, und zwar gerade *durch* den Krieg:
»Wir glauben felsenfest daran, daß kein anderes Volk als Deutschland dazu berufen ist, zu siegen über alle seine Feinde, um in Großmut und Würde das einigende Band um eine von ihm aufwärts geführte Kulturwelt zu schlingen. Wir sind von dem unerschütterlichen Glauben beseelt, daß wir als Siegesbeute aus dem Kriege Freiheit und Friede für alle, die vorwärts, aufwärts wollen, mit herausbringen, Vertrauen und Liebe für alle, die wie wir in gleicher Gesinnung nach dem Höchsten und dem bleibenden Glück streben, nach Gott, der alles Leben ist. Unter diesem höchsten Ausblick rechtfertigt sich letztlich der Krieg in unserem religiös-sittlichen Selbstbewußtsein. Und nur so kämpfen und führen wir ihn.«[24]
Was ist Deutschland jetzt?
»Das bist du auch im Kriege, ein Sachwalter und Haushalter über Gottes Geheimnisse. *Denn du bist zum Wächter und Vernichter des Lebens berufen,* zum Richter und Befreier zugleich.«[24]
Dieser Kampf ist sogar Gottesdienst.
Denn »wir sind ja nicht mit irgendwelchen selbstsüchtigen Absichten in den Kampf gezogen, wir wollten ja nicht erobern, wollten uns nicht bereichern – was anders bleibt für uns da übrig, als den uns von Gott verordneten Kampf als einen Dienst aufzufassen, den wir ihm zu leisten schuldig sind? Wir müssen jetzt

[23] *Fr. Köhler* aaO. 34
[24] *Fr. Köhler* aaO. 36

– dazu sind wir berufen – Gott gegen die Welt verteidigen. In diesem Bewußtsein werden wir siegen auch über die Leiche des letzten Mannes hinweg.« [25]
Wie äußert sich diese Berufung Deutschlands?
»Welch ein wunderbarer Meister ist doch der Krieg! Was Menschen nicht vermocht mit all ihrem Bedacht und Fleiß, das hat der Krieg wie durch einen Zauberschlag erreicht: die innere Einigung Deutschlands. Gott hat, als uns der Krieg erklärt wurde, unserm deutschen Volke im Innern den Frieden erklärt und beschert... Gesegnet der Krieg, der nationale deutsche Art in unlöslicher Einheit mit christlichem Leben zusammenwachsen ließ. Heil dem Kriege, der uns den inneren Frieden, den sozialen Frieden gebracht hat. Das ist vom Herrn geschehen und ist ein Wunder vor unseren Augen!... Es [Deutschland] kann nicht untergehen. Denn geht jetzt dieses Volk der Deutschen zugrunde, so geht das Kostbarste in der Welt unter, um das es sich allein zu kämpfen und zu leben lohnt: die Geisteskultur, die den Fortgang und Aufstieg der Menschheitsgeschichte sichert. Der Niedergang des Deutschtums würde den Niedergang des zukunftsträchtigen Menschentums bedeuten. Der Sinn der Welt würde mit dem Untergang des deutschen Wesens zusammenbrechen. Unser Volk hat noch eine Weltmission zu erfüllen. Es hat der Welt noch etwas zu sagen, was ihr kein anderes Volk der Erde sagen kann.« [26]
Gelegentlich schlägt das erhaben Einherschreitende um ins Groteske; wenn man nämlich fragt, was das ist, »was kein anderes Volk der Erde sagen kann«, erhält man die Auskunft: »Es [Deutschland] hat den Willen zum Kinde«! [26]
Deutschlands Krieg hat den Charakter einer »Vollendung des Sinnes der deutschen Geschichte«, also einer »realized eschatology«:
Köhler zitiert Schiller: »›Jedes Volk hat seinen Tag in der Geschichte; aber der Tag der Deutschen soll die Ernte sein der ganzen Welt.‹ In diesem Geist sagt Schowalter:... Wir sollen in der Schule des Leides dieses Krieges zum königlichen Volk werden... Wenn irgendein Volk der Welt berufen und befähigt ist, die Religion des lauteren Evangeliums fruchtbar zu machen für die

[25] *Fr. Köhler:* Kriegspredigt, 42
[26] *Fr. Köhler: Kriegspredigt, 43 f.*

Welt, ein Christophorus, ein Christträger, zu sein für alle Völker, ein Bannerträger des Evangeliums und damit ein Hort der Gesittung und der Kultur, so ist es das deutsche Volk, das mit diesem Beruf nur den Sinn seiner eigenen Geschichte vollendet.«[27]

Obwohl Köhler ebenso wie P. Peter Lippert SJ [D 99] bestreitet, es »gäbe einen deutschen Gott, als wären wir das auserwählte Volk und die anderen samt und sonders des Teufels«,[28] gelingt es ihm nicht überzeugend, diesen naheliegenden Schluß zu vermeiden. Offensichtlich sehr stolz, den verborgenen Sinn der Heiligen Schrift doch noch irgendwo erhascht zu haben, nennt Köhler »Deutschland ein leidendes Gottesvolk«:

»Mit diesen Gedankengängen, die an Jesaja 53 orientiert sind, ist das Tiefste ausgesprochen, was je in eines Menschen Herz von Deutung des Sinnes der Weltgeschichte kam ... An diesem höchsten Ehrentitel des alles Leid zum Siege krönenden Gottesknechtes nimmt Deutschland teil ... Ein gottbegnadeter Märtyrer, so steht unser deutsches Volk in diesem Krieg da, ein auserwähltes Rüstzeug in Gottes Hand. Ein Deutscher sein heißt jetzt auf lange Zeit hinaus einen einsamen Weg unter den Völkern gehen, mißachtet und verkannt von vielen, aber doch ihr heimlicher Segensmittler. Auf solchem Passionsweg erblühen aber auch ihm selbst jene Rosen der getrosten Ruhe und des starken Vertrauens.«[29]

Die Bemühung, Deutschlands Krieg in der Welt nicht nur biologisch, darwinistisch, kultur- und geistesgeschichtlich, geschichtsphilosophisch, sondern auch theologisch zu rechtfertigen, war gewiß unübertroffen. Sie war aber nicht vereinzelt. Ziemlich nahe kommt ihr auch P. Lippert. [D 100]

Die Vorliebe der Prediger für das Alte Testament, besonders seine kriegerischen Texte, kann man von der Situation her noch verstehen, überhaupt nicht aber ihre voreilige Identifizierung oder doch Parallelisierung des auserwählten Israels mit dem auserwählten Deutschland [D 101], die Bereitschaft, das »Heer des Herrn« unter Josua dem »Heer des Herrn« unter Ludendorff und Hindenburg gleichzusetzen.

[27] *Fr. Köhler:* Kriegspredigt, 45 f.

[28] *Fr. Köhler* aaO. 48

[29] *Fr. Köhler* aaO. 47

Richtig kommentiert auch W. D. Marsch[30] seine zahlreichen Beispiele für die Gleichsetzung des deutschen Volkes und des alten Israel: »Mit dieser Art von deutschem Erwählungs- und Sendungsbewußtsein konnten fromme und getreue Oberherren – und dann auch sehr unfromme – operieren: Wir Deutschen sind besser als die anderen, weil wir demütiger sind; und umgekehrt: Weil wir demütiger, dienstfertiger und pflichtgetreuer sind, hat uns Gott erwählt.«

Das von Helmuth Plessner[31] bemühte Argument, daß der Nationalismus in Deutschland 1914 besonders tief empfunden wurde, weil es später als die anderen Nationen zu seinem Selbstbewußtsein gelangt sei und deshalb geglaubt habe, etwas nachholen zu müssen, spricht sich auch in einer Predigt von P. Kirmß aus: »Wir sind etwas« – freilich durch und *mit* Gottes Gnade sind die Deutschen das, was sie jetzt sind. [D 102]

Sieht Kirmß den Grund der deutschen Erwählung durch Gott in der deutschen »Innerlichkeit, der Wärme und Treue des Gemüts, der Frömmigkeit, Keuschheit, Sittenreinheit« usw., so fügt Martin Schian noch hinzu »das Evangelium [der Reformation] und ein aus ihm schöpfendes religiöses Leben«.[32]

Da England »durch seinen Zusammenschluß mit Romanismus und Slawismus, mit Katholizismus und russischer Orthodoxie die Sache des Protestantismus« verraten hat, ist dessen Hort Deutschland allein. – Aus dem Gedanken, daß wir für andere da sind, daß unsere Volksgüter anderen dienen sollen, erwächst »alsbald die Wendung vom *Beruf des deutschen Volkes an den anderen Völkern*«. Ganz wie bei Köhler heißt es bei Schian: »Dadurch wird der Kampf für das eigene Volk des ihm anhaftenden Beigeschmacks von Egoismus entkleidet. Wir haben uns und unser Volkstum nicht bloß um unser selbst willen zu verteidigen, sondern auch um der Welt willen. Täten wir es nicht, so begingen wir Verrat an der Menschheit, die uns braucht.«[32]

Der Berliner Neutestamentler Adolf Deißmann (1866–1937) argumentiert ganz im Sinn von Hegels »Volksgeist«, »daß *jedes Volk* der Erde seine göttliche Sendung hat«.

[30] *W. D. Marsch:* Politische Predigt zum Kriegsbeginn 1914, Ev. Theol. 1964, 530 f.

[31] *Helmuth Plessner:* Die verspätete Nation (Stuttgart 1959)

[32] *Martin Schian:* Das deutsche Christentum im Kriege (Leipzig 1916), 30

Sein Kollege Schian urteilt darüber: »Bei aller Vorsicht, die er anwendet, ist doch bedeutsam, daß er das Bewußtsein dieser Sendung in das Bibelwort kleidet: ›Ihr seid das Salz der Erde‹! Diese Überzeugung von der Mission des deutschen Volkes liegt auch dem reichlichen Gebrauch des bekannten Geibelschen Verses zugrunde: ›Und es soll am deutschen Wesen einmal die Welt genesen.‹ ›Deutschland muß siegen, denn es ist sonst niemand da, der das Abendland in eine neue und größere Zukunft hinüberzuführen vermöchte‹ (K. König: Kriegspredigten 1914). Samuel Keller meint, Gott habe mit den Völkern eine Art examen rigorosum angestellt, die anderen seien durchgefallen. ›So muß doch wohl der Auftrag Gottes in erster Linie Deutschland gelten.‹« [33]

M. Schian, der in seinem umfangreichen und sorgfältigen Buch über das »Deutsche Christentum im Kriege« (1916) lediglich darstellt, was er zu lesen bekam, warnt vor der Gleichsetzung Israels mit Deutschland: »Die (ob auch nur annähernde) Gleichsetzung eines Volkes der Gegenwart mit Israel steht unter der schweren *Gefahr eines Zurücksinkens in alttestamentliche Vorstellungen.*« [34] Er beklagt weiter die »seit der zweiten Hälfte des neunzehnten Jahrhunderts bestehende Neigung, die Begriffe Deutsch und Evangelisch besonders nahe aneinander zu rükken«.

Schian bemerkte sie namentlich in »jener Strömung, die in den Vermittlungstheologen von der Art eines K. J. Nitzsch und W. Beyschlag sich verkörperte... Der Evangelische Bund hat sie dann in ganz besonderem Maße gepflegt. Eine innere Wesensverwandtschaft zwischen dem deutschen Volk und dem evangelischen Christentum ward behauptet.« [35]

Doch hat diese Rede vom »deutschen Gott« [36] und seinem »auserwählten deutschen Volk«, das den wahren evangelischen Glauben durch die lutherische Reformation von Gottes Gnade verliehen bekommen hat, eine lange Vorgeschichte. Sie reicht in die

[33] *M. Schian* aaO. 32

[34] *M. Schian* aaO. 45

[35] *M. Schian* aaO. 66 ff.

[36] *G. Mehnert* weist auf die »Wehe England«-Predigten des Königsberger Divisionspfarrers Lic. August Rott hin (aaO. 34 f.).

Zeit der Befreiungskriege zurück, besonders auf E. M. Arndt, Schleiermacher und Fichte.[37]
Hier genüge der Hinweis auf das in dem von Bruno Doehring (1879–1961) herausgegebenen, renommierten Predigtauswahlband zweimal zitierte Gedicht von 1813, das auch von seinem Kollegen Falke in Wernigerode als »Deutscher Trost von 1914« zitiert wird:[38]

»Deutsche Freiheit, deutscher Gott,
Deutscher Glaube ohne Spott,
Deutsches Herz und deutscher Stahl
Sind nun Helden allzumal.
Diese stehn wie Felsenburg,
Diese fechten alles durch,
Diese halten tapfer aus
In Gefahr und Todesbraus.«

Daß 1870 sich dann wieder zuweilen »ein hochgespannter nationaler Idealismus« zeigt, räumt auch P. Piechowski[39] ein.
»Wir glauben an unseres Volkes Bestehen, wir glauben an den Genius unseres Volkes und sein unzerstörbares Leben, weil dieses Leben ein hohes, sittliches und notwendiges, weil dieses Volk das Herz unseres Weltteils ist und weil an seiner ungebrochenen Kraft das Heil und der Friede und alle Güter des Friedens und der Bildung für die Völker Europas geknüpft sind« (Schwarz).
1870 tönte es von evangelischen deutschen Kanzeln schon wie 1914:
»Die Dienstleistung für das Vaterland ist als eine gottverordnete anzusehen. Das ist sie schon dann, wenn der Christ seiner Obrigkeit gehorsam ist in der Furcht Gottes; ist er nur wirklich ein Christ, so erkennt er auch im Rufe des Vaterlandes den Ruf seines Herrn im Himmel« (Palmer, 14, 8). Auf derselben Linie liegt es, wenn K. Baur an einer anderen Stelle die Vaterlandsliebe mit der Liebe zu Gott und mit einem »Erglühen in Christo« gleichsetzt.[40]

[37] *H. Fausel:* Im Jahre 1914, Theol. Ex. h. Nr. 121, 11
[38] Eine feste Burg. Predigten . . ., hrsg. von Doehring, I, 28 und 216
[39] *P. Piechowski:* Die Kriegspredigt 1870/71, 69

»Deutsches Reich und Gottes Reich« hat Julius Thikötter (1833 bis 1914) seine Predigtsammlung aus Kriegsjahren genannt. Er sieht »in der Betätigung echter Vaterlandsliebe eine herrliche Vorbereitungsschule für die Erlangung des himmlischen Vaterlandes.« [40] Thikötter wies sich durch seine »Darstellung und Beurteilung der Theologie Albrecht Ritschls« (Bonn ²1887) als Ritschl-Schüler aus.

Ritschls »Unterricht in der christlichen Religion« macht sich auch bemerkbar, wenn Schwarz predigt: »Wie möchten wir unseren Glauben trennen von unseren heiligsten Bürgerpflichten, wie unser Christentum von unserer Vaterlandsliebe? Beide sind eins, unzertrennlich eins. Das Vaterland, unser Volk, dem wir angehören ... ist unser heiligstes Erbe und Anrecht, über welches wir mit unserem kleinen Selbst uns zu erheben haben. Nur in ihm und mit ihm können wir sein, was wir sind, und unsere Menschen- und Christenpflichten erfüllen.« [40]

Selbst P. Piechowski gibt zu: »Die Überspannung des nationalen Gedankens tritt hier so stark auf, daß das Nationale als das Absolute und Heilige gesehen wird. Und nur insofern, als der Mensch national denkt, wird er gläubig und christlich. Hier ist also die Umkehrung des Gedankens zu beobachten: Nicht der Glaube wird zur Quelle nationaler Kraft, sondern umgekehrt, das nationale Empfinden wird zum Prüfstein des Glaubens.« [40]

Ein entschiedenes Nein dazu klingt auch nicht aus A. Stoeckers Worten: »Patriotismus gehört freilich unter die christlichen Tugenden, aber er ist nicht das Christentum selbst, wozu ihn ein überspannter Nationalitätsbegriff zuweilen machen möchte.« [40]

»Während Uhlhorn mit seiner Auffassung, kein Volk sei jetzt mehr das auserwählte wie einst Israel, vereinzelt dasteht, vertreten die meisten Prediger die Ansicht, daß dem deutschen Volk eine ganz besondere Aufgabe von Gott gestellt worden sei. Die deutsche Nation hat ›sich erhoben und steigt auf, um den Platz einzunehmen, der ihr von Gottes und von Rechts wegen gebührt, als eine der ersten und von Gott am höchsten begnadigten unter den Nationen der Welt, und die auf die Geschichte der Welt einen entscheidenden Einfluß ausübt‹ (Köhler).« [41]

[40] *P. Piechowski* aaO. 75

[41] *P. Piechowski* aaO. 77

1870 dient das Alte Testament wieder zum Vorbild für neue Heldenlieder:

»Die alten Kriegs- und Sieges- und Heldenlieder aus dem Buche von jenem früheren, heiligen Kriege des Herrn sind wieder aufgewacht und haben ein vielstimmiges freudiges Echo neuer Lieder geweckt (G. Baur).« [42]

Man ist jedoch sowohl 1870 wie 1914 nicht auf das Alte Testament angewiesen, um Kriegstexte zu finden. In der »Evangelischen Freiheit« 1915 weist Pfarrer Lic. Kühner unter der Überschrift »Deutscher Dichtermund im christlichen Gottesdienst« auf die »Bremer Beiträge« (nachmals »Deutsches Christentum«, Neue Folge der »Bremer Beiträge«) hin, die seit 1905 mit Predigten über Texte von Schiller, Goethe, Carolath aufwarten können. Auch »Parsifal-Predigten« unter Anlehnung an Richard Wagner wurden gehalten.

Kühner: »Ich habe dabei auch Dichter und Philosophen gewählt, Sachen von Fichte, Arndt, Schleiermacher, Treitschke, Ranke, Geibel, Schüler, Philippi ... und an Kaisers Geburtstag sowie am Bismarck-Zentenartag auch Kaiser- und Bismarck-Aussprüche als Glaubenszeugnisse vorgetragen.« [43]

Der »Deutsche Gedanke« – so der Buchtitel eines 1912 erschienenen Buches (^{2}1915), das auch im Felde viel gelesen wurde, von dem liberalen Ex-Theologen Paul Rohrbach [44] – hatte somit die verschiedensten Spielarten und stellt ein Gemisch aus kulturbe-

[42] *P. Piechowski* aaO. 78

[43] EF 1915, 332 ff.

[44] Vgl. dazu *H. Fausel:* Theol. Ex. h. 121, 8 ff. Rohrbachs zwischen Annexionismus, Kolonialismus und Bibel hin und her pendelnde Gedanken und schillernde Gestalt – das Urbild des modernen »Christ-und-Welt«-Kolumnisten – bringt auch nach dem Kriege noch das Kunststück der Synthese einer Reich-Gottes-Theologie à la Harnack mit der »Alleinschuldthese der Entente am Weltkrieg« fertig. Das einzig Zukunftweisende daran ist das Abrücken von dem durch hundertjährigen Mißbrauch und allzu enge Verknüpfung mit dem nationalen Gedanken abgenutzten und unglaubwürdig gewordenen »Reichs«begriff – seine Wiedererweckung sollte nach zehn Jahren anderen Geistern vorbehalten bleiben! – und die seither immer mehr sich einbürgernde Übersetzung der Basileia theou mit »Gottes Herrschaft«. Vgl. *Paul Rohrbach:* Gottes Herrschaft auf Erden (Leipzig 1921); *Ders.:* Die Beweise für die Verantwortlichkeit der Entente am Weltkrieg (Stuttgart 1921). Der ehemals »Deutsche Gedanke« sollte sich für Rohrbach unter den Eindrücken des Weltkriegs zu dem lediglich korrigierenden und modifizierenden Buch »Deutschland unter den Weltvölkern« (Stuttgart ^{5}1920) ausweiten.

wußter, wiederaufgelegter germanischer und aus dem Selbstverständnis des Alten Testaments parallelisierter Erwählungsgläubigkeit dar, die unter den Eindrücken des heroischen Augenblicks aktualisiert wurde. Mag sie nun direkt oder indirekt, bewußt oder unbewußt aus der Bibel und dem Katechismus gespeist sein, sie stellt jedenfalls eine patriotische Modifizierung des alten Erwählungsdogmas dar, daß Gott die einen emporhebt und die anderen hinabstürzt, daß er die mit dem rechten Glauben ausgerüsteten Christen seinem Reich zuführt, die anderen aber verwirft. Da man jedoch von der eigentlich geistlichen Seite dieses Problems nichts oder fast nichts mehr zu erzählen wußte, ist es nicht verwunderlich, wenn ehrlich Suchende sich enttäuscht von Kirche und Gottesdienst abwandten.

Die Reaktion, welche die Lektüre von Rohrbachs »Bismarck und wir« auf den durchschnittlichen Leser an der Kriegsfront ausübte, läßt sich an einem Brief ablesen, den der an der Westfront eingezogene Maler Franz Marc nach Hause schrieb. Marc, der am 18. 9. 1915 längst von seiner anfänglichen Kriegsbegeisterung geheilt war und ziemlich trostloser Stimmung ist (»Es gibt nichts Trostloseres, Geistverwirrenderes, als über den Krieg zu sprechen; und über etwas anderes kann man schon gar nicht sprechen; das wirkt wie ein Irrenhausgespräch, rein fiktiv...«[45]), bemerkt resigniert zu Rohrbachs Buch: » – merkwürdig ungeistig! Einfachste Realpolitik, die jedem zugänglich, der ein bißchen auf die Karte sieht... Nirgends und von niemand wird der Krieg als *menschliche* Angelegenheit betrachtet, stets nur als englische oder türkische oder deutsche usw. oder neutrale, wo das Pharisäertum seine schönsten Blüten treibt.«[45]

Ein bißchen Vorsicht bei der Anwendung des Ersten Glaubensartikels empfiehlt unter wenigen Friedrich Naumann in der »Hilfe« zum Bußtag am 17. 11. 1915:[46]

»Die Geistlichen haben eine sehr große Aufgabe dabei, aber freilich keine sehr einfache. Je länger der Krieg dauert, desto mehr regen sich die Zweifel, ob es überhaupt ›christliche Völker‹ gibt. Das Naturhafte, Vorchristliche, Völkische steigt gegenüber der Milde des Evangeliums in die Höhe. Auch Zweifel an der Welt-

[45] *Franz Marc:* Briefe aus dem Felde (München 1966), 83
[46] Hilfe 1915, 754

regierung sind zu überwinden, die wohl darin ihren Grund haben, daß man früher von der Weltherrschaft Gottes viel zu menschlich und persönlich geredet hat, als sei die Regierung im Himmel eine gewaltige Ausgleichsstube aller irdischen, menschlichen Privatinteressen. Auf die Frage, warum Gott den Krieg so lange zuläßt, wird geantwortet: Weil ihr noch nicht genug geheiligt seid! Wahrscheinlich sprechen so die Geistlichen aller Konfessionen bei Freund und Feind, aber sie haben wohl alle dabei ein Nebengefühl dafür, daß der Krieg als heiligeres Mittel eine sehr zweischneidige Maßregel ist, denn er erhebt zwar einerseits, aber er wirft auch andererseits starke Selbstsucht und Wildheit auf den Plan.«

Da aber die seit Hegel in deutscher Theologie regierende Grundthese, die Weltgeschichte sei als Offenbarungsquelle für Gottes Handeln mit seinem erwählten Volk auszudeuten und auszubeuten, auch bei Naumanns Zurückhaltung nicht aufgegeben ist, kann die Antwort auf die Frage nach der *Berechtigung* des Krieges nur von der optimistischen Hoffnung auf die positive Erwählung der eine gerechte Sache verfechtenden Deutschen gegeben werden.

Auch die »letzte« Antwort Gottfried Traubs auf die Frage »Was ist gerecht im Kriege?« lautet: »Über endgültige Gerechtigkeit entscheidest nicht du, sondern die Weltgeschichte. Das ist die höchste Erlösung, die ich in diesen Tagen empfinde.« [47]

Im allgemeinen, sozusagen auf der Stufe der Anwendung, war man sich jedoch ohne lange Debatte sicher, mit einem »guten Gewissen« einer »gerechten Sache« zu dienen. Denn der oberste Kriegsherr, Kaiser Wilhelm II., hatte es ja – in getreuer Nachfolge der Vorformulierung des Theologen A. v. Harnack – selbst zu Kriegsbeginn gesagt: »Mit reinem Gewissen und reiner Hand ergreifen wir das Schwert!« Wenn das Gewissen auf der obersten Stufe rein war, wozu es dann auf den vielen Zwischen- und Unterstufen noch beschweren?

So einfach ging das selbst bei Martin Rade [D 103], der auf das »Geheimnis ..., wie es kommt, daß eine Leidens- und Friedensreligion zur Religion der aktivsten und kriegerischsten Völker

[47] *G. Traub:* Der Krieg und die Seele (Stuttgart 1914), 9

der Weltgeschichte werden konnte«, nichts anderes zu antworten wußte als: »Die Menschen brauchen den Krieg, damit sie eine Gelegenheit haben, buchstäblich und wahrhaftig für eine Sache ihr Leben zu lassen.« [48] Noch einfacher tönt das in Predigten und Artikeln. [D 104, 105]

Man braucht die Dinge nur ein wenig zu drehen und den Krieg beispielsweise »als Pflicht der Liebe« zu erklären, dann »darf von seiner Berechtigung auch für den Christen die Rede sein«. So Professor Wilhelm Walther (1846–1924), der »Deutschlands Schwert durch Luther geweiht« sein läßt in einer gleichnamigen Schrift mit folgender Gliederung: 1. Die Berechtigung des Krieges, 2. Der gerechte Krieg, 3. Die Siegeszuversicht, 4. Die Opfer des Krieges, 5. Der gerechte Zorn, 6. Das Gebet im Kriege. [D 106]

Die Berufung auf Luther, aus dessen Kriegsschriften nicht nur Walther reichlich zitiert, hatte 1914–18 insofern eine gewisse Berechtigung, als bereits von und seit der lutherischen Reformation die Beurteilung von Recht und Unrecht ausschließlich der Obrigkeit übertragen war, welche das Schwert von Amts wegen führt. Seit 1530 bürgerte sich immer mehr die Anschauung als selbstverständlich ein, daß die Obrigkeit nicht nur berechtigt sei, »rechte Kriege zu führen« (Confessio Augustana XVI), sondern daß eher umgekehrt die Gerechtigkeit ihres Krieges die Untertanen verpflichte, ihren Kriegsdienst als Beitrag zum Reich Gottes zu leisten.

Fritz Fischer [49] weiß noch eine andere Wurzel des Obrigkeitskults im lutherischen Deutschland namhaft zu machen: den »aus dem Erbsündengedanken stammenden tiefen Pessimismus über Mensch und Welt, der allen Fortschrittsoptimismus ausschließt, die strenge Scheidung der beiden Sphären, des Reiches Gottes und der empirischen Wirklichkeit von Staat und Kirche, derzufolge der Obrigkeit die Aufgabe zufällt, die Ordnung in der Welt aufrechtzuerhalten, mit dem Schwert dem Bösen zu wehren und die Schwachen zu schützen ... Einziges Korrektiv gegenüber einem machiavellistischen Mißbrauch dieser Macht ist die Verantwortung der Obrigkeit vor Gott, der sie ihren Beruf ausüben läßt in

[48] *M. Rade:* Dieser Krieg und das Christentum (Stuttgart 1915), 28
[49] *Fr. Fischer:* Der deutsche Protestantismus. HZ 151, 474 f.

grundsätzlicher Gleichordnung mit dem Stand des Hausvaters wie jedes anderen Standes sonst.«

Wieso freilich auch für die katholischen Christen die Vaterlandsliebe eine religiös-sittliche Pflicht nach Johann Zehnter [D 107] sein soll, vermag Fischer nicht zu klären.

Treffend nennt Fischer dieses »lutherische Erbe eine geistige Macht gegen den Umsturz«.[50] Gleichzeitig wirkte dieses Erbe jedoch bis heute retardierend auf dem Weg Deutschlands zur Demokratie westlicher Prägung.

Auf diesem Wege kam es auch zu der meines Wissens so nur in Deutschland immer wieder üblichen ideologischen Überhöhung aller Realpolitik, wie sie auch Ernst Troeltschs Kulturprotestantismus kennzeichnet.

1927 erinnert Erich Förster[51] an die 1912 von Troeltsch ausgegebene Devise: »Krieg dem Kriege! Krieg nicht zum Schutz scheinbar oder wirklich bedrohter Interessen der Völker, sondern für die Durchführung des Gesetzes Gottes, für die Idee der Gerechtigkeit und des Friedens auf Erden, für die Religion und die der Religion entsprechende Gestaltung der Weltverhältnisse«.

Diese Rechtfertigung des Krieges im Hinblick auf »die Idee der Gerechtigkeit und des Friedens auf Erden«, auf ein ideales Reich Gottes, durch die protestantische Theologie in Deutschland läuft zeitlich wie inhaltlich parallel der Ausbildung der marxistischen Lehre von der Weltrevolution und ihrer Rechtfertigung des Krieges im Hinblick auf das ideale Endziel eines Reiches sozialer Gerechtigkeit in einem klassenlosen Kommunismus – eine Parallele, auf die nur selten hingewiesen wird, die sich jedoch aus der Gemeinsamkeit jüdisch-christlicher Enderwartungen erklärt.

Nur sehr wenige brachten es fertig, die Behauptung: »Der Deutsche ist dazu geschaffen, Krieg um des Friedens willen zu führen«[52] mit einem Fragezeichen zu versehen. Sowohl 1870 wie 1914–18 erscheint in den Predigten »immer wieder der Krieg als der Offenbarer der Herrlichkeit Gottes«.[53]

[50] *Fr. Fischer* aaO. 486

[51] *E. Förster:* Die Stellung der Evangelischen Kirche im Kriege (Stuttgart 1927), 113 ff.

[52] *Christian Geyer:* Was bringt uns der Krieg? (Ulm 1914), 25

[53] *P. Piechowski* aaO. 78

Für *1870* zitiert P. Piechowski: »Bei *Merbach:* ›Gott hält die Lose des Krieges und das Geschick der Völker und wägt sie in seiner allmächtigen Hand.‹ *Schwalb* dagegen: ›Gott gibt den Sieg, das lehrt die Weltgeschichte, unwidersprechlich nicht immer dem frömmsten und gerechtesten, sondern dem stärksten, dem tapfersten, dem am besten geführten Volke.‹«

Schwalb steht »völlig vereinzelt«. Piechowski schließt: »So gut wie ausschließlich gilt für die Predigt die Aussage: ›Der Sieg ist immer gewiß dem Gerechten und dem, der die gerechte Sache schützt.‹ (Schmieder)« [54]

Weil das so ist, darum ist das, was auf den Schlachtfeldern sich entscheidet, Gottes Tun: »Bei *A. Zahn:* ›Gott hat es getan. Er hat die Leichenhaufen aufgehäuft, damit wir vor ihm, dem Richter und Herrn alles Fleisches, erbeben. Unser Elend drängt uns entweder zu der Annahme, daß die Welt ein Tollhaus sei und dämonischer Blödsinn in ihr herrsche, oder zum Glauben an einen Gottvater, der in unserem Elend heilig und gerecht, barmherzig und gnädig regiert. Nur wenn der Krieg Strafe ist, ist er Gerechtigkeit und Vernunft. Und wenn hinter der Strafe errettende Liebe steht, vereinigt sich die Gerechtigkeit mit der Barmherzigkeit.‹« [55] Auch so kann die lutherische Lehre von »Gesetz und Evangelium« gehandhabt werden.

Die Zuversicht der gerechten deutschen Sache ist *1914* nur noch größer, selbstverständlicher und »untheologischer« geworden. Man sieht das beispielsweise deutlich, wenn Franz Köhler zusammenfassen kann: »Gab es je eine gerechte Sache, für die Menschen kämpfen, so ist es die unsere. Und sie bleibt es auch, wenn äußerlich die Ungerechtigkeit triumphieren sollte.« [56]

Wie sich praktisch dieses Überlegenheitsbewußtsein äußern konnte, dafür mag eine von der »Chronik der christlichen Welt« 1914 mitgeteilte Anekdote zeugen: »Aus einem Feldpostbrief wird berichtet, wie der Absender im leeren Schulhaus, von dem geflüchteten Lehrer an die Wandtafel geschrieben, die Worte fand: ›C'est le résultat de notre école sans Dieu!‹ [Das ist das Ergebnis unserer Schule ohne Gott!] Er schrieb unter dieses französische

54 *P. Piechowski* aaO. 79
55 *P. Piechowski* aaO. 82
56 *Fr. Köhler:* Kriegspredigt, 30

Bekenntnis die Worte: ›Gott wird unserer gerechten Sache helfen‹.« [57]

Daß gegen Ende des Ersten Weltkriegs das auf »Kulturseligkeit« gegründete Vertrauen, der gegenwärtige Krieg Deutschlands stehe im Dienst des Reiches Gottes, durch die äußeren Mißerfolge auch bei den Theologen, die vom Kriegsschauplatz weit entfernt waren, stark erschüttert wurde, davon gibt die »Erklärung von sechzehn Hannoveraner Pfarrern« teils liberaler, teils orthodoxer Provenienz Zeugnis. [D 108] Sie blieb aber vorerst vereinzelt und umstritten.

Die »Allgemeine Evangelisch-Lutherische Kirchenzeitung« druckte gleichzeitig mit dem Wortlaut jener »Erklärung« auch eine Kritik des »Hamburger Kirchenblatts« ab, welche deren einzelne Punkte als »Gemeinplätze« abtat und damit zeigte, daß es ihren theologischen Sinn weder teilen noch überhaupt verstehen konnte, besonders wenn es noch einen »Punkt 7« hinzufügte: »Darum müssen wir einen guten deutschen Frieden haben, der das gibt, daß nicht England, sondern wir die Hand über Belgien haben und das Meer frei wird, damit unsere Kinder in Frieden die Werke des Friedens bauen können.« [58]

[57] CdcW 1914, 590
[58] AELKZ 1918, 22

Krieg und Frieden

> Wenn Deutschland bestehen soll, muß es den Glauben verlieren, daß man mit Gewalt etwas erlangen könne.
>
> Georg Friedrich Nicolai

Wie sah man nun bei so viel Überhöhung und theologischer Billigung des Krieges als eines Werkzeugs der Vorsehung die Bemühungen um einen dauerhaften Frieden an? Woher kam die nach Bethmann Hollweg[1] »echt deutsche, idealistische Überzeugung, daß das Volk einen Krieg nötig hat«?

1915 lehrte der Göttinger Professor Arthur Titius in seinen »Ethischen Betrachtungen« über »unseren Krieg«: »Wenn die Friedensfreunde mit ihrer Einschätzung des Friedens recht hätten, wenn unter allen Umständen der Völkerfriede das höchste Gut der Völkergemeinschaft wäre, so müßte freilich der Krieg als Zerstörung dieses höchsten Kulturgutes das schlimmste Übel sein. Aber beides werden wir nicht im Ernste behaupten können. Nicht jeder Frieden hat sittlichen Wert. Ein Frieden, der nur der Steigerung materieller Kultur und sinnlichen Genusses diente, der das geistige Leben verflachte und die Völker zu praktischem Materialismus verführte, wäre verwerflich; ein Frieden, der alle vorwärtsstrebenden Kräfte lahmlegte und einen Zustand der Ungerechtigkeit zu verewigen versuchte, wäre ein fauler Frieden in Unehren; ein Völkerfrieden, der von gegenseitigem Mißtrauen und allseitigem Wettrüsten angefüllt ist, wirkt wie eine fressende innere Krankheit, der schließlich durch einen tiefen Eingriff entgegengetreten werden muß. Wahrhaft wertvoll ist nur ein solcher Frieden, der die Völker in echtem Vertrauen miteinander verbindet und ihnen zur Entfaltung aller wirtschaftlichen und geistigen Kräfte freie Bahn schafft. Ein solcher Frieden wäre allerdings gleichsam das Himmelreich auf Erden, das unvergleichlich höchste Ziel allen politischen Strebens. Aber alle wirkliche Geschichte zeigt bestenfalls eine langsame Annäherung an dieses Ziel; solcher Annäherung kann ebenso, ja vielleicht in höherem Grad der Krieg dienen als jener bewaffnete Frieden.«

[1] *I. Geiß:* Juli 1914, dtv 293, 16 f.

Auch ihm wird Martin Luther Zeuge dafür, »daß der Krieg kein absolutes Übel, sondern unter Umständen das geringere Übel« sei.[2]

Daß Kant in seinem Alterswerk »Zum ewigen Frieden« (1795) den Deutschen keine annähernd so große Freude gemacht hat wie mit seinem populären »kategorischen Imperativ«, ja daß die Vorstellung vom Frieden in Deutschland das ganze neunzehnte Jahrhundert hindurch sich keine Freunde unter Theologen zu machen vermochte, lehrt schon ein Blick auf die Verkündigung des bedeutenden Predigers Gottfried Menken (1768–1831) zu Beginn dieses Jahrhunderts auf den Kanzeln von Frankfurt und Bremen, an welchen Fritz Fischer erinnert:

»*Menken* hat bereits 1795 den Kreuzzug gegen die Revolution gepredigt und 1803 apokalyptisch in Napoleons Universalmonarchie das Weltreich Daniels verkörpert gesehen und den ›Ewigen Frieden als einen Wahn‹ verurteilt.«[3]

Ähnliche Kriegsfreudigkeit deutscher Pastoren wissen Bertha v. Suttner[4] für die zweite Hälfte des neunzehnten Jahrhunderts und Friedrich Wilhelm Förster[5] für das zwanzigste – beide in mutiger, aber einsamer Isolierung – zu belegen.

Baron d'Estournelles de Constant verheißt Fr. W. Förster in seiner Antwort vom 7. Mai 1916, welche die »Neue Zürcher Zeitung« abdruckte: Deutschland »hat sich erhöht, als es gegen den Militarismus kämpfte – es hat sich dem Untergange geweiht, als es dem Militarismus diente. Es wird sich aufrichten können erst an dem Tage, wo es seinen alten Feind von neuem bekämpfen wird, aber diesen in seiner eigenen Mitte.«

Weit größerer Beliebtheit erfreuten sich 1914–1918 die philosophischen Idealisierungen und Zitatensammlungen quer durch die Weltgeschichte, die den Krieg als über dem Frieden stehendes Menschheitsideal verherrlichen und geistig für den gegenwärtigen Krieg werben wollten.

In dieser Richtung konnte der Wiener Nationalökonom Heinrich

[2] *Arthur Titius:* Unser Krieg. Ethische Betrachtungen 1915, 3 f.

[3] *Fr. Fischer:* Der Protestantismus ... HZ 151, 482

[4] *Bertha v. Suttner:* Die Waffen nieder! ([1]1889, [2]1893)

[5] Der Zürcher und Münchner Pädagoge verwandte sich während des ganzen Kriegs immer wieder eifrig für die Friedensidee. Vgl. auch *F. W. Förster:* Erlebte Weltgeschichte (1953).

Gomperz für seine »acht volkstümlichen Universitätsvorträge, gehalten zu Wien im Januar und Februar 1915« mit dem Thema »Philosophie des Krieges in Umrissen«, bereits damals auf Friedrich Meineckes »Weltbürgertum und Nationalstaat«, Heinrich Finkes »Der Gedanke des gerechten und heiligen Krieges in Gegenwart und Vergangenheit«, Max Schelers »Der Genius des Krieges und der deutsche Krieg«, Oswald Külpes »Die Ethik und der Krieg« sowie auf Wilhelm Jerusalems »Der Krieg im Lichte der Gesellschaftslehre« hinweisen, welche schon vor ihm den herrschenden Populärdarwinismus aus der Philosophiegeschichte von Heraklit bis Garve in Kriegsphilosophie umzuschmelzen versuchten. In gleicher Weise verfährt der katholische Theologe Joseph Mausbach mit dem Kirchenvater Augustin. [D 109]

Eine weise Äußerung des alten Theodor Fontane über den Militarismus Wilhelms II. vom 5. 4. 1897 möge hier Platz finden, weil sie zeigt, wie vereinzelt auch sie in ihrer Zeit stand:

»Was der Kaiser mutmaßlich vorhat, ist mit ›Waffen‹ überhaupt nicht zu leisten; alle militärischen Anstrengungen kommen mir vor, als ob man Anno 1400 alle Kraft darauf gerichtet hätte, die Ritterrüstung kugelsicher zu machen. Stattdessen kam man aber schließlich auf den einzigen Ausweg, die Rüstung ganz fortzuwerfen. Es ist unausbleiblich, daß sich das wiederholt; die Rüstung muß fort, und ganz andere Kräfte müssen an die Stelle treten: Geld, Klugheit, Begeisterung.« [6]

Daß im vielberufenen Sommer 1914, den nicht nur Emil Ludwig [7] zu Recht »Vorabend zweier Weltkriege« nennt, die Kriegsbegeisterung allenthalben triumphierte, führt Friedrich C. Sell auf das Bildungsmonopol des Gymnasiums um 1900 zurück, das »nur eine Seite des modernen Lebens berührte, und das war die allerungünstigste: der Drill und das Strebertum, die den neudeutschen Militarismus kennzeichneten.« [8]

»Man braucht nur die Schulerinnerungen der zwischen 1860 und 1875 geborenen Generation deutscher Dichter und Schriftsteller zu lesen, um zu sehen, wie empfindliche Naturen unter der Gymnasialzucht litten. Gerhart Hauptmann, Thomas und Heinrich

[6] Zitiert nach G. *Kotowski,* Fischer-Bücherei Nr. 611, 15

[7] *Emil Ludwig:* Juli 14. Vorabend zweier Weltkriege (Hamburg 1961)

[8] *F. C. Sell:* Die Tragödie des deutschen Liberalismus (1953), 312

Mann, Hermann Hesse, Emil Strauß, Frank Wedekind konnten nur mit äußerster Bitterkeit von ihren Schulerfahrungen sprechen. Nur die Zensur zählte, und wie man sie ergatterte, war gleichgültig.«
Daß diese Drill-Erziehung auch ideologische Früchte zeitigen mußte, zeigt Sell an der durchschnittlichen deutschen Dichtung:
»Fast alle jene Bücher von Bartsch, Herzog, Bloem, Stratz, Viebig, Polenz, Zobeltitz, Frenssen, Stehr, Ganghofer, Löns appellieren in einer oder der anderen Weise an nationale oder nationalistische Gefühle. Arbeit auf dem angestammten Boden, Liebe zur Heimat, zum deutschen Wald und zum deutschen Wein, Stolz auf deutsche Vergangenheit, die deutsche Macht, das deutsche Heer oder die deutsche Industrie, Kampf gegen innere und äußere Feinde, gegen das andringende Slawentum bilden den Hintergrund der Erzählungen ... Eine besondere Abart von Nationalismus war das Lob der deutschen Seele und ihrer unergründlichen Tiefe. Die meisten Völker haben ihre Überwertigkeitskomplexe – dies war die Form des deutschen.« [9]
Aber nicht nur die deutsche Dichtung, auch die deutsche Philosophie und Jurisprudenz lobten die deutsche Überlegenheit:
»Die Deutschen seien sittlich und geistig den anderen Völkern überlegen, sie hätten nicht ihresgleichen, schrieb der Hegelianer Lasson. Joseph Köhler, der Senior der Berliner juristischen Fakultät, bestimmte, daß es ein unverletzliches Recht gebe, das der Not nicht weichen müsse, und eine Tat, die durch die Not geboren sei, verletze nicht die Gerechtigkeit. Belgien und sein Königliches Haus hätten ihr katastrophales Schicksal vollauf verdient: wer sich so erniedrigte, den Lakai Englands zu spielen, um Deutschland zu bekämpfen, verdiene kein besseres Los. Andere Juristen, wie Walter Schoenborn, versuchten durch juristische Spitzfindigkeiten zu beweisen, daß Belgien seine Neutralität selbst verletzt hätte und daß Deutschland juristisch das Recht gehabt hätte, dort einzumarschieren.
Den Gipfelpunkt philosophischer Kriegsverherrlichung bildete Max Schelers Dithyrambus auf den ›Genius des Krieges‹. Der Krieg sei ein metaphysisches Erwachen aus dem dumpfen Zu-

[9] *F. C. Sell* aaO. 328

stand eines bleiernen Schlafes, geradezu der mächtigste Einheitsbildner unter den Menschen ... der Führer zu Gott. Si vis pacem para justitiam, diese Devise des Haager Friedenspalastes sei phrasenhaft und nichtig. Belgien habe zwar ›das Recht‹ für sich, und doch sei das deutsche Verhalten so ›sittlich‹ wie ›gerecht‹.« [10] Soweit aus heutiger Sicht Fr. C. Sell.

Seinerzeit schrieb über den gleichen Max Scheler, dessen Stern vor dem Krieg erst aufgegangen war, der gleichfalls katholische Publizist Hermann Bahr im »Hochland«: »Das Kriegsbuch Schelers [»Der Genius des Krieges und der deutsche Krieg«] wird den Krieg überdauern ... Wir redeten alle damals irre vor Trunkenheit, die Zukunft der Welt schien unser. Auch er war verzückt, doch darf er von sich sagen, daß ihm das heilige Rasen kein Wort entriß, dessen er sich zu schämen, das er jemals zu bereuen hätte. Nicht viele werden nach dem Kriege so ruhigen Gewissens ihr Kriegsbuch wieder lesen können; denn aus seinem sprach mitten in den Haß hinein die leuchtende Stimme der Liebe.« [11]

Wie diese ohne Zweifel schief gesehenen, von der Propaganda jedoch immer gerechtfertigten Dinge (Verletzung der belgischen Neutralität usw.) *bestenfalls* von einem deutschen Pfarrer beurteilt wurden, erzählt der bekannte Nürnberger Prediger Christian Geyer nachträglich so:

»Während des Krieges erschrak ich zweimal in meinem Innersten, zuerst als der Einzug nach Frankreich durch Belgien unter Bruch des Völkerrechts und dann als die Torpedierung der ›Lusitania‹ mitgeteilt wurde. Ich fühlte ganz deutlich, daß das nicht hätte geschehen dürfen. Allein hinterher suchte ich, wie alle, Entschuldigungs- oder gar Rechtfertigungsgründe dafür. Doch wehrte ich mich gegen allen Fanatismus und empfand den Krieg wie ein schweres Schicksal, das Feind und Freund zugleich betroffen hatte und sie trotz aller notwendigen Gegnerschaft in einer tieferen Region miteinander verband.« [12]

In Frankreich war Romain Rolland (1866–1944) »einer der ganz

[10] *F. C. Sell* aaO. 357

[11] Hochland 14 (1917), 2. Hbd., 36. Vgl. dazu das bereits stark gewandelte Buch *Schelers* »Krieg und Aufbau«, in dem er den »Ideen von 1914« den Abschied gibt. Die Wandlungen in Schelers Denken betont wohl etwas zu stark *Heinrich Lutz:* Demokratie im Zwielicht (München 1963), 22 ff.

[12] *Chr. Geyer:* Heiteres und Ernstes aus meinem Leben (München 1929), 236

wenigen universalen Figuren, die sich während des Weltkriegs ›au-dessus de la mêlée‹ [über dem Streit] gehalten haben«.[13] Anders Sigmund Freud (1856–1939):

»Freud durfte das von sich nur mit Einschränkung sagen ... Er selbst verfiel 1914 einer gewissen Kriegsbegeisterung ... Er entdeckte plötzlich seine ›libido‹ für Österreich und erlag der deutschen Propaganda und ihrer Einkreisungsthese. Nach den ersten österreichischen Niederlagen tröstete er sich damit, daß ›Deutschland uns schon gerettet hat‹. Im September erwartete er den baldigen Fall von Paris ... Er freute sich über den Fall von Antwerpen und betrauerte den Verlust des Kreuzers ›Emden‹ ... Seine bald einsetzende Ernüchterung beruhte stärker auf der Erkenntnis der Lage als auf prinzipiellen Einsichten.« [13]

Romain Rolland war es auch, der sich zu dem wohl besten Versuch bekannte, auf deutscher Seite mit dem Problem des Krieges während des Ersten Weltkriegs geistig zu Rande zu kommen, und einem deutschen Wissenschaftler, der selbst seine Karriere opferte, um als Entehrter und schließlich als Emigrant ein ebenso wissenschaftliches wie hinreißendes Buch von der »Biologie des Krieges« zu schreiben, die Bruderhand reichte. Der »Fall Nicolai« ist heute vergessen. Der Name Georg Friedrich Nicolai findet sich in keinem mir bekannten deutschen Gelehrtenkalender. Um so mehr verdienen er und sein Werk heute in Erinnerung gerufen zu werden. Die verschiedenen Leidensstationen des zum Gemeinen degradierten und mit Publizitätsverbot belegten Berliner Mediziners, dessen Briefwechsel wie derjenige anderer in Deutschland verbliebener Pazifisten, zum Beispiel Hans Wehbergs,[14] überwacht war, führten von Graudenz über die Tucheler Heide in Pommern und über Berlin (Wintersemester 1915/16) nach Danzig und von da erst 1918 per Flugzeug nach Dänemark, von wo aus sein in mehrere Sprachen übersetztes Buch »Die Biologie des Krieges« in vielen Ländern rasch so viel Verbreitung fand, daß es zum Bestseller wurde. In Deutschland wie auch

[13] *Ernst Simon:* Priester, Opfer und Arzt. In: Zwei Welten. Siegfried Moses zum 75. Geburtstag (Tel Aviv 1962), 462 f.

[14] Vgl. *Hans Wehberg:* Als Pazifist im Weltkrieg (Leipzig 1919). Vgl. auch seine Kurzbiographien der »Führer der deutschen Friedensbewegung 1890 bis 1923« (Leipzig 1923). Darin die in diesem Buch berührten Friedenskämpfer B. v. Suttner, A. H. Fried, L. Quidde, O. Umfrid, E. W. Förster und G. Fr. Nicolai.

Frankreich wurde es sofort bei Erscheinen verboten. Geschrieben war es bereits unter den persönlichen Eindrücken des preußischen Militarismus in Graudenz, worauf der Inhalt allerdings erstaunlich wenig hinweist. [D 110]
Getragen ist das ganze Buch und Schicksal G. Fr. Nicolais weniger vom Evangelium, obwohl die menschliche Lehre Jesu in Harnackscher Version keine geringe Rolle darin spielt, als von philosophischem Idealismus humanistischer Prägung, der sich auch von der griechischen Philosophie nährt. Nicolai wußte sehr wohl um die Herkunft, weniger um die Grenzen jenes idealistischen Denkens.[15]
Bei allem Respekt vor der persönlichen Leistung Nicolais wird man heute wohl sagen müssen, daß dieser – von der militanten Gegenseite häufig genug ebenso in Anspruch genommene und damit überbeanspruchte – »Idealismus« der ganzen Epoche die Grenzen auch jenes edlen Pazifismus offenbarte, so daß nach dem Krieg der radikale Umschlag der neukantianischen Philosophie in die Niederungen des Existentialismus mit einem gewissen Recht erfolgen mußte.
Man darf diese Pazifisten freilich nicht überschätzen, weder was die Schärfe ihrer gedanklichen Leistung noch was ihre Wirkung anbelangt. Ausgesprochene Märtyrer der Friedensidee, die so unerschütterlich wie Fr. W. Förster oder G. Fr. Nicolai auch in Kriegszeiten zu ihren Erklärungen in der Friedenszeit standen, werden kaum unter ihnen zu finden sein. Das deutsche Friedensdenken des neunzehnten und frühen zwanzigsten Jahrhunderts krankte vor allem daran, daß es formal vom gleichen Idealismus wie der Kriegsenthusiasmus ihrer Gegner und von einer allzu optimistischen Fortschrittsgläubigkeit, zu wenig aber von biblischem Realismus getragen war.
Liest man heute Nicolais »Biologie des Krieges« [D 110], so scheint einem fast unverständlich, daß keiner der deutschen Theologen jener Zeit auf derartige, dem Evangelium doch viel gemäßere Gedanken kam, etwa auch auf den jedem Krieg entnehmbaren Gedanken: »Der aufgewühlte Chauvinismus konzentriert alles, was der Mensch an Liebesfähigkeit in sich trägt, auf sich

[15] *G. Fr. Nicolai:* Warum ich aus Deutschland ging, 42

und sein Volk, allem anderen bleibt nur Haß.« Und es ist die traurigste Wahrheit dieses Kapitels, daß »dieser Paroxysmus der Intelligenzverleugnung auch die deutsche Wissenschaft« – nicht nur, aber auch gerade die Theologie! – ergriff.[16]

Eine Einschränkung dieses Urteils muß hier freilich gemacht werden [D 111]: Die Berliner Pfarrer Lic. Dr. Aner, Nithack-Stahn, Pleß, Lic. Dr. Rittelmeyer und Lic. Wieland sprachen sich im Gedächtnismonat des Reformationsjubiläums 1917 – er war von einer besonderen nationalistischen Luther-Begeisterung in Deutschland gekennzeichnet! – ziemlich spät zwar, aber immerhin noch singulär zu ihrer Zeit für einen »Verständigungsfrieden« aus. Ihre Erklärung reichte »allen Glaubensgenossen, auch denen in den feindlichen Staaten, von Herzen die Bruderhand« und stellte sich so gegen die gesamte »kirchliche Rechte«, die auch Ende 1917 noch immer »in einmütiger Geschlossenheit die Sache Deutschlands, nicht die der ›Völkerwelt‹ vertritt«. Entsprechend jener Situation wurde sie von offizieller, auch kirchlicher Seite fast nur unterdrückt und angefeindet. Zweifellos war hier liberales Christentum biblischer als konservatives, das etwa in Schöneberg lieber einen Festgottesdienst zu Hindenburgs siebzigstem Geburtstag veranstaltete und dabei in der Vorhalle der Kirche gleich Zeichnungsstellen für die Kriegsanleihe eröffnete.[17] [D 111]

Die Stimme G. Fr. Nicolais ging 1914–17 unter in der allseits proklamierten Kriegstheologie. Aber ähnlich einsame, von ihrer Umwelt verfemte Pazifisten gab es auch schon im neunzehnten Jahrhundert.

Weithin vergessen ist heute der schwäbische Theologe und Philosoph Karl Christian Planck. Seine ebenso originellen wie verworrenen Ideen über Deutschlands jüngste Vergangenheit bis zum wiedererlangten Kaisertum müssen in unseren Zusammenhang

[16] *G. Fr. Nicolai:* Die Biologie des Krieges (1919), 315 f. Den Anstoß zu diesem in Strafversetzung auf der Festung Graudenz in Ostpreußen verfaßten Buch gab Nicolais Enttäuschung über das ablehnende Verhalten der deutschen Öffentlichkeit auf seinen nur noch von Albert Einstein, Friedrich Wilhelm Förster und Otto Buek unterzeichneten »Aufruf an die Europäer« vom Oktober 1914, der als Gegendokument gegen den berühmteren »Aufruf der 93« Universitätsprofessoren gedacht war, jedoch weder weitere Unterzeichner noch eine Zeitung fand, die ihn abdrucken wollte.

[17] Vgl. CdcW 1917, 349 f.

gestellt werden, weil auch sie, im Ansatz nicht anders als Oberhofprediger Wilhelm Hoffmann [18] und ganze Historikergenerationen, aus dieser Geschichte einen »Beruf Deutschlands« ableiten, der es an die Spitze einer »internationalen Staatenordnung auf der Grundlage des Berufsgesetzes« stelle. Planck wurde von seinem idealistisch gerichteten Volksmessianismus lebenslang umgetrieben. Er hat ihn immer wieder, zuletzt in den siebziger Jahren, herausgestellt und der Nachwelt als kritisches »Testament eines Deutschen« hinterlassen, das 1880 posthum von Karl Köstlin herausgegeben wurde.

Da Plancks eigenständige Kombinationen aus Kant, Fichte und Hegel mehr auf deren Rechts- und Friedensgedanken beruhten und damit der herrschenden militanten Indienstnahme des Idealismus widersprachen, wurde seinem Werk wie seiner Person nicht die erhoffte Anerkennung und Wirkung zuteil. Sätze wie die folgenden paßten nicht in die Zeit:

»Auch unser Volk hat jetzt dem jüdischen gleich seine selbstisch nationale Messiaszeit; und auch sie ist mit ihrem verhärteten, bis an die Zähne bewaffneten Nationalstaat, mit all dem Rennen und Jagen des bloßen Erwerbs ... noch die gleich furchtbare Verkehrung ... des kommenden wahrhaften Berufes, zu dem sie erwachen soll ... Nur mit der völligen Überwindung alles selbstisch Nationalen, mit dem Evangelium eines menschlich universellen Berufsgesetzes ... wird auch nach außen endlich die ... auf alle Völker einwirkende Bestimmung deutschen Wesens zur Wahrheit werden.« [19]

Ähnlich unpopuläre Gedanken vom übernationalen neuen »Tempel Gottes« gemäß Jes 2,2 ff. und 1 Kor 12 trieben den Bruder des vorgenannten Berliner Oberhofpredigers, Christoph Hoffmann, aus seiner schwäbischen Heimat mit einer Schar Gleichgesinnter nach Palästina. Dort veröffentlichte er anläßlich des Sieges von Sedan »Eine Vorstellung an die deutsche Nation und ihre Häupter. Über die Grundlage eines dauerhaften Friedens«,

[18] Vgl. dazu *K. Hammer:* Deutschland im Lichte des Reiches Gottes. Zur Erinnerung an Wilhelm Hoffmann. Theol. Zs. Basel 25 (1969), 182 ff.

[19] *Karl Christian Planck:* Testament eines Deutschen (Jena ^{2}1912), 490. Vgl. auch *dens.:* Die Weltalter (1850/51); Katechismus des Rechts oder Grundzüge einer Neubildung der Gesellschaft und des Staats (1852); Wahrheit und Flachheit des Darwinismus (1872).

die 1918 von seinem Sohn Imanuel erneut herausgegeben wurde.[20]

Die einsame Prophetenstimme Karl Christian Plancks, der glaubte, daß die politische Zukunft Europas sich einst auf dem Forum einer »internationalen Ordnung«[21] unkriegerisch regulieren werde, verhallte nicht ganz ungehört. In der folgenden Generation sollten Männer wie Alfred H. Fried, Otto Umfrid und Friedrich Wilhelm Förster sie wieder aufgreifen. Drei Jahre nachdem das Buch der Österreicherin Bertha v. Suttner »Die Waffen nieder!« erschienen war, konstituierte sich 1892 unter Vorsitz von Alfred H. Fried die »Deutsche Friedens-Gesellschaft«, die nach W. Bredendiek[22] bis 1907, als M. Rade, L. Weber und O. Umfrid sich mit einem gemeinsamen Aufruf an die deutsche Pfarrerschaft wandten, Unterstützung durch Theologen weder suchte noch fand. Ihre diesbezügliche Geschichte kann bei Bredendiek[23] verfolgt werden. Hier seien lediglich die wesentlichen Gedanken von Otto Umfrid (1857–1920), dem Stuttgarter Stadtpfarrer und zweiten Vorsitzenden der DFG, kurz referiert. [D 112] Im philosophischen Ansatz nicht unähnlich K. Chr. Planck[24] vermag Umfrid seine Friedensidee etwas konkreter und deutlicher auszudrücken.[25]

Wie Theologen auf solche Gedanken reagierten, zeigt Bredendiek[26] an einigen Beispielen. Inhaltlich lagen die Argumente auf der Linie der pseudotheologischen Ideologie vom Krieg als gottgewolltem Erzieher zu stählerner Mannestugend.

Zu den »politischen Ketzereien« O. Umfrids, dessen »agitatorische Friedenshetze« (Holzinger) ihm von seiten seines Münsinger Stadtpfarrer-Kollegen Holzinger eine weithin Wellen schlagende Denunziation eintrug, gehörte auch die Europa-Idee.

20 *Christoph Hoffmann:* Über die Grundlage eines dauerhaften Friedens. Eine Vorstellung an die deutsche Nation und ihre Häupter. Hrsg. von Im. Hoffmann (Stuttgart ²1918)

21 Vgl. *K. Chr. Planck* aaO. 659 ff.

22 *W. Bredendiek:* Irrwege und Warnlichter (Hamburg 1966), 40

23 *W. Bredendiek* aaO. 41 ff.

24 Anspielungen auf das Vorbild Plancks siehe zum Beispiel in *Otto Umfrids* »Europa den Europäern« (Eßlingen 1913), 41, 204.

25 O. *Umfrid:* Die Friedensbewegung und die Zukunft Europas. In: Friede auf Erden (Eßlingen ²1898), 39

26 *W. Bredendiek* aaO. 44

Freilich, wilhelminisches[27] Sendungsbewußtsein schwang gleichfalls mit, wenn er das Programm, »das im äußersten Orient zu verfolgen wäre«, dahin bestimmt: »Heranbildung Chinas zu einem gleichberechtigten, nicht-militärischen Kulturstaat... Dazu sollten wir ein einiges Europa haben.«[28] Wirtschafts- und kulturpolitische Gesichtspunkte sprachen ebenfalls mit. Aber auch das seit R. Rothe, A. Ritschl und wieder K. Chr. Planck als »Ziel der Weltgeschichte« propagierte »Reich Gottes«, auf welches das sittlich-kulturelle Streben der Christenheit von selber zulaufe, fehlt nicht in Umfrids Begründung vom Zusammenschluß der Staaten.[29] Alexander v. Humboldt, Herder, J. K. Bluntschli, L. v. Stein, Joh. Unold und Ernst v. Baer werden als Kronzeugen neben die Meinung des Johannes-Evangeliums gestellt, daß »die Völkerwelt *eine* Herde unter *einem* Hirten werden« soll, wobei weniger vom »Hirten« als von der »Herde« die Rede ist. Das ist kein Wunder, denn es handelt sich nach Umfrid[30] bei dem »Evangelium, das dieses Ziel verkündigt, ... um objektive, im menschlichen Wesen selbst begründete Wahrheit«. Der »Hirt« der Welt bleibt bei jenen optimistisch veredelten Evolutionsdenkern wie Planck – aber auch bei ihren kriegstreibenden, zum Teil realistischeren Gegnern – ein kollektiver Kultur-Messias Deutschland oder ein zusammengeschlossenes Europa.
Solchem fortschrittsgläubigen Optimismus gegenüber *mußte* sich ein militaristischer Darwinismus und Machiavellismus auf der Linie Wilhelm v. Humboldts, Giovanni B. Vicos, Hans Helmolts und Werner Sombarts immer wieder durchsetzen. Ein Jahr nach

[27] Vgl. O. *Umfrid:* Europa den Europäern. Politische Ketzereien (Eßlingen 1913), 1 f. Ähnlichen Gedanken vom friedlichen Sendungsbewußtsein der deutschen Nation huldigte noch 1910 auch *Alfred H. Fried,* wenn er in seinem Buch »der Kaiser und der Weltfrieden« (Berlin 1910) alle Friedensäußerungen und -beteuerungen Wilhelms II. zwischen 1900 und 1910 rühmend sammelte, die heute freilich nicht ganz zu Recht von dem Bild des Kaisers im Ersten Weltkrieg verdrängt sind. Beachtung verdient heute auch, wie sehr Andrew Carnegie 1907 und danach von der Idee einer internationalen Friedensunion unter Führung des deutschen Kaisers erfüllt war. Vgl. dazu Wilhelms II. auf dem XI. Weltfriedenskongreß zu Monaco 1902 vorgelegten Entwurf einer internationalen Friedensfahne sowie A. H. Fried aaO. 24–40.

[28] O. *Umfrid:* Europa den Europäern, 194

[29] Der Verweis auf das »Reich Gottes«, das »nicht völkisch, sondern menschlich« sei, fehlt auch nicht in dem Gegenaufruf schweizerischer Theologen und Pfarrer vom Herbst 1914.

[30] O. *Umfrid* aaO. 204 f.

dem Erscheinen von Umfrids Buch »Europa den Europäern« (1913) brach nicht nur der Weltkrieg aus, sondern Umfrids Stellung dazu erwies den teilweise schwärmerischen Charakter seiner Gedanken. Unterscheiden sich doch seine neuen Stellungnahmen zum »Weltbrand« nur noch wenig von denen Baumgartens, Rades, Naumanns und anderer Theologen. Der vormalige Internationalismus ist auch hier dem allseits aufbrausenden Deutsch-Nationalismus gewichen, der am feindlichen Ausland kein gutes Haar läßt. »Wie das Kaninchen, von dem Blick der Boa constrictor hypnotisiert, sich schließlich widerstandslos von dem Monstrum verschlingen läßt, so standen« nicht nur »die Völker wie verzaubert vor dem Ungeheuer« [31] des Kriegs, sondern auch O. Umfrid samt Anhängern vor dem Phänomen des alles Deutsche ins Recht und alles Gegnerische ins Unrecht setzenden Nationalismus.

Da kann es plötzlich heißen:

»Selbst ein so freiheitlich regiertes Volk wie das französische muß einfach aufessen, was seine Staatsmänner einbrocken.

Es war noch Ende Juli keine Kriegsstimmung in Frankreich vorhanden; das ist durch unverdächtige Zeugen nachgewiesen, und dennoch hat die französische Staatskunst den Knoten so geschürzt, daß er nur mit dem Schwer: zerhauen werden kann. Es ist vielleicht noch nicht an der Zeit, die Ursachen des Kriegs an ihren tiefsten Wurzeln zu untersuchen.

Daß das Recht auf deutsch-österreichischer Seite ist, das anzunehmen ist für unsere Soldaten einfach eine Lebensfrage, und sie haben guten Grund dazu, sich zu empören über die machiavellistische Staatskunst der Panslawisten, denen auch die niederträchtigsten Mordkomplotte nicht zu schlecht sind, wenn es gilt, ihr Ziel zu erreichen. Jedenfalls gilt es für uns, die bedrohten Grenzen unseres Reichs zu schützen, und auch wir Friedensfreunde müssen uns erinnern an die Worte unseres Flugblatts: ›Wenn es unsern heißen Bemühungen nicht gelingen sollte, unserem Volk den Frieden zu erhalten, so sagen wir den ins Feld ziehenden Soldaten: Geht mit Gott, ihr kämpfet für eine heilige Sache, ihr leidet und blutet für euer Vaterland!‹« [32]

[31] O. *Umfrid:* Der Weltbrand. In: Der Völker-Friede (1914), 99

Die Behauptung W. Bredendieks, der Deutschen Friedensgesellschaft sei »zu Beginn des Krieges von den Militärbehörden jede öffentliche Propaganda untersagt« worden,[32] ist etwas einzuschränken: *Solche* Dinge durften im weiterhin bestehenden Organ der DFG, dem »Völker-Friede«, jederzeit gedruckt werden!
Gleichwohl darf man Umfrid nicht auf derartige Äußerungen allein festlegen, die vielleicht auch einem Taktieren mit der Zensur zuzuschreiben sind. Umfrid hat mit seinem »Anti-Stengel« und »Anti-Treitschke«, der unkonventionellen Darstellung von »Bismarcks Gedanken und Erinnerungen im Lichte der Friedensidee«, den Schriften »Der Zukunftskrieg«, »Völkerevangelium«, »Rüstungsstillstand« (1911), »Vaterlandsliebe und Menschheitsliebe« nicht nur vor dem Krieg gezeigt, daß bei ihm »Der Krieg auf der Anklagebank« [33] sitzt, sondern er hat mit der Fortdauer des Weltkriegs, als es in Deutschland immer schwieriger wurde, unkriegerische Gesänge anzustimmen, auch in schweizerischen Zeitungen und Verlagen seiner Friedensstimme unerschrocken Gehör verschafft. Der wesentlich populäreren »Philosophie des Krieges« von H. Gomperz stellte er 1915 seine »Erziehung zum Frieden« gegenüber.[34]
Der kulturprotestantische Ansatz, wie er – auf der Basis des Ritschl-Harnackschen Systems – schon den Thesen des Ersten Friedensappells der Pfarrer Rohleder und Umfrid 1907/08 zugrunde lag, ist dabei freilich nicht aufgegeben. Es heißt da unter anderem:
»1. Das Ziel der Kulturarbeit wie das der Religion ist die Aufrichtung der Ordnung in der Welt«, wobei der Unterschied nur der sei, »daß die Kulturarbeit das Ziel mehr auf dem Weg der Naturbeherrschung zu erreichen strebt, während es die Religion durch sittlich-religiöse Erneuerung der Menschheit zu gewinnen hofft. 2. Die Religion nennt das der Menschheit gesteckte Ziel das Reich Gottes. Dieses Reich ist gleichbedeutend mit der Herrschaft des Guten, des Friedens, der Gerechtigkeit.«

[32] *W. Bredendiek* aaO. 27
[33] Titel einer Informationsschrift Umfrids über die Friedensbewegung
[34] Vgl. O. *Umfrids* Auseinandersetzung mit dem »Mephisto im Philosophenmantel« Heinrich Gomperz in der Sammlung von Kriegsaufsätzen »Weltverbesserer und Weltverderber« (Zürich 1916), 63 ff.

Daraus erwachse der Kirche die Pflicht, »diesen Gedanken [des Völkerfriedens] zu dem ihren zu machen«.[35]

Eine völlig ungewohnte Nuance brachte in die theologischen Entwürfe zum Ersten Deutschen Friedenskongreß (1907/08), dessen Referate von O. Umfrid, M. Rade und L. Quidde bestritten wurden, der Theologieprofessor Heinrich Weinel, wenn er bei seiner kritischen Unterscheidung von »Patriotismus und Christentum«[36] einerseits auf »die positive Funktion der marxistischen Religions- und Kirchenkritik für die Kirche selbst«[36] hinwies und andererseits als einziger Theologe jener Zeit die »Sedans-Predigten« angriff, in denen »der ›Vatergott‹ Jesu wieder zum alten Nationalgott, dem Herrn der Heerscharen« werde.[37] Weiter verfolgt wurden jene kritischen Ansätze jedoch meines Wissens von keiner Seite.

Dem Vorwurf, die evangelische Theologie habe sich in jenem immer stärker aufrüstenden Vorkriegsdeutschland überhaupt nicht für den Frieden eingesetzt, kann freilich mit dem Hinweis auf die beiden noch 1913 von den Pfarrern Umfrid und Nithack-Stahn verfaßten Aufrufe begegnet werden, deren zweiter bei W. Bredendiek[38] einzusehen ist. Die Tatsache stimmt nachdenklich, daß sich unter den rund vierhundert kirchlichen Unterzeichnern des besonders auf »das *sittliche* Opfer« der »Zurückstellung kriegerischen Ehrgeizes« abhebenden zweiten Aufrufs auch elf Theologieprofessoren, vorwiegend der Ritschl-Schule, befanden.[39] Unter den Erstunterzeichnern waren außer den erwähnten Theologen Weinel, Umfrid, Nithack-Stahn[40] auch Lizenziat Wieland (Niedereggenen), Pfarrer Wagner (Neuhengstett), Francke (Berlin) [D 113] und Böhme.

Insbesondere Ernst Böhme verdient auch als Organisator des Ersten Deutschen Friedenskongresses von 1908 und als Verfasser der vom Weimarischen Landeskirchenrat – freilich erst nach dem Krieg – preisgekrönten Schrift »Die pazifistische Bewegung im Lichte des Evangeliums und der christlichen Ethik« (Leipzig

[35] Zitiert nach *W. Bredendiek* aaO. 45 f.
[36] Vgl. *Weinels* gleichnamigen Vortrag in den »Friedensblättern« 1908, 82 ff.
[37] *W. Bredendiek* aaO. 49
[38] *W. Bredendiek* aaO. 51 f.
[39] Ihre Namen finden sich bei *W. Bredendiek* aaO. 52.
[40] Zu *Nithack-Stahn* vgl. auch o. S. 121

1920) hervorgehoben zu werden. Daß er die pazifistische Bewegung konsequent auch in der Praxis unterstützte, zeigt seine Weigerung im August 1914, anläßlich der Eroberung von Lüttich die Glocken seiner Kirche läuten zu lassen.[41] Solche theologische Voten und Taten waren äußerst selten. Sie sind, aufs Ganze gesehen, keineswegs repräsentativ für das Denken und Reden der evangelischen Kirche vor und nach 1900. Es kann daher kaum verwundern, daß überzeugte und überlegte Pazifisten wie A. H. Fried, B. v. Suttner, G. Fr. Nicolai oder Fr. W. Förster bei ihrer Friedensarbeit gar nicht erst auf eine aktive Unterstützung durch die Kirche hofften. Ihre gelegentlichen Äußerungen über die Vertreter der »Religion der Liebe« lesen sich eher ironisch und verächtlich.

In der Mitte zwischen solch pazifistischem »Sabbatismus« und dem populären »Martialismus« siedelt Bischof Michael v. Faulhaber seine Sicht des Krieges »im Lichte des Evangeliums« an. [D 114] Doch neigt seine gewissenhafte Studie, die auf umfassender Durchforschung in Frage kommender Bibelstellen durch den ehemaligen Alttestamentler der Universität Straßburg beruht, de facto mehr auf die Seite des »Martialismus«, wenn er dem Krieg den »Waffenpaß des Evangeliums« ausstellt.

[41] Vgl. W. *Bredendiek* aaO. 27

Zur Christologie

»Ihr mögt von Kriegs- und Heldenruhm
So viel und wie ihr wollt verkünden,
Nur schweigt von eurem Christentum,
Gepredigt aus Kanonenschlünden.
Bedürft ihr Proben eures Muts,
So schlagt euch wie die Heiden weiland,
Vergießt so viel ihr müßt des Bluts,
Nur redet nicht dabei vom Heiland.
Noch gläubig schlägt das Türkenheer
Die Schlacht zum Ruhme seines Allah.
Wir haben keinen Odin mehr,
Tot sind die Götter der Walhalla.«

Friedrich v. Bodenstedt [1]

Die »Christliche Welt« gesteht es 1914 ruhig ein: »Das Christentum, das zur Zeit besteht und gepflegt wird, ist nicht dogmatisch gerichtet und hat mit dem kirchlichen ›Bekenntnis‹, gar mit den Einzelheiten des Zweiten Glaubensartikels nichts zu tun; aber es wird von der treibenden Grundkraft aller echten, ursprünglichen Frömmigkeit getragen, von Ehrfurcht, Vertrauen und Liebe zu dem allmächtigen, barmherzigen, heiligen und gerechten Gott« [2] – was erst noch zu beweisen wäre!

Auch ohne den Zweifel daran ist es jedoch schon eine Frage, ob dieses Zweite ohne das Erste möglich ist, ob man auch nur vom Verständnis, geschweige denn von »Ehrfurcht, Vertrauen und Liebe zu dem barmherzigen, heiligen Gott« überhaupt christlich reden kann ohne Kenntnis von Christus.

Im folgenden – in Ermanglung geeigneten Materials leider sehr kurzen – Abschnitt soll nun geprüft werden, was am Zweiten Glaubensartikel damals interessiert hat und wie man es zu verstehen und zu aktualisieren suchte.

Wie man erst allmählich, von der fast ausschließlichen Bemühung des Ersten Artikels und seines weltgeschichtlich überhöhten Vaterbildes ermüdet, den Zweiten Artikel und damit das Bild des leidenden Gottessohnes entdeckte, soweit das überhaupt geschah, schildert Franz Köhler:

[1] Zitiert nach *B. v. Suttner:* Die Waffen nieder! ([2]1893), II, 193
[2] CW 1914, 475

»Bei Ausbruch und im Angang des Weltkrieges freilich war es nicht Christus, sondern der allwaltende Vater im Himmel, Gott selbst, der lebendige und heilige, welcher von den Verkündigern des Evangeliums in den Mittelpunkt ihrer Zeugnisse gerückt wurde. Gott schien besser zum Kriege zu passen als Jesus, der Bürge des Friedens. Es schien allen, die über den Krieg zu predigen hatten, anfangs so, als könnten sie die Stimme Jesu, des sanftmütigen Heilands, nicht aus dem Getümmel der Schlacht heraushören. Aber allmählich besann man sich darauf, daß Christus nicht die sanftmütige Gestalt ist, wie Thorwaldsen sie gebildet, sondern wesentlich auch der, der in der erhobenen Rechten die Geißel schwingt. Jesus ist der Held ohnegleichen.« [3]
Daß an Christus im Krieg nur sein stellvertretendes Leiden und Sterben für viele, somit der Opfergedanke, interessierte und daß er als »Impuls zu vaterländischer Hingabe und Opferbereitschaft« diente, so daß man daraus »für Evangelium und Vaterland einen gleich großen Gewinn« erwartete, schreibt Veller in der »Evangelischen Freiheit«. [D 115] Ähnlich reden P. Lippert SJ [D 116] und A. Pummerer SJ in den »Stimmen der Zeit« [D 117] von opfernder Kreuzesliebe.
Auch wenn es keine Statistik gibt, die das ausdrücklich nachweist, darf behauptet werden: Kaum *eine* Bibelstelle wurde so viel zitiert und – fragwürdig – ausgelegt wie das Wort des johanneischen Christus: »Niemand hat größere Liebe, als der sein Leben läßt für seine Freunde« (Jo 15,13). Einen Perikopenvorschlag zu »Jesus-Predigten für die Kriegszeit«, der für viele steht, machte Albert Hosenthien 1915. [D 118]
Daß dieser allzu häufige und unbedenkliche Gebrauch des Namens Jesu lediglich zu dem Zweck, das auf den Schlachtfeldern täglich gegenwärtige Sterben sowie die Bereitschaft dazu als »Heldenopfer« zu verklären, letzten Endes ins Gegenteil umschlagen und zu einer »Entthronung Christi, zu einer Depotenzierung« führen mußte, das haben sich nur wenige eingestanden, darunter – freilich ohne etwas Wirksames dagegen unternehmen zu können – Hermann v. Bezzel [4] [D 119], der auch nicht die

[3] *Fr. Köhler:* Kriegspredigt (1915), 27
[4] Vgl. dazu auch *H. v. Bezzel:* Halt mir dein Kreuz für. In: Die Furche 5 (1914) Nr. 1, 3 ff.

Augen davor verschloß, daß »der Protestantismus durch seichte, geringe Zeiten« geht. Hätte dies freilich jemand zu Kriegszeiten offen in Deutschland ausgesprochen, er hätte wohl einen Sturm der Entrüstung entfesselt.

W. D. Marsch bringt Beispiele dafür, wie selbst der heidnische Humanistenspruch, an deutschen Gymnasien teilweise bis heute ein probates Mittel zu geistiger Wehrertüchtigung der Jugend: »Dulce et decorum est pro patria mori ... unter Berufung auf Jesus gesagt werden [konnte], weil man aus seinem Weg in die Niedrigkeit des Fleisches ein Prinzip gemacht hatte: das Prinzip des Leidens und Entwerdens, der Entäußerung an eine schöne, ferne Ewigkeit. Christus ist der Leidenslehrer, dessen Kreuz insbesondere auf den Schlachtfeldern getragen werden konnte.« [5]

Von anderem Ansatzpunkt als H. v. Bezzel kommt das *Gemeinschaft*christentum zum gleichen Fazit:

Joh. Seitz schreibt in »Palästina« (1915) nach überwiegend positiven Urteilen über die im Krieg neuerwachte Religiosität vieler Deutscher:

»Gewiß, das deutsche Volk ist kein atheistisches, aber es ist auch kein christliches Volk. Es weiß nichts von Christus und will zum großen Teil nichts von ihm wissen. Gott nimmt man wieder auf die Lippen, man findet Seinen Namen sogar in liberalen Tageszeitungen, aber wo findet man heute in unserem Volk die Menschen, die mit zitterndem Herzen sprechen: ›Herr, wir möchten Jesum sehen!‹ Das deutsche Volk ist auch kein bußfertiges Volk. Es muß deshalb noch ganz anders als bisher die Predigt von Christus einsetzen. Wir werden nach Beendigung des Feldzuges von der liberalen Theologie aufgefressen, wenn jetzt nicht Christus unter uns breiten Raum gewinnt. Ohne Christusannahme gibt es für unser Volk keine würdige Frucht der Buße. So ist das deutsche Volk nur ein religiöses Volk. Religion überhaupt besteht darin, daß man zu einem Gott betet, daß man Gott verehrt. Aber wir dürfen darum noch nicht glauben, daß das deutsche Volk ein Volk Gottes ist und die Israel gegebenen Verheißungen auf sich anwenden darf.« [6]

[5] *W. D. Marsch:* Politische Predigt zum Kriegsbeginn 1914/15. In: Ev. Theol. 1964, 527

[6] Zitiert nach CdcW 1915, 117.

Es ist begreiflich, daß die Theologie seit Kriegsbeginn sich über die neu erwachte Opferbereitschaft der Deutschen freute und diese durch ihre Analogisierung zum Christus-Opfer im deutschen Landser wie im Heimatvolk zur dauerhaften Kraft zu gestalten trachtete.[7] Gleichwohl hätte die einseitige Ausrichtung und Zuspitzung gepredigter Christologie auf Christus als den einzigartigen Helden so nicht erfolgen dürfen.[8]
Es ist nicht uninteressant, dabei zu sehen, wie sehr diesem Gedanken auch Leute erlegen sind, welche die allgemeine Kriegsbegeisterung nicht teilten, wie Fr. W. Förster. Freilich, um Heroismus geht es diesem[9] nicht, nicht um das Heldentum der Nächstenliebe und des Soldatenopfers, das nur eine andere Form des Egoismus darstellt, sondern um wirkliche Selbstverleugnung nach dem Vorbild Jesu Christi:
»Selbst das Rote Kreuz, ja selbst das Eiserne Kreuz gelten nichts vor Gott, wenn das Kreuz Christi nicht darüber war – die heilige Schlichtheit, der wirkliche Tod des Ich-Gedankens.«[10]
Auch dieser Gedanke hat seine hundertjährige Vorgeschichte. Er findet sich beispielsweise bereits in einer Predigt des genialen Predigers W. Robertson (1816–1853), von dem Harnack im Vorwort nicht ohne tiefe innere Verbundenheit schreibt, er wisse »keinen anderen Prediger, der eindringlicher zu unserem Zeitalter zu sprechen hätte als der Verfasser dieser regliösen Reden«:
»Das ganze Leben eines Soldaten, ... ob er es will oder nicht, ist eine Verkündigung der größten religiösen Wahrheit, des freiwilligen Opfers *Eines fürs Volk*«[11] (Robertson in einer Predigt über 1 Joh 2,4–7; 15–17).
Christus als Heros herauszustellen, war auch ein beliebtes Mittel der deutschen Kriegspredigt 1870/71:
P. Piechowski beobachtet, »wie die Kriegspredigt in das Christusbild heroische Züge einzeichnet und diese heroischen Züge dem in den Krieg hineingestellten Gegenwartsmenschen zum Ansporn

7 Vgl. *Eberhard Arnold:* Das Heldentum Jesu. In: Die Furche 1916, 168 ff.
8 Zu ähnlichen Schlüssen gelangt auch *W. Pressel* (Die Kriegspredigt ..., 1968, 232 ff.), der es sogar für »kaum möglich« hält, »von einer ›Christologie‹ der Kriegspredigt zu sprechen« (aaO. 232).
9 *Fr. W. Förster:* Jung Deutschland und der Weltkrieg (1915), 12
10 *Fr. W. Förster* aaO. 25
11 *Fr. W. Robertson:* Religiöse Reden (Leipzig [9]1904), 164

und Vorbild aufzeigt. So wird in einer Predigt in Frankreich Christus als der Feldherr hingestellt, ›der uns voranging den Weg des Heldenmutes und der Todesverachtung, indem er ein ander Leben uns eröffnet und uns zuruft mit Feldherrnmacht: Mir nach, ihr Christen alle!‹« [12]
Einzelne bedauern dies freilich, so H. Eberlein, der 1915 über die Kriegsfrömmigkeit von 1870/71 sagte, sie sei »zu wenig christozentrisch gewesen«. Auch nach E. J. Meier bedeutete der Krieg »einen schweren Rückfall von der Höhe christlichen Geistes in heidnische Art und Gesinnung«. [13]
Zusammenfassend muß festgestellt werden, daß das Gedankengut des sich zuletzt gelegentlich selbst als »Antichrist« bezeichnenden Friedrich Nietzsche und seines populären Schülers Friedrich v. Bernhardi – beide wurden neben H. v. Treitschke besonders von der englischen Presse gern als einzige geistige Nährväter des deutschen Volkes bezeichnet – über Jesus von Nazareth und daß antikes wie germanisches Helden- und Heidentum über den biblischen Christus triumphierten. Man rühmte zwar dankbar, daß in Kriegszeiten das »spezifisch Konfessionelle« und Dogmatische zurücktrat. Aber man war sich nicht darüber im klaren, daß das »mystische« Kriegserlebnis selber neue Dogmen schuf. Die Restriktion des ganzen Zweiten Glaubensartikels auf die heroische Umdeutung des Opfertodes Christi zum Vorbild der Lebenserfüllung war ein solcher neuer Mythos, der mit der Katastrophe von 1918 leider noch nicht an sein Ende gekommen war, sondern sich unschwer umschmelzen und verlängern ließ in einen neuen Messiasglauben.[14]

[12] *P. Piechowski* aaO. 86
[13] *P. Piechowski* aaO. 88
[14] Vgl. dazu *Wolfgang Hammer:* Adolf Hitler – ein deutscher Messias? Bd. I (München 1970).

Zur Lehre vom Heiligen Geist

»Glaube und Herrschaft sind identisch.«

Fritz Fischer 1951 [1]

»Ein heiliger Geist echter Kameradschaftlichkeit hat in den Reihen der Kampfgenossen unterschiedslos Platz gegriffen ... Deutschtum und Christentum stimmen ... in ihrer letzten Tiefe überein, im Heldentum.«

Franz Köhler 1915 [2]

»Ich lebe aus dem Geiste, der die Ursachen zu allen Kriegen beseitigt.«

George Fox (1624–1691)

Zu Beginn dieses Abschnitts, der zu sammeln sucht, was sich die Kriegszeiten an neuem Glauben aus den Rudimenten des Dritten christlichen Glaubensartikels zurechtmachten, sei festgestellt, daß alle drei Glaubensartikel bei dieser zweckbetonten Verkündigung ineinanderfließen; das Gottes- und Christusbild dieser Zeit ist ja im Grund eine projizierte Prolongierung des Dritten Artikels.

Schon A. Ritschls »Unterricht in der christlichen Religion« (1875) lehrte die jungen Deutschen, die christliche Dogmatik von ihrem »allgemeinen Zweck der durch Gottes Offenbarungen in Christus gestifteten Gemeinde«,[3] dem »Reich Gottes« her zu betrachten; auch die Beschreibung des »Reiches Gottes als religiöser Idee und als sittlichen Gedankens (I) sowie die Lehre von der Versöhnung« (II) hätten nur den Sinn, auf das »Christliche Leben« (III) hinzuführen und es vorzubereiten als »das gemeinschaftliche Produkt der Gemeinde, indem deren Glieder sich durch eine bestimmte gegenseitige Handlungsweise untereinander verbinden«.[3] Ebenso ist jetzt das im zweiten Abschnitt dargestellte Christusbild der deutschen Kriegstheologie nur eine nachträgliche theologische Rechtfertigung und Überhöhung der vom Krieger als Pflichterfüllung geforderten Selbsthingabe und Opferwillig-

1 *Fritz Fischer:* Der deutsche Protestantismus ... HZ 151, 458

2 *Franz Köhler:* Kriegspredigt (1915), 40 f.

3 *Albrecht B. Ritschl:* Unterricht ... (Bonn 1875), § 5, 3

keit. Was in diesem Buch um der systematischen Durchsichtigkeit willen zuletzt kommt, stand jener Kriegstheologie als Ausgangspunkt vor Augen.

Desgleichen kann die im ersten Abschnitt dargestellte Gotteslehre nur als nachträgliche Projektion des Glaubens ans Vaterland verstanden werden, der seinerseits aus dem Kriegs- und Volksmythus hervorgegangen war. Dem Glauben an den im Geschichtswalten Deutschland zum auserwählten Volk berufenden Gott ging voran der Glaube an Deutschlands Größe, seine kulturelle Überlegenheit und darum auch an die Sendung allen anderen Völkern gegenüber.

Daß wir es bei den hier aufgeführten Punkten, dem Glauben an die bessere Sittlichkeit, an die Pflicht, an das Recht, bei dem Glauben auch an Vaterland, Nation, das Recht und die Tugenden des Krieges usw. mit einer Umfunktionierung des »Dritten Artikels«, des christlichen Glaubens an den Heiligen Geist, zu tun haben, ist nicht unsere eigene Erfindung.

Auch W. D. Marsch[4] erkennt »im kantisch-deutschen Pflichtbewußtsein ... die Gabe des heiligen Geistes«. Er zitiert aus einer Anleitung zur Kriegspfingstpredigt 1915: »Was wirkt der heilige Geist? Er weckt auf – nämlich aus Welt- und Kulturvergötzung der Vorkriegszeit –, ›er belebt‹ – nämlich zur Erneuerung deutscher Pflichttreue –, er zwingt zum ›Hören‹ – und zum Hören muß sich das Gehorchen gesellen.«[5]

[4] *W. D. Marsch* aaO. 528
[5] *W. D. Marsch* aaO. 529

Kaum zwei Begriffe spielen seit dem neunzehnten Jahrhundert im gesamten deutschen Schrifttum bis in die Belletristik hinein eine so große Rolle wie Recht und Pflicht. Kein Begriffspaar ist auch so ineinander verflochten, freilich stets unter dem Übergewicht der »Pflicht«, wie dieses. Kein anderer Begriff wird aber von der Theologie des neunzehnten und frühen zwanzigsten Jahrhunderts so aufgenommen, exegesiert und auf den Schild erhoben wie der aus der Kantischen Ethik übernommene Pflichtbegriff, auch wenn das von E. Krebs bestritten wird. [D 120]
Selbst an der Theologie Martin Kählers (1835–1912) stellt Fritz Fischer[1] fest: »Der Pflichtgedanke [ist] hier so merkwürdig übersteigert wie im ganzen preußischen Staatsdenken – bezeichnenderweise das einzige Moment, das in Preußen und Deutschland von Kant rezipiert wurde.«
Was der Marburger Neukantianer Hermann Cohen 1871 in einem Brief vom 15. 8. über Kant und den erwähnten Punkt seiner Philosophie formulierte und was auf Luther oder Ritschl gleichfalls anwendbar wäre: »Der große Mann hängt mit dem ihm nachfolgenden Jahrhundert durch seine eigene Schwäche zusammen«,[2] bildet eine Erklärung dafür.
Wie sehr Kants »Schwäche« noch ein halbes Jahrhundert nach seinem Ableben (1804) in der Theologie wie im Staatsrecht nachwirkte, zeigen in klassischer Kürze einige Paragraphen aus Ritschls »Unterricht«. [D 121]
Man begreift von daher vielleicht etwas besser, wie es zu den »deutschen Trinitäten« kommen konnte, auf denen das Zweite Kaiserreich aufgebaut war: »Mit Gott für Kaiser und Vaterland!« »Katechismus, Bajonett und Szepter« – Generalsuperintendent Schultze von Halle, Kögels Schwager, gründete 1884 Preußen auf diesen alten Soldatengrundsatz –;[3] »Deutschtum, Kaisertum, Christentum« – diese Trias gab Leipzigs Systemati-

[1] *Fr. Fischer* aaO. 497
[2] Den Hinweis auf dieses Zitat H. Cohens verdanke ich Herrn Professor *Helmut Gollwitzer*.
[3] Zitiert bei *Fr. Fischer* aaO. HZ 171, 498.

ker und Rektor C. E. Luthardt (1823–1902) seiner Studentenschaft als Kampfparole mit.[4] Vom Pflichtgedanken in vermeintlicher Nachfolge Kants[5] waren diese Triaden stets zusammengehalten. Staatsbürgerliches wie christliches Denken hatten hier, Kants Absicht nicht ungemäß, ihren gemeinsamen Nenner gefunden.

Daß ein Friedrich Naumann, der das politische Denken seiner Zeit mehr geprägt hat als irgendeiner der wechselnden Regierungspolitiker, von diesem Bekenntnis noch am 23. 12. 1917 beseelt war, geht aus einem Brief an Bethmann Hollweg hervor:

»Mögen wir auch in Zukunft noch mancherlei auszuhalten haben, so soll der Geist dabei lebendig bleiben, den ich bei Ew. Exzellenz gefunden habe, der Glaube an Schicksal, Pflicht und moralische Weltordnung. Dieser gute deutsche Geist verträgt es auch, zeitweilig verkannt zu sein, weil er um der Sache willen gearbeitet hat und nicht aufhört, sachlich weiter zu denken.«[6]

Daß der im Innern als »Idealismus« verklärte, vom Ausland aber richtiger als »Materialismus« bezeichnete Imperialismus, der angeblich die höchsten Werte Europas verteidigte, in Wirklichkeit zur Ausbreitung dieses deutschen Wesens auf der ganzen erreichbaren Welt ansetzte, findet man in einem weiteren Brief Fr. Naumanns (an Hermann Barge in Leipzig vom 29. 2. 1916) bestätigt:

»Das, was den Geistern des Westens als germanischer Materialismus erscheint, ist ja gerade das, was für uns zu einem guten Teile disziplinierter Idealismus ist.«[7]

Es war nicht nur Propaganda, sondern ehrliche Überzeugung, wenn Fr. Köhler resümierte:

»Jeder weiß und fühlt, daß nur der Einsatz aller moralischen und physischen Kräfte den Sieg sichert in diesem ungleichen Kampf einer Welt von Feinden gegenüber. Der alte praktische Materialismus, der an die Diesseitigkeit sich einst verkaufte, ist

[4] Zitiert bei *Fr. Fischer* aaO. 499.

[5] Vgl. *Immanuel Kant:* Kritik der praktischen Vernunft. (Reclam-Ausgabe Leipzig 1878), 105: »*Pflicht!* Du erhabener großer Name ...« Über die Affinität des Moralischen zum Heiligen aaO. 148; über die Identität von christlichem und philosophischem Pflichtdenken bei Kant aaO. besonders 153 ff.

[6] Zitiert nach *Theodor Heuß:* Naumann (Stuttgart 1937), 706.

[7] Zitiert nach *Th. Heuß* aaO. 704.

überwunden. Ein hehrer, hochgemuter Idealismus begeistert die Herzen... Wie viele [Soldaten] hat der Krieg anspruchslos gemacht! Von Plünderungssucht und Beutegier keine Spur! Man teilt den letzten Bissen mit den feindlichen Bewohnern des eroberten Landes. Unzählige Beweise liegen dafür vor. Die Gutmütigkeit des Deutschen, die ihm oft zur Dummheit angerechnet wurde«, wird zum »heiligen Geist echter Kameradschaftlichkeit«.

»Eine Sache um ihrer selbst willen tun, im Zwang eines freien Gewissens, das ist deutsch. So ist der Deutsche vor allem ein Mensch der Pflicht und der Treue. Er ist gerecht und bescheiden, tapfer und fromm. In seinem eisernen Pflichtgefühl, das alle seine Taten begleitet und leitet, ist er beglückt und belohnt. Die Arbeit der Pflicht selbst ist ihm ein Vergnügen. Sein Pflichtgefühl macht ihn nicht stolz. Er bleibt bei der Demut und bei der Bescheidenheit. Demut und Vertrauen stecken ihm tief in der Seele: das ist deutsche Frömmigkeit.« [8]

»Der protestantische Idealismus ist es, der uns befähigt und berechtigt, das Kriegsgeschehen in seiner dem Ideal zugewandten Seite aufzufassen. Mit diesem Idealismus aber ist die Weltanschauung gemeint, die in den realen Wirklichkeiten des Lebens das Sinnvolle und bleibend Wertvolle aufdeckt und ausdrückt.« Abgelehnt wird »jener schemenhaft-kraftlose romantische Idealismus, der ... über den bitteren Ernst des Wirklichen hinwegtäuscht... Es ist aber die Idee des wahren oder des ewigen Lebens, die wir als Christen als den letzten Maßstab heranbringen auch an das Kriegsgeschehen, und es ist das Ideal der unbefangenen Wertung des Natürlichen, des lebendig geschichtlichen Lebens als eines unbedingt Gottgewollten, das wir als Protestanten in Kraft unsrer sittlichen Freiheit freudig bejahen. Dem Reinen ist alles rein, auch das mit viel Unreinheit vermischte Kriegsgeschehen. Auch der Krieg ist eine Provinz und Stätte göttlicher Geistwirkungen, wenn wir ihn nur im rechten Geiste führen und deuten. Auch der Kriegsmann kann im seligen Stande leben. Wer sich mit dem Krieg befaßt, verunreinigt sich nicht, sondern übernimmt nur eine ungeheuer schwere Aufgabe. Auch der Krieg hat

[8] *Fr. Köhler:* Kriegspredigt (1915), 39 ff.

seine ihm eingeborene Ehre, einen Selbständigkeitswert neben allem anderen Weltgeschehen, das auch Gottes ist. Dieses ist der Standpunkt des protestantischen Idealismus dem Kriege gegenüber.« Köhler nennt Männer »wie Lahusen, Dryander und Kirmß, wie Zurhellen, Veit und E. Förster, Walter Lehmann (Hamberge), Hunzinger, v. Hering, Dieterich, K. König, Schowalter, Geyer, Rittelmeyer, Simons und Fuchs.« [9]

Deutscher Geist wird hier zum heiligen Geist:

»Religion und Technik sind nicht mehr die feindlichen Brüder des deutschen Geisteslebens, als welche sie vielen erschienen waren. Dankbar muß jetzt auch der altväterliche Fromme Gott dafür sein, daß uns durch unermüdliche und gewissenhafteste technische Arbeit der Ingenieure zur rechten Zeit die 42-cm-Mörser und die ausgezeichneten Unterseeboote als Helfer und Heilande geschenkt wurden... Diese Kanonen, sagt Zurhellen mit gutem Recht, sind stahlgewordene Gedanken, sind verkörperter deutscher Arbeitsfleiß, sind Zeugnisse von Germanentreue. Durch diese mit Kriegern angefüllten Eisenbahnzüge ging ein tief ernster religiöser Zug, so daß es nicht vermessen ist, von betenden Eisenbahnzügen zu reden.« [10]

So konnte in praxi aussehen, was Ritschl und andere zuvor in der Theorie als notwendige Vereinigung von philosophischer und christlicher Sittenlehre gefeiert hatten!

§ 63 des »Unterrichts in der christlichen Religion«:

»Die Begriffe von Tugend und Pflicht stammen in dieser Form aus der philosophischen Sittenlehre. Ihr Gebrauch kann aber auch in der christlichen Sittenlehre nicht entbehrt werden, weil der Stoff beider Begriffe in der richtigen Auffassung des christlichen Lebens eingeschlossen ist« (A. Ritschl).

Auf katholischer Seite konnte der Jesuit Christian Pesch in das allgemeine christliche Lob soldatischer »Tapferkeit« [D 122] und anderer »idealer Kriegstugenden« sogar unter Aufbietung von Thomas von Aquin mit einfallen.

Das deutsche Reden von Recht und Pflicht hatte jedoch weiterhin zwei fast entgegengesetzte Zielrichtungen: Während durch die Vergötzung des Rechtsgedankens Theologen dem Staat auch das

[9] *Fr. Köhler:* Kriegspredigt (1915), 33 f.

[10] *Fr. Köhler* aaO. 52

Recht zu imperialistischer Ausweitung zubilligten, stellten sie es als höchste Christenpflicht des Staatsbürgers hin (§ 62 des »Unterrichts«) [D 121], dem Staat hierbei nicht nur dienstbar zu sein, ohne zu fragen, ob das auch noch recht sei, sondern sich für diese Ziele sogar zu opfern.

Treitschke, dessen »Politik« Friedrich v. Bernhardi als Eroberungsstratege ebenso zitieren konnte wie ein O. Baumgarten als Theologieprofessor, behauptete dort (Politik I, § 3) vom Staat: »*Für seine Macht zu sorgen,* [ist] seine *höchste sittliche Pflicht.* Das Individuum muß sich opfern für eine höhere Gemeinschaft, deren Glied er ist; der Staat aber ist das Höchste in der äußeren Gemeinschaft der Menschen, darum kann die Pflicht der Selbstvernichtung gar nicht an ihn herantreten. Die Christenpflicht der Aufopferung für etwas Höheres ist für den Staat gar nicht vorhanden, weil es über ihn hinaus in der Weltgeschichte gar nichts gibt; folglich kann er sich nicht einem Höheren opfern. Wenn der Staat seinen Untergang vor Augen sieht, so preisen wir ihn, wenn er mit dem Schwerte in der Hand unterliegt.« Freilich ist »unter allen politischen Sünden die der Schwäche die verwerflichste und verächtlichste; sie ist die Sünde gegen den heiligen Geist der Politik«.[11]

Will man dieser größten »Sünde« entgehen, so folgerte noch 1920 der unermüdliche Fr. v. Bernhardi, dessen vielgelesenes Vortragsbuch »Deutschland und der nächste Krieg« (1911) den Engländern nicht ganz zu Unrecht als die »Bibel der Deutschen im Krieg« erschien, in einem neuen Buch »Vom Kriege der Zukunft« aus seinem Lehrmeister Treitschke: »Es müssen [für diesen Krieg der Zukunft] Massen aufgeboten werden, wie sie bisher noch niemals vereinigt worden sind. Was wollen Napoleons Heere, was die vereinigte Macht des großen antifranzösischen Völkerbundes dagegen besagen? Heute werden ganze Völker zu den Waffen gerufen, scheinbar um nationale ... Bedürfnisse zu befriedigen, in Wirklichkeit, um die höchsten Interessen der Menschheit auszufechten.«[12]

Während Bernhardi durch die Katastrophe des Ersten Weltkriegs

[11] Zitiert nach *Friedrich v. Bernhardi:* Deutschland und der nächste Krieg (1911), 45 f.

[12] *Fr. v. Bernhardi:* Vom Kriege der Zukunft (1920), 234

nichts hinzulernte, zog Baumgarten 1927 eine etwas andere Nachkriegsbilanz:

»In uns lebte der Trotz der Idee gegen die brutale Wirklichkeit. Es war doch für normale deutsche Art undenkbar, daß das durch die Siege 1864, 1866 und 1870 zur Weltmacht aufgestiegene Reich der bloßen numerischen Übermacht unterliegen würde! Auch der furchtbare Gedanke an die Folgen des verlorenen Krieges für die Macht, Ehre und Kultur trieb alle Vorahnungen dieses Ausgangs in das Unterbewußtsein zurück. Und was undenkbar, unausdenkbar, das konnte nicht wirklich werden. Alle vernünftigen Berechnungen, alle sich aufdrängenden Summationen der Erfahrungen: ›Viele Hunde sind des Hasen Tod‹, ›Die Überzahl der goldenen und eisernen Kugeln entscheiden den Erfolg‹ waren vom deutschen Idealismus leicht zu überwinden durch das Vertrauen auf Geist, Recht, Willenskraft: ›Der Wille siegt‹, ›Es ist der Geist, der sich den Körper baut‹, ›Recht muß doch Recht bleiben‹, ›Viel Feind, viel Ehr‹ ... So hat der deutsche Idealismus, gewiß aus der Tiefe des deutschen Gemüts, der gebieterischen Leidenschaft, des Glaubens an Geist und Willen gespeist, allen Wirklichkeitssinn in Fesseln geschlagen und alle ihm entsprechende Politik sabotiert. Und noch heute sind vortreffliche, hochbegabte, führende Geister davon überzeugt, daß die feindliche Welt sich der Überlegenheit unterworfen hätte, wenn wir nur noch kurze Zeit durchgehalten hätten.«[13]

Der Grundsatz Hegelschen Philosophierens, den man als Ausgangspunkt dieses deutschen Idealismus bezeichnen kann, daß die Wirklichkeit sich nach der Idee zu richten habe und daß, wo die Wirklichkeit sich nicht mit der Idee decke, dies »um so schlimmer für die Wirklichkeit« sei, zog sich nicht nur im neunzehnten Jahrhundert durch deutsche Philosophiegeschichte, Geschichtsbetrachtung, Politik und Strategie, sondern wirkte schließlich als ideologische Brille alles Denkens und Redens in Deutschland. Im gleichen Sinn konnte auch der Historiker Friedrich Meinecke reden.[14]

[13] O. *Baumgarten:* Der sittliche Zustand ... (1927), 9. Vgl. dort auch 7 f.

[14] Vgl. *Friedrich Meinecke:* »Kultur, Machtpolitik und Militarismus« (Berlin 1916), 630 ff. Meineckes »Erinnerungen 1901–1919« (Stuttgart 1950) bestätigen ein relativ vorsichtiges politisches Engagement auf der Linie Bethmann Hollwegs.

Nur über diese künstliche Vereinigung altgermanisch-heidnischer, antik-humanistischer und christlicher Ideale zu einem Mixtum compositum höchst verpflichtender Sittlichkeit, wie es schon Ritschls Tugendlehre (§ 65–68 des »Unterrichts«) zusammenbraut, kam es zu dem typisch deutschen Problem der »Pflichtenkollision«, das dann eher eine »tragische Lösung« im Sinn der antiken oder Schillerschen Tragödie als eine evangelische findet.
»Die Bestrebungen, die die Abschaffung des Krieges überhaupt zum Zweck haben«, müssen in dieser Sicht von Bernhardi »nicht nur als töricht, sondern geradezu als *unsittlich* bezeichnet und als *menschenunwürdig* gebrandmarkt werden. Denn worauf läuft dieses ganze Wesen hinaus? Es soll den Menschen das Recht und die Möglichkeit genommen werden, ihr höchstes materielles Gut, ihr Leben für ideale Zwecke einzusetzen und damit den höchsten sittlichen Altruismus zu betätigen.« [15]
Unter Berufung auf Kuno Fischer, Karl v. Clausewitz (»Vom Kriege«) und H. v. Treitschke (»Der lebendige Gott wird dafür sorgen, daß der Krieg als eine furchtbare Arzenei für das Menschengeschlecht immer wiederkehrt«!) wird gegen Bethmann Hollweg und andere sehr »klar und bestimmt ausgesprochen, daß es unter Umständen nicht nur das Recht, sondern die *sittliche und politische Pflicht* des Staatsmannes ist, einen Krieg herbeizuführen«.[16]
Friedrich Gogarten empfiehlt in einer seiner ersten Schriften (1914) »Fichte als religiösen Denker«, weil dessen früher Glaube, wie er in den Briefen an seine Braut (1788) zum Ausdruck komme, ein allgemeiner Vorsehungsglaube im Geist der Aufklärung gewesen, aber dadurch zum deutschen »Schicksalsglauben« des neunzehnten Jahrhunderts geworden sei.[17]
Gogartens Kommentar verdient Aufmerksamkeit: »Das Sittengesetz ... ist und bleibt das Gott Übergeordnete. – Gott kommt nur in Betracht als Garant für etwas, das in seiner Minderwertigkeit erkannt werden wird, wenn nur erst die sittliche Selbstän-

[15] *Fr. v. Bernhardi:* Deutschland und der nächste Krieg, 30
[16] *Fr. v. Bernhardi* aaO. 38 f. Bernhardis Erkenntnis: »Kulturentwicklungen sind ... ethisch neutral« teilt in antipazifistischer Zuspitzung 1919 auch Paul Althaus. Vgl.: Pazifismus und Christentum. In: Neue kirchliche Zeitschrift 1919, 472.
[17] *Fr. Gogarten:* Fichte als religiöser Denker (1914), 21 f.

digkeit zum vollen Bewußtsein ihres eigenen, freilich sehr heroischen Glückes gelangt.« [18]

Deutlicher kann sich der Erste Artikel dieser Zeit wohl kaum als bloßer Appendix des neuen »Dritten Artikels« erweisen. Dies führte dazu, daß sich in der »Religion des deutschen Idealismus« – wohl nie so populär wie gerade in der Epoche des Zweiten Kaiserreichs – der Glaube an die Sittlichkeit und Pflicht zum autonomen Götzen auswuchs, zumal da bereits für Kant und Fichte die Idee des »Moralischen Gottes*beweises*«, die man in das Denken der »Philosophen des Protestantismus« immer wieder hineinlegen wollte, entbehrlich gewesen sein dürfte.

Theologen hatten für den Kriegsgebrauch wieder mühsam die Lehre von der Pflichtenkollision zusammengeleimt: »Das Gebot der Pflicht ist Gottes Gebot«, so 1915 Lic. Schuster [D 123]; Deutschland als pflichtbewußter »einziger streitender und wagender Volkskörper – eine herrliche Offenbarung des deutschen Geistes«, so 1914 Fr. Rittelmeyer [D 124]; »Jahwe ist Gott der sittlichen *Welt*ordnung, nicht nur der sittlichen *Volks*ordnung«, so 1915 Otto Eißfeldt.[19] Nur wenige, durch erlebtes Kriegsleid nüchtern gebliebene Verfasser erkannten den Unsinn der *praktischen* Pflichtenkollision im Felde; so Bertha v. Suttner, welche 1870 Patriotenpflicht, Kommandantenpflicht und Soldatenpflicht in ihrer einander ausschließenden Gegensätzlichkeit hart nebeneinandersetzte [D 125], oder jener junge, ungenannte Theologe, dem 1914 sein Pflichtbewußtsein beim Schießen über alle weiteren »theologischen« Bedenken hinweghilft. [D 126]

Aus der ruhigeren, aber auf dem Papier um so heroischer sich gebärdenden Heimat tönte es anders. So wußte Gottfried Traub ganz genau, daß »unser Heer eine Offenbarung von sittlicher Gewalt [ist]« [D 127], derselbe Traub, der 1917 im Reichstag gegen den sozialdemokratischen Abgeordneten Adolph Hoffmann aufbrauste, als dieser den Christen im Reichstag das fünfte Gebot vorhielt, und ihn in seiner Replik unter vielen Bravorufen mit lauter alttestamentlichen kriegerischen Schriftstellen abkanzelte.[20]

[18] *Fr. Gogarten* aaO. 24 f.

[19] O. *Eißfeldt:* Der Krieg und die Bibel (Tübingen 1915), 48 f.

[20] Vgl. Reformation 1917, 165.

Nach Rudolf Herzog fragte Deutschland »nicht nach dem Namen [Ein österreichisch-serbischer Streit? Was ist dem deutschen Reiche Hekuba?], sondern nach der Sittlichkeit der Dinge... Pflichtbewußt und – zielbewußt. Je höher das Ziel, je größer die Pflichten... Unser Ziel aber heißt Deutschland.« Schon für Herzog ist das Leben, auf das es allein ankommt, das völkische Leben.[21]

Der Pflichtgedanke steht für lutherische Theologieprofessoren am Anfang wie am Ende des Weltkriegs über allen anderen, auch theologischen Möglichkeiten. »Täglich unsere Pflicht zu tun – bis zum letzten Atemzuge« sei das Gelübde, welches die Leser der »Allgemeinen Evangelisch-Lutherischen Kirchenzeitung« an der Schwelle des neuen Kriegsjahres abzulegen hätten: das verlangte noch 1918 der aus Ostfriesland stammende Leipziger Systematiker und nachmalige Bischof Ludwig Ihmels (1858–1933). [D 128] Pflicht statt Buße forderte Professor Bornhäuser aus Marburg bei Kriegsausbruch. [D 129] Und selbst die sorgfältige Analyse der biblischen Texte auf das Kriegsproblem hin, die der damalige Berliner Alttestamentler Otto Eißfeldt (geboren 1887) vorlegte, konnte auf sein naives Schlußwort nicht verzichten. [D 130]

Von christlichen Skrupeln unbeschwerter schreitet dieser militärische Idealismus, der »Potsdam und Weimar in höchster Vereinigung« zeigen will und »Faust«, »Zarathustra«, »Eroica« in »echtestem Militarismus« verbunden sein läßt, bei dem Berliner Nationalökonomen Werner Sombart (1863–1941) einher, dem die kollektive Unterscheidung der Engländer und Deutschen als »Händler« einerseits und »Helden« andererseits ganz selbstverständlich ist. Folgerichtig ist hier der »Krieg selber ... das Heiligste auf Erden«.[22]

Weil die liberale Theologie zu solchen und anderen »Umkehrungen aller Werte« im Sinn Nietzsches kein deutliches und grundsätzliches Nein zu sagen wußte, sondern bestenfalls gelegentlich eines neuen 58seitigen Haßgesangs eines preußischen Abgeordneten ein mäßigendes Wort fand, das auch nur auf den so unbe-

[21] *R. Herzog* im Geleit zu: Der Weltkrieg in seiner Einwirkung auf das deutsche Volk. Hrsg. von *Max Schwarte* (1918), 2 f.

[22] Vgl. *W. Sombart:* Helden und Händler (München 1915), besonders 84 ff.

stimmten Pflichtbegriff rekurrierte [D 131], kann auch ihr kein besseres Zeugnis ausgestellt werden.

Überdies hat die mit der Katastrophe von 1918 ad absurdum geführte deutsche Pflicht-Philosophie damit nicht aufgehört zu bestehen. Für den ehemaligen Berliner Oberhofprediger E. v. Dryander, dessen »Evangelische Reden in schwerer Zeit« auch 1920 noch erschienen, wandelt sich das Evangelium von der Pflicht nach dem Krieg nur in eine Pflicht zur Arbeit.[23]

Des englischen Deutschenverehrers Thomas Carlyle (1795–1889) »Evangelium der Arbeit« und die Weisheit des Alten Fritz stehen auch noch dafür mehr als das Evangelium Pate.

Dem Dichter Ernst Jünger (geboren 1895), der noch 1929 seine Kriegserinnerungen als »Feuer und Blut«-Verherrlichung beschrieb, blieb 1914–18 die klassische Zeit des Soldaten, die er unter ausdrücklicher Berufung auf den Pflichtgedanken glorifiziert: »Unsere Arbeit heißt töten, und es ist unsere Pflicht, diese Arbeit gut und ganz zu tun.«[24]

Daß damit dieser Gedanke eine Brücke zum politischen und militärischen Handeln einer neuen Generation werden konnte, braucht nicht erst bewiesen zu werden.

[23] Vgl. *E. v. Dryander:* Evangelische Reden in schwerer Zeit. 20. Heft (2. 2. 1920), 6 f.
[24] *Ernst Jünger:* Feuer und Blut. Kriegserinnerungen (1929), 38

»Je ne suis pas patriote, parce que le patriotisme c'est encore une religion, c'est l'œuf des guerres.«

Guy de Maupassant [1]

Ernest Renan (1823–1892), der seit den sechziger Jahren des vorigen Jahrhunderts wegen seines freisinnig-revolutionären »Lebens Jesu« in Frankreich so berühmt-berüchtigt war wie David Friedrich Strauß (1808–1874) aus den gleichen Gründen in Deutschland, schrieb an diesen bei Ausbruch des Deutsch-Französischen Krieges 1870:

»Der Krieg ist ein Gewebe von Sünden, ein widernatürlicher Zustand, wo man das als schöne Handlung empfiehlt, was man zu jeder andern Zeit als Fehler und Verbrechen meiden heißt; wo es Pflicht ist, sich über das Unglück des andern zu freuen; wo derjenige, der Gutes für Böse tun, der die evangelische Vorschrift, Unrecht zu verzeihen, sich selbst zu erniedrigen, üben wollte, abgeschmackt und tadelnswert erscheinen würde. Was den Eintritt in Walhalla eröffnet, verschließt den in das Reich Gottes. Haben Sie bemerkt, daß weder in den acht Seligkeiten noch in der Bergpredigt noch sonst im Evangelium noch in der ganzen urchristlichen Literatur ein Wort sich findet, das die kriegerischen Tugenden unter denjenigen aufführt, die das Himmelreich gewinnen?« [2]

Strauß stimmte ihm darin nicht vorbehaltlos zu.

Immerhin ist festzuhalten, daß so faire und auf ihrem sonstigen Niveau bleibende Korrespondenzen wissenschaftlicher Kollegen in Kriegszeiten selten und deshalb bemerkenswert sind. Denn die Erkenntnis Renans, daß die Begriffe Walhalla und Himmelreich nicht nur keiner gemeinsamen Ebene angehören, sondern sich geradezu ausschließen, war im christlichen Deutschland des Zweiten Kaiserreichs unbekannt. Im gleichen Jahrhundert erfreuten sich die vom bayerischen König erbauten patriotischen Tempel, die Kelheimer »Befreiungshalle« und die »Walhalla« bei Regen-

[1] »Ich bin kein Patriot, weil sogar der Patriotismus noch eine Religion und die Keimzelle der Kriege ist.« (*Guy de Maupassant* in »Mon oncle Sorthène«).

[2] *Ernest Renan* an D. Fr. Strauß, Inselbücherei (Leipzig o. J.), 31

stauf, eines ständigen Zustroms und trug die Kunst Richard Wagners zu einer Verschmelzung von Germanen- und Christentum bei. Dem jungen Krieger dauernd vor Augen gestellt, ja als heroisches Ziel eingepaukt war die »deutsche Art« und »preußische Tugend«, wie etwa auch Adolf Stoecker sie mitprägen half. [D 132] Und der zu seiner Anhängerschaft zählende und Stoeckersches national-protestantisches Erbe auch sonst tradierende Reinhold Seeberg lobt den jungen Kaiser Wilhelm II. aufs höchste für seine Verbindung von »hochgestimmtem Idealismus des Patriotismus« mit einem »festen und freudigen Bekenntnis zum evangelischen Christentum«.[3]

Bekam die deutsche Jugend auf der Schule erst jahrelang »die vier F« des Turnvaters Friedrich Ludwig Jahn (1778–1852): »frisch, fromm, fröhlich, frei« zu hören, um deren weitere Ausbildung am Akademiker sich auch die Burschenschaften bekümmerten, so war der zum Militär eingezogene junge Mann darauf innerlich gerüstet, »mit Gott für König und Vaterland« zu sterben. »Die Heerespflicht« als »Schwert der Nation« gesellte sich zur »christlichen Schule«, ihrem »Schild«.[4]

Der Kirchengeschichtler Karl v. Hase erzählt in seinen Jugenderinnerungen über die Ideale der Deutschen Burschenschaft: »Wohl alle Burschenschaften hatten den jenaischen Wahlspruch angenommen: Ehre, Freiheit, Vaterland. In Leipzig hat man noch den lieben Gott vorausgesetzt: Gott, Ehre, Freiheit, Vaterland.«

Hase selbst nennt es »eine sittlich nicht ganz reine Zusammenstellung, doch ohne alles doktrinäre oder pietistische Beiwesen, wie sich das nachmals an burschenschaftliche Kreise angesetzt hat; [es] sollte das nur auf den christlichen Grundcharakter hinweisen,

[3] *R. Seeberg:* Der Protestantismus unter Kaiser Wilhelm II. Die Kräfte der Gegenwart und die Aufgaben der Zukunft. In: Karl Werckshagen: Der Protestantismus in seiner Gesamtgeschichte . . . ([2]1900 ff.), II, 1193: »Mit dem hochgestimmten Idealismus des Patriotismus – in wie mancher glänzenden Rede hat der Kaiser zu ihm aufgerufen – verbindet sich aber in den Handlungen und Äußerungen des Kaisers ein festes und freudiges Bekenntnis zum evangelischen Christentum, zum Glauben der Reformation. Ein solches Bekenntnis ist ja leider heute nicht modern, aber daß es auch dem modernen Menschen zu Gesicht steht, das zeigt das Beispiel des Kaisers in hervorragender Weise. Der Starke soll sich nicht seiner Stärke, sondern er soll sich des Herrn rühmen.«

[4] *A. Stoecker:* Christlich-Sozial (Bielefeld 1885), 32

und wir sind selbst einmal, die ganze Burschenschaft, zum Heiligen Abendmahl gegangen«.[5]

Wenn es also bereits in der Anfangszeit der Burschenschaft mehr eine Geschmacksfrage war, ob man nun »Gott« noch hinzunahm zu den kräftiger betonten Idealen Ehre, Freiheit, Vaterland oder nicht, so verstärkte sich gegen Ende des neunzehnten Jahrhunderts und erst recht im Ersten Weltkrieg der Eindruck, daß die Vokabel »Gott« mehr aus Höflichkeit denn aus Überzeugung als erstes Ideal den andern vorausgesetzt wurde. Es war und blieb eine pflichtgemäße Redeweise allein der Theologen, das Vaterland als die höchste Gabe Gottes herauszustellen, die es deshalb auch mit dem höchsten Wert des Menschen, seinem Leben, zu verteidigen galt. Es hinzugeben, wenn nicht so sehr Gott wie das Vaterland in seiner Verkörperung durch den Obersten Kriegsherrn, den Kaiser, ruft, war somit höchste Pflicht der Deutschen. Insofern mag bezweifelt werden, ob es bei Wilhelm II. innerste Überzeugung oder nicht nur ein Mittel der Staatsräson war, sich auch als protestantischer Christ wieder lautstark auszuweisen. In der Kirche, deren oberster Herr er ebenfalls war, aber auch bei allen Konservativen alten Schlags konnte er damit stets Rückhalt gewinnen.

Lizenziat Werner Elert (1885–1954) resümierte als Feldgeistlicher in den »Kriegsmitteilungen« des Studentenvereins »Philadelphia« noch 1917: »Was ist uns von dem Ideenkreise der Gebildeten, in dem wir lebten, geblieben? Neugeschenkt sind vielen die Begriffe Vaterland, Gemeinschaft, Pflicht – Begriffe, die freilich gerade unter unserer Studentenschaft zum Glück nie ganz erstorben waren. Für alle aber, die je Luthers Katechismus gelernt haben, hat diese Zeit nichts so zur zwingenden, anschaulichen Wirklichkeit werden lassen wie die Begriffe Sterben und Ewigkeit, Reue und Angst, Glaube und Begnadetsein.«[6]

Man wird nicht fehlgehen, wenn man die beiden Sätze Elerts nicht antithetisch, sondern additiv versteht. Ein heutiger lutherischer Pfarrer, Alexander Evertz, welcher »der evangelischen Kirche« Deutschlands in der Gegenwart einen »Abfall vom Vaterland« vorwirft, sieht freilich in Luther wie unzählige Theologen

[5] *Karl v. Hase:* Ideale und Irrtümer ([6]1908), 35

[6] Zitiert nach AELKZ 1917, 1196.

vor hundert bis fünfzig Jahren [D 133, 134] nur den guten Patrioten, »der seinem deutschen Vaterland in herzlicher Liebe verbunden war«.[7]

Außer Luther werden Fichte und andere »Helden« der »Befreiungskriege« für die Erhebung des Patriotismus zur Religion aufgeboten:

»Tief ist diese Vaterlandsliebe [bei Fichte], denn ihr ist das Volk eine eigentümliche Offenbarung des göttlichen Lebens.«[8]

Friedrich Gogarten (geboren 1887), dem wir dieses Urteil verdanken, nennt das »Mystik« und geht damit nicht allzu fehl, wenn man den populär-verschwommenen und nicht den wissenschaftlichen Begriff »Mystik« zugrunde legt. Auch der Soldat und Maler Franz Marc nannte sein erstes Weltkriegserlebnis »mystisch«.[9] Und wohl vielen Kämpfern des Ersten Weltkriegs war eine mystisch genannte Ergriffenheit gemeinsam, die sie ihr Leben für nichts achten und das Vaterland als ihr »Heiligtum« auf dem Weg zu Gott betrachten ließ. Die Richtigkeit der Feststellung G. Fr. Nicolais: »Wo der Grundbaß des Patriotismus erklingt, da schweigen alle Geigen sonstiger Geistesregungen«[10] gilt sowohl in Friedens- wie in Kriegszeiten, nur daß in letzteren die mystische Bewegung, welche das ringsum erlebte Selbstopfer der vielen Gefallenen im Überlebenden wachruft, den Patriotismus zum Credendum Nummer eins, alle meist häßlichen Folgen aber zum Gottesdienst werden läßt.

Nur wenige Männer behielten genug Klarsicht und Mut, um den Patriotismus der deutschen Bildungsphilister, Theologen und Militaristen in seiner Vordergründigkeit zu entlarven. Wenn wir vom Ausland absehen,[11] können wir hier nur auf den renitenten

[7] *Alexander Evertz:* Der Abfall der evangelischen Kirche vom Vaterland (^{4}1966), 18 ff.

[8] *Fr. Gogarten:* Fichte als religiöser Denker (1914), 116

[9] *Fr. Marc:* Briefe aus dem Felde 7, 9

[10] *G. Fr. Nicolai:* Die Biologie des Krieges 249

[11] Wir verweisen hier auf eine Predigtstelle des Zürcher Pfarrers Hermann Kutter (1863–1931), der, obwohl er sonst seinen Landsleuten allzu deutschfreundlich predigte, während des Weltkriegs in seiner Predigt »Gideonsgeist« 1915 (8 f.) ausführte: »Warum ist das Leben so grausig? Weil unser Herz eine Behausung der Teufel, des Hochmutsteufels, des Patriotismusteufels, des Rassenteufels und vieler anderer geworden ist. Was sind alle Kriegsschrecken den Greueln der Verwüstung gegenüber, die der Mensch in seinem Herzen angerichtet hat, seitdem er die Gotteskräfte in seinem Herzen zugunsten seiner Bildungslüge verschüttet hat?«

hessischen Pfarrer Rudolf Schlunck und den noch eindeutiger denkenden G. Fr. Nicolai verweisen. Beide büßten für ihre Verteidigung unbeliebter bis verbotener Anschauungen damit, daß sie trotz loyalem, ja eifrigem Einsatz beim Militär von jeder Beförderung ausgeschlossen blieben. Obwohl beide sich als Patrioten bekannten und »den einen stillen Gedanken durchführen: Rettung des Vaterlandes«,[12] genügte ihre Mißbilligung des preußischen Militarismus dazu, daß sie ihren militärischen Vorgesetzten als gefährliche Subjekte erschienen.

So schrieb Pfarrer Schlunck am 5. Juni 1915 aus Antwerpen über eine Kriegerbeisetzung: »Hütet Euch in der Heimat vor dem Kriegsrausch! Der Geist Gottes muß über den Zeitungsgeist herrschen. Der Kriegsrausch, der die Menschen ergriffen hat, muß von uns von den Gräbern ferngehalten werden... (Diese irdischen Kriege sind Episoden, ich will als Soldat meines Herrn beerdigt sein.)« [12]

Und so liest man bei dem Nicht-Theologen Nicolai, »daß das deutsche Nationalgefühl nur eine Phrase ist, die man im Munde führt, wenn man Juden und Sozialdemokraten, Polen und Franzosen etwas am Zeuge flicken möchte, die man aber sofort verwirft, wenn sie gerade anfangen könnte, Maxime für unser Handeln zu werden. Seien wir doch lieber ehrlich, und sage niemand, er sei gut deutsch-national, sondern vielmehr gut preußisch und hohenzollerisch.« [13]

Doch als guter Patriot bleibt Nicolai nicht bei der einseitigen Rüge der negativen Seiten jenes Patriotismus stehen, sondern weist auf eine Seite desselben hin, die zu beachten den Deutschen nach fünfzig Jahren abermals gescheiterten Nationalismus besser anstehen würde, als alte Torheiten im Evertzschen Geist neu aufzulegen:

»Unser moderner Patriotismus sei die Vollendung des alten: eine heitere Liebe zum Engen und Besonderen, die jedoch die zukunftsfrohe Liebe zum Weiten und Allgemeinen nicht ausschließt.« [14]

Während andere, wie Dryander [D 135], sich Mühe geben,

[12] *Rudolf Schlunck:* Ein Pfarrer im Kriege (München 1931), 122 f.

[13] *G. Fr. Nicolai* aaO. 248 und 265

[14] *G. Fr. Nicolai* aaO. 299

Christus und die »großen Deutschen« als gute Patrioten zu erweisen, meinte Nicolai: »Ja, man darf sagen, daß keiner der ganz großen Menschen patriotisch im heute landläufigen Sinn gewesen ist«,[15] und er nennt zum Beweis Goethe, Lessing, Chateaubriand, Taine, Shakespeare, Shaw, Tolstoi und Christus. Nicolai war freilich ein Außenseiter. Heilige der Vaterlandsliebe entdeckte dagegen Christian Pesch SJ in Ambrosius von Mailand, Kaiser Theodosius, Kaiser Heinrich II. und König Stephan von Ungarn, und er verwies auf das Brevier, wo »die Kirche bei einigen Heiligen ganz besonders ihre Verdienste um das Vaterland hervor [hebt]«. Immerhin wußte Pesch aber auch um die Verheißungen von Hebr 11,14 ff. und Phil 3,20.[16]

Was in Deutschland Rang und Namen hatte, erhob, wie Friedrich Naumann in der Weihnachtsbetrachtung 1915 in der »Hilfe«, den »Volksgedanken zur Religion«. Der ehemalige Naumann-Mitarbeiter und -Biograph, der nachmalige Bundespräsident Theodor Heuß, konnte nicht umhin, dazu zu bemerken: »Es darf nicht verschleiert werden, daß er [der Volksgedanke] sich mit der christlichen Religion schlecht vereinigen läßt.«[17] Heuß war sich dabei wohl zu wenig der lutherischen Tradition bewußt, die Naumann gerade in diesem Punkt wie viele andere bruchlos denken ließ.

Mag auch »der preußische Oberkirchenrat in seiner grauenhaften Unsicherheit und Sklavennatur das Seine wie der Großinquisitor im Karlos« getan haben – das hatte schon der Philosoph und Schleiermacher-Biograph Wilhelm Dilthey (1833–1911) festgestellt und gegeißelt –,[18] in seinem Patriotismus hat ihn nicht nur seine »Sklavennatur«, sondern auch die theologische Tradition zu jener merkwürdigen Sicherheit gebracht, jene Tradition, die noch nach dem verlorenen Krieg an den untergegangenen Idealen festhalten ließ, wie die Eröffnungspredigt Dryanders am Dresdner Kirchentag im September 1919 lehrt.[19]

[15] *G. Fr. Nicolai* aaO. 302

[16] *Chr. Pesch* in St.d.Z. 88 (1915), 512 ff.

[17] *Th. Heuß:* Naumann (Berlin 1937), 434

[18] Brief *Wilhelm Diltheys* an Graf Paul York. Zitiert nach *W. Lütgert:* Die Religion des deutschen Idealismus und ihr Ende (Gütersloh 1930), IV, 440

[19] Vgl. E. v. Dryanders Eröffnungspredigt des 1. Deutschen Evangelischen Kirchentages zu Dresden am 1. 9. 1919 über Eph 3,14–21, besonders S. 5.

Welcher Geist den »deutschen Michel« in einen »in heiligem Zorn entbrannten Michael verwandelt«, angefangen von »Sedans-Feiern« in Friedenszeiten [D 136] bis hin zu gemäßigteren Aufforderungen der »Christlichen Welt«; wie »Vaterlandsliebe und Christentum« miteinander biblisch vereinbar, ja identisch sind [D 137, 138]; wie das Eingehen in Walhalla und ins Himmelreich auf dem Schlachtfeld am besten, jedenfalls am glorreichsten möglich ist [D 139]; wieso der Vaterlandsgedanke eschatologische Tiefe und Würde hat [D 140]; warum »Vaterlandskunde« endlich als Unterrichtsfach in der Schule eingeführt werden sollte[20] [D 141, 142] – für all das gibt es mehr als genug Zeugnisse.

Man hatte in dem von einer monarchischen Obrigkeit geführten Vaterland und Staat einen Mythos gefunden, der alle Schichten zu innerer Einigkeit und einer geschlossenen Front gegen ein Heer von Feinden zusammenschweißen sollte. Treue und Pflichterfüllung dem Vaterland gegenüber waren die besten Waffen in Friedens- und Kriegszeiten. Haus- und Staatsordnung, das Verhältnis des »Untertans« zu Vater und Vaterland waren schon zu Rudolf Kögels Zeiten durch das vierte Gebot geregelt.

Kögel zog zu 1 Petr 2,13–21 und Mk 12,17 auch Luthers Auslegungen des vierten Gebots (»Eltern und Herren«!) und den Heidelberger Katechismus (»dieweil uns Gott durch ihre Hände regieren will«) heran, um »eine Ermahnung, die in unsern Tagen der Empörung und Umwälzungen, wie wir sie schon seit so lange vor Augen haben, uns doppelt« einzuschärfen. Wie die Revolution von einem Hofprediger verstanden wird, zeigen die abschließenden Worte: »Die Knechte der Revolution machen den Namen der Freiheit zum Deckel der Bosheit und den Anspruch der Brüderlichkeit zu einer allgemeinen Plünderung für ihr alleiniges Ich und die Forderung der Gleichheit zu einem Krieg aller gegen alle.«[21]

Eine Gleichheit im demokratischen Sinn galt im Deutschland des vorigen Jahrhunderts als ebenso unmöglich wie gottwidrig. Man

[20] *Walter Lehmann:* Wesen, Wert und Pflege der Vaterlandsliebe (1915), 17

[21] *Rudolf Kögel:* Predigten über 1 Petr 2,13–21: Seid untertan aller menschlichen Ordnung um des Herrn willen! (1863), 157 und 161. Vgl. über Kögel u. a. in der Revolution 1848: *Karl Hammer:* 1848–1968. Ein Vergleich. In: Junge Kirche (Dortmund 1969), Sonderheft Januar.

beachte den Sprachgebrauch: Die andern sind »Knechte der Revolution«. Kein Wunder, daß diese Ideologie, die jahrzehnte-, wenn nicht jahrhundertelang in Deutschland von evangelischen Kanzeln gepredigt wurde, immer mehr auf radikale Ablehnung im deutschen Volke stieß.

Doch dürfte das noch immer absolutistische Züge tragende Staatsdenken der protestantischen Geistlichkeit und die Tradition in der Auslegung von Röm 13 nur *ein* Grund der Fehlentwicklung im vaterländischen Denken Deutschlands sein. Ein weiterer Fehlansatz der evangelischen Ethik wirkte mindestens ebenso verhängnisvoll, nämlich die teils aus der Philosophie des Idealismus, teils aus der individualistischen Grundhaltung des Pietismus stammende, zum Teil aber bereits bei Luther selbst angebahnte grundsätzliche Unterscheidung von Individual- und Sozialethik.

Ging es dem Pietismus und der Erweckung um die zunächst berechtigte und nötige Ausbildung des Einzelnen zum bewußten Christen, der sich von der Welt und ihrem Denken unterscheidet, und richtete sich dieser Protest im achtzehnten und frühen neunzehnten Jahrhundert auch gegen die von oben kommandierende Staatsräson, so entbehrte der philosophische Idealismus von Kant, Hegel, Fichte und Schleiermacher umgekehrt nicht eines gewissen Impetus aus dem Allgemeinen ins Einzelne, Individuelle, das aber im Allgemeinen aufgehoben werden sollte. Der preußischen Staatsräson kam dieses ethische Denken sehr entgegen, weil es dem gewünschten Untertan-Denken philosophisch-theologische Weihe gab. Zum verbindenden Erlebnis wurde es durch den nationalen Befreiungskampf gegen die napoleonische Knechtschaft. Was damals Stein, Hardenberg, Scharnhorst, E. M. Arndt, Fichte, Schleiermacher und Hegel zur Erneuerung des preußischen Staates beitrugen, behielt darum auch so lang seine verbindliche Kraft, bis das damals renovierte Haus, die preußische Monarchie, mit dem Ende des Ersten Weltkriegs endgültig zusammengebrochen war. Die von Schleiermacher vollzogene Auflösung des Idealismus war deshalb so folgenreich, weil seine Schüler noch während des Zweiten Kaiserreichs den Primat des Allgemeinen vor dem Individuellen als selbstverständlich priesen.

Praktisch sah das so aus, daß man bei der im Kriegsfall nötigen Auseinandersetzung mit dem fünften Gebot einen grundsätzlichen Unterschied zwischen individuellem und allgemeinem Töten postulierte, das eine als Morden im Privaten mit dem Tod bestrafte, das andere als höchste Pflicht auszeichnete. Kein Theologe kam damals auf den Gedanken Wolfgang Borcherts: *»DU!* Pfarrer, wenn sie dir sagen, du sollst den Mord predigen und die Waffen segnen, dann sag *NEIN!«*

Das »religiös-sittliche Bewußtsein« in diesem Punkt beschrieb Franz Köhler 1917 so: »Das fünfte Gebot gebietet wörtlich und eigentlich: Du sollst nicht morden! Nicht morden sollst du müssen, hinterhältig, feige, zwecklos aus teuflicher Lust am Töten. Aber du darfst den Feind nicht schonen. Er lockt dich auf das Kampffeld, auf dem es leben oder sterben, leben oder töten gilt. Das ist hier die Kampfregel und das notwendige Anfangsstadium zum Freiwerden. Gewiß ist es etwas Unnatürliches und im Grunde Unmenschliches. Und es sollte nicht sein dürfen. Aber es muß so sein und kann nicht anders sein. Mit bloßen Protesten und Überzeugenwollen kommst du nicht durch. Deine Feinde drücken dir die Waffen in die Hand. Ergreifst du sie nicht, so bist du verloren.« [22]

Daß hier philosophisch-idealistische Argumentation die Feder führt und nicht der Geist der Bibel, lehrt schon die Diktion.

Das Problem war im Ersten Weltkrieg nicht neu. Bereits im Krieg von 1870/71 beherrschte der Unterschied zwischen Individual- und Volksethik die Predigten. Piechowski zitiert W. Baur: »Soll unser Volk die Schmach geduldig tragen, die ihm zugefügt ist? ... Ich durchblättere die Heilige Schrift ... und kann kein Ja auf diese Frage finden. Wohl gebietet der Herr, so mir jemand einen Streich gibt auf den rechten Backen, daß ich den anderen auch darbiete. Aber hier gilt es meine Person und nicht die Gemeinschaft eines Volkes.« [23] Daß der gegenwärtige Krieg ein »heiliger Krieg« sei, diese Ansicht wurde zwar nach Piechowski nicht von allen geteilt, jedoch ziemlich oft vertreten. Die Predigt nennt ihn »ein heiliges Werk« (Dreydorff), eine »heilige Notwehr« (Schwarz) und einen »heiligen Kampf« (Hesse, M. Frommel,

[22] *Fr. Köhler:* Das religiös-sittliche Bewußtsein im Weltkrieg (1917), 29

[23] *P. Piechowski* aaO. 93

G. A. L. Baur und andere). »Es ist ein Krieg für Gottes Ehre und die Wahrung seines Reichs, ein heiliger Krieg, darin der heilige Gott auf unserer Seite steht, darin unsere Losung sein kann: Hie ist Immanuel! Hie Schwert des Herrn und Gideon!« Ähnlich spricht Freytag vom »Kriegshandwerk, das, recht getan, ein Gottesdienst ist«.[24]

Das Vaterland ist in Kriegszeiten das höchste Gut, für das die höchsten Werte des Einzellebens, Liebe und Leben, zum Opfer gebracht werden müssen. Denn – dieses Wort Schillers wird unzählige Male zitiert – »das Leben ist der Güter höchstes nicht«.

Die Feld- und Heimatgeistlichen von 1870 überboten sich gegenseitig mit »Weihräuchern« vor diesen Opfern. K. Baur: »Es gibt für die Liebe noch schwerere Opfer als das Opfer des eigenen Lebens, nämlich das Opfer eines andern geliebten Lebens. Und schwerer als denen, die im Kampf für das Vaterland stehen, der Tod für das Vaterland wird, wird in der Heimat den Eltern, Geschwistern, Bräuten und Kindern die Hingabe des für das Vaterland geopferten Lebens.« [25] Rogge: »Auch die Schlachtfelder sollen Erntefelder des Herrn sein, auch die Lazarette der Verwundeten, auch die Gräber der Gefallenen Pflanzstätten seines Reiches. Der Ernst und die Not der Zeit sollen dazu dienen, die sicheren Herzen aufzurütteln aus dem Schlaf der Gleichgültigkeit und Gottentfremdung, in den Tausende unseres Volkes versunken waren.« [26]

Die gleichen Argumente wiederholten sich 1914. So nüchtern Denkende wie A. Zahn waren selten:

»Wenn ich einmal heraustrete aus meiner nationalen Beschränktheit und sehe die Dinge im Lichte der Ewigkeit, was ist da für ein Unterschied zwischen einem Franzosen und einem Deutschen, wenn sie zusammen in einer Blutlache liegen? Auf einem Schlachtfeld hören für das ernste Auge alle Unterschiede auf... Oh hinweg mit deutschem Recht und deutscher Ehre, von dem Schlachtfeld steigt ein unsäglicher Jammerschrei von Brüdern der Erde zu Gott empor, die sich gegenseitig gemordet haben und in ihrer Qual und Not mit zerbrochenem Geist sich bitterlich fragen:

[24] *P. Piechowski* aaO. 94
[25] *P. Piechowski* aaO. 99
[26] *P. Piechowski* aaO. 100

Warum haben wir es getan?« Der Tod auf dem Felde gilt Zahn daher als ein schuldvoller und verdammenswürdiger.[27]
Die an sich ziemlich weit auseinander liegenden Bezirke »Vaterland und Himmelreich« werden durch den Opfergedanken miteinander verbunden, so daß sie schließlich in eins fließen können:
»Pfarrer Weigelt meint von den Gefallenen: Sie warten der Auferstehung nach dem Wort der Verheißung: ›Sei getreu bis an den Tod, so will ich dir die Krone des ewigen Lebens geben!‹ Und ebenso äußert Ahlfeld: Die Gefallenen haben ›unter der Fahne des Heilandes das Reich der Herrlichkeit erobert‹. Kahnis wiederum ist überzeugt, daß die sich aufopfernden Soldaten die Gewißheit ihres Heils in sich tragen: ›Wo ein Mensch die Opferflamme ... in sich entzündet, fühlt er sich erleuchtet, erwärmt und erhoben. Ein guter Geist hebt ihn empor über die Gemeinschaft dieser Erde zu einem höheren Leben‹ ... Sehr oft wird zitiert: Nur wer sein Leben verliert, wird es gewinnen.« [28]
Man vergleiche mit dieser pseudohumanistischen Todesveredelung die Todesengel und Genien auf den Friedhöfen jener und der nachfolgenden Zeit. Dann findet man, daß auch die Opfertheologie, die an Christus als dem Ur- und Vorbild des sich opfernden Kriegers festhält, eine erst nachträglich aufgepfropfte, aus dem Kriegserleben erwachsene neuheidnische Opferverbrämung ist, etwa nach Art von Pfarrer Schwarz: »Es gibt keine höhere und herrlichere Tat des Menschen als die des aufopfernden Todes und keine edlere und schönere Stimmung der Seele als die der Todesbereitschaft.« [29]
Der theologische Eklektizismus und Synkretismus steigert sich im Ersten Weltkrieg zur Konjunktion von Opfer und Sühne, ja zur Identifikation von Opfer und Priester.
Fr. Köhler: »Aber steigere ich damit nicht den Fluch des durch alles Leben gehenden Gesetzes der Lebensvernichtung zur Lebenserhaltung bis ins Unendliche? Nur dann nicht, wenn ich bereit bin, auf mein niederes, irdisches, sinnliches Leben in Freiheit

[27] *P. Piechowski* aaO. 104
[28] *P. Piechowski* aaO. 105
[29] *P. Piechowski* aaO. 106

zu verzichten, um höherem, geistigerem Leben Bahn zu brechen. Ich vollziehe damit im Zentrum meines eigenen Lebens eine Art reinigender Sühne. Es rast der See, er will sein Opfer haben. Nun, so bringe ich es, damit er nicht mehr rasen kann.« [30]

Köhler bleibt den Beweis schuldig, inwiefern ein Verenden auf dem Schlachtfeld ein »geistigeres Leben« als das private, »irdische, sinnliche Leben in Freiheit« – doch wohl zu Hause – darstellen soll. Diese willkürlichen und romantischen Kombinationen von germanischen und christlichen, platonischen und idealistischen Ideen können kaum den Anspruch erheben, halbwegs getreu die biblischen und reformatorischen Glaubensaussagen zu reproduzieren.

»Gott sei meinen Feinden gnädig, ich kann es jetzt nicht sein! Denn ich muß Priester sein und Opfer zugleich. Und *Gott kann auch mein Töten segnen* ... Gott will immer das Leben. Die Menschen aber haben sich durch eigene Schuld ins Töten verstrickt. Sie mögen sehen, wie weit sie damit kommen. Gott aber kommt über sie alle, indem er die Torheit und den Frevel des Tötens umbiegt in den Segen der Fortentwicklung des Edlen, durch die Opfermutigen. Wie jeder einzelne Krieg, obgleich er die Auswirkung schweren Fluches ist, zum Segen werden kann dadurch, daß er alle edlen Kräfte der Selbstlosigkeit zu heiligem Opfer entbindet, so können wir Gott auch durch unser Töten im Kriege zerstörend helfen, das Reich seiner Gerechtigkeit zu bauen.« [31]

Auch die Selbstverleugnung wird dem Moloch Vaterland blind aufgeopfert, so bei v. Rhoden: »›Meine Ewigkeit gehört Gott, mein Leben dem Vaterlande, mir selbst bleibt übrig Kraft und Freude.‹ ... ›Mein Leben gehört denen, die es mir gegeben haben, Gott und dem Vaterlande!‹ ›Welch eine Entsagung, für eine Welt zu kämpfen, an der man doch keinen Teil haben kann, die deutsche Heimat und den deutschen Himmel!‹« [32]

Dem von der Geistlichkeit verfemten sozialdemokratischen »Vorwärts« war die Erkenntnis vorbehalten, anläßlich einer besonders deutlichen Verirrung des Theologenpatriotismus, der 1917

[30] *Fr. Köhler:* Das religiös-sittliche Bewußtsein ..., 32 f.

[31] Vgl. gleichlautende, von Nietzsche und dem Darwinismus beeinflußte Gedankengänge Köhlers aaO. 7.

[32] *Fr. Köhler* aaO. 25

von Gottfried Traub angeregten und von manchen nationalistischen Kreisen begrüßten Rückkehr zu der altgermanischen Sitte der »Hammerweihe« der Braut, klarzustellen:
»Die protestantische Kriegstheologie langt eben immer wieder, bewußt oder unbewußt, beim alten germanischen Heidentum an. Sie macht es dem Papst kinderleicht, zu zeigen, daß der Weg vom Katholizismus zum Protestantismus ein Weg vom Christentum *weg* ist. Wenn es die Lizentiaten so weiter treiben, so wird der Papst im ›Luther-Jahr‹ 1917 seine Revanche haben für 1517.«[33]
Der »Fränkische Kurier« fügte hinzu: »Uns scheint, daß es Zeit wird, daß sich im deutschen Protestantismus die Kräfte mehr als bisher regen, die gegen die alldeutschen Verirrungen mannhaft Front machen. Wo ist der *bayerische* Theologe, der mutig das Panier ergreift?«[33]
Soweit es aus dem heutigen Abstand zu erkennen ist, blieb die Erwartung des »Fränkischen Kuriers« unerfüllt. Der Patriotismus der evangelischen Lizentiaten sollte seither noch des öfteren ihre Kenntnis reformatorischer Glaubenserkenntnisse überwiegen.

[33] Vgl. AELKZ 1917, 965.

Nationalismus und Antisemitismus

»Machen die Tugenden den Deutschen?«

Theodor Mommsen
gegen Treitschke im Antisemitismusstreit (1879)

»Gibt es irgendeinen Gedanken hinter diesem Hornviehnationalismus?«

Friedrich Nietzsche
(aus dem Nachlaß der achtziger Jahre)

»Ein Vorzug bleibt uns ewig unverloren,
Man nennt ihn heute Nationalität!
Das heißt, daß ›irgendwo‹ der Mensch geboren,
Was freilich sich von selbst versteht.«

Franz Grillparzer

»Jeder erbärmliche Tropf, der nichts in der Welt hat, darauf er stolz sein könnte, ergreift das letzte Mittel, auf die Nation, der er angehört, stolz zu sein: Hieran erhebt er sich und ist nun dankbar bereit, alle Fehler und Torheiten, die ihr eigen sind ... zu verteidigen.«

Arthur Schopenhauer (1851)

In Deutschland gehörte zu den Vätern der Religion des Nationalismus neben Treitschke und seiner Schule vor allem Paul de Lagarde, der »die Religion der Zukunft« folgendermaßen beschreibt:[1]

»Die Nation besteht nicht aus der Masse, sondern aus der Aristokratie des Geistes; die Nation lebt nicht von der Vergangenheit, sondern von der Zukunft. Die Ziele der Nation werden ihr nicht von Menschen gesteckt, sondern von dem Lenker aller Geschichte im Himmel, welcher die Nationen dahin stellt, wo sie stehen sollen, nicht damit sie glücklich seien, sondern damit sie seinen Heilsgedanken dienen.«

Begonnen hat die propagandistische Ausweitung einzelner, meist aus dem Zusammenhang gerissener Sätze Lagardes im Sinn alldeutscher Annexionspolitik spätestens mit dem von Friedrich

[1] *P. de Lagarde:* Die Religion der Zukunft. In: Deutsche Schriften (1878), 225

Daab[2] eingeleiteten Auswahlband »Deutscher Glaube, Deutsches Vaterland, Deutsche Bildung«.

Was Lagarde wirklich war, ist nicht einfach zu sagen. Das Zwiespältige, das L. Schemann immerhin kritisch, wenn auch als typisch deutsche Eigenschaft herausstellt, verbietet es an sich schon, ihn auf eine einfache – und sei es »alldeutsche« – Parteiformel festzulegen.

Um wenigstens die Richtung anzudeuten, in der Lagarde gegen die Ritschl-Schule polemisiert, mit welcher ihn andererseits für heutige Augen gerade die Identifizierung von Vaterland und Reich Gottes verbindet, sei folgender Satz zitiert:

»Von dem allem [dem Blick aufs Ganze] ist auch bei der Partei der Theologischen Literaturzeitung keine Rede, denn auch diese meint schon zu haben, wenn sie den Protestantismus Luthers – wie sie ihn sich denkt – und den Nationalliberalismus hat, während gerade diese beiden Ismen jeden Fortschritt von den Worten zu den Sachen ausschließen.«[3]

Paul de Lagarde könnte eine der Hauptgestalten dieses Buchs genannt werden. Was immer wieder in weiten Kreisen gewirkt hat, besonders zwischen 1900 und 1945, und was wohl bald wieder in gewissen Kreisen zu wirken anfangen wird, das sind »die beiden Hauptpunkte«, auf die nach dem Urteil seiner Witwe[4] bereits für den jungen Privatdozenten um 1850 »jede Betrachtung und Empfindung hinauslief: Religion und Deutschland«.

Romantisch wie sein Entzücken über den der Vollendung entgegengehenden Kölner Dom, der ihm »wie ein Urwald des Christentums«[4] vorkam, sind seine Beziehungen zu den »Vätern« der »Befreiungskriege«, etwa zu dem vergrämten alten Ernst Moritz Arndt, der ihn zum Abschied seines Besuchs küßte, oder zu Max v. Schenkendorf, dessen Grab er in Koblenz aufsuchte. Von hohem Einfluß auf Lagarde muß die »Deutsche Mythologie« von

[2] *Fr. Daab* (Hrsg.): P. de Lagarde: Deutscher Glaube, Deutsches Vaterland, Deutsche Bildung (1913, [2]1914, [3]1919). Ab 1920 Bekenntnis zu Deutschland. Vgl. auch *O. Conrad:* Paul de Lagarde. Ein Prophet deutscher Bildung und deutschen Volkstums. In: Fr. Manns Pädagogischem Magazin, H. 1182 (Langensalza 1928). *Ludwig Schemann:* Paul de Lagarde (Leipzig 1919, [2]1920). *Paul de Lagarde:* Erinnerungen aus seinem Leben, zusammengestellt von *Anne de Lagarde* (Göttingen 1894)

[3] *P. de Lagarde:* Über einige Berliner Theologen und was von ihnen zu lernen sei, 85

[4] *Anne de Lagarde:* Erinnerungen (1894), 18 ff.

Jacob Grimm gewesen sein. Der von ihm am höchsten verehrte Lehrer und Freund war jedoch zeitlebens der ähnlich einsame Friedrich Rückert. Bei beiden verdichtete sich höchste Gelehrsamkeit in östlichen Sprachen, Dichtungen und Religionen zu einem romantischen Sehnen nach nationaler Einheit und Vaterlandsliebe. Vergleicht man allein Thema und Durchführung der Gedichte von Lagarde und Rückert, so verhalten sie sich zueinander ähnlich wie Brahms zu Schumann in der Musik, und hier wie dort ergeben erst beide zusammen jene Verlängerung der deutschen Romantik, welche bereits in den fünfziger Jahren im Sterben lag, bis ans Ende des Jahrhunderts. Beides geht parallel zu der immer wieder gehemmten und doch unaufhaltsam fortschreitenden Entwicklung des deutschen Nationalbewußtseins einer »verspäteten Nation« (H. Pleßner). Daß Lagarde erst posthum hierin zu einem vielgelesenen Propheten wurde, hängt mit dieser Romantik des »Radikal-Konservativen« zusammen. Nestle konnte Lagardes Ziel folgendermaßen zusammenfassen: »Deutschland stark in Frömmigkeit, und die Frömmigkeit deutschem Wesen entsprechend«.[5]

Lagardes Haupteinwand gegen die Reformation und den Protestantismus war, um mit L. Schmid zu reden, »daß die Reformation *nichts wirklich Neues* gebracht habe, sondern nur Negation des Alten sei und nur *eine Subtraktion von der katholischen Kirche* darstelle«,[6] woraus wiederum der vielberufene »Subjektivismus« des Protestantismus folge. Einer seiner Hauptvorwürfe gegen Ritschl aber betraf dessen Abwertung des Pietismus. Daß Lagarde dem Pietismus seiner Zeit Sympathien entgegenbrachte, entsprach aber nicht nur seiner Rivalität mit Ritschl. Er hatte ja zusammen mit Gerhard v. Zezschwitz aufmerksam Ernst Wilhelm Hengstenbergs Vorlesungen in Berlin besucht.[7] Umgekehrt waren führende Pietisten Lagarde durchaus nicht abhold. Er selbst hebt rühmend hervor, daß der Berliner Generalsuperintendent W. Hoffmann ihm in Berlin eine theologische Professur ge-

[5] *Nestle* in RE XI, 218. Vgl. auch *Lothar Schmid:* Paul de Lagardes Kritik an Kirche, Theologie und Christentum (Stuttgart 1935), 15: »*Im Deutschsein fromm und in der Frömmigkeit deutsch:* das ist die Parole Lagardes.« So sagte man es freilich erst 1935! Lagardes Sprache war differenzierter.

[6] *L. Schmid* aaO. 136

[7] *P. de Lagarde* aaO. 69

ben wollte.[8] Das Denken und Streben beider lag damals kaum weit auseinander.

Nicht weniger rühmend klingt das folgende Urteil Lagardes »über einige Berliner Theologen und was von ihnen zu lernen sei«: »Es ist meines Erachtens nicht Zufall, daß die Leiter der Pietistenpartei entweder, wie Hengstenberg und Leo, Burschenschafter oder, wie Eichhorn, die Gerlach, die Thile, an den Freiheitskriegen der Jahre 1813 bis 1815 beteiligt gewesen waren. So hatten sie ein politisches Ideal gehabt, und ein solches schwebte ihnen auch vor, als sie, als reife Männer, sich um die Religion ihres Vaterlandes kümmerten.« [9]

Es ging Lagarde also ausdrücklich nicht mehr um eine Stärkung des Protestantismus gegen den Ultramontanismus, wie etwa Willibald Beyschlag, ja nicht einmal um eine solche des Christentums, sondern um »das Evangelium in einer deutschen Ausgabe«.[10] [D 143]

Dieser – hier nur eklektisch zitierte – Lagarde war es, der, ein »Klassiker der Religion« [11] schon vor dem Ersten Weltkrieg, in diesen [12] und das Dritte Reich [13] einzog. *Dieser* Lagarde, dessen Antisemitismus logisch aus seiner marcionitischen Theologie folgte und wenig mit dem seiner späteren Nachbeter gemein hatte, mußte sich den »Deutschen Christen« und Alfred Rosenberg geradezu anbieten als der »große deutsche Träumer« und »nach Meister Eckehart vielleicht der erste, der den deutschen ewigen Traum ausgesprochen hat«.[14]

8 *P. de Lagarde* aaO. 82

9 *P. de Lagarde* aaO. 83

10 *L. Schmid* aaO. 109

11 *H. Mulert:* P. de Lagarde (Die Klassiker der Religion, Berlin 1913, Bd. 7)

12 Vgl. das Inselbändchen Nr. 396: Deutsche Politik und Religion. Eine Auswahl aus den Schriften von Paul de Lagarde (Leipzig o. J.). *G. Dost:* Paul de Lagardes nationale Religion (Jena 1915, Tat-Flugschriften 4). *Paul Fischer:* Paul de Lagarde, ein Prophet des deutschen Volkes. In CW 1915, 954 ff., 975 ff., 1004 ff.

13 Vgl. dazu *P. Fischer:* Paul de Lagardes Stellung zu Luther. In CW 1934, 918 ff. *H. E. Eisenhuth:* Die Idee der nationalen Kirche bei Paul de Lagarde. In ZThK 1934, 145 ff. Ferner *Paul de Lagarde:* Schriften für Deutschland. Hrsg. *August Messer:* Kröners Taschenausgabe Bd. 110 (Leipzig 1933). *W. Hartmann:* Paul de Lagarde, ein Prophet deutschen Christentums (Halle 1933). Theologische Arbeiten zur Bibel-, Kirchen- und Geistesgeschichte Bd. 1; *Karl Fischer:* Das Paulus- und Lutherbild Lagardes. In: Zwischen den Zeiten 1933, 78 ff.

14 *Alfred Rosenberg:* Der Mythus des 20. Jahrhunderts (München [6]1933), 457

Daß Lagarde seinerzeit mit derartigen Träumen nicht so allein stand, wie er selber wohl dachte, daß sein Sehnen auch nicht in ganz andere Richtung ging wie das seines ehemaligen Freundes und Studienkollegen G. v. Zezschwitz, das zeigt des letzteren dreiteiliges Opus (Leipzig 1877) »Vom Römischen Kaisertum Deutscher Nation. Ein mittelalterliches Drama nebst Untersuchungen über die byzantinischen Quellen der deutschen Kaisersage« (zusammengefaßt in einem Stuttgarter Vortrag vom 3. 1. 1877 unter dem Titel »Der Kaisertraum des Mittelalters in seinen religiösen Motiven«). [D 144]

Der Unterschied nicht nur zwischen Zezschwitz und Lagarde, sondern auch zwischen dem konservativen Patriotismus seiner Zeit und dem kritischen Radikal-Konservativismus Lagardes läßt sich bei aller gemeinsamen, verschwommenen Romantik wohl kaum kürzer zusammenfassen als in der Feststellung, daß Zezschwitz im Hochgefühl der Bismarckschen und Wilhelminischen Erfolge die Träume der Vergangenheit, die Prophezeiungen des mittelalterlichen Kaisertums, der Reformation und der Befreiungskriege durch die vom Protestantismus angeführte Reichseinigung in der Gegenwart erfüllt sah, während Lagarde, mit dieser zerfallen und kritisch gegenüber dem Bismarck-Reich, wie auch Konstantin Frantz, die Erfüllung der nationalen Träume für die Zukunft prophezeiten.

1876 schrieb Lagarde:[15] »fragen wir nach der deutschen nationalität unserer tage, so fragen wir nach dem ideale der Deutschen unserer tage. eine antwort auf diese frage gibt es nicht, denn ein solches ideal ist nicht vorhanden. und darum gibt es auch keine deutsche nationalität.«

Daß er bei dieser Art Prophetie in die gleiche Überschätzung eines ethischen Idealismus verfiel wie viele andere, sollte man ihm nicht allzu sehr ankreiden. War er doch andererseits einer der wenigen deutschen Warner vor der Kapitalanhäufung, welche durch die hohe, nach 1871 aus Frankreich einströmende Kriegsentschädigung verursacht wurde.

Mit dem nationalistischen Prophetismus verband sich bei ihm ähnlich wie bei dem Hofprediger Adolf Stoecker ein stark aus-

[15] *P. de Lagarde:* Über die gegenwärtige Lage des deutschen Reichs (Göttingen 1876), 43

geprägtes antisemitisches Ressentiment. Stoecker fand 1874 Berlin zugleich »entchristlicht und entdeutscht«; »Herr von Berlin« sei »das Judentum«. [D 145] Deshalb wurde auch er, freilich ohne zu ahnen, was daraus einmal werden und von dem gleichen Berlin gegen die Juden ausgehen könnte, zum Vorkämpfer gegen das Judentum.[16]

Wie das Thema »Deutschland, Deutschland über alles!« im Ersten Weltkrieg theologisch verstanden und ausgeschmückt wurde, dafür genüge schließlich das Beispiel des Stoecker-Schülers und -Nachfolgers im Vorsitz der »Kirchlich-Sozialen Konferenz« Reinhold Seeberg. [D 146] Daß nicht alle, auch nicht alle Militärpfarrer wie Professor Seeberg »Deutsche Religion und deutsches Christentum« in eins zu setzen bereit waren, sondern daß »doch vor einer allzu regen Verbindung [des Nationalismus] mit der Religion vielfach gewarnt« wurde, geht aus dem Diskussionsbericht Gerhard Füllkrugs 1917 über Seebergs Vortrag vor der deutschen Militärgeistlichkeit hervor.[17]

Theologische Mäßigung und Selbstkritik, wie Julius Kaftan sie bereits 1899 aussprach, zeigte sich im Krieg nur sehr selten:

»Nur *der* Patriotismus ist der rechte, der vor allem auf den *inneren Wert* des eigenen Volkstums bedacht ist. Was bedeutet es denn schließlich, daß wir das Deutschtum überall in der Welt stärken und seine Fahne hochhalten wollen? Daran liegt ja nichts, wenn wir Deutschen uns nicht durch Treue, Gerechtigkeit und Großmut dessen als wert erweisen, eine sorgende und herrschende Nation zu sein.« [18]

Professor Julius Kaftan (1848–1924), selbst gebürtiger Schleswiger, sagte das anläßlich der relativ belanglosen nordschleswigschen Streitfrage. Seine Worte verdienten in Deutschland immer wieder Beachtung.

[16] Da es über Stoecker und den Antisemitismus seiner Zeit genug Spezialuntersuchungen gibt, wird hier nicht näher darauf eingegangen.

[17] Theologischer Lehrgang ... 1918, 67 f.

[18] Preußische Jahrbücher Bd. 95 (Januar 1899), 178

»... beim Militarismus, da weiß ich nicht, wo da der Geist Gottes sei.«

Christoph Blumhardt jun.[1]

Am 11. 12. 1880 schrieb der ehemalige Sieger im Deutsch-Französischen Krieg von 1870/71, Helmuth Graf v. Moltke, an Bluntschli: »Der ewige Friede ist ein Traum und nicht einmal ein schöner, und der Krieg ein Glied in Gottes Weltordnung. In ihm entfalten sich die edelsten Tugenden des Menschen: Mut und Entsagung, Pflichttreue und Opferwilligkeit mit Einsetzung des Lebens. Ohne den Krieg würde die Welt im Materialismus versumpfen.«[2]

Daß Moltke von dieser klassisch formulierten Überzeugung selber nicht ganz überzeugt war, geht aus einem acht Jahre später geschriebenen Brief hervor. 1888 sah er nämlich den Krieg, selbst den »siegreichen, als ein nationales Unglück« an. Leider sei eine solche Meinung noch nicht die allgemeine; sie könne es aber werden, »wenn auch erst in Zukunft durch eine bessere religiöse und sittliche Erziehung der Völker«.[2]

Diese Erziehung versuchten nur wenige, wie Bertha v. Suttner oder G. Fr. Nicolai, zu leisten. Sie aber waren und blieben belächelte Außenseiter. Die mächtigsten Erziehungsfaktoren in Reich, Schule, Kirche und Offiziersschule kannten nur die Überzeugung Moltkes von 1880, daß der Krieg die »edelsten Tugenden des Menschen: Mut und Entsagung, Pflichttreue und Opferwilligkeit mit Einsetzung des Lebens« hervorbringe. [D 147]

In Kriegszeiten äußerte sich dieser »Glaube an höchstes Heldentum«, diese »urgermanische Sehnsucht, auf der Walstatt in Walhall einzugehen zu höchstem Ruhme fürs Vaterland«, diese Treue zum Kaiser und König als bejahte »Raserei« [D 148], als der Verzweiflungskampf um die angeblich höchsten Güter.

[1] Zitiert nach *Georg Merz:* Wege und Wandlungen (München 1961), 172.

[2] Zitiert nach *G. Fr. Nicolai* aaO. 335. Vgl. auch die Selbstzeugnisse in der Moltke-Auswahl: Moltke. Leben und Werk in Selbstzeugnissen. Ausgewählt und eingeleitet von Max Horst (Bremen/Birsfelden o. J.).

Erstaunlich für uns Heutige ist weniger, daß von der militärischen und politischen Spitze ausgegebene »Durchhalte-Parolen« von der Geistlichkeit mit überirdischer Lohnverheißung unterstützt wurden [D 149, 150], sondern daß die Verbundenheit mit dem Obersten Kriegsherrn noch 1918 anhielt, »als schon die Ahnung vom Zusammenbruch in den Herzen sich regte«. [D 151]

Wohl beklagt M. Schian *nach* dem Krieg »den Schaden, den unsere Kirche an ihrer Männerwelt« durch diese unseligen Kriegspredigten gehabt hat, als »unberechenbar«. *Während* des Krieges bezeichnete es Paul Althaus als »den *Reiz* unserer Arbeit«, daß »unter unserer Kanzel Männer sitzen, die vielfach seit einem Jahrzehnt nicht mehr zur Kirche gegangen sind«.[3] Doch war die Kirche auf ihre Chance, reinen Männergemeinden das Evangelium zu predigen, schlecht gerüstet, wenn sie diesen nur heidnisch-humanistische oder germanische Tugenden verkündigte, wie das auch Ernst Jünger[4] oder Friedrich Meinecke[5] taten.

Einerseits feiert hier der Satz früher Christenverfolgungen: »Das Blut der Martyrer ist der Samen der Kirche« eine Wiederauferstehung, andererseits ersetzt das Goethesche »Stirb und werde« die biblisch-lineare Zeit- und Geschichtsvorstellung und damit auch den Glauben des Apostolikums an »die Auferstehung des Fleisches und ein ewiges Leben«.

Ewiges und Zeitliches vermischen sich denn auch in Feldpostbriefen von Theologen. [D 152] Durch das Frontopfer darf die Volksseele schon jetzt wieder auferstehen. Die eklektische Neu-Interpretation der christlichen Glaubenslehre im Kriege faßt Fr. Köhler treffend zusammen:[6]

»Nicht die einzelnen *als Dogmen formulierten Lehren* haben sich im Kriege als Lebenswecker und Trostkräfte bewährt und bewahrheitet; wohl aber sind andrerseits unbeachtet gebliebene oder unverstandene Glaubenslehren, in denen wirkliche Lebenskraft steckte, zu neuem Leben und zu neuer Geltung gelangt. So hat der Krieger für Dogmen wie Trinität, Menschwerdung,

[3] *Paul Althaus:* Wie sollen wir den Männern predigen? Zitiert nach *M. Schian:* Die Kirche im Felde, 214.

[4] Vgl. *E. Jünger:* Feuer und Blut (1929), 54.

[5] Vgl. *Fr. Meinecke:* Die Deutschen Erhebungen von 1812, 1848, 1870 und 1914, 28.

[6] *Fr. Köhler:* Das religiös-sittliche Bewußtsein (1917), 12 f.

Kenose u. a. keine praktische Verwendung gefunden. Wohl aber sind verschüttete Glaubensanschauungen wie Opfer, Stellvertretung, Gnadenratschluß mit Recht zu erneutem Ansehen und praktischer Durchschlagskraft gelangt. Für den ebenso kunstvollen wie künstlichen Schematismus der Heilsordnung mit seinen 5–9 Stufen (Berufung, Erleuchtung, Bekehrung, Buße, Glaube, Wiedergeburt, Rechtfertigung, Heiligung, Vollendung) hat der Soldat im Kriege und in der Kriegszeit keine Verwendung gefunden. Gott selbst hat, wie es bei einem orthodoxen Theologen heißt, den Schematismus dieser Heilsordnung durchbrochen und umgekehrt uns ›auf schlichteste Grundlagen unserer Frömmigkeit mit Macht zurückgeworfen‹. Ist aber das der Fall, dann werden wir nicht auf die Annahme bestimmter Lehrformulierungen oder Gedanken-Anordnungen ein entscheidendes Gewicht legen dürfen, sondern alle Glaubensaussagen vielmehr daraufhin untersuchen, ob sie Leben darstellen, Glauben bezeugen können.«

Die jetzt erlebte Geschichte ist selbst »Heilsgeschichte«, welche die bislang verbindliche unter Umständen umstürzen oder doch zurechtrücken kann:

»Ja, der Krieg eröffnet uns die Perspektive in eine große Zeit« dadurch, daß »jeder, der für das Vaterland in den Tod geht, die christliche Grundwahrheit [bezeugt], daß es ein höheres Gut gibt als dieses Leben, und uns in dem Entschluß bestärkt, für das höchste Gut alles hinzugeben, für einen ewigen Kranz dies arme Leben!« [7]

Überall begegnet man dieser kuriosen Identifikation von Priester und Opfer, von verteidigtem Kulturgut und Mittel der Verteidigung. Deutsche Größe zeigt sich in den deutschen Idolen, die seit 1913 das Denkmal der Völkerschlacht von Leipzig vor Augen stellt: Tapferkeit, Treue, Opfermut und Ewigkeit. Über sie konnte man predigen wie Fritz Huber 1914: [8]

»Mit Gott für König und Vaterland, für Kaiser und Reich! Es sei ... treudeutsches Dienen, was in dieser Losung der Erfüllung entgegenstrebt. Wer Treue hält seinem Hause und seinem Vaterland, wer seinem irdischen Könige dient, der dient auch dem Könige droben, dem Vatergott in Christus.«

[7] *Fr. Köhler* aaO. 25

[8] *Fritz Huber:* Aus tiefer Not zu Gott. Andachten zum Bußtag 1914, 12

Weil das während des Jahres 1914 so weithin geschah, »wird das Jahr 1914, solange es Menschen gibt, in ihrer Erinnerung fortleben und den bedeutungsvollsten zugerechnet werden. Unsere fernsten Nachkommen werden singen und sagen von diesem Jahre des furchtbarsten Völkerkampfes, der je auf Erden getobt hat, von dem Überfall der halben Welt auf das friedliche Deutschland, von deutscher Einigkeit und Opferfreudigkeit, von deutscher Kraft und deutschem Heldentum, von nie geahnten Siegen deutscher Waffen und von dem zähen, ergreifenden Ringen in Osten und Westen, zur See und in den Lüften. Blutrot ist der Strahlenkranz, in dessen Schmuck das Jahr 1914 ins Meer der Zeiten gesunken ist; aber ein Strahlenkranz ist's, der allen kommenden Geschlechtern den Weg zu deutscher Größe weisen wird.« [9]

So der Rückblick auf das erste halbe Kriegsjahr. Derjenige Friedrich Naumanns [10] auf »Zwei Kriegsjahre« in der »Hilfe« 1916 behält diese Richtung bei: »Wenn ich gelegentlich höre, daß gutmeinende Zeitgenossen das Mattwerden der Stimmung vom 4. August 1914 bedauern, dann pflege ich sie darauf aufmerksam zu machen, daß *das, was wir jetzt nach zwei Jahren täglich erleben, größer ist als das, was damals der erste Augenblick brachte.* Denn heute gibt jeder ohne Rausch mit voller Kenntnis das, was er hat. Aus der Stimmung ist Festigkeit geworden ... So wie wir hat noch nie jemand vorher unser Volk geschaut. Auch unsere Dichter, Denker und Propheten haben das Volk dieser zwei Jahre nicht im Geiste gesehen: Es ist Erfüllungszeit der Erziehung von über hundert Jahren. Mehr als dieses Volk konnten sie nicht wollen, alle unsere Großen, von Klopfstock [!] bis Bismarck, Moltke, Bennigsen und auch Lassalle. Der Väter Träume wandeln als nüchterne Wirklichkeit ... Ein Volk solcher zwei Jahre vergeht nicht.«

Noch deutlicher als hier konnte der heilsgeschichtliche Charakter der Gegenwart wohl kaum besungen werden. Daß man hier wirklich glaubte, es erfülle sich Weltgeschichte durch deutsche Großtaten, lehrt ein Blick in die Eröffnungsrede des Reichstags 1871, die Bismarck verfaßte und die der Kaiser vortrug: »So

[9] *Eduard Le Seur:* Meister des Lebens, Neujahrspredigt 1915, 5
[10] Hilfe 1916, 501

drängt es Mich vor allem, Meinem demütigen Dank gegen Gott Ausdruck zu geben für die weltgeschichtlichen Erfolge, mit denen seine Gnade die treue Eintracht der deutschen Bundesgenossen, den Heldenmut und die Manneszucht unserer Heere und die opferfreudige Hingebung des deutschen Volkes gesegnet hat.« [11]
Der Lobpreis deutschen Heldentums beginnt mit der Freude darüber, daß deutsche Frauen seit Kriegsbeginn 1914 nicht mehr nach der französischen Mode gekleidet gehen.[12] Er gilt sodann dem stillen Gehorchen des Soldaten, das den Deutschen vor dem Ausländer auszeichne.[13] Wenn aber im zähen Stellungskrieg von 1915 zwischen Deutschen und Engländern Schützengrabenfreundschaften entstehen, hält man das für »Landesverrat«. [D 153] Und die AELKZ sieht 1918 den totalen Zusammenbruch im Sturz des Kaisertums – ein Fatalismus, der den Zusammenbruch in *dieser* heilsgeschichtlichen Stunde mit dem »Ende der Weltgeschichte« gleichsetzt. [D 154]
1914 gab es noch andere Töne; da durfte im gleichen Blatt der Erlanger Professor Gustav Wohlenberg schreiben:
»Der Tod für das Vaterland ist kein Märtyrertod im ursprünglichen Sinn des Wortes: Sei getreu bis in den Tod, so will ich dir die Krone des Lebens geben. Ein edler und ruhmvoller Tod mag er heißen, und Treue dem Vaterland bis in den Tod Halten ist etwas Großes, aber im Herrn Sterben ist etwas andres. Sind die Prediger nicht in Gefahr, berauscht vom allgemeinen Ungestüm, derlei einfache Wahrheiten hinten anzusetzen?« [14]

[11] *Ernst Deuerlein* (Hrsg.): Der Reichstag. Aufsätze, Protokolle und Darstellungen zur Geschichte der Parlamentarischen Vertretung des deutschen Volkes 1871–1933 (Frankfurt 1963), 160

[12] Vgl. Professor *Carl Neumann*, Heidelberg (Über den Krieg und die Mode. In der Internationalen Wochenschrift, zitiert von EF 1915, 71 f.), der die »Zwingburg des Franzosentums, die Frauenmode« gebrochen sieht. »*Nie ist die Mode dem ganz Nackten näher gewesen* als vor dem Krieg.«

[13] *G. Fr. Nicolai:* Die Biologie des Krieges, 416: »Die Deutschen sagen, sie seien als Soldaten ausgezeichnet; das rühre daher, weil der Deutsche überhaupt alles am besten mache, und das sei gut so. Die Ausländer sagen auch, die Deutschen seien als Soldaten ausgezeichnet; nur meinen sie, das rühre daher, weil man sich in Deutschland zu sehr mit derartigen Dingen beschäftigt habe, und das sei nicht gut.«

[14] AELKZ 1914, 860

> »Nicht nur für unser Volk, auch für die Kirche handelt es sich in diesen Wochen um Sein und Nichtsein. Entweder erobert sie jetzt die Seele unseres Volkes zurück, oder es würde mit ihr ganz zu Ende gehen. Möge die Kirche dem deutschen Volk sein und leisten, was die Zeit der schweren Not von ihr fordert; möge sie ihm den einzigen Weg zum echten, bleibenden Sieg weisen: Ehrfurcht, Vertrauen und Liebe – über alle Dinge – zu dem Herrn der Heerscharen, dem Lenker der Schlachten, dem lebendigen Gott!«
>
> Die »Christliche Welt«
> am 20. August 1914 (Nr. 34, 410)

Was der kirchliche Liberalismus in den Ersten Weltkrieg mitbrachte und womit die deutsche Kirche, die schon vorher unter einer nennenswerten Austrittsbewegung litt, nach dem Krieg bestehen wollte, das erwies sich als zu schwach. Das immer mehr zur Phrasenhaftigkeit erstarrte »Vertrauen zum Lenker der Schlachten« rechnete zu wenig mit dem »lebendigen Gott«.
Theologische Probleme wie das Beten um den Sieg der eigenen Seite wurden unter Hinweis auf die größere eigene Kraft und sittliche Stärke »gelöst«. [D 155] Man tat die rational nicht zu lösende Frage nach der »Verlegenheit Gottes«, welchem der ihn um den Sieg bittenden Völker er diesen geben solle, als »leichten Scherz, scharfen Spott« (Rade)[1] oder als »frivol« und »dumm« (Niebergall)[2] ab und vermochte doch nur auf eine durch Vulgärkantianismus überhöhte Unterstützung der Staatsräson oder den konservativen Wesenszug des Katholizismus zu verweisen. [D 156] Die sich der unbekannten Vorsehung entgegenreckenden gefalteten Hände des deutschen Kriegers, der im Schlachtenlärm wieder beten gelernt hat [D 157], wurden als »neuerwachte Frömmigkeit« im Sinn der »Religiosität des alten Rationalismus« (P. Petersen[3]) gefeiert, »mehr Kirchlichkeit« daher als »auch ein Kriegsziel« hingestellt.

[1] *M. Rade:* Gott der Völker. In CW 1914, 869
[2] *Niebergall:* Gebet und Gebetserhörung. In EF 1916, 356 ff.
[3] *P. Petersen:* Schwierigkeiten der Kriegspredigt. EF 1914, 427

W. Treblin, der einen gleichnamigen Artikel 1916 verfaßte, weist anschließend auf die zehn Predigten von Diakonus Müller hin, welche dieser 1817 in Erfurt unter dem Titel »Die Wiedergeburt der Kirche Christi« gehalten hatte. »Das sind die Themen der einzelnen Predigten:

1. Act 15,1–4. Von den Zuständen in der ältesten christlichen Kirche. – 2. Jes 29,9–14. Von dem einreißenden Verderben in der christlichen Kirche. – 3. Offb 14,12–13. Von den ersten unglücklichen Versuchen zur Wiederherstellung der christlichen Kirche (Waldus, Wiklif, Hus). – 4. Von den Umständen, durch welche die göttliche Vorsehung das Werk Luthers vorbereitet und begünstigt hat.«

»Derartige Predigten« – so die Erwartung Treblins – »schenken uns nach den vielen Kriegspredigten, die – wer weiß das nicht aus eigener Erfahrung – immer platter und müder wurden, wieder einmal neue Gesichtspunkte und helfen uns, das versandende Predigtbächlein wieder zu vertiefen.« [4]

Derselbe Pastor Treblin gehörte übrigens zu den wenigen, die hinter »das Gebet um Sieg« ein Fragezeichen zu setzen wagten.[5]

Die theologischen Voraussetzungen sind die gleichen wie sonst, Soll und Haben werden jedoch nüchterner eingeschätzt: Das Beten um Sieg darf nur dann ehrlich statthaben, wenn sich unser Volk auch innerlich als besser erweist als die anderen, wenn unser Kampf gegen Unzucht und Trunksucht genauso ehrlich wie der gegen den äußeren Feind ist. Gott kämpft also auf der Seite des besseren Rechts, der höheren Kultur, der größeren Sittlichkeit und der *darauf* vertrauenden tieferen deutschen Frömmigkeit.

Da Staat und Kirche hier wieder einmal dieselben Ziele verteidigen, kann für Martin Rade noch 1916 »nach dem Kriege« *keine Rede mehr von Trennung des Staates und der Kirche* sein.

»Kirchenvolk und Staatsvolk ist in diesem Kriege mehr als seit einem Jahrhundert dasselbe gewesen und geworden. Man denkt unwillkürlich an den Spruch: ›Was Gott zusammengefügt hat, das soll der Mensch nicht scheiden.‹« [6]

Bindeglied von Kirchen- und Staatsvolk ist freilich nur das glei-

[4] EF 1916, 298 f.

[5] Vgl. EF 1915, 50 f.

[6] *M. Rade:* Die Kirche nach dem Kriege. In CdcW 1916, 8 ff.

che Kommando, das dieselben Männer zum Front- und Gebetsappell antreten und sie aus dem Munde der Feldprediger und der militärischen Vorgesetzten die gleichen Worte vernehmen läßt.
Nicht in irgendeiner Heeres- oder Staatszeitung, sondern in M. Rades »Christlicher Welt« stand 1914 zu lesen: »Es ist wundervoll, mit welcher Ruhe, Ordnung und Sicherheit sich unsere Mobilmachung vollzieht. Daran müssen doch auch die Engel im Himmel ihre Freude haben... Und wieviel Seelenstärke beim Abschiednehmen! Antike und christliche.« [7]
Diese Theologie brachte ohne Hemmungen alles in Verbindung, wenn das ihrer Konzeption entsprach.
Trotzdem traf nicht die Voraussage Professor Philipp Bachmanns, Erlangen, von 1915 ein: »Nach menschlichem Ermessen ist durch diesen Krieg die Kirchenaustrittsbewegung abgetan«,[8] sondern das Gegenteil.
W. Bredendiek macht darüber folgende statistische Angaben: »Während nämlich in den vier Jahren von 1910 bis 1913 in Deutschland etwas mehr als 60 000 Menchen aus der Kirche austraten, die Kirchenaustrittsbewegung während des Krieges sehr zurückging – Theologen meinten damals, der Krieg sei ›von jeher die gründlichste Evangelisation gewesen‹, er sei ›ein Evangelist, mehr als 10 000 Schrenk‹ –, so verließen 1919 über 200 000 und 1920 über 300 000 Personen die Kirche, viele von ihnen unter ausdrücklicher Bezugnahme auf ihr Verhalten während des Krieges.« [9] Daß hierbei auch das Opportunitätsdenken vieler Deutscher und nicht nur die Enttäuschung über das theologische Versagen der Kirche bestimmend war, dürfte aus dem dargelegten Unterschied von Kriegs- und Nachkriegszeit allerdings ebenfalls hervorgehen.
Der »Vorkriegsschlachtruf« Julius Kaftans in der AELKZ,[10] der von »zwei Religionen« sprach, wenn er den unversöhnlichen Gegensatz von liberal und positiv-orthodox kennzeichnete – noch in der letzten Vorkriegsnummer der »Christlichen Welt« [11] wies

[7] *M. Rade* in CW 1914, Nr. 33, 781
[8] AELKZ 1915, 98
[9] *W. Bredendiek:* Irrwege und Warnlichter (1966), 78
[10] AELKZ Nr. 30, 1914
[11] CW Nr. 32, 1914

Rade das zurück –, verstummte mit dem Ausbruch des Krieges, wie ja auch der gemeinsame Kriegsbeschluß aller Parteien im Reichstag ihrer vorherigen Gespaltenheit und das Kaiserwort »Ich kenne keine Parteien mehr, ich kenne nur noch Deutsche« allem Parteihader ein Ende setzte, und zwar auch in der evangelischen Kirche. Freilich, die gleichzeitig angeregte »allgemeine kaiserlich deutsche Union« wurde nicht in die Tat umgesetzt. Es gereicht H. v. Bezzel zur Ehre, daß er nicht nur aus bayerisch-föderalistischen, sondern aus theologischen Gründen dagegen war.[12]

Wie sehr statt des Hurrageschreis über die plötzliche Einigkeit in Kirche und Staat eher Bezzels Vorsicht angebracht gewesen wäre, zeigt der von M. Schian überlieferte Fall jenes Gemeindeblattes, »das das Gebet für den Sieg unserer Waffen ablehnte« und daraufhin »von der militärischen Behörde verboten« wurde.[13]

Wie wenig das Gebet auf dem Schlachtfeld in Wirklichkeit aus religiöser Tiefe kam, mag ein Feldpostbrief zeigen: »Der 26. Oktober wurde der gefährlichste Tag für unsere Kompanie. Starke Verluste. Die Schlußfolgerung für mich ließ sich leicht ziehen. Herrgott – in deine Hände... Ach was, Besorgnis! – Angst? Pah! – Und wenn auch – Achtung! Ich übernehme das Kommando! Blitzschnell nochmals die Seele dem Lenker aller Schlachten anvertraut und drauf und dran. Heut muß das Dorf endlich unser werden!«[14]

Die evangelische Kirche konnte nach dem Krieg nicht volkstümlich werden, weil sie auch theologisch im Staatsdenken aufgegangen und versandet war. Ihre eigentliche Botschaft war so dünn geworden, daß die Massen sich sagen mußten: Wenn die Kirche sogar nach einem verlorenen Krieg und einem untergegangenen Kaiserreich noch dasselbe verkündigt wie damals jene kaiserliche Regierung, wenn Gott also auch nur ein Reaktionär, ein Monarchist ist, dann lieber ohne Kirche, ohne Gott!

[12] Vgl. seinen Brief vom 29. 11. 1915 an eine Schülerin. Briefe, hrsg. von *Schmerl* (1919), 292 f. Vgl. auch seine aaO. S. 282 ausgedrückte Vorsicht allem Staatskirchentum gegenüber.

[13] Vgl. *M. Schian:* Das deutsche Christentum im Kriege (Leipzig 1916), 5.

[14] Zitiert aus dem Dresdner Anzeiger bei *Neuberg-Stange* I: Gottesbegegnungen im großen Kriege (1915), 23

Daraus erklärt sich die bedauernde Frage des gemäßigten württembergischen Sozialdemokraten Wilhelm Keil an seine Frau in einem Brief (Ende 1919): »Warum ist die sozialistische Bewegung nicht zugleich eine christliche? Wieviel mehr hätte sie ihren Anhängern zu bieten, und wie hätte sie die Kirche innerlich wandeln können.« [15]

Daß man bei allen sonstigen Bündnissen auf *diese* Möglichkeit nicht verfiel, lag an der mehr als hundertjährigen einseitigen Bindung der deutschen evangelischen Kirche an die als allein staatserhaltend vorgestellten konservativen oder etwa noch liberalen Kreise, die im Sozialismus und in der Revolution den Antichrist, das »Tier aus dem Abgrund« der Apokalypse hatten erkennen wollen.

[15] *Wilhelm Keil:* Erlebnisse eines Sozialdemokraten II, 190

Dokumentationsteil

Verweisungen im Textteil auf Dokumente sind durch ein D [= Dokumentationsteil] vor der Bezugsziffer gekennzeichnet.

[1] *Karl Adolf Gerhard v. Zezschwitz:* Der Hirt und seine Herde. Predigten, gehalten in der Universitätskirche zu Erlangen 1868–1884 (Erlangen 1891). Am 12. Sonntag nach Trinitatis. (Beim Ausbruch des Krieges 1870.) 2 Mos 14,14 (444–449)
»*Im Aufbruch zum Krieg voll Stille zum Herrn*
Das sei der Grundgedanke unsrer heutigen Feier. Trost und Mahnung sind in eins zusammengefaßt mit diesem Worte. Zu Trost und Mahnung wenden wir für uns an, was für Israel Verheißung und Gebot war in *einem* Ausspruch: ›Jehova wird für euch streiten, und ihr sollt ruhig bleiben.‹
Das Wort ist ein Trostzuspruch an Israel auf der letzten Station seines Auszuges aus Ägypten. Dem Volke war der Mut entfallen, denn sie stehen scheinbar rettungslos bedrängt. Im Rücken droht die Kriegsmacht der verfolgenden Ägypter, vor ihnen das pfadlose Meer. Noch wissen sie nichts von der Wunderhilfe, die Jehovas Arm bereit hält, sie trocknen Fußes hinüber zu führen zum rettenden Ufer. Nur die Wagen und die Reiter Ägyptens sehen sie, vor sich und hinter sich gewissen Untergang ...
Der Herr wird für euch streiten. Diese Gewißheit gilt dem Volke, das in einziger Art, wie nie ein anderes wieder, Gottes Volk sich nennen durfte. Mußte es doch nachmals selbst in reichem Maße erfahren, daß der Herr ihm seinen Beistand entzog, so oft es sich des Ehrennamens unwert machte, Jehovas Volk zu heißen. Wo wäre ein Volk auf Erden, das sich dieses Namens annehmen dürfte – aus Verdienst etwa um Gott, da es aus Wahl Gottes doch keines könnte? In der Tat unsre edle deutsche Nation, obgleich sie sich seiner Zeit die demütige und nur von Gottes Gnaden nicht ohnmächtige nannte, hat zeitenweise Anwandlungen eines ähnlichen Anspruches verspüren lassen. Als unser Volk in nie gesehener Begeisterung sich einst gegen unsren Erbfeind erhob, hat man ein Fürstenbündnis mit dem Schein und Namen der Heiligkeit geschmückt, das von den unheiligsten Ränken der Selbstsucht durchflochten war. Reinigen wir uns vor allem von jedem Anspruch solcher Selbstüberhebung. Wir sind nicht Gottes Volk weder durch Wahl noch durch Ver-

dienst, kein Volk, das auf des Herrn Hilfe pochen dürfte wie auf ein Erbrecht. Auch Bet- und Bußtage wären des nicht Zeugnis. Man kann sie halten vor unheiligen Kriegen, vor Bruderkriegen voll Gewalttat zur Anfechtung aller redlichen Gewissen, die hüben und drüben zum Sieg der Waffen beten zu dürfen glauben und mit der Zweifelfrage enden: War Gott wider uns, weil wir besiegt sind, und ist er mit jenen gewesen, die sich kriegsgeübter erwiesen? Wahrlich, wer mit solchem Anspruch trösten wollte, würde Gott, den Heiligen, verflechten mit Unrecht und Gewalt der Menschenkinder!

Und was nennen wir einen heiligen Krieg, wenn selbst für Gottes und der Gotteswahrheit Sache zu den Waffen greifen vor Gott verwerflich gilt? Genug müssen wir es uns sein lassen, sagen zu können: Es geschieht gezwungen und gedrungen, ohne unsre Schuld, zur Verteidigung der besten, edelsten Erdengüter. Gott sei Dank, daß wir von diesem Kriege dies mit Wahrheit sagen können – als deutsches Volk so fühlen dürfen, wir als Bundesgenossen unsrer angegriffenen Brüder obenan. Und doch kein heiliger Krieg – und doch, meine Brüder, vor Gott kein Trotz auf unsre gerechte Sache!

Hadert nicht mit mir, als dächte ich euren Mut zu dämpfen. Entzieht mir euer Ohr nicht! Hier schweigt der Streit der Parteien, hier wird nicht Menschenurteil von Recht und Unrecht gegeneinander abgewogen. Wir fragen hier um die göttliche Gewißheit, daß der Trost uns gehöre: Der Herr wird für euch streiten! ...

Wie stehen wir heute auf zum Streit? ... ›Den Hoffärtigen widersteht Gott‹, laßt das unsren Trost sein wider das übermütige Pochen unsrer Feinde. ›Den Demütigen aber gibt er Gnade‹, laßt das unsre Lehre sein aus der Erfahrung seiner Wunderhilfe, mit der er einmal schon unser Volk begnadigt hat.

Zu solcher Demut aber kommt es in Wahrheit nur, wo ein Volk wie in den Tagen unsrer Väter sich selbst erkennt in seiner eignen Schuld, ehe es aufsteht in Zuversicht wie zu einer gerechten Sache. Oder hätten wir dazu weniger Ursache als unsre Väter? Man überfällt uns mit List, unter nichtigem Vorwand, nach lang bereiteter, heimlicher Rüstung. Man wendet alle Mittel des Verrates an, um Deutsche gegen Deutsche zu waffnen, man sucht Bundesgenossen um den Preis unsrer eignen Erblande ...«

[2] *Karl Adolf Gerhard v. Zezschwitz:* Am 15. Sonntag nach Trinitatis. (Nach dem Frieden 1871.) Lk 5,1–10 (aaO. 450ff.)

»... Fünf Jahre sind es her, daß ein Feldprediger unser Evangelium auf den stolzen Sieg anwandte, den Deutsche über Deutsche in der Woche nach dem fünften Trinitatissonntag gewonnen hatten. Das hieß dem Trunkenen ein vom Herrn verliehener Fischzug. Der mit Strömen von Blut erkaufte Sieg hieß ihm ein Menschenfang nach dem Bilde unseres Evangeliums.

Unvergleichliches hat Gott unser ganzes Volk inzwischen erleben lassen an gemeinsamen Siegen. Ein Friedensfest, einen Tag siegreicher Heimkehr unsrer tapferen Krieger haben wir gefeiert, wie die Weltgeschichte – man darf es sagen – solche Tage noch nicht verzeichnet hat. Wird ähnlicher Übermut einen Prediger heute zu ähnlichem Frevel des Mißbrauchs göttlicher Worte verleiten? Ich hoffe, wir dürfen's mit Gewißheit und ohne Ausnahme für alle Stämme, für alle Kanzeln Deutschlands verneinen. Überall wird demütige Beugung vor der Größe der Gnaden und Gaben, die Gott unsrem Volke verliehen hat, das vorherrschende Gefühl bilden. Herr, wir sind nicht wert aller Gnade und Barmherzigkeit, die du an uns getan! ›Herr, gehe von uns hinaus, wir sind sündige Menschen!‹ – das Wort aus unsrem Evangelium im rechten christlichen Verständnis nachgesprochen, ist das rechte Wort für unser Volk in diesen Tagen.

In Wahrheit, wir haben eine Fahrt auf die Höhe getan. So oft dergleichen erfahren wird im Einzelleben oder im Leben der Völker, empfinden's aufrichtige und demütige Menschen mit tiefem Bangen und Zittern: Wir stehen auf der Höhe!

... Wenn heutzutage mehr wie je wieder der Kriegerstand als Ehrenstand gilt: nicht der Erfolg ist seine Ehre – ach! eine Blut-, mit Bruderblut befleckte Ehre wäre es, heiligte nicht der Beruf und Berufsgehorsam auch diese Bahn. Wehe denen, die der Blutschuld Ursächer sind; aber Friede auch im grausamen Kriegswerk dem Gehorsam des Berufes, dem Ehre und Höhe nicht das erlangte Ehrenzeichen und der berühmte Name, sondern die Treue der Pflicht und des Gehorsams, ja des Gehorsams mit Schmerzen ist. Ehre und Höhe gebührt ihm, wo Gott die Ehre gegeben wird von allem Erfolg, wie all die traurige Arbeit nur geschehen in seinem Gehorsam.

... Wird es Wert vor Gott haben, ob jemand auf Erden ein berühmter Staatsmann oder General gewesen, ob er mitgekämpft unter den siegreichen Scharen der größten Kriege? Wer könnte im Ernst solchen Gedanken huldigen! Weiß doch jeder, daß man jenes sein kann und doch zugleich vor Menschen selbst ein schlechter Mensch. Was Fahrt zur Höhe ist – wahrlich, es entscheidet sich erst am Ende, erst daran, ob es heilige und heilsame Ziele waren, sie mögen in dieser Welt hoch oder niedrig gegolten haben.

... Eine Menschenseele retten für die Ewigkeit ist in Wahrheit ein größeres Werk als ein Reich erobern mit Hinmordung vieler Menschenseelen. Ein Missionar, der sein Leben seinem Berufe opfert in heiliger Liebe zu den Verlorenen, in heiliger Liebe zu dem Reiche Gottes, ist auf sichererer Fahrt zu wahrer Höhe als der größte Staatsmann. Und ist dieser ein Christ, so wird er mit reiner Anerkennung alle Kränze seines Ruhmes dem Manne von unbekanntem Namen zu Füßen legen und bekennen: Du hast Größeres vollbracht als ich. Ein treuer Seelsorger der geringsten Dorfgemeinde ist höherer Ehre wert als der sieggekrönteste Feldherr, der keine Dienste für Gottes Reich getan.«

[3] *Paul Piechowski:* Die Kriegspredigt von 1870/71 (Leipzig 1916). Piechowski zitiert als radikalen Bußprediger nur Schwalb aus Bremen. Predigt über Lk 18,14: zu dem Thema »Erhöhung durch Selbsterniedrigung« (S. 17)

»Begreiflicherweise wird über seine Predigt aus gegnerischem Lager scharf geurteilt, so z. B. Allgemeine Ev. Luth. Kirchenztg. 1870, Sp. 723 bis 25 und 964 ...

In seiner Predigt lautet die hier in Frage kommende Stelle: ›Was hat denn die christliche Kirche getan, um den nicht bloß furchtbaren, verheerenden, abscheulichen, sondern auch im höchsten Grade unvernünftigen, ungerechten, unchristlichen Krieg, der uns jetzt bevorsteht, von uns abzuwenden?‹«

[Im folgenden wird zunächst die katholische Kirche angegriffen und spottend darauf hingewiesen, daß sie im gegenwärtigen kritischen Augenblick nichts Besseres zu tun weiß, als den Papst für unfehlbar zu erklären. Dann heißt es weiter:]

»Unsere protestantische Kirche aber, was hat sie getan? Nun, sie hat sich gar nicht bemerklich gemacht, sie hat ganz in der Stille predigen und beten lassen, in Frankreich für den Sieg der französischen, in Deutschland für den Sieg der deutschen Waffen. Sonst – so viel ich weiß – hat sie nichts getan zur Abwendung dieses fürchterlichen, unchristlichen Krieges. Sie ist wie die katholische Kirche neutral geblieben. Kennt ihr, lieben Brüder, etwas Elenderes, etwas Schmachvolleres als die alberne Neutralität der Kirchen unserer Zeit? Wahrlich, indem die Kirche sich so verhält, stellt sie sich selbst ein Zeugnis der Armut, ich sollte sagen des Bankrotts aus. Sie beweist tatsächlich, handgreiflich, daß sie den weltlichen, d. h. den wirklichen Angelegenheiten der Völker gegenüber macht- und ratlos dasteht... Die Kirche lebt ruhig in ihren Palästen, in ihren prächtigen Kathedralen, in ihren stillen Gottes- und Pfarrhäusern. Da betet und singt sie; da lehrt sie Dogmatik und Geschichte, draußen aber wütet der Krieg und herrscht das Übel.«

[4] *Paul Piechowski* aaO. 21: Preußen dagegen hat den Krieg nicht gewollt; für seine Friedensliebe gibt es unwidersprechliche Beweise.

»›Es hat seine stärkste Festung, die es gegen Frankreich besetzt hielt, aufgegeben und hat ferner den mühsam gesuchten Vorwand zum Streit zu Boden geschlagen durch den Verzicht des preußischen Prinzen auf die spanische Krone‹ (Max Frommel: 24. Juli). Siehe auch *Carus:* ›Wir Deutschen gehören zu den friedlichsten Nationen. Nicht um einen Faden noch Schuhriemen hätten wir uns bereichern wollen, wenn man uns in Frieden gelassen hätte!‹

Deutschland führt daher in vollem Sinne einen Verteidigungskrieg. ›Wir wehren uns gegen Unrecht und Gewalt, Frevelmut und Leichtsinn, Selbstsucht und Ruhmsucht. Gott richtet die nicht, welche den Krieg führen, um den Frieden zu schützen und wieder zu gewinnen‹ (*Thikötter:* 17. Juli)... Unsere Sache ist eine gerechte Sache und wird daher zum Siege führen: Dies ist der Grundton, der in den ersten Predigten anklingt und der mit den zunehmenden Siegen in immer stärkeren, brausenden Akkorden durch die ganze Predigt des Kriegsjahres hallt.«

Nur zwei Korrektive dazu: *Dreydorff:* »Es fragt sich: haben wir diesen Krieg auch mittelbar auf gar keine Weise mitverschuldet?« Und *Uhlhorn:* »Ob wir auch vor Menschen recht haben, vor Gott haben wir unrecht, ob wir auch für eine gute, heilsame Sache kämpfen, vor Gott bleibt nichts übrig, als uns in Demut zu beugen: Ach Herr, unsere Missetaten haben es reichlich verdient.«

[5] *Paul Piechowski* aaO. 24 ff.
»Die Kriegspredigt von 1870 *informiert* auch über den *Gang der Ereignisse: Romberg* (Gott mit uns!): ›Mit beispielloser Schnelligkeit sind in dem gegenwärtigen Kriege die guten Nachrichten aufeinander gefolgt, haben sich die erhebendsten Siegesberichte abgelöst. Gleich zu Anfang, als wir fürchten mußten, der Feind, welcher den Krieg mit der größten Rücksichtslosigkeit und mit Verletzung aller sonst bei gebildeten Völkern herkömmlichen Formen erklärt hatte, werde ihn auch vor uns gerüstet haben, die deutschen Grenzen schnell überschreiten und wie so oft in früheren Zeiten Verwüstung und Plünderung in unsere schönen Rheinlande tragen, erleben wir das wunderbare Schauspiel, daß er sich dort bei Saarbrücken wochenlang durch wenige Bataillone aufhalten läßt. Und als er dann die offenen Städte anzugreifen wagt und die Rüstung der deutschen Armee in der Hauptsache vollendet war, wird das französische Heer zu Weißenburg, Wörth, Spichern im Norden ... aufs Haupt geschlagen, zieht sich, an beiden Flügeln geknickt, von der französischen Grenze zurück, durcheilt in verwirrter Flucht die früher zu Deutschland zugehörigen Provinzen Elsaß und Lothringen und wagt es, in zwei voneinander getrennte Hälften geteilt, kaum unter den Wällen von Metz und in der Ebene von Châlons sich wieder zu sammeln. Und als dann die deutschen Armeen mit unerschütterlicher Tapferkeit und weiser Vorsicht zugleich die Früchte dieser glänzenden Siege kaum gepflückt, die Straße nach dem Westen in ihre Gewalt gebracht, die auf dem Wege liegenden Festungen bezwungen oder umstellt haben und in weiser, planmäßiger Verbindung miteinander gegen das zweite Hauptbollwerk Frankreichs, gegen die Mosellinie und die dort gelegene starke Festung Metz, herandringen, da werden uns aus der Umgebung von Metz aufs neue die Siegesbotschaften vom 14., 16. und 18. August gebracht, da hören wir von den ungeheuren Kämpfen bei Metz, bei Mars la

Tour und Gravelotte, in denen unsere erste und zweite Armee, zuerst beide für sich und dann beide miteinander vereinigt unter der Führung unseres Heldenkönigs selbst, es dahin gebracht haben, daß der größte und erfahrenste Teil des französischen Heeres wie mit eisernen Armen umklammert und nach Metz zurückgeworfen wird, während der dritten Armee unter Führung unseres tapferen Kronprinzen die Straße nach Châlons und von dort nach Paris ohne große Schwierigkeit geöffnet sein dürfte ...‹
Bei den ersten Siegen von Weißenburg, Wörth und Spichern wurden ›die Glocken geläutet und die Bekanntgabe von den Kanzeln verlesen‹. *Kögel:* ›Als gestern Abend zugleich mit dem Gewitterregen, der auf das lechzende Erdreich niederströmte, zu den harrenden Gemütern die Siegeskunde kam, die Gott unserm Heere geschenkt – welch ein Jauchzen in den Straßen, welch ein Rauschen der Fahnen Preußens und Deutschlands zum nächtigen Himmel empor!‹
Es ist klar, daß der Fall der feindlichen Hauptstadt die größte Freude erweckte. ›Man drückte diese Freude in der verschiedensten Weise aus. Man sang ein Tedeum oder seinen volkstümlichen Ersatz, das ›Nun danket alle Gott‹. Man läutete die Glocken, schoß Viktoria; man erleuchtete die Stadt, und mehrere Städte ehrten die Männer, welche das Meiste zu diesem Siege beigetragen hatten, mit ihrem Ehrenbürgerrecht. Man erquickte und beschenkte die verwundeten Krieger, wie man konnte‹ (*Ahlfeld*, 5. Februar). ›Gottes Strafgericht‹, sagt *Ahlfeld*, [ist] mit furchtbaren Schlägen über die Stadt hereingebrochen.«

[6] *Paul Piechowski* aaO. 59: Die Beurteilung des Papstes in der evangelischen Kriegspredigt 1871
»Einmal nennt er *[A. Zahn]* den Papst ›den großen Lügner an der Tiber‹ (sic!). In einer anderen Predigt spricht er nicht mißverständlich von der ›römischen Hure‹. Ein andermal redet er von Rom und Paris als dem geistlichen und weltlichen Babel und weiterhin als der geistlichen und weltlichen Hure ... Beide, führt ein anderer, *Romberg*, aus, waren aufeinander angewiesen bei der Erreichung ihrer selbstsüchtigen Pläne. Der eine, Napoleon, wollte herrschen, der andere unfehlbar werden. Je mehr Napoleon sich von Gott abwandte, um so lieber spielte er äußerlich den

Beschützer des römischen Papstes ... und gestattete es, daß unter den Kanonen der französischen Besatzung jenes unselige Dogma von der Unfehlbarkeit des Papstes proklamiert wurde, das ihm den Beistand der päpstlichen Partei in Frankreich und in Deutschland sichern sollte.«

[7] *Paul Piechowski* aaO. 67: Zur Unterscheidung von französischem und deutschem Wesen
»Wahrhaftigkeit und Bescheidenheit gehören hierher. ›Deutsche Geradheit, christliche Wahrhaftigkeit haben bisher unsere Fahnen begleitet. Daß die Siegesbotschaften unseres königlichen Oberfeldherrn immer eher zu wenig als zu viel gesagt haben, daß aus deutschen Kriegsberichten das Ausland, ja der Gegner selbst die Wahrheit hat erfahren müssen über den Gang der Ereignisse, das ist unser schönes Lob in diesem Kriege‹ *(Gerok)*. Neben der Wahrhaftigkeit und Bescheidenheit wird die Ehrbarkeit, die Zucht, die Treue und Biederkeit, das tiefe Gemüt, der Ewigkeitszug, der sinnende Ernst, die gewissenhafte Gründlichkeit und endlich der Freiheitssinn genannt, alles Eigenschaften, die den deutschen Charakter, den deutschen Geist kennzeichnen.«

[8] *Emil Frommels* Erinnerungen an den Feldzug 1870. In: Erzählungen II, ›O Straßburg, du wunderschöne Stadt‹ (Stuttgart [4]1900), 164–66. Über den 19. Juli
»Da kam die Depesche von einem siegreichen Treffen bei Wörth ... Erst am folgenden Tag, dem Sonntag, kam die vollständige Nachricht. Das pommersche Armeekorps war gerade zur Kirche und zum Abendmahl des Morgens von 7 Uhr an gegangen. Die Kirchgänger kamen mitten in die gefüllte Kirche. Da traf atemlos ein Adjutant in der Kirche ein, schrieb mir mitten hinein in das Konzept der Predigt die vorzulesende Kriegsdepesche an die Königin mit dem Schlusse: ›Preiset Gott für seine Gnade.‹ Die wogende Menge wurde atemlos stille, als ich zu Anfang der Predigt den Morgengruß las. Unaufgefordert reckten sich die Krieger an den Emporen hoch auf, lehnten sich weit über die Brüstung; alte ehemalige Offiziere aus den Freiheitskriegen hatten die hellen Tränen in den Augen. Was ich gepredigt, weiß ich nicht mehr; die geschriebene Predigt war's aber nicht. Der Herr selbst hatte einen

andern Text gesandt, über den es zu predigen galt. Wir sangen: ›Ein' feste Burg ist unser Gott‹, und in den letzten Vers mischten sich die 101 Kanonenschüsse des Viktoria. Solch eine Frontveränderung der Predigt im letzten Augenblick war dem Verfasser bis dato nicht vorgekommen.«

[9] Rede *Emil Frommels,* gehalten in der St. Thomaskirche beim Einzug der deutschen Truppen in Straßburg am 30. September 1870 (aaO. 275–284)
»... Im freien Himmelsdome, angesichts der von uns umlagerten Stadt, auf der Stätte unserer Arbeit und Kämpfe, gedachten wir, geliebte Freunde und Waffengefährten, Gott die Ehre zu geben, ehe wir diese Stadt betraten. Nun sind wir eingezogen, aber unser erster Gang soll dennoch ins Haus Gottes sein; in dieser altehrwürdigen Kirche soll unser erstes Lied erklingen: ›Allein Gott in der Höh sei Ehr.‹ Denn nicht der Ort, aber die Art der Feier, ihr Ernst und ihre Innigkeit bestimmen ihren Wert. Ob wir in ihr bleiben oder von ihr scheiden, wir haben Ursache, in dieser Stadt einander zuzurufen: ›Kommt, laßt uns niederfallen und anbeten den Herrn‹; und ob wir all der Arbeit und all des Leides vergäßen der letzten Wochen, das Eine wollen wir nicht vergessen: einen Denkstein aufzurichten, wie einst nach gewonnenem Sieg der Zeuge aus dem Alten Bunde tat, und darauf zu schreiben: ›Bis hierher hat uns der Herr geholfen.‹ ...

I.

›Bis hierher‹, wir sagen's mit bewegtem Herzen. Als wir auszogen in diesen Krieg, da war unser Herz bei allem Vertrauen auf unsern Gott und unsere gerechte Sache, auf die Einsicht unsrer Führer und die Tapferkeit unsres Heeres, voll Betens und voll Sorgen. Mit den Tränen im Auge hat unser greiser teurer König nach dem Schwerte gegriffen und sein Volk gerufen; wir waren gerüstet nicht bloß zum Kampf, auch zum Unterliegen fürs Erste. Aber nun – was ist geschehen seit den Tagen des Juli? Ein Großes: ›*Bis hierher* und nicht weiter‹ hat der Herr den stolzen Wellen, die gegen uns heranbrausten, zugerufen, und sie haben sich gelegt, und der Herr der Heerscharen, der Hüter Israels, der nicht schläft noch schlummert, hat selbst die heilige Wacht am Rhein gehalten, daß kein fremder Fuß ihn betrat. Uns aber hat er im andern Sinne dies Wort sprechen gelehrt: *Bis hierher!* Wir setzen unsern Finger hinter den unsers Herrn und rücken vorwärts von *Weißenburg* nach *Wörth*, von da nach *Metz* und *Sedan* bis vor die Tore von *Paris* und sprechen anbetend, daß jeder Kampf Sieg war – *bis hierher*, und setzen Denkstein um Denkstein. Und auch heute dürfen wir's tun. Aber wir fühlen's alle: Hier und heute hat dies Wort ›*Bis hierher*‹ einen andern Klang. Die Namen der andern Städte treffen die Saiten eines deutschen Herzens nicht in der Stärke und Tiefe wie Straßburgs Name. Wenn unser Volk Straßburgs gedachte, da flammte das Auge, da brannte ihm die Wange. Hineingewoben in seine schönsten Lieder, in den Traum der einstigen und wieder kommenden Herrlichkeit seines Reiches, war diese Stadt des deutschen Volkes Schmerz und Sehnsucht. An dem *heutigen Tage* vor bald zweihundert Jahren ihm entrissen und geraubt durch Schwäche, wenn nicht durch List und Verrat, inmitten des tiefsten Friedens; geraubt, als Deutschland am Boden lag, eine blutende Mutter, die ihr Kind nicht zu schützen vermochte, so hat sein Münster zu uns herübergeragt, ein aufgehobener Warnefinger, ein Denkstein unserer Schmach. Aber wer es recht verstand, der sah und hörte noch mehr. Der sang mit dem Liede:

Und tönen uns Sehnsuchtslieder
Herüber über den Strom –
Es ist der Bauherr, Brüder,
Er läutet in seinen Dom.
Er läutet wehmutschaurig,
Stimmt deutsches Herz so traurig.
Er läutet mit flammender Hand
Er ruft sein Vaterland!

Ja, der hörte den Ruf zu deutscher Einigkeit, um durch Einigkeit wieder zu gewinnen, was durch Zwietracht verloren gegangen. Und siehe: Anders, als wir sie verloren, haben wir diese Stadt wieder gewonnen. Nach hartem Kampf und tapferer Gegenwehr (dies Zeugnis wollen wir unsern Gegnern nicht vorenthalten) ist sie unser geworden. Mit Blut haben wir wie um eine entrissene Braut kämpfen müssen. Wohl fiel uns damit die schönste, aber vielleicht die schmerzlichste Aufgabe in diesem Kriege zu. Aber wir rangen als ein vereinigt Volk von Brüdern und sagen deshalb: ›Bis hierher hat *uns* der Herr geholfen‹, und wissen, was in diesem *›Uns‹* liegt. Ist's Zufall oder Fügung, daß gerade vor *dieser* Stadt die Krieger aus dem höchsten Norden und tiefsten Süden, aus Königsberg und Konstanz lagen? Daß angesichts dieser ehemals deutschen Stadt, vor ihren Augen eine Verbrüderung stattfand, wie sie seit Jahrhunderten kein deutsches Auge mehr sah? Ja, es war ein Zeugnis, daß der alte Hader vorbei, daß es Frühling geworden im deutschen Vaterlande. Geliebte! Es geht die Sage von dem Münster dieser Stadt, daß es so fest gegliedert sei in seinem kühnen Bau, daß, wenn nach seinen Fundamenten tief unten geschlagen wird, die Krone hoch oben sich bewege und so durch den ganzen Bau der Schlag zittre. So ist's in Wahrheit jetzt in unserm deutschen Land. Der Schlag nach der Krone hat diesmal den ganzen Bau durchzittert: *Eine* Gefahr, *ein* Kampf hat uns vereint. Daß wir als ein einig Volk haben ringen dürfen um diese Stadt, daß sie unser geworden durch vereinte Kraft, darum sprechen wir unter Lob und Dank: *›Bis hierher hat uns der Herr geholfen.‹*

II.

Aber wem gilt dieser Dank? Meine Brüder, ich weiß und kenne eure Mühe und Arbeit. Ich bin des Zeuge gewesen. Ich erkenne, wie vieles Kopf und Hand hier geleistet. Das muß auch der Feind anerkennen. Es war ein entsagungsvolles Werk; denn ein anderes ist's, in freier offener Feldschlacht innerhalb weniger Stunden, Mann gegen Mann, Auge in Auge den Entscheidungskampf zu kämpfen, und ein anderes, wochenlang vor einer Stadt zu liegen, den Feind nicht zu sehen und hingerafft zu werden, wie von unsichtbarer Hand geschlagen. Hier gilt das Wort: ›Ein Geduldiger ist besser als ein Starker, und wer seines Mutes Herr wird, ist besser, denn der Städte gewinnt.‹ Und dennoch, Geliebte, wir sprechen: ›Bis hierher hat uns der *Herr* geholfen.‹ Ach, als plötzlich, fast noch mitten im heftigen Feuer, die weiße Fahne aufgepflanzt wurde und weithin vom Münster wehte, als unsre Krieger aus den Laufgräben stiegen und den Gegnern die Hand reichten, da überkam mich (und, ich weiß es, viele Tausende mit mir in und außer der Stadt) ein wunderbares Gefühl, ein Gefühl, daß dies nicht Menschenwerk, sondern ein Werk dessen sei, der die Herzen der Menschen lenkt wie Wasserbäche. Das zog durch die Lieder, die von den Wällen tönten, das zog uns auch hierher. ›Das *Herr* hat uns geholfen‹, das wollen wir frei und offen bekennen. So ist's auch nach unseres Königs Sinne. *Gottes Gnade* zu preisen, das mahnt er uns in jedem Siegesbericht. Wir müssen uns beugen unter dem Reichtum der Barmherzigkeit Gottes... Geliebte, wir sind in einem Lande, dessen Volk nicht gefallen ist bloß unter unseren Siegen, sondern das gefallen ist, weil es nicht gewußt, was zu seinem Frieden dient, und nicht geglaubt, daß das Wort ewig wahr sei: ›Gott widersteht den Hoffärtigen.‹ Nur ein Volk, das sich beugt, kann Gott erhöhen. Aus den Flammen der Stadt, ihr sahet es, da wies der himmelanstrebende Turm hinauf zum Herrn; laßt ihn auch jetzt euch weisen, dem *Herrn* die Ehre zu geben. O wenn unser preußisches, unser deutsches Volk einmal anfängt zu vergessen, was es seinem Gotte schuldet, dann ist der Anfang des Endes da. Gedenket unsrer Väter, die nicht umsonst einst sieben Jahre lang das eiserne Kreuz auf dem Rücken trugen, ehe es sich wandeln konnte zu einem Ehrenkreuz auf der Brust!...

III.

›*Der Herr hat uns bis hierher geholfen.*‹ Das gibt Mut und Zuversicht in die Zukunft. Ja, Er muß und wird weiter helfen. Er muß da helfen, wo kein Mensch helfen, wo Er *allein* trösten kann. Ich gedenke mit Wehmut derer, die hier vor dieser Stadt fielen: an so manches hoffnungsreiche, geliebte Leben, das hier ausgeblutet. Wie mancher von unseren Kameraden hat doch, fern von der Heimat, fern von den Lieben, ohne ihren Trost und letzten Liebesdienst, das treue Auge geschlossen, sterbend den schönen und süßen Tod für König und Vaterland! Ach, es ist in diesem Kriege und auch hier vor und in dieser Stadt viel edles teures Blut geflossen, das schmerzliche Lücken in der Heimat läßt. Wer

will das trösten? Wer der Ersatz sein, wenn nicht *der Herr,* der einst zur Witwe gesagt: ›Weine nicht‹? Der allein auf die blutende Wunde den heilenden Balsam seines Friedens zu legen vermag? Ehre dem Gedächtnis unserer Toten, Friede ihren Seelen, Trost ihren Hinterbliebenen! Der Herr hat geholfen, Er wird weiter helfen, aber Er hat auch geholfen, *damit wir helfen.* Und es gibt viel, viel zu helfen, viel zu trösten, viel zu opfern. Wir sehen eine Opferwilligkeit in unserm Volk, von oben herab bis zum Geringsten, die unser Herz bewegt. Ich sage: von oben herab. *Unsere teure Königin,* deren Geburtstag wir heute feiern – wir wollen Ihrer in erster Linie gedenken. Es ist des Hauses Hohenzollern Ehre und Schmuck von jeher gewesen, daß es mit seinem Volk Leid und Freude geteilt und in Opfern dem Volke vorangeleuchtet. Wie jede andere Frau im Volke, so hat auch die Königin, da das Vaterland rief, den Gatten in den Krieg ziehen lassen und den einzigen Sohn vom Herzen weggegeben; zu den Kranken und Verwundeten geht die hohe Frau mit zarter, tröstender Liebe. Wir sagen's ohne Schmeichelei, daß in Wahrheit ihr des Herrn Wort gilt: ›Sie hat getan, was sie konnte.‹ Gott, segne sie dafür in himmlischen Gütern mit seinem unaussprechlich seligen Frieden, und bleibe ihres Lebens Licht und Stern bis in den Lebensabend und in die Nacht, da niemand wirken kann!
So haben denn auch wir alle eine heilige Verpflichtung, zu helfen. An euch denke ich zuerst, die ihr hier diese Stadt besetzen sollt. Erleichtert durch euer Benehmen das schwere Los, das diese Stadt getroffen, und zeigt, daß die Großmut gegen den bezwungenen Feind des Kriegers schönster Schmuck ist. Durch eure Mannszucht und euer Betragen macht euch des deutschen Namens würdig, und beweist es, daß es eine Ehre sei, ein Deutscher zu sein. Wir haben alle die Trümmer dieser Stadt mit Bewegung gesehen. Deutschland hat eine große Ehrenschuld, die Wunden zu heilen, die der Krieg schlagen mußte. Straßburg hat die Tore geöffnet, öffnen wir ihm unser Herz und unsere Hand, damit aus den Ruinen ein Neues entstehe und diese Stadt bald merke, daß Gott nicht Gedanken des Leides, sondern Gedanken des Friedens mit ihr hatte. Möge sich unser Gedenkstein *Ebenezer,* d. h.: Bis hierher hat uns der Herr geholfen, zu einem Steine *Pniel* für sie wandeln, d. h.: ›Ich habe des Herrn Angesicht gesehen und meine

Seele ist genesen‹, und ein Geschlecht heraufwachsen, in welchem durch Frömmigkeit und Ehrenfestigkeit die Vorväter wieder auferstehen.

Uns aber gebe der Herr, der den Kriegen in aller Welt steuert, der Bogen zerbricht und Spieße zerschlägt, in diesem neuen Siege und Friedensschluß ein Unterpfand, daß Er bald zu einem ehrenvollen und dauernden Frieden helfen werde, und unser deutsches Vaterland werde, was über einem der Tore dieser Stadt steht: ›Den Feinden zum Trutz, den Bürgern zum Schutz‹. Wir sind ausgezogen in diesen Krieg mit dem Kyrie eleison: ›Aus tiefer Not schrei ich zu dir‹, mögen wir bald heimkehren, und nicht allein wir, sondern unser *ganzes* Volk das Gloria in excelsis singen, ein großes: Nun danket alle Gott! Das walte Gott in Gnaden! *Amen.*«

[10] Das Sedan-Ereignis kommentiert *Emil Frommel* (aaO. 189 f.: »Mir war's aus der Seele geredet...«) mit dem Gedicht von *Emanuel Geibel*

»Nun laßt die Glocken von Turm zu Turm
Durchs Land frohlocken im Jubelsturm!
Des Flammenstoßes Geleucht' facht an!
Der Herr hat Großes an uns getan,
  Ehre sei Gott in der Höhe!

Es zog von Westen der Unhold aus
Sein Reich zu festen in Blut und Graus
Mit allen Mächten der Höll im Bund,
Die Welt zu knechten, das schwur sein Mund,
  Furchtbar dräute der Erbfeind!

Vom Rhein gefahren kam fromm und stark
Mit Deutschlands Scharen der Held der Mark,
Die Banner flogen, und über ihm
In Wolken zogen die Cherubim,
  Ehre sei Gott in der Höhe!

Drei Tage brüllte die Völkerschlacht,
Ihr Bluthauch hüllte die Sonn in Nacht;

Drei Tage rauschte der Würfelfall,
Und bange lauschte der Erdenball,
   Furchtbar dräute der Erbfeind.

Da hub die Waage des Weltgerichts
Am dritten Tage der Herr des Lichts
Und warf den Drachen vom güldnen Stuhl
Mit Donnerkrachen hinab zum Pfuhl.
   Ehre sei Gott in der Höhe!

Nun bebt vor Gottes und Deutschlands Schwert
Die Stadt des Spottes, der Blutschuld Herd.
Ihr Blendwerk lodert, wie bald! zu Staub
Und heimgefordert wird all ihr Raub.
   Nimmermehr dräut uns der Erbfeind.

Nun laßt die Glocken von Turm zu Turm
Durchs Land frohlocken im Jubelsturm!
Des Flammenstoßes Geleucht facht an!
Der Herr hat Großes an uns getan,
   Ehre sei Gott in der Höhe!«

[11] Zur 25-Jahr-Feier des Sedans-Tags 1895 erschien ein »Sedans-Büchlein« von Hofprediger *Bernhard Rogge*, in dem (53) folgendes Gedicht von A. G. zu finden ist:

»Ein Tag des Herrn ist heut'! Die Glocken klingen,
Geöffnet sind der Dome weite Hallen.
Du sollst, mein Volk, im hohen Festschmuck wallen,
An heil'ger Stätte Lob und Preis zu bringen
Dem Herrn, der dich zu Glanz zum Ruhm erhoben,
Vor dessen Blitz die Feinde einst zerstoben.

Das Feuer, das an jenen großen Tagen
Aufflammte in dem Tal wie auf den Höhen,
Es brannt' auf heil'gem Herd; das Sturmeswehen,
Das unsre Scharen trieb zum blut'gen Schlagen,
Nicht drang's hervor aus Sucht nach eitler Ehre –
Ein Gotteszorn griff nach der blanken Wehre.

Der greise König, stolzbeglänzt vom Siege,
Umringt von Helden, seinen tapfern Scharen,
Das Friedenswerk zu schützen und zu wahren,
Demütig kehrt' er heim aus langem Kriege.
Aus Gottes Hand nahm er den Sieg, die Krone;
Die Demut blieb auch auf dem Kaiserthrone.

›Mein Volk, bliebst wert du jener großen Tage?‹
So frage dich vor Gottes Angesichte,
Frag' dich vor Ihm, dem Herrn der Weltgeschichte!
Wohl dir, wenn stumm bleibt schwere ernste Klage!
Die Völker steigen auf, sie sinken wieder –
Wenn eigne Schuld sie zieht zur Erde nieder.

O komm' geläutert aus der heil'gen Stätte
Zurück! Es mög' der Blick in große Zeiten
Das Herz uns wärmen und das Auge weiten
Und enger schließen uns'rer Liebe Kette!
Gelobt dem teuren Vaterland aufs neue
Der Väter alte, sturmerprobte Treue!«

[12] *Hans v. Schubert*, damals Lehrer am »Rauhen Haus« in Hamburg, später Professor für Kirchengeschichte in Straßburg und Kiel, hielt am 22. 3. 1888 eine Gedächtnisrede zur Trauerfeier im »Rauhen Haus« für Kaiser Wilhelm I. (Hamburg 1888), 6 f. und 15

»... Als der Frühling jenes Jahres 1797 kam, da sandte Gott unserem Volke den Mann, der ihm helfen sollte: Am Frühlingsanfang, den 22. März, schenkte er dem Könige Friedrich Wilhelm III. von Preußen und seiner Gemahlin, der Königin Louise, einen Sohn, unseren Kaiser Wilhelm. Frühlingsanfang war damit in Wahrheit für ganz Deutschland angebrochen. Das ist die Hauptbedeutung des verstorbenen Heldenkaisers, daß er *als ein Werkzeug in der Hand des Allmächtigen die Arbeit seiner großen Vorfahren vollendet und das Haus des neuen Deutschland fertig gebaut hat.*« (15 f.) »... Was ist *jetzt* der Deutsche Kaiser? Mit Bismarcks eigenen, in diesen Tagen gefallenen Worten geredet: Der gefürchtetste und, wie wir hinzufügen dürfen, der verehrteste Monarch der Welt. Was sind die deutschen Fürsten und

Herren? Eine Schar treuer einmütiger Helfer bei der Kriegs- und Friedensarbeit am Reich, zum Teil Marschälle und Helden des Reiches, alle gemeinsam trauernd an der Bahre ihres Kaisers. Was ist das deutsche Volk? Ein großer Verband von Brüdern, die sich die Hände reichen und ihre unverbrüchliche Zusammengehörigkeit erkannt haben, von der Maas bis an die Memel, von den Alpen bis zum Belt, hervorragend im Handel und Industrie, Meister in Kunst und Wissenschaft. Was ist also die Germania? Wiederum die stolzeste Frau, die mit der Krone ob dem Haupte, dem Schwert in der Hand weit über die Lande schaut, vom Niederwald aus nicht nur über den *deutschen* Rhein und nach Frankreich hinein, sondern über die Erdteile allüberallhin Friedenswacht haltend und Ehrfurcht gebietend. Das alles danken wir dem entschlafenen Kaiser... Wie entrichten wir unsere Dankesschuld?... Auch wir sollen aus dieser Feierstunde das Gelübde mit fortnehmen, dem Vaterland uns zu ergeben mit Herz und mit Hand und ihm zu sterben und zu leben, dem teuren Vaterland! Das walte Gott!«

[13] Aus einer Predigt von Professor *Willibald Beyschlag* mit dem Titel: Unsere öffentliche Freiheit im Lichte des Wortes Gottes. In: Erkenntnißpfade zu Christo. Auswahl academischer Predigten (Berlin 1877), 1 ff.

(AaO. 4:) »... Darum segnen wir auch die engen, bevormundenden Schranken, in denen vordem unser deutsches Volksleben großgezogen worden ist, aber nur insofern sie selbstlos, väterlich auf eine Erziehung zur Freiheit hinausliefen: Wären sie anders geartet, despotisch gewesen wie bei anderen Völkern, unser Volk wäre wie andere in ihnen verkommen; denn noch nie hat sich ein Volk in sittlicher Kraft und Gesundheit behauptet, dem die öffentliche Freiheit und der Trieb nach ihr auf die Dauer gefehlt hat...

(8:) Hier, meine Freunde, liegt die Lösung für die schweren Probleme der Gegenwart. Gesetze und Ordnungen, so gut und so not sie sind, werden's nicht zwingen, daß die Freiheit nicht zum Deckmantel der Bosheit werde; die Freiheit bedarf der Weihe, der Heiligung von innen heraus. Eine innerlich bindende, innerlich leitende heilige Geistesmacht muß durch das Leben der Gesellschaft hindurchgehn, um so mächtiger, je freier dieselbe organisiert ist, damit die Gewissensfreiheit sich reime mit der Gottesfurcht, die Freiheit der Rede sich zügele durch das innere Gesetz der Gerechtigkeit, der Wahrhaftigkeit und der Keuschheit, die Freiheit der Parteien sich auflöse in den Wetteifer des Gehorsams und der Vaterlandsliebe, die Freiheit des Erwerbens und Genießens für die Gegensätze des Reichtums und der Armut die Ausgleichung finde in der brüderlichen Liebe von beiden Seiten. Wo aber wollten wir diese heilige und heiligende Geistesmacht suchen und finden als in dem alten und ewig jungen Evangelium von der Liebe Gottes in Christo? ...«

[14] *Emil Frommel:* Aus der Rede anläßlich der Ermordung des amerikanischen Präsidenten Garfield, am 26. September 1881 in der Englisch-Amerikanischen Kapelle zu Berlin. In: Segen und Trost. Reden aus dem Amte. Hrsg. von Otto H. Frommel (Berlin 1902), 223 f.

»Wir alle aber, insonderheit Ihr, meine deutschen Landsleute! wie sich einst unter unsern Füßen ein grausiger Abgrund aufgetan, wie wir ihn geschaut haben im Osten, als blutend Rußlands Kaiser sank, und jetzt am Grabe Garfields im Westen die gleichen Mörderhände, – stehen wir fest in dieser unserer Zeit und kämpfen wir mit Waffen der Wahrheit, der Liebe und des Lichts gegen die finsteren Mächte des Hasses, des Aufruhrs wider alle göttliche und menschliche Ordnung! Lasset uns hochhalten das wahrhaftige Sternenbanner der Tugenden, die in der Nacht des Volkslebens leuchten und einen besseren, kommenden goldenen Morgen verkündigen, so wie sie in dem entschlafenen Präsidenten geleuchtet. Ungeschminkte, ungeheuchelte Gottesfurcht, freies Bekenntnis unseres Glaubens, Reinheit der Gesinnung und des Charakters und Wandels, Hingabe und Selbstlosigkeit, Treue bis in den Tod! ...«

[15] *Emil Frommel:* Trauerrede über 2 Sam 7,18 am Sarge des Generals der Infanterie Hugo Grafen v. Kirchbach, den 11. 10. 1887 (aaO. 247 ff., 252)

»Ihr aber, lieben Waffengefährten und Kameraden des Entschlafenen! Es lichten sich die Reihen der treuen Kämpfer, und immer einsamer wird es um unseren königlichen Herren her, dessen treuer Diener auch in seinem getreuen Herzen in liebendem Gedächtnis steht. Vor wenig Wochen ist jener andere Held entschlafen, der die Wacht am Rhein gehalten und den letzten mutigen Schlag nach dem Feinde getan, und heute begraben wir den, dessen schönster Lorbeer jene erste kühne Waffentat war, womit er den Glanz eines gefürchteten Feindes für immer erbleichen machte, und wo die beiden Männer die Wunden schlagen mußten, da haben wir vor wenig Tagen den Dritten bestattet, der mit kunstgeübter Hand und Opfertreue die Wunden heilte, die der Krieg schlug. Aber laßt uns am ausgehenden Lichte unsrer Heimgegangenen das eigene entzünden, an der Tugend, Hingabe und Treue des heimgehenden Geschlechts entzünde sich das gegenwärtige! – Vor allem aber fehle uns das Ehrenzeichen nicht, das einzige, das von allen diesen Ehrenzeichen am Fußende dieses Sarges unserem Heimgegangenen als der leuchtende Stern in der Brust in die Ewigkeit folgen wird: jener demütige Sinn, der Gott die Ehre gibt, der nichts von eigenem Ruhme wissen, aber Gottes Ehre preisen will. ›Pietate et armis!‹, so lautet der Wahlspruch des Geschlechts unseres Entschlafenen, und das Wappen zeigt in sinniger Sage den Bach, der aus dem Heiligtum seinen Lauf nimmt, zeigt jene Wurzel unserer Kraft: ›Gott mit uns, wir mit Ihm alles, aber ohne Ihn nichts!‹ ...«

[16] *Adolf Stoecker* in seiner »Deutsch-Evangelischen Kirchenzeitung«, 1 (1887), Nr. 3, 17 zur »Lage unserer Kirche«
»Das hergebrachte Staatskirchentum hat sich überlebt. Sein Zusammenbruch in näherer oder fernerer Zeit ist gewiß; nur die Stunde desselben kann zweifelhaft sein. Eine Kirche, welche ihr Bekenntnis nicht genügend zu schützen, ihre Volkstümlichkeit kaum zu behaupten, dringende Aufgaben nicht zu lösen vermag, muß Formen suchen, die ihre Lebenserhaltung nicht hindern, sondern fördern ...«

Derselbe in der 12. Nr. desselben Blattes zum 90. Geburtstag des Kaisers Wilhelm I. (aaO. 89)
»Durch eine erleuchtete Staatskunst, ebenso kühn im Krieg und Sieg wie weise in den Werken des Friedens, ebenso bewährt in

unvergleichlichen Heldentaten wie ausgezeichnet durch die Anfänge einer sozialen Reform, hat Kaiser Wilhelm eine Stellung errungen, die jene Weltherrschaft seiner mittelalterlichen Vorgänger weit übertrifft, weil sie auf dem festen Grunde evangelischen Glaubens und deutscher Tatkraft ohne Zutun des römischen Bischofs erbaut ist. Ein Kriegsherr und ein Landesvater, jeder Zoll ein Fürst und ein Volksfreund, kriegerisch, wenn es die Ehre des Landes gebot, und doch friedlich gesinnt, weil niemals Ehrgeiz das Schwert aus der Scheide zog, der abschließende Träger der alten preußischen Traditionen und der Begründer des neuen deutschen Reiches und einer besseren Staatsidee, so hat der erste neue Kaiser der Deutschen im Verein mit Fürsten und Stämmen, durch seine Paladine und Räte unterstützt, ein wunderbares Monarchenleben geführt...«

[17] Das deutsche Volksfest. Flugblatt des Rheinisch-Westfälischen Provinzialausschusses für innere Mission nach einem Vortrag des Pastors *Friedrich v. Bodelschwingh* vom 27. 6. 1871 in Bonn

»...Es wäre nicht gut, wenn sich die Gedenkfeier auf vielerlei Tage zersplitterte. Auf *einen* hervorragenden Tag muß sich die ganze Festfreude konzentrieren. Als ein solcher Tag scheint uns der *zweite September* dazustehen; es ist der Tag, an welchem die Kunde Deutschland durchtönte: *Napoleon gefangen! Ganze Armee MacMahons hat kapituliert!* Der helle Jubel, welcher in ganz Deutschland den Arbeiter von der Arbeit, den Beamten aus der Amtsstube, den Gelehrten vom Schreibtisch wegtrieb, um diesen Tag zu einem Feiertag zu gestalten, muß bei der Wiederkehr des Tages von neuem zu seinem Rechte kommen. Am 2. September hat die Hand des lebendigen Gottes so sichtbar und kräftig in die Geschichte eingegriffen, daß es dem Volke grade bei diesem Gedenktage am leichtesten in Erinnerung zu bringen sein wird, wie Großes der Herr an uns getan hat.

Diesem Grundgedanken muß die Gedächtnisfeier vorzüglich gerecht werden. Im Anschluß an den Vorschlag von Vater *Arndt* veranstalte man am Vorabend des Festes eine Vorfeier; beim Dunkelwerden läuten die Glocken den kommenden Festtag ein; in fröhlichen Scharen zieht man hinaus auf die zunächst gelegene

Anhöhe. Dort wird ein großes Freudenfeuer angezündet; in patriotischen Liedern gedenkt man an den heißen Schlachttag vom 1. September 1870; ein kräftiges Wort erinnert an die Helden, die dort den Sieg erkämpft haben.
Am frühen Morgen des 2. September weckt Kanonendonner und Glockengeläute zum frohen Festtag. Des Vormittags sammeln sich die Krieger und ordnen sich zum festlichen Zuge –, voran die Ritter des eisernen Kreuzes. Sie ziehen unter Vortritt ihrer Offiziere durch die mit Fahnen und Laubwerk geschmückten Straßen in die Kirche oder an einen dazu hergerichteten freien Platz, geleitet von der Ortsobrigkeit, gefolgt von der Schuljugend, welche dazu bestimmt ist, in zukünftigen Tagen dem Vorbild der Väter nachzustreben. Mit Lobgesängen, abwechselnd von der ganzen Gemeinde und dem Kinderchore dargebracht, beginnt die Feier; die Rede des Geistlichen erinnert an die große Vergangenheit, ermahnt zur Demut vor dem Gott, der die Geschicke der Völker leitet nach Seinem Rat, und fordert auf zu lebendigen und heiligen Dankopfern, erinnert an die Liebespflichten gegen die Witwen und Waisen und gedenket derer, die für König und Vaterland ihr Leben geopfert haben.
Nach dieser kirchlichen Feier geht die Festversammlung auseinander. Die Familien vereinigen sich in größeren oder kleineren Kreisen um den Mittagstisch; bald danach ruft das Hornsignal die Krieger wieder zusammen. Sie sammeln sich und ziehen von neuem aus, begleitet von jung und alt, hinaus an einen freien Platz...«

[18] Aus einem geheimen Brief des Bischofs *Wilhelm Emmanuel v. Ketteler* an S. M. Kaiser Franz Joseph. Zitiert nach Fr. Vigener: Ketteler (München 1924), 493

»...Ein Deutschland ohne Österreich und ohne das Kaiserhaus ist nicht mehr Deutschland. Unsere einzige Hoffnung ist noch, daß diese Verhältnisse unmöglich von Dauer sein können. Alle unsere Hoffnungen und alle unsere Gebete werden ohne Unterlaß Ew. K. Majestät begleiten bei dem großen Werke der inneren Stärkung und Wiederherstellung Österreichs. Nur ein einiges Deutschland mit dem Erben der alten deutschen Kaiserkrone an der Spitze entspricht den wahren Bedürfnissen Deutschlands und der Stellung, die Gott ihm in der Weltgeschichte angewiesen hat.«

[19] Das *»Mainzer Journal«*, das schon vorher über den »St. Sedantag« gewitzelt hatte, 1876 über die Sedans-Feier. Zitiert nach Fr. Vigener: Ketteler, 683
»Die National–Liberalen sagen, sie feierten die Einheit Deutschlands, Kaiser und Reich usw. Das ist Geschmackssache, worüber wir hier nicht streiten wollen. Aber muß denn dies gerade am Tage von Sedan geschehen? Feiert euer Nationalfest am Tage des Frankfurter Friedensschlusses oder am Tag der Kaiserproklamierung zu Versailles oder an einem beliebigen Tage, nur nicht an dem Schlachtentage von Sedan ...«

[20] Bischof *Joseph Hubert Reinkens:* Gedächtnisrede auf Weiland Se. Majestät den Deutschen Kaiser, König von Preußen, Wilhelm, gehalten in der Kirche zu Bonn am 18. 3. 1888
Unter dem Motto von Spr 20,28:
»Als am 9. März tausende Blitze über der Erde und unter dem Meere die Kunde in alle Lande, zu allen Erdteilen trugen: Kaiser Wilhelm entschlafen!, geschah, was nie zuvor geschehen, daß unter allen gebildeten Völkern Millionen Herzen wie vom Blitze berührt, tief bewegt und erschüttert wurden und innerhalb weniger Stunden in der ganzen Welt Trauerzeichen sich erhoben. Was war denn so Wunderbares an diesem Namen? War es nicht der Name eines Menschen? ... Hatte die gewaltige Macht des Szepters das Haupt Kaiser Wilhelms mit dem Glanze göttlicher Würde umgeben, so daß die Völker ihn, wie einst den altrömischen Kaiser, den Gebieter über den Erdkreis, unter ›die Götter‹ versetzten? Das war es nicht.
Als Prinz Wilhelm – unser heimgegangener Kaiser – 18 Jahre alt, zu seiner Konfirmation im Kaiserdome zu Frankfurt am 8. Juni 1815 heilige Gelöbnisse niederschrieb, besiegelte er diese mit den Worten: ›Ich will nie vergessen, daß der Fürst doch auch Mensch – vor Gott nur Mensch ist und mit dem Geringsten im Volke die Abkunft, die Schwachheit der menschlichen Natur und alle Bedürfnisse derselben gemein hat, daß die Gesetze, welche für andere gelten, auch ihm vorgeschrieben sind und daß er, wie die

anderen, einst über sein Verhalten wird gerichtet werden.‹ Das hat er nie vergessen. Er wollte ein Mensch sein und ist es auch auf dem Throne geblieben bis zum letzten Atemzuge... Und nun betrachten wir König Wilhelm den Siegreichen. Als der noch nicht siebzehnjährige Jüngling bei Bar-sur-Aube am 27. Februar 1814 seinen heldenmütigen Ritt ausführte, der ihm das bis zum Tode ihn freuende Eiserne Kreuz eintrug, war es außer dem angeborenen Soldatenmut und der Pflichttreue wohl auch der feste Wille, für die Ehre des Vaterlandes und seiner von Napoleon beleidigten Mutter zu streiten, wodurch er allen so unerschrocken und ruhig im Kugelregen erschien. Seine Vaterlandsliebe, welche frühzeitig in ihm auch als Liebe des deutschen Volkes sich geltend machte, und infolgedessen das nationale Ehrgefühl, welches in keinem Deutschen größer sein konnte, hat Gottes Weisheit benutzt, um ihn zu den großen Zielen zu führen. Als der Ruf nach Einigung Deutschlands im Jahre 1848 aus dem Herzen des Volkes zwar, aber ungestüm ertönte, ersehnte wohl kein Deutscher die Einheit aufrichtiger wie der damalige Prinz von Preußen. Aber er wurde verkannt; doch blieb er menschenfreundlich. Den Weg der Revolution und Anarchie hielt er nicht für den richtigen zur Einheit. Die Anarchie schlug er als Feldherr nieder. Aber wer ahnte damals, daß er gerade, indem er dies tat, die Kräfte wog und das Beispiel gab, um das Vaterland zu einigen? Im badischen Feldzuge bewunderten die Truppen schon seinen Heldensinn, seine Treue und seine Güte. Selbst in Entbehrungen vorangehend, prüfte er die Pflege der Soldaten einzeln, kostete ihre Speisen und sorgte für sie...

Groß war der Heldenkönig, größer erscheint uns jetzt der Friedenskaiser und Vaterlandsfreund... Das schöne Deutsche Reich, Alldeutschland war nicht leicht errungen, schwerer schien es, dasselbe zu erhalten; meinte doch ein weitblickender und besonnener Feldherr, die Erhaltung erfordere einen zweiten noch gewaltigeren Krieg mit Frankreich. Aber Kaiser Wilhelm sprach: Das Deutsche Reich ist ein Friedensreich. Güte und Treue werden es behüten. Und als er mit seinem großen Kanzler die Gedanken des Friedens austauschte, da ward daraus ein Schwur für den Weltfrieden. Nun hieß es: Das Deutsche Reich ist *das* Friedensreich für die Völker...

Ungerecht war Napoleons Kriegserklärung, die Majestät unseres Königs beleidigend. Als aber Napoleon ihm den Degen übergeben mußte, waren ihm die Tränen nahe. Dem Einflusse der französischen Kaiserin schrieb er den Ausbruch des Kriegs zu; aber ihre Schicksalsschläge rührten sein Mitleid. Wer erinnert sich nicht der Siegesnachrichten an Ihre Majestät die Königin Augusta? Nicht eine einzige hat er gesandt, wie gering die Zahl der Worte auch war, ohne daß er Gott, dem Herrn der Schlachten, die Ehre gegeben hätte. Und seine Frömmigkeit war die einfachste, er war fromm wie ein Kind, kannte die Religion nur als Freundin der Wahrheit und als Friedensstifterin. Die Kölner Domtürme waren ihm ein herrliches Denkmal, ›durch des Allmächtigen Gnade *Frieden* verheißend auf allen Gebieten‹ ...

Vor einem halben Jahrhundert hatte man über Nacht auf das Schloß, welches der Prinz von Preußen bewohnte, mit revolutionärer Hand geschrieben: ›Nationaleigentum‹. Am 3. Januar 1849 sprach er zu einer Deputation des 31. Stadtbezirkes: ›Sie alle, meine Herren, haben die Worte gelesen, die an diesen Mauern standen. Das ist kein Nationaleigentum, das sind tote Wände.‹ Dann zeigte er auf sein Herz und fuhr fort: ›Das ist das wahre Nationaleigentum, und hierher gehören diese Worte.‹ Zu diesem Nationaleigentume, das sich bis zum letzten Pulsschlag als das kostbarste erwiesen, haben uns alle anderen Nationen beglückwünschen müssen, und es hat uns unzählbare Zinsen hinterlassen, die uns nicht genommen werden. Und nicht das Kleinste ist, daß daraus ein Kapital von nationalem Ehrgefühl geworden ist, dem die Achtung der ganzen Welt vor dem deutschen Namen, vor deutschem Erwerb und Eigentum zu Wasser und zu Lande entspricht ...

Der entschlafene Heldenkaiser aber sei gesegnet und sein Werk und Andenken ein bleibender Segen für das deutsche Kaiserreich unter unserm geliebten Friedenskaiser Friedrich! Tief bewegt blicken wir dem Verklärten nach. Seine hochgepriesene Mutter drückte dem geliebten Kinde einst einen Kornblumenkranz aufs Haupt, was ihm zeitlebens eine Herzensfreude blieb; seine Nation, ja die ganze gebildete Bevölkerung der Erde hat ihm einen weithin glänzenden Ruhmes-Sternenkranz um das ehrwürdige Greisenhaupt gewunden; wir hoffen, daß Gott ihm, der den guten Kampf gekämpft, den Lauf vollendet, den Glauben bewahrt, die unendlich wertvollere Krone der Gerechtigkeit gegeben hat (2 Tim 4,7–8). Amen!«

[21] »Die Reformation«, Deutsch-Evangelische Kirchenzeitung für die Gemeinde, 13 (1914), 377 f. unter der Rubrik »Wochenschau« von *Martin Kiehr* zum Ausbruch des Weltkriegs

»Wer in der Nacht vom Sonnabend, den 25., und in der Nacht vom 26. in Berlin ›Unter den Linden‹ gestanden hat, der hat es miterlebt, wie der starke, energische Schritt Österreich-Ungarns eine Erlösung in das deutsche Volk gebracht hat, ein Aufatmen, ein stolzes Aufblicken. Vergeblich schrien die Sozialdemokraten ihren ›Vorwärts‹ aus mit ›dem faulsten Frieden, der immer noch besser sei als der Krieg‹. ›Deutschland, Deutschland über alles‹, rauschte es in den Straßen. ›Hoch Österreich!‹ jubelte die Menge. Das war das deutsche Volk. Wie *ein* Mann stand es auf, seinem Bundesgenossen zu danken, zu danken in donnernden Jubelrufen. Und siehe da: Der furor germanicus fuhr in die Feinde. Der ›Matin‹ mit seiner Kriegshetze fiel angeblich um und appellierte an den deutschen Kaiser.

Über Österreich-Ungarn zogen düstere Wolken: Die Welt sah hämisch und höhnisch auf ›das kranke, zersplitterte Volk‹. Da! ein Riesenschatten legte sich über das Land; der Schatten der Helden Österreichs. Da stand der alte Radetzki ehern vor dem Haus des Kriegsministeriums, und hinauf zu ihm klang sein Marsch, und das Lied vom Prinzen Eugen erwachte. Machtvoll, allgewaltig schmiedete das Schicksal ein einig Österreich. Das düstere Gewölk zerfließt am Himmel, und siegreich geht die Sonne auf, die Sonne von Österreichs Ruhmestagen. ›Österreich wird ewig stehen‹, jubelt es gen Himmel. Und die ungarischen Fürsten und Grafen huldigten ihrem König, ergriffen die Waffen und traten ins Glied. Graf Tisza, der vielgehaßte, wird zum Helden seines Volkes. Ohne Groll ziehen die tschechischen Reservisten in ihre Garnison – für ihr Vaterland, *ihr* Österreich. ›Ich hatt' einen Kameraden‹ – in Wien und Berlin klingt es in den Straßen. Sie wissen, beide Völker, daß sie einen Freund haben aneinander. Alles kleinliche Gezänk geht unter. Einig war auch die bürgerliche reichsdeutsche Presse – von der ›Kreuzzeitung‹ bis zum ›Berliner Tageblatt‹. Das ist Gesundung! Dank dir, Österreich–Ungarn, daß du der Welt gezeigt hast, wie stark und einig du bist, daß du uns Reichsdeutschen den Tag gegeben hast, da wir zeigen konnten, daß wir ein einig Volk von Brüdern [sind] und niemand fürchten denn Gott, daß du die Ehre des Deutschtums in der Welt nach langem, bedächtigem Wagen kraftvoll gerettet hast! ...

Unser Kaiser hat für den Frieden getan, was er konnte. Vor mir liegt ein Extrablatt: Der Kaiser hat den Kriegszustand erklärt, Rußland hat mobilisiert. Wohlan! Mag kommen, was da kommen mag! Schlag zu, Österreich–Ungarn, wir Deutschen halten treulich Wacht an Weichsel und Rhein! Und wenn der Feind den Krieg will: Laß flattern, Deutschland, deine Fahnen! Und geh mit uns in den Kampf, altes starkes Wort: *Mit Gott für König und Vaterland! ... Gott der Herr sei mit unserem Volke und rüste es, das äußerlich so ausgezeichnet gewappnete, aus mit der inneren Stärke und Schlagfertigkeit, mit dem Geist gläubigen Gottvertrauens und demütiger Buße. Laßt uns, die wir nicht kämpfen, unsere friedlichere Art vaterländischer Pflichten treu erfüllen und besonders die Waffen des Gebetes unermüdlich und wirksam brauchen. Gott handle auch im Gericht gnädig mit unserem Volk. Er sei mit uns, wie er mit unsern Vätern* und *Vorvätern war, und verleihe Deutschlands Waffen glorreichen Sieg!*«

[22] Die »kirchliche Chronik« Professor *Otto Baumgartens* in der »Evangelischen Freiheit« zum Kriegsausbruch 1914, 315

»Der einmütige *Reichstagsbeschluß* vom 4. August, ein großer Tag, der unsern Glauben an unseres Volkes innerste Gesundheit neu gestärkt hat. Im Grunde haben *wir* ja nie gezweifelt an der Staats- und Volkstreue weder der nicht deutschredenden Minoritäten noch der international fühlenden Proletarier. Wir haben nie daran gezweifelt, daß die eiserne Disziplin des preußischen Heeres und der uns allen anerzogene Ordnungssinn zusammen mit der starken Heimatliebe all die ›vaterlandslosen Gesellen‹ im Ernstfalle doch ans deutsche Wesen fesseln würden ...

Seltsam, kaum einer zweifelte am Sieg der deutschen Waffen ...

Es zeigte sich in diesen Tagen doch im deutschen Volke oben und unten ein unverwüstlicher Rest religiösen Glaubens an eine Weltordnung, die nicht zulassen kann, daß der ungerecht Angefallene bei der Verteidigung seines heiligen Rechtes zu Fall kommt...«

[23] Aufruf »an die evangelischen Christen im Auslande« in der »Allgemeinen Evangelisch-Lutherischen Kirchenzeitung« vom 4. September 1914, 843 f. und in der »Christlichen Welt« 1914, 464

»Unser Volk könnte nicht mit so reinem Gewissen in diesen Kampf ziehen, wenn nicht führende Männer seines kirchlichen, wissenschaftlichen und wirtschaftlichen Lebens sich so vielfältig darum bemüht hätten, diesen Brudermord unmöglich zu machen...

Wenn diese Gemeinschaft jetzt heillos zerbrochen ist, wenn die Völker, in denen Mission und Bruderliebe eine Macht zu werden begannen, in mörderischem Kriege durch Haß und Verbitterung verrohen, wenn in den ... Protestantismus ein schier unheilbarer Riß gebracht ist, wenn das christliche Europa ein edles Stück seiner Weltstellung einbüßt, wenn die heiligen Quellen, aus denen seine Völker Leben schöpfen und der nichtchristlichen Menschheit darreichen sollten, verunreinigt und verschüttet werden –

so fällt die Schuld hieran, dies erklären wir hier vor unseren christlichen Brüdern des Auslandes mit ruhiger Gewißheit, *nicht auf unser Volk.* Wohl wissen wir, daß Gott durch dies blutige Gericht auch unser Volk zur Buße ruft, und wir freuen uns, daß es seine heilige Stimme hört und sich zu ihm kehrt. *Darin aber wissen wir uns mit allen Christen unseres Volkes einig, daß wir die Verantwortung für das furchtbare Verbrechen dieses Krieges und alle seine Folgen für die Entwicklung des Reiches Gottes auf Erden von unserem Volk und seiner Regierung abweisen dürfen und müssen. Aus tiefster Überzeugung müssen wir sie denen zurückschieben, die das Netz der Kriegsverschwörung gegen Deutschland seit langem im verborgenen arglistig gesponnen und jetzt über uns geworfen haben, um uns zu ersticken...*

Missionsdirektor Lic. K. Axenfeld (Berlin), Oberverwaltungsgerichtsrat D. M. Berner (Berlin), Oberkonsistorialpräsident D. H. v. Bezzel (München), Pastor Friedr. v. Bodelschwingh (Bethel bei Bielefeld), Prof. D. Ad. Deißmann (Berlin), Oberhofprediger D. E. Dryander (Berlin), Prof. Dr. R. Eucken (Jena), Prof. D. Ad. v. Harnack (Berlin), Prof. D. Gottl. Haußleiter (Halle), Missionsdirektor P. O. Hennig (Herrnhut), Prof. D. W. Herrmann (Marburg), Generalsuperintendent D. Th. Kaftan (Kiel), Generalsuperintendent D. Fr. Lahusen (Berlin), Pastor Paul Le Seur (Berlin), Prof. D. Friedr. Loofs (Halle), Prof. Dr. C. Meinhof (Hamburg), Prof. D. C. Mirbt (Göttingen), Ed. de Neufville (Frankfurt a. M.), Missionsdirektor D. C. Paul (Leipzig), Bankdirektor D. Wilh. Freiherr v. Pechmann (München), Prof. D. Jul. Richter (Berlin), Max Schinckel (Hamburg), Direktor der Deutsch-Evangelischen Missionshilfe A. W. Schreiber (Berlin), Direktor D. F. A. Spiecker (Berlin), Missionsinspektor D. Joh. Warneck (Bethel bei Bielefeld), Prof. D. G. Wobbermin (Breslau), Prof. Dr. Wilh. Wundt (Leipzig).«

[24] Kaiser *Wilhelm II.* bei der Potsdamer Rekrutenvereidigung 1891. Zitiert bei George W. F. Hallgarten: Imperialismus vor 1914. 2. Bd. (München 1951), 166
»Rekruten! Ihr habt jetzt vor dem geweihten Diener Gottes und angesichts dieses Altars Mir Treue geschworen. Ihr seid noch zu jung, um die wahre Bedeutung des eben Gesprochenen zu verstehen; aber befleißigt euch zunächst, daß ihr die gegebenen Vorschriften und Lehren immer befolgt ... Es gibt jetzt für euch nur einen Feind, und der ist Mein Feind. Bei den jetzigen sozialistischen Umtrieben mag es vorkommen, daß Ich euch befehle, eure eigenen Verwandten, Brüder, ja Eltern niederzuschießen – was ja Gott verhüten möge –, aber auch dann müßt ihr Meine Befehle ohne Murren befolgen.«

[25] Erlaß des *Kaisers* im Landesbetgottesdienst, am 5. August 1914 von den Kanzeln verlesen (EF 14 [1914], 290)
«... Ich bin gezwungen, zur Abwehr eines durch nichts gerechtfertigten Angriffs das Schwert zu ziehen und mit aller Deutschland zu Gebote stehenden Macht den Kampf um den Bestand des Reiches und unsre nationale Ehre zu führen. Ich habe Mich während Meiner Regierung ernstlich bemüht, das deutsche Volk vor

Krieg zu bewahren und ihm den Frieden zu erhalten. Auch jetzt ist es Mir Gewissenssache gewesen, wenn möglich den Ausbruch des Krieges zu verhüten; aber Meine Bemühungen sind vergeblich gewesen. Reinen Gewissens über den Ursprung des Krieges, bin Ich der Gerechtigkeit unsrer Sache vor Gott gewiß. Schwere Opfer an Gut und Blut wird die dem deutschen Volke durch feindliche Herausforderung aufgedrungene Verteidigung des Vaterlandes fordern. Aber Ich weiß, daß Mein Volk auch in diesem Kampf mit der gleichen Treue, Einmütigkeit, Opferwilligkeit und Entschlossenheit zu Mir steht, wie es in früheren Tagen zu Meinem in Gott ruhenden Großvater gestanden hat. Wie Ich von Jugend auf gelernt habe, auf Gott den Herrn meine Zuversicht zu setzen, so empfinde Ich in diesen ernsten Tagen das Bedürfnis, vor Ihm Mich zu beugen und Seine Barmherzigkeit anzurufen. Ich fordere Mein Volk auf, mit Mir in gemeinsamer Andacht sich zu vereinigen und mit Mir am 5. August einen außerordentlichen allgemeinen Bettag zu begehen. An allen gottesdienstlichen Stätten im Lande versammle sich an diesem Tage Mein Volk in ernster Feier zur Anrufung Gottes, daß Er mit uns sei und unsre Waffen segne. Nach dem Gottesdienst möge dann, wie die dringende Not der Zeit es fordert, ein jeder zu seiner Arbeit zurückkehren.«

[26] Oberhofprediger *Ernst v. Dryander* schildert den Jerusalembesuch des Kaiserpaares 1898 folgendermaßen in: Erinnerungen aus meinem Leben (Bielefeld ²1922), 236:
»Die Gemeinde von Jerusalem und die braunen Beduinen von Bethlehem und Betschala bis zum letzten Mann waren bereits im Gotteshause. In der brennenden Sonne drängte sich alles in den schmalen Schattenstreifen des Muristan. Präsident *Barkhausen* übergab den Schlüssel, der Kaiser öffnete – mit dem einzig möglichen Liede grüßte uns die Musik der Hohenzollern: ›*Tochter Zion, freue dich, sieh, dein König kommt zu dir.*‹ Er war zugegen in seinem Geiste. Es kommt bei jeder Feier viel darauf an, daß irgendein Höhepunkt wie ein elektrischer Funke alles emporhebt. Hier lag er am Anfang. Als die Trompeten und Posaunen, begleitet von allen Stimmen der herrlichen neuen Orgel den dritten Vers anstimmten und die Gemeinde einfiel: ›*Hosianna, Davids*

Sohn, seht, er kommt, ein König mild‹ – da war es um mich geschehen. Wie auf Flügeln schritt ich von dem Vizepräsidenten des Evangelischen Oberkirchenrats D. Frh. v. der *Goltz* und dem Generalsuperintendenten von Sachsen, D. *Holtzheuer*, assistiert, zum Altar, und der Gottesdienst nahm mit dem 100. Psalm und der Predigt über das Doppelwort Matth 21,42 und Kor 3,11 [sic!], das die Majestäten in die Altarbibel geschrieben hatten, seinen Anfang. Die Akustik zwang, langsamer zu reden, als vorgesehen war, die Predigt des Gemeindepfarrers nahm noch weniger Rücksicht auf die erheblich gestiegene Temperatur. Demütig kniete der Kaiser nieder. Als er sich nach dem Weihegebet von den Knien erhob und die schon zitierte Urkunde [zur Einweihung der Erlöserkirche] verlas, war alle Ermattung vergessen – es war eine einzig schöne und große Stunde, als tausendstimmig das Luther-Lied zu dem Gelübde des Kaiserhauses: *›Ich und mein Haus, wir wollen dem Herrn dienen‹* die Antwort gab und die Feier schloß, deren Eindrücke wir am Abend bei einem großen Beisammensein aller Beteiligten im kaiserlichen Zeltlager noch einmal im lebendigen Austausch durchlebten ...«

[27] *Wilhelm II.* träumt von Maria (CdcW 1915,28):
»Nach der ›Gazeta Czenstochowska‹ erschien ein an die Polen gerichteter Aufruf S. Majestät: ›*Polen!* Ihr erinnert euch sicherlich, wie in einer gewissen Nacht die Glocke des heiligen Klosters zu Jasna Gora ohne menschliches Tun zu läuten anfing. Damals begriffen alle Treuen, daß ein großes und ernstes Ereignis stattfinden wird. Dieses Ereignis war mein Entschluß, den Krieg mit Rußland anzufangen, damit ich dem Polenlande sein heiliges Recht zurückerstatte und seine hochzivilisierten Gaue mit Deutschland vereinige. Ich hatte einen wunderlichen Traum: Die heilige Jungfrau Maria ist mir erschienen und hat mir geboten, das Kloster vor drohender Gefahr zu retten. Sie sah mich mit tränenden Augen an, und so habe ich mich entschlossen in jener Stunde, ihren göttlichen Wunsch zu erfüllen. Wisset dies, ihr Polen, und verhaltet euch zu meinen Soldaten wie zu Brüdern und Befreiern. Wisset auch, daß diejenigen, welche mit mir sind, reichlich belohnt sein werden, diejenigen aber, welche gegen mich sind, werden vernichtet. Mit mir ist Gott und die Jungfrau Maria.

Sie ist es, die Deutschlands Schwert hoch emporhob, um das *Polenland* zu retten! Wilhelm I. R.«

[28] Oberhofprediger *Bruno Doehring:* Trostworte für die Witwe eines gefallenen Kriegers. In: Bruno Doehring: Ein' feste Burg. Predigten (Berlin 1915), 159 f.
»... – – er ist tot. Du siehst, wir verschließen uns der Schwere dessen nicht, das du trägst. Und doch: Wir preisen dich glücklich. Glücklich nicht in jenem seichten Sinne, den dies Wort in der hinter uns liegenden langen Friedenszeit sehr zu seinem Schaden erhalten hat... Die größte Stunde deines Lebens hat geschlagen. Es kommt darauf an, daß du ihr gewachsen bist... Wer sich als ein Kind Gottes weiß, für den heißt sterben: zu Gott gehen. Und fürs Vaterland sterben heißt: von den vielen Wegen, auf denen Gott die Seinen zu sich rufen kann, den begnadetsten haben gehen dürfen. Fängst du an zu verstehen, warum wir dich glücklich preisen? Einmal, weil dein Mann zu Gott gegangen ist, und sodann, weil er auf dem schönsten aller Wege zu ihm zu gehen gewürdigt ist... Gott und Vaterland! Sie forderten ihn von dir. Wem hättest du ihn wohl lieber gegeben? – ...«

[29] *Ernst v. Dryander:* Evangelische Reden in schwerer Zeit. 3. H. (Berlin 1919), 28 f.: *Weihnachtsansprache* 1914 über Lk 2,10
»›Der Haß‹, sagt ein Ethiker, ist die Grundsünde im Leben der Nationen. ›Nicht nur in denen, die dem Evangelium fernstehen, auch in Christenherzen lodern heute diese düsteren Flammen. Wer von uns, der eine Empfindung für das schreiende Unrecht kennt, das unserem Volke angetan ward, hätte nicht gegen ihn zu kämpfen. Aber der Herr der Herrlichkeit ladet sie alle ein – Russen und Engländer, Deutsche und Franzosen, Slawen, Romanen und Germanen – wer ihnen den Platz weigert, der schließt vor dem Herrn das Herz zu und schließt sich selbst damit von der Heilandsgnade aus. Auch die Nationen sind aufeinander angewiesen, wie in einem Volk der Einzelne auf das Volksganze angewiesen ist. Wenn wir auch nicht das Schwarze weiß nennen können und bis zum letzten Atemzuge gegen die Lüge ankämpfen müssen, die unsere heilige Sache beflecken will, ebenso ernst

wollen wir es angesichts des Weihnachtsevangeliums mit der Aufgabe nehmen zu zeigen, daß die Liebe Christi, die eine Menschenseele durchdringt, stärker ist als der Haß der Völker und die Brutalität der Politiker ...«

[30] *Wilhelm II.* und die Feldgeistlichkeit (CdcW 1916, 272)
»Vergangenes Frühjahr hat *der Kaiser* eine größere Zahl von Feldgeistlichen des Westens im Großen Hauptquartier empfangen und eine *pastoraltheologische Ansprache* an sie gehalten. Deren Inhalt gibt jetzt in der ›Vossischen Zeitung‹ ein Divisionspfarrer dahin bekannt: Es ist eine Zeit der Sichtung. Der Weltkrieg scheidet die Spreu vom Weizen. Sie, meine Herren, haben die Aufgabe, daran zu arbeiten, daß das deutsche Volk lernt, sich auf sich selbst zu besinnen und diese Zeit als Prüfungszeit hinzunehmen. Es gilt, das Leben als Prüfung zu erkennen. Wir brauchen praktisches Christentum, die Beziehung unseres Lebens auf die Persönlichkeit des Herrn. Nehmen Sie ihn einfach nach dem, was er gesprochen und getan hat. Meine Herren! Wie fesselnd und fabelhaft vielseitig ist diese Persönlichkeit! Man muß sich nur gründlich mit ihm beschäftigen, man muß mit dem Herrn leben. Denken Sie sich, der Herr träte in dem Augenblick in die Türe, könnten wir ihm in die Augen sehen? Mit Spazierengehen in die Kirche alle acht Tage einmal ist es nicht getan. Man muß sich täglich mit dem Herrn beschäftigen. Er muß zum Maßstab für die Praxis des Lebens werden. Nehmen Sie sich immer wieder vor, die Worte des Herrn für das alltägliche Leben nutzbar zu machen! Die Person des Herrn, die jetzt ganz entscheidend, vielleicht richtend durch die Welt schreitet, sollen Sie uns achten lehren! Sie sollen sie vergegenwärtigen, neu zeigen. Jedenfalls wird der größte Gewinn für unser Volk sein, daß es den Blick für den Herrn zurückgewonnen hat, daß es begriffen hat, man kommt ohne ihn nicht aus, man muß mit ihm rechnen.‹ Der Kaiser sprach von dem, was das deutsche Volk um den inneren Gewinn des Krieges bringen könnte, die Passion zum Nörgeln und Kritisieren. Ich habe mir oft durch den Kopf gehen lassen, wie dem abzuhelfen sei. Es ist nichts zu machen durch Bevormundung, durch Befehle und Gesetze. Es muß von innen heraus kommen, von außen kommt es nicht. Man muß innerlich ausgeglichen

sein. Dann hat man ein Gleichgewicht in schlimmen Tagen und, was oft noch schwerer ist, in guten Tagen. Ich habe den Eindruck, daß die Menschen, die jetzt in den Schützengräben liegen, zu Hause anders sein werden. Prägen Sie ihnen ein, sie sollen das, was ihnen jetzt durch Kopf und Herz gegangen ist, in die Zukunft mitnehmen. Ich bin voll Stolz auf Heer und Volk: Man muß doch sagen, unser Volk ist groß. Daß es, ohne zu murren oder mit der Wimper zu zucken, sich für eine große Sache eingesetzt hat und sich dafür opfert, das ist vom Herrn unserem Volk gegeben. Grüßen Sie die Leute draußen, prägen Sie ihnen ein festes Gottvertrauen ein!«

[31] *Ernst v. Dryanders* Erinnerung an den 4. August 1914. In: Erinnerungen aus meinem Leben. Aus der Kriegsarbeit, 276

»Für mich steigerte es sich in dem großartigen Gottesdienst im Dom zur *Eröffnung des deutschen Reichstags* vom 4. August mit dem Glaubenswort des Paulus: ›Ist Gott für uns, wer mag wider uns sein?‹ Ich durfte vor den Gliedern des königlichen Hauses, den bis weit in die Kreise der Linken hinein versammelten Volksboten, Heerführern und Vertretern der Reichsleitung im Sinne aller aussprechen: ›Wie ein plötzlicher Gewittersturm über der sonnigen Landschaft hat sich über uns die dunkle unheilschwangere Kriegswolke geballt, und schon zucken die Blitze. In geradezu unerhörtem Frevelmut ist uns ein Krieg aufgezwungen, für den die denkende Vernunft vergeblich nach den zureichenden Gründen fragt. Mit unermüdlicher Sorge hat unser Kaiser versucht, der Welt namenloses Elend zu ersparen. Es war vergeblich! Der Würfel ist gefallen. Die Mobilmachung ist erklärt!‹ Niemand hat diesen Gedanken je widersprochen; niemand konnte widersprechen. Und in der Gewißheit, daß nicht die Gerechtigkeit unserer Sache, so hoch sie uns über jedem Zweifel stand, sondern Gott allein uns den Sieg verbürge, klang die Predigt aus in der Mahnung, daß Gott nur mit uns sei, *wenn* und *weil* wir mit ihm sind ... In iedem schien das Wort seines Kaisers widerzuklingen: ›Mit *reinem Gewissen* und mit *reinen Waffen* ziehen wir in den Kampf.‹«

[32] *Ernst v. Dryander* auf Reisen an der *Ostfront*. In: Erinnerungen aus meinem Leben, 289 f.
»... befanden wir uns in den Empfangsräumen des Hauptquartiers und gegenüber *Seiner Majestät dem Kaiser.* ›Was? Sie hier unter den Helden?‹ fragte er mich überrascht, akzeptierte aber freundlich meine scherzhafte Erwiderung, daß ich glaubte, mich auch unter die Helden Seiner Majestät rechnen zu dürfen. Es waren gerade die österreichischen Siege bei *Asiago* und *Assiero* erfochten. Bei der Tafel nimmt der *Kaiser* das Wort. Alle Kriegsschauplätze durchnehmend, findet er inmitten seiner Generale und Offiziere ganz hervorragende Worte. Hinreißend schildert er die sittliche Kraft, die Frömmigkeit, die Zuversicht des Heeres, von der er tiefe Eindrücke empfangen habe, mit der Gewißheit: Unsere Sache ist Gottes Sache. Es war ein großer Augenblick, *diesen* Kreis voller Begeisterung, durch die Siegesnachricht gehoben, dem obersten Kriegsherrn zujauchzen zu hören.«

[33] Domprediger *Gerhard Tolzien,* Schwerin: Die Tragik in des Kaisers Leben. Eine deutsche Zeit– und Kriegsbetrachtung. Feldausgabe der Gesamtauflage 125 000 (Berlin 1915), 7
»Bei Goethe war es das ›Alles–wissen–wollen‹, das ihm Schmerzen schuf, *beim Kaiser ist es das ›Alles–beglücken-wollen‹*. Nie bestieg ein deutscher Kaiser, auch Joseph II. nicht, den Thron seiner Väter mit so hohen Idealen, mit so begeisterten Plänen, mit so leuchtenden Zielen wie Wilhelm II. Von Gott auf seinen Platz gerufen, wollte er seinem Volk ein Führer sein zu den Höhen des Menschtums, zu Wohlstand und Zufriedenheit, zu Bildung und Gesittung, zu Gebet und Gottvertrauen. Alles an dem Wollen dieses Kaisers ist gut und rein, schön und edel, warm und freundlich. Aber auch stark und stürmisch, und zwar um so mehr, als zu dem Wollen hinzukommt auch der Glaube an das Können, und zwar das Können aus eigenster Person.«
Die »Tragik in des Kaisers Leben« besteht nun darin, daß er »der Friedenskaiser sein, und zwar der christliche« (15) Friedenskaiser sein wollte und durch die Bosheit der Feinde in den Krieg hineingezwungen wurde. »Ihm widerstrebte es, damit zu rechnen, daß er besser, edler sei als sie.
Wie haben sie ihn getäuscht! Wie haben sie ihn behandelt! Wie

haben sie ihn verraten! Selbst der eigene Bundesgenosse! ...« (16)
»Und dann England! England! England verdient eine Abhandlung für sich. England ist das Volk, das in der Welt das Wort ›Gentleman‹ geprägt hat, dies Wort, das so viel Nobles mit wenig Buchstaben umschließt, so viel, daß man es mehr nur fühlen als sagen kann. Laßt euch nicht täuschen! Schlagt die Bibel auf! Die Schlange ist die erste, die in der Welt das Wort ›Gott‹ ausspricht. England ist der Mephistopheles in der ganzen Tragödie. Richard III. konnte nur ein Engländer sein, und England ist heute wie ein einziger Richard III. ... « (19)

[34] Der *Evangelische Oberkirchenrat* in Berlin am 11. August 1914 an die Geistlichen und Gemeinde-Kirchenräte (CdcW 1914, 437)
»Mit hoher Freude sehen alle, die unser Volk lieb haben, wie unter der Not des mit ungeheuerem Frevelmut uns aufgezwungenen Krieges das religiöse Bedürfnis in unseren Gemeinden erwacht. Gotteshäuser und Gottesdienst füllen sich. Scheinbar erstorbene Glaubensfunken leuchten wieder auf. An vielen Orten sind die Heerespflichtigen unter Fürbitte der Gemeinde zur Armee gezogen. Man fühlt: Gott spricht in der Not der Schlachten zu unserm Volke. Und Gott sei Preis: Unser Volk findet seinen Gott wieder und spricht zu ihm als seinem Hort und seiner starken Zuflucht. Man kann sagen: Ein Feld weiß und reif zu einer Geisteserernte liegt vor uns!«

[35] Die Beurteilung Englands durch den *Evangelischen Preßverband für Deutschland* (CdcW 1914, 468 ff.)
»England hat von jeher besonderen Wert darauf gelegt, als eine christliche Nation angesehen zu werden ... Dieses christliche England hat um schnöder Habsucht willen einen Weltkrieg heraufbeschworen. England hat seine Stammesbrüder verraten und hat japanischem Raubgesindel die Leiter gehalten, damit es in deutschen Besitzstand einbrechen kann ... Hieraus ergibt sich die schwerste Anklage gegen England. Eine Anklage, die nicht nur die Weltgeschichte, sondern die Ewigkeitsgeschichte gegen Eng-

land erhebt. England hat durch sein unchristliches Handeln den ehrlichen Christennamen vor aller Welt geschändet. England trifft der Fluch, wenn jetzt die schwarze und braune und gelbe Rasse im Verein mit allen Atheisten und Christentumsfeinden mit Fingern auf alle Christen weisen und sagen: ›Seht! So sind die Christen!‹ Vom asiatisch-barbarischen Rußland und vom atheistischen Frankreich haben wir nichts erwartet, aber Englands Schande schändet die christliche Weltmission. Wird es ihm wohl je gelingen, die Blutschuld von sich abzuwaschen?«

»Die italienischen *Waldenser*, die Schützlinge der Engländer, beurteilen den Krieg durchaus nach englischem Maßstab...; das Blatt ›La Luce‹ hat den deutschen ›Kriegs-Buß- und Bettag‹ für eine horrende Profanation, ja für eine unerklärliche Gotteslästerung erklärt, unsern für den Sieg seiner braven Truppen betenden Kaiser in eine Linie mit den zur Madonna betenden Briganten und Mördern gestellt.«

[36] Die Grußadresse des *Deutsch-Evangelischen Kirchenausschusses* zum Geburtstag Wilhelms II. 1917 (CdcW 1917, 84)

»Allerdurchlauchtigster, Großmächtigster Kaiser und König! Allergnädigster Kaiser, König und Herr!

Mit Euerer Kaiserlichen und Königlichen Majestät begeht zum dritten Male in furchtbarer Kriegszeit das deutsche Volk die Feier Allerhöchst Ihres Geburtstages.

Noch inniger wie an den gleichen Festtagen der vergangenen Jahre werden an dem heutigen Tage in Tausenden von Gottesdiensten wie im stillen Kämmerlein heiße Gebete in Dank und Fürbitte für Euere Majestät zu Gottes Thron emporsteigen – aus Tausenden von Herzen ohne Unterschied des Glaubens und des Bekenntnisses.

Aber wenn die evangelischen Kirchen Deutschlands es als gnadenvolle Fügung Gottes preisen, in Euerer Majestät, dem Schirm und Hort des Vaterlandes, zugleich den evangelischen Christen verehren zu dürfen, der immer wieder vor der Welt zu dem evangelischen Glauben an die alleinseligmachende Gnade unseres Gottes in Christo sich bekannt hat, so darf wohl an diesem ersten Tage der in tiefster Ehrfurcht unterzeichnete Deutsche Evangelische Kirchenausschuß Euerer Majestät sich nahen, um ehrerbie-

tigst das unwandelbare Gelübde unerschütterlicher Treue im Namen des evangelischen Deutschlands Euerer Majestät darzubringen.
Unsagbar groß ist die Verantwortung, die auf Euerer Majestät ruht, sie wird täglich schwerer in der immer mehr anschwellenden Not des Krieges. Aber auch in der schwersten Not früherer Tage hat das deutsche Volk zu seinen erhabenen Herrschern in für alle Zeiten vorbildlicher Kraft gestanden, in der Treue zu dem irdischen Herrn die Treue zu dem himmlischen Herrn bewährend. So auch jetzt zu Euerer Majestät zu stehen ist nicht nur das Gelübde, das die evangelischen Kirchen Deutschlands Euerer Majestät in feierlicher Stunde aussprechen, sondern auch das heiße Bemühen ihrer Gemeinden in dem dem Vaterlande aufgedrungenen Kampfe...
Die Evangelische Kirche ist in das Erinnerungsjahr der Reformation eingetreten. Gegen eine Welt von Feinden erscholl des größten deutschen Mannes Siegeslied: ›Ein feste Burg ist unser Gott!‹ Treues Festhalten an den Gütern der Reformation verbürgt auch treues Festhalten an Kaiser und Reich und die Kraft zum siegreichen Durchhalten auch im furchtbarsten Weltkrieg der Weltgeschichte.
Gott der Herr segne unsern geliebten Kaiser! Er bekenne sich zu Euerer Majestät, wie Euere Majestät zu Ihm Sich bekannt haben. Die Gebete, die am heutigen Tage im ganzen Vaterlande aus treuen evangelischen Herzen für unsern heißgeliebten Kaiser an Gottes Herz dringen, werden nicht vergeblich sein.«
Darauf hat der Kaiser dem Vorsitzenden des Kirchenausschusses, Exzellenz D. Voigts, folgende Drahtantwort geschickt (aaO.):
»Dem Deutschen Evangelischen Kirchenausschuß danke Ich von Herzen für die Mir im Namen des evangelischen Deutschland zum Geburtstage dargebrachten Segenswünsche. Der Ernst und die Not der Zeit haben das deutsche Volk mit seinem Fürsten eng vereint in dem jedes menschlich fühlende Herz bewegenden Wunsche und Gebete, daß unserer gerechten Sache der Sieg verliehen und dem ruchlos heraufbeschworenen Völkerkriege ein Ende gesetzt werde. Die aufrichtig ausgestreckte deutsche Friedenshand ist von den Feinden schnöde zurückgewiesen. Das Ziel muß nun mit verstärkter Waffengewalt erkämpft werden. Gottes

Gnade erhöre unsere Gebete und lasse nach schweren Kriegsjahren wieder die Friedenssonne über einem glücklichen Volk und Vaterlande leuchten. Wilhelm I. R.«

[37] Huldigungsadresse von *zweihundert Feldgeistlichen und Theologieprofessoren* an den Kaiser von ihrer Kriegstagung in Brüssel 1917. In: G. Füllkrug: Theologischer Lehrgang für die feldgraue Geistlichkeit in Ost und West (Leipzig 1918), 10

»Die zu einer Kriegstagung versammelten zweihundert evangelischen Feldgeistlichen und die zu ihnen vom Central-Ausschuß für Innere Mission nach Brüssel entsandten deutschen Hochschullehrer bringen Eurer Majestät als ihrem obersten Kriegsherrn und Landesbischof alleruntertänigst ihre Huldigung dar und geloben, mit dem tapferen Westheere treulich auszuhalten bis zu einem siegreichen Ende. In treuer Fürbitte empfehlen wir Eure Majestät und das Vaterland in diesen Tagen tiefer Erregung und fester Hoffnung dem Schutze des allwaltenden Herrn.

Seeberg, Goens, Rosenfeld.«

Kommentar von Füllkrug: »Fast alle Feldgeistlichen trugen das Eiserne Kreuz, sechs Brüder das der ersten Klasse ... Die stummen Zeugen alter deutscher Volks- und Kriegsgeschichte blickten von den Wänden auf uns herab, das Bild Karls des Großen ragte mächtig hervor in die Versammlung der Kriegspfarrer.«

[38] Aus einem *Gottesdienst im Hauptquartier (Hilfe 1917, Nr. 33, 529)*. Text: Gethsemane

»Jesus war damals allein, wie jetzt das deutsche Volk, umgeben von dem flutenden Hasse der Feinde. Dieser Krieg ist das Gethsemane des deutschen Volkes. Wache und bete, deutsches Volk, für deine Helden, die für dich kämpfen und sterben, für dich in den Lazaretten leiden. Und diese Gedanken waren der Höhepunkt der Predigt. Jeder stand unter dem Banne dieser göttlichen Worte; man spürte das geheimnisvolle Wehen der gewaltigen Kriegszeit, man mußte unwillkürlich auf die erleuchtete Person blicken, in der unser Volk im Ringen um sein Dasein den schönsten Ausdruck seiner Einheit hat. Die Predigt neigte sich ihrem Ende. Der Geistliche erinnert noch an unsere österreichischen

Kampfesbrüder, auch an die treuen Freunde unter dem müden Licht des Halbmondes wohnend. Gott schütze sie und segne auch deren Waffen ...«

[39] Aus *Th. Traubs* Predigt am Kriegs-Buß- und Bettag dem 9. 8. 1914. In: P. Wurster: Kriegspredigten aus dem großen Krieg 1914 und 1915 (Stuttgart 1915), 37
»Sie haben mich oft gedrängt von meiner Jugend auf; aber sie haben mich nicht übermocht (Ps 129). So steht's auf dem Denkmal im Berliner Lustgarten zwischen Schloß und Dom, ein gutes Motto für die lange Geschichte, die zur Einheit und Größe Deutschlands führte. Ja, sie haben uns oft gedrängt von unsrer Jugend auf. Aber diesmal ist der Feinde Drängen besonders hart, es geht um Sein und Nichtsein. Sie wollen uns niederschlagen: verlogene Romanows an der Spitze des Slawentums, rachsüchtige Franzosen (Republikaner im Dienst des Zarismus!) und – es tut weh und ist das Unheilvollste von allem – England, trotz aller Blutverwandtschaft und einer Fülle geistigen und religiösen gemeinsamen Besitzes, neidverblendet. Das ist harter Drang, eherne Not.
Und wenn uns nichts mehr übrig blieb,

So blieb uns doch ein Schwert,
Das zorngemut mit scharfem Hieb
Dem Trotz des Fremdlings wehrt.
So blieb die Schlacht als letzt' Gericht
Auf Leben und auf Tod,
Und wenn die Not nicht Eisen bricht –
Das Eisen bricht die Not.

Das Schwert blieb uns, und wir haben es gezogen. Aber auch das Schwert ist nicht das Letzte und Höchste. Auch des Schwertes Erfolg ist ungewiß ohne Gottes Gnade ...«

[40] Predigt von Pastor *Nielsen* in Kiel am 5. August 1914 im Anschluß an die Verlesung des kaiserlichen Erlasses. (Vgl. EF 14 [1914], Nr. 33, 290 ff.)
»So vereinigt sich unser Kaiser heute mit seinem ganzen Volk zu

einem Betgottesdienst. Millionen Deutsche erheben in dieser Stunde ihre Hände und Herzen zu dem ewigen Gott, dem Lenker der Schlachten: daß er uns wolle gnädig sein und uns den Sieg geben!

Die Not der Zeit ist über uns; wir empfinden alle die Last der dunklen Zukunft, empfinden sie doppelt schwer, seitdem sich nun auch England in die Reihe unserer Feinde gestellt hat. Das Schicksal unsres Vaterlands, in dem wir alle leben und mit dem wir in unsres Wesens Tiefstem und Bestem vielfältig verbunden sind, und das Schicksal derer, die uns lieb sind, bewegt unser Herz. Ein Völkerringen hat begonnen, wie es die Welt noch nie sah.

Wir suchen das Angesicht des Ewigen, der die Weltgeschichte macht, vor dem tausend Jahre sind wie der Tag, der gestern vergangen ist, demütig und vertrauensvoll: daß er uns wolle gnädig sein und uns den Sieg geben!

Demütig! Das soll heute nicht fehlen. Nicht allein darum demütig, weil wir immer Staub und Asche sind vor ihm – sondern weil wir die schwere Zeit ansehen und ansehen müssen als eine Mahnung und Erziehung zur Buße. Wir haben in den langen Friedensjahren, in den Jahren, da es uns gut ging, vielfach das Heilige verachtet und vergessen. Der Geist der Selbstsucht und der Oberflächlichkeit und Torheit ist durch allzuviele Herzen gegangen. Nun, wo in der gewaltigen Erschütterung die Brunnen der Tiefe wieder rauschen, wo so vieles, was sich breit machte, in seiner Hohlheit und Nichtigkeit zusammenbricht, nun wissen wir es, nun werden die Augen hell und die Gewissen wach, und die Geister der Buße und des Ernstes gehen durch das Land.

Darum demütig: Herr, rechne uns alle unsre Sünde nicht zu! Und doch vertrauensvoll, und doch in Hoffnung auf Gottes Hilfe und den Sieg. ›Fürchte dich nicht, ich helfe dir! Ich bin der Herr, dein Gott.‹ So klingt es aus dem für heute gewählten Textwort. Mit welchem Rechte dürfen wir dies Wort auf unser Volk beziehen? Woher nehmen wir das Vertrauen, daß Gott bei uns sein wird und daß wir den Sieg gewinnen werden?

Nicht aus der großen Zahl derer, die gegen den Feind ziehen. Ja, wir sind ein großes Volk und haben ein tapferes und starkes Heer und eine vortreffliche Marine. Und wieviele strömen zu den Fahnen, freiwillig, ohne daß der Staat sie ruft! Es sind Millionen, die sich in Bewegung setzen, es ist ein Volk von Streitern. Dazu wohl vorbereitet und gerüstet... Gesegnet all diese ernste, treue Arbeit in Heer und Marine, durch die wir nun in der schweren Stunde bereit sind. Aber unser Siegesglaube ruht doch nicht zuletzt auf Zahl und Vorbereitung, nicht in der Zuversicht auf die stärksten Bataillone. Denn an Menschen und Schiffen haben die andern wohl noch mehr. Nach der Schlacht bei Leuthen brach es aus den Herzen der siegreichen Preußen hervor: Nun danket alle Gott! – und der große König hat es ihnen nicht gewehrt, so zu singen. Ebensowenig verlassen wir uns auf unsre wirtschaftliche Rüstung. Sie ist vortrefflich: Wir sind ein reiches Land und können gewaltige Opfer bringen; eine große Ernte steht vor der Tür; so bald wird keine Not bei uns einkehren. Es ist gar kein Grund zu Angst und Sorge. Und wenn wir uns einschränken müssen: Was schadet es? Wenn wir einmal trocken Brot essen, genau rechnen, uns vieles von dem versagen müssen, was zu des Lebens Überfluß gehört: Es wird uns nur gut tun. Dann können wir es lange aushalten. Aber auch darauf verlassen wir uns nicht. Anderes ist uns größer, macht uns getroster, gibt uns das Vertrauen, daß Gott uns beistehen wird.

Das ist unser gutes Gewissen. Wir haben den Krieg nicht gesucht, wir hätten bittergern den Frieden behalten. Unser Kaiser ist in dem Wunsche, seinem Volk den Krieg mit all seinen schweren Opfern zu ersparen, bis an die Grenze des Möglichen gegangen. Was er davon sagt in dem verlesenen Erlaß, wird vor dem Gericht der Geschichte als wahrhaftig bestehen. Die andern haben den Frieden gebrochen, weil sie uns beneideten um unseren Aufschwung und fürchteten unsre Macht...

Und wir nehmen unsre Zuversicht aus der Geschichte, aus dem Weg, den Gott uns bisher geführt hat. Schwer ist dieser Weg eigentlich immer gewesen. Wie oft sind fremde Heere durch unser Land gezogen, haben fremde Völker uns gequält und geängstet. Immer wenn wir uneinig waren, wenn der Deutsche gegen den Deutschen stand. Waren wir aber einig, dann war Gott immer mit uns. So einst in den Tagen alter Kaiser–Herrlichkeit, so vor einem Menschenalter, als wir *ein* Reich wurden. Nach langer Knechtschaft Nacht sind wir es geworden, nach langem mühseligem Aufstieg unter gewaltigen Opfern. Wer kann es glauben, daß seine Gedanken mit unserm Volk nun schon zu Ende gedacht seien? Wer hat den Mut zu sagen: Nun ist unsre Aufgabe in und an der Welt nach Gottes Willen vollendet? Ist er spürbar bei uns gewesen, daß wir zusammenkamen, Nord und Süd, unter einem Kaiser – er wird uns nicht untergehen lassen in dieser Schicksalsstunde.

Denn der alte gute Geist des deutschen Volkes ist noch da, ist wieder wach geworden. Mancher hat gemeint, und es hatte den Anschein, als wären wir auf dem Wege zu verkommen. Nun das Schicksal an die Pforten klopfte, nun ist wieder lebendig geworden, was eines Volkes Wert ausmacht: Opferwille, Treue, Ernst, Glaube.

Jung und alt drängt sich zu den Waffen, keiner möchte zurückbleiben, und niemand mag zurückhalten. Vieles muß sein; immer wieder ergreift uns die Tapferkeit derer, die ihre Liebsten von sich lassen müssen! Die altgewohnte Uneinigkeit unter uns – wo ist sie geblieben? Wir sind alle *eines* Vaterlandes Kinder! Versunken so vieles; wie weggeweht, was häßlich war und töricht und gemein: Ein starker sittlicher Wille und ein tiefer Glaube regen sich: mit Gott für Kaiser und Reich!

Und dieser deutsche Geist, diese Treue, dieser Opfermut, dieser Wille, das alles wird zu einer mächtigen Einheit vor dem Throne unseres geliebten Kaisers. Er hat in diesen Tagen alle Herzen seines Volkes aufs neue fest an sich gebunden. Er gehört zu uns und wir zu ihm.

Darum haben wir den Mut, unsre Herzen zu Gott zu erheben und getrost zu hoffen auf den Sieg. Demütig und voll Vertrauen...

So heben wir denn unsre Herzen zu Gott, der alles in seinen Händen trägt, zu dem Ewigen und Gerechten:

Sei du, Herr, mit unserem Volke auf seinem schweren, opferreichen Wege! Schirme und segne unsern geliebten Kaiser! Gib uns den Sieg, auf den wir hoffen. Gib unsern Streitern Mut und Glauben, daß sie treu ihre Pflicht tun bis an den Tod. Tröste alle, die Leid tragen werden, alle, die ihr Leben geben müssen. Laß uns leuchten deine ewige Macht und Gnade. Herr, wir hoffen auf dich, erbarme dich über uns! Amen!«

[41] Garnisonspfarrer Dr. O. *Meyer* in Tübingen am 20. 9. 1914 vor dem Ausmarsch Kriegsfreiwilliger in einer Ansprache über 1 Kor 15,8. In: P. Wurster: Kriegspredigten ..., 280 ff.

»... Der größte Gedanke, den ein Mensch fassen kann, nein, von dem er erfaßt *wird*, ist der Gedanke an *Gott*. Und dieser Gedanke verbindet sich in unserer Zeit unwillkürlich und ungekünstelt mit dem des *Vaterlandes*. *Gott* und *das Vaterland*. Wir spüren es jetzt unmittelbar: Beide gehören zusammen. – Ihr alle kommt von einer bestimmten Heimat, der eine vom Dorf, der andere von der Stadt. Ihr habt bewußt oder unbewußt ein Gefühl, daß dort, in der Heimat, die Wurzeln eurer Kraft liegen. Die Heimat hat euch eure Eigenart, euer Bestes, was ihr habt, geschenkt. Aber nicht nur jeder einzelne hat seine Heimat, sondern auch jedes große Volk, das durch Sprache, Sitte, Geschichte und Klima zusammengehört. Wir leben nicht nur *in* dieser Heimat, unserem Vaterland, wir leben auch *von* ihm, d. h.: Aus ihm heraus ziehen wir unsere Gaben und Aufgaben, unseren Charakter und unsere Eigenart, unsere besten Kräfte und geistigen Säfte. Ohne diese *Gottesordnung* des Vaterlands wäre die Menschheit zersplittert und zerrissen, wäre die Menschheit ein buntes Gewirr von einzelnen durcheinander gewühlten Individuen, mit auseinander strebenden Wünschen, Zielen und Absichten ... Wenn diese Gottesordnung in Gefahr ist unterzugehen, wenn der durch eine heilige Geschichte, durch reiche, ehrliche Arbeit, durch das höchste sittliche Streben errichtete Bau vom Neid und Machthunger der Nachbarn zerstört werden soll, dann ist es nichts weniger als unsere heilige Pflicht, sich zu wehren, dann ist der Krieg, der auf der einen Seite ein Frevel ist, auf der andern ein *Gottesdienst*. Das ist der erste Sonntagsgedanke, den ich euch für euren harten Werktagsdienst mitgeben möchte: Eure Arbeit ist ›ein *Werk des Herrn*‹; *euer Kriegsdienst ist ein Gottesdienst*. Das haltet euch vor, wenn die Arbeit Schweiß kostet! ... *Ein schlechter, gottloser Mensch ist nie ein guter Soldat*, und *ein rechter Soldat ist immer auch ein guter Christ*.«

[42] Predigt des Rektors der Landesuniversität Gießen, *D. Samuel Eck*, nach dem ersten großen Siege am 23. August 1914 über Jes 7,9 (EF 1914, 324 ff.)

»*Wir glauben, darum bleiben wir.*

Die schwüle Spannung der letzten Tage hat sich gelöst. Wir haben Kunde, wie es auf dem Kriegsschauplatz steht: eine feindliche Hauptstadt in unsern Händen, nachdem kaum drei Wochen des Kriegs vergangen waren; und nahe den Stätten, auf die vor vierundvierzig Jahren deutsches Heldenblut floß, ist wieder eine ganze Schlacht geschlagen, ein glänzender Sieg erfochten worden. Der Kaiser mahnt sein Volk, die Freude ausklingen zu lassen in Dankgebet. Wir alle folgen dem frommen Wort: Wir falten die Hände und heben die Herzen zu den Bergen, von denen uns Hilfe kam; schlicht und recht sprechen wir: Herr Gott, wir danken Dir! Herr Gott, wir loben Dich.

...Wenn wir dem danken, der die Schalen des Völkergerichts in seinen Händen hält, dann können wir nicht anders als der Gewißheit leben: Es war *sein Wille*, daß wir siegten. Dafür danken wir. Anders kann man es nicht tun. Anders wollen wir ihm nicht danken. Wir wollen es tun in dem demütig stolzen Bewußtsein: Gott ist wirklich mit uns, seine Gedanken und sein Wille sind in den Waffen und den Herzen unserer Krieger, in den Plänen und Zielen unserer Kriegsleitung gegenwärtig. Wir sollen siegen, es ist sein Wille. Anders können wir ihm nicht danken wollen.

Wie Ungeheures aber, meine Freunde, haben wir damit auszusprechen gewagt. Nicht wir dann rufen eigentlich ihn zur Hilfe, sondern er, der Herr der Weltgeschichte, nimmt und braucht das deutsche Volk, braucht uns als die Ausrichter seines Willens, als die Werkzeuge seiner Macht. Anders kann es keine ernsthafte Bitte und keinen ernsthaften Dank für uns geben in diesem Krieg, vor wilder Schlacht, nach herrlichem Sieg. Gott ist mit uns, er würdigt uns, Ausführer und Vollender seiner ungeheuren Ratschlüsse zu sein.

Ist das möglich? Kann man so etwas sagen? Und nicht nur sagen, sondern wirklich, wahrhaftig empfinden? Die Antwort gibt uns das Wort:

Glaubet ihr nicht, so bleibet ihr nicht.

In schweren Kriegstagen ruft der Prophet Jesaja dies seinem Volke zu. Kleine Reiche im Norden bedrohen das kleine Juda. Aber umklammert sind die Kleinen alle von zwei Großmächten vom Nordosten und Südwesten her, die ihr Schicksal ihnen mit

eiserner Rute des Krieges vorschreiben werden. Was hat der Prophet für Rat in dieser Lage? Keinen andern als diesen, den er in das Wort zusammenfaßt: Glaubet ihr nicht, so bleibet ihr nicht.
Meine Freunde, Kriegszeit auch für uns. Auch wir von Feinden umklammert, Feinde im Westen, Feinde im Osten, Feinde vom nördlichen Meere her. Sollen und dürfen wir das Wort des Propheten auf uns beziehen? .. Soll's wirklich heißen dürfen: In diesem Zeichen wirst Du siegen, mein Deutschland, im Zeichen des Glaubens?
...Glaube ist diesem deutschen Volk und seiner großen Geschichte nichts Fremdes. Es ist in langen Jahrhunderten seiner Seele eingeprägt worden mit unauslöschlichen Buchstaben: ›Glaube allein‹. Das Wörtchen allein, zum Worte Glaube hinzugefügt, steht im dritten Kapitel des Römerbriefs im achtundzwanzigsten Verse, im griechischen Urtext nicht zu lesen. *Luther* hat es hineingeschrieben. Sie haben ihm gesagt, das sei eine Fälschung. Er hat geantwortet: ›Sagt ihnen flugs: Doktor Martinus Luther will's also haben.‹ Glaube allein! Warum will er's so? Weil Glaube allein ihn getragen hat in größten weltgeschichtlichen Stunden, als der scheue Mönch zum deutschen Helden wuchs, groß und größer, ragend über alles Volk, ragend über die Weltgeschichte um ihn her, im Kampfe er allein wider Kaiser und Reich, wider Papst und Kirche; Glaube allein, in ihm eine verwegene, lebendige Zuversicht zu seinem Gott, so gewiß, daß er tausendmal darüber sterben wollte, fröhlich, trotzig, lustig gegen Gott und alle Kreatur.
Glaube allein! Ist das je verklungen auf deutscher Erde? Dreißig Jahre wütete der Krieg in deutschen Landen ... Und wieder rast die Kriegsfurie über deutschen Boden, wieder rauchen die Orte, veröden die Stätten der friedlichen Arbeit, wieder hört man den Fußtritt der Rosse, das Knattern der Gewehre, das Donnern der Geschütze – jahrelang; Verderben künden sie, wo man sie hört ... Die Sonne steigt auf, sie leuchtet über die Schlachtfelder von 1813/14 hin. Was beseelte die deutschen Helden damals, was machte ihnen die Brust weit und die Faust stark, das große Werk zu beginnen, zu vollenden? *Ernst Moritz Arndt* sagt es kurz:

Wer ist ein Mann?
Wer glauben kann.

Und die Waffen, die sie führen, Gott selbst hat sie ihnen geschmiedet, sie sind des ganz gewiß:

Der Gott, der Eisen wachsen ließ,
Der wollte keine Knechte;
Drum gab er Säbel, Schwert und Spieß
Dem Mann in seine Rechte;
Drum gab er ihm den kühnen Mut,
Den Zorn der freien Rede,
Daß er bestehe bis aufs Blut,
Bis in den Tod die Fehde.

Das ist der Glaube: Gott und der Glaube, die beiden gehören zuhauf.
Wo es groß hergegangen ist auf deutscher Erde, nicht immer wahrhaftig im Sonnenschein, aber groß in Nacht und Wetter, da hat dies Volk geglaubt. Meine Freunde, glaubt es nicht auch heute?
... Glaube, das ist unerschütterliches Vertrauen auf das Recht und die Wahrheit unserer Sache. Es klang durch alle Gaue unseres Vaterlands, vom Kaiserpalast bis zur kleinsten Hütte: Das Recht soll geoffenbaret werden wie Wasser, Gerechtigkeit wie ein starker Strom ... So hat unser Volk es verstanden, so haben wir alle im Innersten es empfunden. Und so wird dieser Krieg geführt, das ist seine wirkliche Wahrheit. Mag sein, wenn wir siegen, dann winken die Milliarden, dann winken die Kolonien, dann winken die Meere. Mag sein, ich weiß es nicht, ich will es auch nicht wissen, mir graut davor ... Dieser Glaube doch schafft unsern Kriegern ein gut Gewissen, ein gut Gewissen wird ihnen ein gutes Ruhekissen sein auch in Feindesland; dies gute Gewissen wird ihnen einen trotzigen Mut schaffen, dieser Mut wird ihre Faust stark und ihr Schwert blank erhalten im wildesten Getümmel; er wird das Eisen des Eisens an den Waffen unserer Krieger sein.
Dieser Glaube wird noch furchtbare Proben durchzumachen haben; in stiller Kammer, wenn die Tränen fließen um das Liebste,

was sie hinzugeben hatten, in heißer Schlacht, wenn der Sieg uns einmal wanken will, dann immer wird drohend über uns das Wort des Propheten schweben: Glaubet ihr nicht, so bleibet ihr nicht. Aber heute hören wir das Wort nur in seinem bejahenden Klang. Dankbar frohlockend sprechen wir: Wir glauben, darum kämpfen wir, wir glauben, darum siegen wir, wir glauben, darum bleiben wir. Amen.«

[43] Professor *D. Bornhäuser* in einer Kriegsbetstunde am 11. September 1914. In: P. Wurster: Kriegspredigten ..., 213 ff.
»Liebe Gemeinde! Ach! wer doch auch mit dabei sein könnte! So haben wir in diesen Tagen manchen Mann sagen hören, den Beruf oder Alter in der Heimat zurückhält. Frauen und Jungfrauen sprachen es aus: ›Wer doch ein Mann wäre. Dann könnte man mit hinaus in den Streit, fürs Vaterland zu siegen oder zu sterben!‹ Es gehört zu dem Größten, was wir in den großen Tagen des Auszugs erlebt haben, dieses stürmische Drängen, auch mit dabei zu sein. Das hat unsere Freiwilligenscharen zu Millionen anwachsen lassen ... Was muß es für ein Hochgefühl sein, wenn nach heißem Ringen unsern Fahnen der Sieg winkt, wenn auf erobertem Schlachtfeld unsere Heldenscharen sich grüßen, wenn es tausendfach schallt: Sieg, Sieg, Sieg!, was muß es für ein Hochgefühl sein, hier mit dabeizusein. Kann man aber nur dabeisein, wenn man draußen mit der Waffe in der Hand streitet? ... Wenn wir des Morgens erwachen, was sind unsere ersten Gedanken? Fliegen sie nicht nach Osten und Westen und fragen: Wie mag es stehen, wie mag es gehen? Und wenn wir Christen sind, werden sie dann nicht zu Gebeten: Herr, hilf, Herr, gib Sieg und gib Frieden? Wir haben unsere Söhne, unsere Brüder, unsere Freunde draußen? Sind wir nicht mit dabei, wo sie kämpfen und siegen? ...«

[44] Aus einer Himmelfahrtspredigt 1915 des Berliner Generalsuperintendenten *D. Friedrich Lahusen*. In: P. Wurster: Kriegspredigten ..., 506 f.
»Wir Deutsche und unser Kaiser voran sind wie ausgestoßen und gebannt in der ganzen Welt, Weltverderber oder gar nach der Sprache der englischen Kanzel Antichristen. Wir erfahren, wie

man sich in der Welt um die niedrige, grausame Kriegführung Englands, um die unsagbaren Greuel der Russen kaum kümmert, wie das freie Amerika vom Frieden reden und um den Frieden beten kann und zugleich die Waffen unseren Feinden schmieden, ohne daß man sich wundert; wie aber auf der anderen Seite ein Entrüstungssturm durch die Welt geht, wenn wir Deutschen die Waffen der Gewalt mit Recht und Pflicht gebrauchen, ob uns auch das Herz blutet über der Grausamkeit der Kriegsführung, die wir wahrhaftig nicht verschuldet haben. Haben wir den Verstand verloren, sind wir vom Teufel geblendet? Nein, wir sehen klaren Auges und reinen Gewissens, wie ein Heer höllischer Geister wider uns kämpft.«

[45] »Vergib uns unsere Schulden, wie wir vergeben unsern Schuldigern.« Predigt von Pfarrer *Dr. Rauscher* in Plattenhardt bei Stuttgart am 20. September 1914 (EF 1914, 365 f.)
»Wir wollen nicht vergessen, daß wir diese Kriegswochen begonnen haben mit einem Bußtag und bekannt haben: Auch wir haben diese Züchtigung Gottes verdient. Und immer aufs neue wollen wir in diesen Wochen mit unsern Sünden vor Gott kommen und gestehen: Eigentlich dürfte er auch uns nicht helfen. Aber nun bitten wir: Herr, sieh nicht an unsere Sünden, sondern laß Deine Gnade walten; vergib uns und rette uns von unsern Feinden! ... Sollen wir denn auch dem russischen Kaiser vergeben, der ohne Grund Truppen gegen uns zusammenzog und im Telegrammwechsel mit unserm Kaiser es direkt ableugnete? Sollen wir denn auch dem französischen Präsidenten Poincaré vergeben, der den Kaiser rüsten ließ und vor Monaten schon die Reserven einzog unter dem Vorwand, es gelte eine Übung? Sollen wir vor allem dem Engländer Grey vergeben, der die ganze Welt gegen uns aufhetzte?
Ganz abgesehen davon, daß sie mit all dem den Krieg verschuldet haben – sie machen's uns auch jetzt im Krieg tagtäglich schwer, ihnen zu vergeben. Die Staatsmänner lügen und verleumden. Poincaré sagt: Nicht meine Soldaten benützen die Dum-Dum-Geschosse, sondern die Deutschen. Grey behauptet: Nicht die Belgier und Franzosen verüben Grausamkeiten, sondern der deutschen Truppen Weg ist durch Greuel bezeichnet. Und dann

eben diese Greuel. Wir wollen sie nicht im einzelnen aufzählen. Furchtbares ist geschehen. Nicht bloß auf unsere kämpfenden Soldaten haben die Einwohner des feindlichen Landes geschossen, auch an wehrlosen Verwundeten, an Ärzten, die sie behandelten, an Krankenschwestern, die sie pflegten, haben sie gesündigt. Kein Wunder, daß unsere Soldaten, der bitteren Not gehorchend, scharf draufgehen.
Und wenn die Unsern einzelnen Feinden Mitleid zeigen wollen, so wird's schnöde vergolten oder gehässig zurückgewiesen. Ein französischer Verwundeter bittet einen vorübergehenden deutschen Offizier um einen Trunk Wasser; der reicht ihm seine Feldflasche, um im nächsten Augenblick von dem Franzosen niedergeschossen zu werden. Ein anderer deutscher Offizier kommt in ein zusammengeschossenes Dorf und findet nur noch eine 84jährige alte Frau. Ihn erbarmt's der Greisin; er sagt ihr einige freundliche Worte in ihrer Landessprache. ›Ich verachte euch‹, ist die Antwort. – Sollte da Gott wirklich sagen: Ich vergebe euch, aber nur dann, wenn ihr diesen euren Feinden auch vergebt!? Das ist eine furchtbar ernste Frage, und ich gestehe, daß ich sie befriedigend nicht zu lösen vermag. Nur einige Gedanken zur Lösung laßt mich noch aussprechen. Zuvörderst: Was unsern Soldaten im Feindesland angetan wird, das wollen wir die nicht entgelten lassen, die als Verwundete und Gefangene zu uns kommen. Als einzelne sind sie zumeist nicht verantwortlich; sie haben den Krieg so wenig gewollt wie wir, sind irregeleitet von ihren Obern. ... Und an den Verwundeten wollen wir unsere Pflicht tun, wie man sie Kranken gegenüber allgemein anerkennt: Wunden heilen, Schmerzen lindern. Die deutschen Lazarettpfarrer schreiben auch für ihre Verwundeten in ihre französische Heimat, damit ihre Angehörigen wissen, wo sie sind. All das wollen wir auch ferner tun. Ich weiß wohl, das ist noch nicht das volle Vergeben im Sinne Jesu, im Sinn der fünften Bitte; aber es ist doch der erste Schritt dazu, und weiter können wir, jedenfalls zunächst, nicht gehen. Dieser erste Schritt aber soll uns leicht werden, wenn wir sehen, welchen Eindruck unsere Behandlung der Verwundeten auf diese selbst macht. Erst gestern wieder stand's, nicht zum erstenmal, in der Zeitung zu lesen, daß französische Verwundete an eine deutsche Lazarettverwaltung ein Schreiben

richteten, in dem sie dankten für den Edelmut deutscher Ärzte und Schwestern, die sie pflegten, als wären es die eigenen Landsleute.
Aber wie ist's ... mit den andern? Mit den leitenden Staatsmännern der feindlichen Völker? ... *Wir* können denen nicht vergeben, die all den Jammer dieses Krieges verschuldet haben; Gott verzeih's uns. Aber denken können wir: Herr, straf sie nicht für die ganze Schwere ihrer Schuld – das wäre ja gar nicht auszudenken –, vergib Du ihnen, wenn ihnen vergeben werden kann! So weit vermag *ich* zu gehen. Den einen vielleicht schon zu weit, den andern noch zu wenig weit; jedenfalls so entspricht's meiner Überzeugung.«

[46] Kriegspredigt von Pfarrer *Frederking* 1914 (Protestantenblatt 1914, Nr. 33, 783–786) über Ps 60,14
»Man braucht kein Prophet zu sein, um es heute schon zu wissen – künftige Geschlechter werden das Urteil fällen: *In diesen Tagen verbrecherischen politischen Wahnsinns und satanischer politischer Frivolität ist die deutsche Nation die Repräsentantin sittlichen Ernstes gewesen.* Wo aber noch die Stimme des Gewissens gehört wird, da ist Gott auf dem Plan. Wenn daher, was uns von einer unerhörten Niedertracht aufgezwungen wurde, nunmehr unser eigener, fester, entschlossener Wille geworden ist, so darf uns die Überzeugung durchleuchten, was wir jetzt beginnen und tun, *in Gott ist es begonnen, mit Gott wird es getan.*
In diesem Glauben sehen wir ernst, mutig und vertrauensvoll der Zukunft entgegen. Was sie uns auch bringen mag – und es werden wohl Berge von Not, Elend, Entsetzen und Herzeleid sein, über die wir hinüber müssen –, es soll uns alles den *einen* Stempel tragen: *von Gott;* es soll uns überall hin die *eine* Parole begleiten: mit Gott – dann kommen wir hinüber.
Im vergangenen Jahre haben wir das Gedächtnis der großen, stolzen Zeit der Befreiungskriege gefeiert. An der machtvollen Erhebung unseres Volkes haben wir unsere Herzen erhoben. Aber manchmal hat sich in unsere stolze Erinnerungsfreude die leise Besorgnis gemischt: Ist in unserem heutigen Geschlecht noch der Geist der Väter, die unseres nationalen Schicksals Schmiede waren, lebendig geblieben? Dieser ernste Geist des Gottvertrauens,

der Pflichttreue, des Todesmutes, der Opferbereitschaft, dieser ernste Sinn für die heiligsten und höchsten Güter des Lebens?

Damals war unser Volk zu Kampf und Sieg gestärkt worden durch die Schöpfer und Propheten jener Lebensanschauung, die man den *deutschen Idealismus* nennt. Kants stählerner und stählender Pflichtgedanke, Schillers weltüberlegenes Wort: ›Das Leben ist der Güter höchstes nicht‹, Fichtes kühner Glaube an die Mission des germanischen Geistes, dem von Gott die Aufgabe der sittlichen Weltreform anvertraut sei, die allen diesen Großen gemeinsame Überzeugung von der sieghaften Überlegenheit des Geistes über die Welt der Sinnenfälligkeiten – das waren die überall lodernden Leuchtfeuer deutscher Gesinnung ... Was aber haben wir vor der ernsten, schweren Stunde, in die wir geführt worden sind, erlebt? *Der sinnlose und geistlose Materialismus* mit seiner höhnischen Verleugnung aller hohen, heiligen, göttlichen Dinge und in seinem Gefolge Mammonsanbetung und unersättliche Genußgier, trostlose Verödung des geistigen Lebens, freche Erhebung der ungeschminkten Selbstsucht auf den Lebensthron, der Kampf um das wirtschaftliche Dasein, bis zu einer Rücksichtslosigkeit gesteigert, in der das Bewußtsein unserer Zusammengehörigkeit in *einer* Volksgemeinschaft wie aufgezehrt und verschwunden schien – dieser Geist der Geistlosigkeit hat lange, lange wie ein mächtiger Bann über dem Leben unseres Volkes gelegen. Das deutsche Volk hatte sich abgewendet von seinem Gott und seinen Idealen, und mancher ernste deutsche Mann, der sinnend und betend das Schicksal seines Volkes auf dem Herzen trug, sah bangend der Stunde entgegen, wo der große Abfall seine bittern Früchte reifen würde, Zersetzung, Auflösung, Untergang.

Aber dann, es sind nicht viele Jahre her, kam eine wunderbare Wendung... *Ein Volk, das mit solch staunenswerter Ruhe, mit solch fester Entschlossenheit, mit solch freudigem Vertrauen auf sein gutes Recht und seine Kraft den kommenden furchtbaren Ereignissen entgegenzusehen weiß, das ist im Kern seines Wesens gesund geblieben, und wenn es krank war, ist es wieder gesund geworden.*

Und nun ist mir der *göttliche* Sinn all des heimlichen neuen Werdens und Sichwandelns der letzten Jahre in unserer Mitte offenbar geworden. *Gott der Herr selber hat uns darin gerüstet.* Sein Geist hat geheimnisvoll ein Wunderwerk an uns getan. Er ist bei uns wohl auf dem Plan gewesen. Er hat uns die Treue gehalten, uns, die wir ihm die Treue so oft versagt haben. *Gott mit uns*, das ist uns darum nicht mehr nur Bitte und Hoffnung für die Zukunft, das ist uns unmittelbare Gegenwartsgewißheit ...

Liebe Christen, so wollen wir es halten. Opfer der Eigensucht, Opfer des Eigentums, Opfer des Eigenwillens, das sind die Taten, die Gott und Vaterland zunächst von uns allen heischen. Indem wir uns in ihnen üben, stärken wir die Kraft in uns, die dem Ernst der gewaltigen Schicksalsstunde allein gewachsen sein kann.

Über allem aber, was wir unternehmen und vollbringen, strahle die Sonne eines unzerstörbaren Gottvertrauens! Wird das kerniger Wille und tiefster Ernst in unsern Herzen: Mit Gott wollen wir Taten tun – dann wird Gott durch uns Taten tun, Taten, die mit ihrer ungeheuren Hebelkraft eine Weltenwende vollziehen sollen.

Unser Kaiser – das ist uns dieser Tage herrliches, ermutigendes Erlebnis gewesen – schreitet uns voran, mit klarem Blick über den Weg, mit jenem unbeugsamen Stolz, der keine Menschenfurcht kennt und der im tiefsten Grunde eins ist mit der schlichten, demütigen Beugung unter Gottes Hand und Willen. In Gottes Namen hat er uns gerufen, einen jeden an seinen Posten, draußen oder drinnen, zum Werk des blutigen Ringens oder zum Werk stiller Arbeit daheim. Wir wollen ihm folgen! Mit Gott für König und Vaterland, vorwärts in Kampf, Not, Gefahr, Herzeleid – wenn Gott will, in den Tod – weil Gott mit uns ist – zum Sieg!«

[47] Missionspredigt von Missionsinspektor Lic. *Witte* in Berlin am 20. September 1914 (EF 1914, 370 ff.)

»Ihr seid das Licht der Welt.

Liebe Gemeinde. Vor 43 Jahren trat ein neuer starker Staat in die Reihe der Großmächte der Erde ein: das Deutsche Reich. Es begann ein so blühendes Leben in frischer Arbeit zu entfalten, daß es bald ein Volk wurde, dessen Beziehungen über die ganze Erde reichten. Wir waren auf dem Wege, ein Weltvolk zu wer-

den. Das wollten die andern Völker, die schon Länder über die Erde hin, Handel und Kolonien hatten, hindern; darum haben wir jetzt den Krieg.
Sie wollten uns aus der weiten Welt vertreiben, daß wir wieder ein kleines, unbedeutendes Volk werden sollen, ein Spielball der andern, auf Europa beschränkt. Das darf nicht sein. Wir fühlen in uns einen Gottesberuf, die gesunden, frischen Kräfte, die er uns gegeben hat, zu regen. Unsere 67 Millionen brauchen mehr Raum als die zu eng werdende Heimat. Und wir wissen, daß, wenn deutsches Wesen, deutsche Bildung, deutsches Wissen in die weite Welt getragen werden, das hohe Güter sind, die allen Völkern der Erde viel Segen bringen können.
Wenn wir nun siegen – und wer hoffte nicht darauf mit Zittern und doch mit Zuversicht? –, dann werden wir uns erst recht eine freie Bahn schaffen in der ganzen Welt. Dann wird das deutsche Volk wirklich ein Weltvolk werden. Dann kann das Wirklichkeit werden, wovon soviel unsere Dichter gesungen haben, daß am deutschen Wesen einmal die ganze Welt genesen soll und wird. Soll sich das verwirklichen, so muß das deutsche Wesen in die ganze Welt hinausgetragen werden, und es muß vor allem das hinausgetragen werden, was am deutschen Wesen das Beste ist und sich gerade in dieser Zeit wieder so herrlich als das Beste bewährt hat: das deutsche Christentum. Wenn das in die Welt getragen wird als das Fundament deutschen Wesens, dann wird der Welt Heil widerfahren, dann wird *das deutsche Christentum das Licht der Welt . . .*«

[48] Rede bei der Verabschiedung des III. Bataillons des Infanterieregiments Nr. 121, von Garnisonspfarrer *Stadelmann* in Ludwigsburg. In: P. Wurster: Kriegspredigten . . ., 128 ff.
»Behüt dich Gott, drittes Bataillon, Regiment Alt-Württemberg! Wir haben euch gerne gehabt, und mit bitterster Wehmut lassen wir euch hinausziehen in den Kampf. Aber wir wollen nicht weich werden in dieser Stunde, wir brauchen die letzte körperliche und geistige Kraft, um obzusiegen. Zu treu, zu tüchtig, zu groß sind wir unsern Nachbarn geworden. Erst haben sie es uns geneidet, daß wir etwas vermochten und galten in der Welt, nun sind aus den Neidern erbitterte Feinde geworden. Mit den ruch-

losesten Mitteln, unerhört in der Weltgeschichte, wollen sie uns vernichten.
Es war schon einmal – vor 1 1/2 Jahrhunderten. Da rang das kleine Preußen um Ansehen und Geltung neben den andern; sie wollten es nicht haben, die andern. Die furchtbare Übermacht schien den Staat Friedrichs zu zerbrechen. In der höchsten Not zeigte sich seine volle Größe. Er verzagte nicht – und gewann. Neben seiner Feldherrnbegabung, nebst der Tüchtigkeit seiner Generale verdankte der Preußenkönig den Sieg dem Geist des Volkes und des Heeres. Tapfer waren seine Soldaten, hielten aus zum Letzten – sie konnten's, denn sie waren fromm (im Gegensatz zu ihrem gerühmten König!). Mit Chorälen ziehen die Regimenter in den Kampf, und nach dem Sieg von Leuthen klingt's über die Walstatt: ›Nun danket alle Gott‹.
Keiner in unserm deutschen Volk hat geglaubt, daß in Nord und Süd, in Ost und West das deutsche Volk aufstehe wie ein Mann, eins im Vertrauen zu Kaiser und Regierung, eins in dem trutziglichen Entschluß, alles einzusetzen, eins im Bewußtsein, daß wir zusammengehören als Kinder *einer* Heimat, eins auch – wer hätte es geglaubt? – in der Demut vor Gott und im Vertrauen auf seine Hilfe. Das nehmt mit hinaus in Feld und Schlacht, in Müh und Not – ein mächtig Gottvertrauen. Der Herr ist mit euch, und sein Auge ruht auf einem jeglichen Mann. Tapfer macht dieser Glaube und treu. Ihr dürft in vorderster Front fechten, als hohe Ehre und heilige Pflicht empfindet es jeder. Die Fahne, der ihr Treue geschworen, geleitet euch; ihr werdet sie heimtragen mit neuen Ehren. Das ist euer Gelöbnis in dieser Stunde, das sich jeder gibt aus tiefster Seele: Ich stehe treu zur Truppe, fest zur Fahne, zu Führer und Kamerad. Gott hört den Eidschwur, er segne euch, daß ihr ihn haltet in schweren Stunden.
Und wir, die wir daheim bleiben dürfen – nein, nein, nicht dürfen, sondern müssen, müssen – so fühlen es Tausende –, wir stehen hinter euch, sorgend, betend. Ihr bleibt die Unsrigen, uns verbunden im *Herzen* durch Dank und Vertrauen, durch Fürsorge und Gebet. So ist uns nicht bange. In der starken Zuversicht auf Gottes Hilfe gehen wir in diesen *Kampf;* wir wollen ihn führen auf deutsche Art, ehrlich, tapfer, unerschüttert; wir wollen ihn

auch führen als Christen, treu dem Kameraden, menschlich dem Feind.
Nun Gott befohlen! Drittes Bataillon, Offizier und Mann. Das Vaterland ist in höchster Not, da stehen wir Mann an Mann. Unser Glaube aber ist: Der Herr Zebaoth ist mit uns, der Gott Jakobs ist unser Schutz! Amen.«

[49] Ansprache von Professor *D. Wurster*, Tübingen, im Dankgottesdienst nach der Einnahme von Lemberg am 23. Juni 1915 über Ps 33. In: P. Wurster: Kriegspredigten ..., 530 ff.
»Liebe Gemeinde! Das war ein Morgengruß heute früh, kurz und inhaltsschwer: *Lemberg genommen!* Wir wissen noch keine Einzelheiten, sehen noch nicht, welchen militärischen Erfolg die Einnahme der Stadt bedeutet, die uns in den letzten Monaten innerlich so nahegerückt worden ist, wissen nicht, ob nunmehr bald der Feind vom letzten Stück österreichischen Bodens vertrieben sein wird. Nur eins wissen wir, es stand bei dem Wort ›genommen‹: Nach hartem Kampf ist es erst gelungen!
Harte Kämpfe haben zu diesem Ziel geführt, harte Kämpfe nun seit sieben Wochen. Nach den furchtbaren Verteidigungskämpfen an den Karpathen, die oft fast an die Grenze des Menschenmöglichen gegangen sein müssen, mit Mühsalen, die der Winter noch mehrte, nun ein fortschreitender Kampf bei zunehmender Hitze, zerstörte Straßen und Eisenbahnen, und wie vieles andere, was überwunden sein wollte! Und nun nach zehnmonatlicher Russenherrschaft die Stadt wieder unser, in der sich vor wenigen Wochen der Zar schon huldigen ließ, als sei dort alles schon für immer sein eigen!
Wir haben einen *Schlußpunkt* erreicht, an dem wir wohl stillhalten und zurücksehen dürfen. Wie viele Signale, die uns laut kundgeben: der Herr hat Großes an uns getan! Wahrhaftig, es tut uns not, daß wir alles nacheinander wieder vor unserem Auge vorübergehen lassen, den ersten großen Sieg bei Metz, die Masurenschlacht im Herbst, die Ostpreußen befreite, Antwerpens Fall, den zweiten Masurensieg Hindenburgs im Winter, und nun die Befreiung Galiziens! *Singet dem Herrn ein neues Lied!*
Die Rechnung mit der großen Zahl unserer Gegner im Osten ist zuschanden geworden. *Der Riese wird nicht errettet durch seine*

große Kraft (Vers 16). Wie sicher hatten alle unsere Feinde damit gerechnet, daß der große Strom von jenseits der Weichsel uns überfluten werde! Erdrückt sollten wir werden durch die Masse; Bildung und innere Tüchtigkeit, Recht und gutes Gewissen sollten nichts mehr gelten, nur noch die große Zahl. Nun haben sie doch nicht recht behalten, auch die Zweifler bei uns nicht, die den Erfolg und selbst Gottes Beistand nur da sehen wollten, wo die zahlreicheren Bataillone stehen. Wir hoffen, auch die andere Rechnung wird nun zuschanden, die uns dahinten auf dem Balkan immer wieder neue Feinde erwecken wollte, um uns ganz sicher zu verderben. *Der Herr macht zunichte der Heiden Rat und wendet die Gedanken der Völker* (Vers 10).

Wollen wir uns rühmen als die Unüberwindlichen? Wollen wir den Lobgesang anstimmen auf die Helden draußen, die Führer und die Kämpfer, auf die Helden, die ausharrten bis zum Tod, und die andern, die von Kampf zu Kampf eilen, ohne zu ermatten? Danken wollen wir ihnen, ja, aber unser Dank geht höher hinauf, so wie Hindenburg es sich ausgebeten hat, als man ihn feiern wollte: Gott *allein* die Ehre! Warum allein? Weil *er* uns führt, weil *er* uns alles gegeben hat, was uns bisher durchgeholfen hat, die Männer an der Spitze, einen Hindenburg mit seiner gesammelten Kraft, einen Mackensen, dem das unermüdliche, unerschrockene Vorwärts auf der Stirne geschrieben steht, unsere Heerführer im Westen, alle die, welche im Ausharren und Vorstoßen so Gewaltiges geleistet haben, ein Volk daheim, das sich bisher in das lange Warten geschickt hat und nicht müde wurde, Gutes zu tun, wo und wie es nötig ist für die draußen. *Er* gibt das Kommando, und wo *er* den Befehl übernimmt, da geschieht etwas Rechtes. *So er spricht, so geschieht's; so er gebeut, so steht es da* (Vers 9).

Vergessen wir nicht über dem glänzenden Vormarsch im Osten das nicht minder Große, was uns im *Westen* geschenkt worden ist. Dort haben unsere Braven in einer Hölle bei Arras, auf der Lorettohöhe, und wie die Plätze alle heißen, standgehalten. Wer will sagen, wo die größere Tapferkeit gefordert wurde, im Westen oder im Osten! Und auf dem Meer wie in den Lüften stehen auch *Helden* für uns ein. Gott hat sie uns geschenkt. Er hat *nicht* gewollt, daß unser Volk vernichtet werde, daß man unsern Nachbarstaat zertrümmere. Wir beten an in heißem Dank, wir fürchten seinen Namen, er ist heilig in all seinem Tun.

... *Alle Welt fürchte den Herrn, und vor ihm scheue sich alles, was auf dem Erdboden wohnet* (Vers 8). Der Wirrwarr auf Erden wird immer größer, die Ohnmacht auch der Mächtigen immer mehr offenbar. Sehen wir alle, wie wenig wir ohne die Hilfe des Herrn sind? Würde er seine milde Hand über uns nicht auftun und unseren Fluren den ersehnten Regen schenken, dann kehrte die Sorge bei uns ein, und wir würden von einem Feind besiegt, gegen den wir machtlos sind. Wir wollen es als Zeichen der göttlichen Güte rühmen, daß heute bald nach dem Bekanntwerden der Siegesnachricht der Regen begonnen hat. Wir brauchen unsern Gott! *Wohl dem Volke, des Gott der Herr ist!* Wehe uns, wenn eine solche Zeit uns nicht enger mit ihm verbindet, in heiliger Furcht, im Glauben, im neuen Gehorsam. Wohl uns, wenn wir auf seine Gedanken eingehen und *sein* Volk werden! Amen.«

[50] Zwei Abschnitte aus der Predigt *Hermann v. Bezzels* am 24. Januar 1915 über Röm 12,16–21. In: H. v. Bezzel: Sendlinger Predigten (München 1919), 28 f. und 36 f.

»... wie ein Traum klingt euch das Wort: ›Ist's möglich, soviel an euch ist, so habt mit allen Menschen Frieden‹, wenn ihr euch sagt, unsere Kinder auf der Straße rufen einander zu: ›Gott strafe England‹, und die anderen rufen entgegen: ›Ja, Gott strafe es.‹ In der Kirche wird über Frieden gepredigt, und draußen steht das deutsche Volk im schwersten Kampfe! Mir, dem Diener der Kirche, der ich ja auch deutsches Blut habe, wallt es auf, wenn ich daran denke, wie mein geliebtes Vaterland angefeindet und angefochten wird. Wie haben sie seit einem halben Jahre gegen uns gelogen und geheuchelt! Wie haben sie unser Vaterland verunehrt, verlästert! Nicht mit ehrlichen Waffen, nicht mit Schwert und Eisen haben sie gegen uns gestritten, sondern mit dem Lügenfeldzug, dessen Anführer der alte böse Feind selbst ist. Da ist keine deutsche Ehre, die nicht gelästert und beschmutzt wäre. Wo ist ein deutscher Name, der nicht in den Staub gezogen wäre? Wo ist der deutsche Ruhm, wo ist der Name deutscher Ehrlichkeit, Ernstlichkeit und Lauterkeit, den unsere Feinde nicht mit Spott

und Hohn, mit List und Tücke angeworfen und verworfen hätten? Es wallt uns das Blut, daß wir der Lüge so viele edle Opfer bringen müssen, daß wir in dem furchtbaren Kampfe, der aus dem Abgrund emporstieg, unsere teuren Väter, Gatten und Brüder hinfallen sehen. Und doch, Geliebte, wer weiter schaut und weiter denkt, der Mann, der sein Vaterland liebt nicht bloß in Kriegszeit, sondern auch in kommenden Tagen, fragt sich, was soll das nach dem Kriege werden, in dem solche Leidenschaften entfesselt und entfacht werden? Wie soll man sich nach dem Kriege, wo man doch miteinander und nebeneinander leben muß, noch verstehen, wenn solche Mißverständnisse und Zerwürfnisse durch die Zeit hindurchgehen? Sankt Paulus weiß auch etwas von Krieg und Streit: ... ›So habt mit allen Menschen Frieden.‹
Und wenn wir den nicht haben können? Wahrlich, unser geliebter Kaiser, dessen Geburtstag der nächste Mittwoch ist, hat bis an die Grenze des Erlaubten den Frieden gehalten; mancher hat gemeint, er hätte schon zu lange gewartet, er sollte früher zum Schwerte gegriffen haben. Werbend, liebend, kosend wie ein Bräutigam um das Weib seiner Wahl hat er um die Gunst seiner Verwandten geworben. Was hat er Frankreich für Ehren und zarte Aufmerksamkeiten geschenkt, was hat sein alter Großvater, unser unvergeßlicher Kaiser Wilhelm I., an Rußland Liebe und Treue verschwendet! Es war umsonst, der Friede war nicht mehr möglich; was sein mußte, ist geschehen. Nun kam der Krieg, und ein Krieg ist immer besser als ein fauler, falscher Friede. *Eine* Waffe in dem Kriege muß alles überwinden, nicht Erz und Eisen, nicht Streit und Kampf, nicht Geschütze und Geschosse, sondern das fernhin treffende Granatgeschoß der Liebe. ›So nun deinen Feind hungert‹ – wenn heute zu einem Bauersmann auf dem Dorfe ein hungernder Franzose oder ein Verwundeter käme, so müßte er das letzte Stücklein Brot mit dem Feinde teilen, weil er auch ein Kind Jesu ist. ›Wenn deinen Feind dürstet‹ – wenn heute an deine Türe ein Brief käme von einem Feinde, den du nicht einmal kennst, und er würde dich um eine Gefälligkeit und Güte bitten, so müßtest du Vergessen dartun und Hilfe gewähren. ›Wenn du das tust, so wirst du feurige Kohlen auf sein Haupt sammeln.‹ ... Wenn du das tust und diese *Sanftmut* bewahrst, dann, mein Christ, wirst du mehr gewinnen, als Heere gewinnen

können; du hast eine Seele dazu gebracht, daß sie sich schämt. Wenn das, mein Christ, dem deutschen Volke nach dem hoffentlich baldigen Friedensschlusse gelänge, daß es die Gabe der Bildung, den Glauben der Kirche, den Frieden unter dem Kreuze, den Fortschritt in allem Guten, Edlen und Reinen hinüber in die besiegten Völker brächte, wenn man sich ihnen mit Sanftmut und mit freundlichem, barmherzigem Vergessen nähern wollte, so wäre es der größte Sieg nach Streit und Kampf.«

[51] *Christoph Blumhardt* jun.: Morgenandacht am 7. August 1914. In: Ch. Blumhardt: Gottes Reich kommt! Predigten und Andachten aus den Jahren 1907 bis 1917 (Zürich 1932), Nr. 46, 358 ff.

»*Es ist der Herr! Spr 21,30* ...

Es ist schon lange bestimmt und schon lange vorbereitet: Es muß über unser Europa eine Trübsal kommen. Ich habe es oft müssen denken in der letzten Zeit, denn eins war ja immer bedrückend: Wir fühlten uns wie in eine Fäulnis hineinkommen – lauter Feste und Lachen und Tanzen und lauter Vereinigungen auf zeitliche Sachen, lauter Parteihader. Jetzt heißt es auf einmal: ›Halt! Merket auf: Es ist der Herr, der kommt!‹ Und es hat es auch niemand gemacht. Ich finde es läppisch, wenn man heut bloß auf Rußland die Schuld schiebt. Es ist besser, man sagt: ›Es ist der Herr.‹ Es ist kein Volk besonders schuldig, und wir können nur sagen: ›Herr, du bist es! Mache es gnädig! Mache es gnädig mit den Einzelnen, mache es gnädig mit den Völkern allen! Mache es so, daß ein Vorteil dabei herauskommt!‹ ...

So wollen wir also mutig und getrost sein. Wir leben in einer Zeit, da wir – Gott sei Dank! – wieder einmal sagen dürfen: Wir erleben etwas, und das ist der Herr. Wir wollen recht biblisch denken wie die Israeliten, wie ein Prophet in Israel, wenn das Unglück kam: ›Es ist der Herr.‹ Und dabei dürfen wir wohl denken: Es ist oft auch verschuldet, lange vorher – man kann sagen: jahrzehntelang, vielleicht vor unsrer Geburt. Während die Friedenszeiten gewesen sind, hat es sich schon ausgeboten, und man hat schon zittern müssen, und daß etwas kommt, haben alle gespürt; dann sind Friedensbewegungen aufgekommen: ›Nein, wir wollen keinen Krieg, um keinen Preis!‹ haben die Leute gesagt. Die große Friedensgesellschaft ist auch gut gewesen, aber genützt hat sie nichts – kein Verstand und kein Rat! Es kommt – es ist der Herr! Und so müssen wir es uns jetzt gefallen lassen mit rechtem Glauben, mit rechter Geduld und mit rechter Ausdauer. Denn wer weiß, wie es noch kommen kann – es kann sehr schwer werden. Mag aber kommen was will – wir sagen: ›Es ist der Herr!‹ Und töricht sind die Menschen, die sagen: ›Wie kann Gott so etwas tun?‹ – als ob im Geschick der Menschen Gott jemals das Übel ganz ausgeschlossen hätte, als ob Gottes Plan immer der wäre, daß wir ja recht ungerupft, recht bequem und recht satt durch dieses Leben gehen. Das ist dem Menschen gar nicht gesund – er soll nur etwas durchmachen. Wir sollen Kämpfer sein, und Kämpfer werden wir, wenn wir das uns gefallen lassen, was in unser Leben hineinfällt...

Unsre Zeit ist eine von Gott bewegte, vielleicht mehr als manche andre Zeit. Aber auch andre Zeiten sind hohe Zeiten gewesen, gewaltige Zeiten. Die Napoleonszeiten waren auch gewaltige Zeiten. Wer klug war, hat gesagt: ›Es ist der Herr!‹ Wer nicht klug war, hat geschimpft – da war Napoleon immer der Teufel. Aber die Gotteskinder sagen: ›Es ist der Herr, der in unser Geschick das hineingelegt hat, was kommt.‹

So wollen wir also getrost sein und wollen auch darauf halten, daß ein Schutz mit dem geht, der als ein Soldat hinauszieht. Stirbt einer – gut! Es soll auch da heißen: ›Es ist der Herr, es ist Gottes Willen.‹ Und lebt einer, so soll er demütig sein und sagen: ›Es ist der Herr, der mich wieder heimgebracht hat in mein Leben hinein, das ich auf Erden noch weiter führen soll.‹ So steht es mit uns, und wir können froh und dankbar sein, wenn auch wieder Zeiten kommen, in denen es ein wenig ernst hergeht, und wir dürfen nicht zagen und bitter werden – es wird gewiß zum Allerbesten ausfallen.«

[52] *Christoph Blumhardt* jun.: Schluß der Andacht (1914) über Mt 16,24–28: »Kreuzträgerzeit« (aaO. Nr. 47, 366 f.)

»... Wir müssen heute nicht an das denken, daß wir ein wunderbar großes Volk werden, nein!, sondern daß das Volk lerne, das Kreuz zu tragen Jesu nach, dem Heiland nach. *Sein* Heil soll obenan stehen, nicht das politische, nicht das kriegerische Heil –

nein! Heute soll über alles andre *sein* Heil wert gehalten werden! – in ihm wollen wir froh werden.
So ist nun auch unsre Zeit eine Kreuzträgerzeit, eine Leidenszeit. Mag es ausfallen, wie es will – leiden werden wir viel, und es wird uns vor Augen gestellt, wie massenhaft Menschen müssen sterben; doch im Sterben sollen sie Gottes Trost finden. Das ist unsre Bitte; so ziehen wir in den Krieg. Es ist auch für uns ein Kampf. Ich muß oft schlaflos liegen, wenn ich an die vielen Menschen denke, die ihr Leben lassen müssen. Sollen sie als eine dunkle finstre Wolke auf der Erde liegen bleiben? Sollen sie trostlos daliegen, und sollen sie ihr Leben nur verloren haben? Nein, ach nein! Wir stehen auch im Kriege, ich stehe auch im Kriege... Herr Jesu, komm! Wir stehen an deiner Seite, und in deinem Namen wollen wir Krieger sein im Beten und im Flehen, im Glauben an *dein* Reich, im Glauben an *deine* Kriege, im Glauben an *deine* Zukunft, an das Himmelreich, das du auftun wirst den Menschen, daß aufhören müssen alle Greueltaten, die noch auf Erden unter uns so groß werden. Gelobt sei Gott, daß Jesus Christus in unserm Kreuztragen vor uns steht als der Kommende! Und wenn du einmal an deine letzte Lebensstunde kommst, wenn dir bange wird, wenn du nicht mehr denken kannst – eins kann dein Herz wissen: Der Heiland kommt!«

[53] *Christoph Blumhardt* jun.: »Der Bund« (aaO. Nr. 49, 376 ff.)
»Wenn wir uns auseinandersetzen wollen über diese heutige Zeit, über das, was recht und unrecht ist – wer hat recht? Wer hat ein gutes Gewissen? –, da kommt man nie zum Frieden. Wir müssen uns ganz loslösen von dieser Geschichte. Wir müssen nicht meinen: Weil wir Deutsche sind, haben wir recht, oder weil wir Engländer oder Franzosen sind, haben wir recht; das bringt uns alles weg von dem hohen Bund, den Gott jetzt nicht bloß mit den Israeliten, sondern überhaupt mit Menschen haben will, mit irgendwelchen Menschen. Um des großen Gottes willen, um der großen ungeheuren Ausdehnung seiner Barmherzigkeit willen heißt es jetzt nicht: ›Du Israel‹ – ein geschlossenes nationales Volk –, sondern: ›Du Mensch, du Sünder, du, der du aus der Welt herauskommst, du Mensch, sei gewiß: Ich trete auch mit dir in den Bund,

wenn du ein redlicher, treuer, demütiger Mensch bist, der sein Leben nicht in der Welt sucht, auch nicht in seinem Vaterlande‹ – denn da gilt es auch, wie der Heiland sagt: ›Wer nicht verleugnet Vater und Mutter und Höheres sucht, der findet es nicht!‹ – ›Du Mensch, sei treu und redlich, rücke weg von deiner Weltgeschichte, rücke hinein in die Gottesgeschichte, die dir gegeben ist in deinem Leben!‹ Denn jeder Mensch kann jetzt, wenn er redlich zu Gott aufschauen kann, eine Gottesgeschichte in seinem Leben finden. Das ist unsre Aufgabe: Die Gottesgeschichte sollen wir suchen, wie seinerzeit das Volk Israel die Gottesgeschichte gesucht hat in seinen Vätern, in Abraham, Isaak und Jakob, in Mose und David und den Propheten, so sollen auch wir Gottesgeschichte suchen.
... Was nur wir Württemberger für Männer gehabt haben! – Die haben fest und treu gehalten auf das, was abgesondert von der Welt lag. Ich habe einen Urgroßvater gehabt, der in den stürmischen napoleonischen Kriegen gelebt hat, der hat so kleine erbauliche Büchlein geschrieben – ich habe geglaubt, er werde auch so ein bißchen aus dem Krieg Mitteilungen machen, wie man heute Kriegspredigten schreibt und drucken läßt, aber in diesen Büchlein ist nicht ein einziges Wort von den napoleonischen Kriegen, nicht ein einziges. Immer nur vom Reich Jesu Christi, von Jesus Christus, von der Gnade Gottes, von dem Bund, in dem wir mit Gott stehen, wie im Frieden. Und heute? Heute will das Christentum wie ein Holzwurm in alle Kriegsgeschichten hinein, heute will man in die Weltgeschichte hinein, und es geht da viel Innerliches verloren. Wir müssen uns scheiden, wir müssen weg davon, und ich lese manchen Tag keine einzige Zeitung, weil ich immer Sorge habe, man komme in dieses verfluchte Weltwesen hinein. Und was kann man machen? Es hat alles keinen Wert. Verleugne dich! Weg davon! Im Bunde Gottes stehst du und nicht im Bunde mit der Welt.
Das bringt uns Frieden, und wenn das in allen Völkern die Christen hätten, dann könnten wir heute einen Friedensbund machen durch die ganze Welt. Aber schreibt man an irgendeinen Christen, so kriegt man die Antwort: ›Ja, es ist alles recht, aber die Deutschen sind das Hindernis für den Frieden.‹ Und schreiben die andern an uns, dann sagen wir: ›Wir können uns nicht mit euch verbinden, ihr seid unsre Feinde, ihr seid die, die uns mit Lug und

Trug überfallen haben – also ist die Verbindung aus.‹ Das ist unser Schmerz. Das ist eine Niederlage unsrer Religion, die eine Religion des Friedens sein soll zwischen Juden und Christen und Türken. Es soll ein Friede sein zwischen denen, die an Gott glauben und auf dem Bunde Gottes gegründet sind. Wir sind mit Gott verbündet, und das soll uns genug sein, um auch mit andern Menschen in Verbindung zu treten, daß ein Bund des Friedens durch die Welt hindurch gehen könnte. Aber, wie gesagt, das ist heute unmöglich. Die Schweizer haben es versucht, mit Deutschen in Bund zu kommen – die Deutschen gehen nicht darauf ein; die wollen, daß man zuerst ihre Politik anerkenne. Aber solange man das denkt, kommt der Bund des Friedens in unsern Herzen mit andern nicht zustande. Und das ist ein großer Fehler.«

[54] *Christoph Blumhardt* jun.: »Der Geist der Auferstehung« (aaO. Nr. 50 über Mk 16; 383)

»Es gibt heute viele Pfarrer und Professoren, die schreiben Aufsätze, wie es jetzt werden soll, wie man einen ewigen Frieden machen soll, und machen allerlei moralische Sprüche; sie vergessen aber vollständig, daß wir es mit einer Menschheit zu tun haben, die im Grabe liegt. Wenn wir nicht auferstehen aus dem gewöhnlichen Wesen, wenn wir nicht aus unsrer Sünde, aus unsern gewöhnlichen Gedanken herauskommen, wenn wir immer nur an die liebe alte Zeit denken und meinen, dieser Friede, den wir gehabt haben, komme wieder, dann sind wir betrogene Leute. Der kommt nimmermehr! Man wird einmal Frieden schließen – ja, die Waffen werden ruhen, aber *der* Friede, der *bleibt,* der kommt aus der Auferstehung; aus einem ganz neuen Ton heraus muß es Frieden werden. Und das können wir nicht machen – wir können überhaupt im Reich Gottes nichts machen, es muß alles ganz von selber kommen ...«

[55] »Zur Kirchenfrage – aus der Front«. *Anonym* in CW 1915, Nr. 20, 403 ff.

»... Das Wort von *Benz,* das Lahusen anführt: ›Jetzt hat Gott das Wort, wir aber sollen schweigen‹ wird von der Kirche gern dem bohrenden Fragen in der Gefahrenzone entgegengehalten.

Dies Wort gilt aber für unsere psychische Lage überhaupt nicht; es ist ein typisches Heimatwort fern der Kriegsnot. Für uns lautet die Devise: ›Jetzt hat der Teufel das Wort; was haben wir Christen daher zu reden und zu tun?‹ Ich wünschte, daß dieser Gedanke recht positiv und eindrucksvoll in der Kirche verstanden würde: Da vorn im Schützengraben sind Menschen, die haben das Radikal–Böse, das Abgrund–Schlechte erlebt; als Masse ist es auf sie eingedrungen und hat sie eingeschlossen in ein einziges entsetzliches Tun und Leiden des schlechthin Sündigen. Ich will auch präzisieren, worin für mein psychisches Erleben die Tatsächlichkeit des Bösen ihren Höhepunkt erreichte: im Sturmangriff aus dem eigenen Schützengraben auf den feindlichen. Was die Vorbereitung dieser Angriffe an moralischer Selbstüberwindung kostet, wie sie uns zwingen, stückweise unser Menschentum abzulegen und auf alles zu verzichten, was als Christen uns auszeichnen sollte, ist unsagbar und kann einfach von denen, die das nicht miterlebt haben, nicht verstanden werden. Es sind das Zeiten, wo jede Regung der Religion, der Ergebung, geschweige des Gebets aufhört ... Ich habe oftmals nachdenkliche Leute gefragt: Was meint ihr, wird man wohl in solchen Zeiten und Stunden [des gegenseitigen Mordens] irgendwie ein besserer Mensch? Sie haben alle die Frage verneint. Schlechter wird man; die moralischen Kräfte gehen rapide zurück. Mühsam baut der Willensstarke seine Grundsätze wieder auf, bis die nächste Katastrophe sie wieder zusammenwirft. Und dem Willensschwachen muß die eiserne Disziplin in ruhigeren Kampfzeiten das moralische Rückgrat ersetzen, das sie selbst ihm wieder in der Schlacht zerbricht. Es hat noch kein Ethiker in dem Wirrsal ethischer Pflichtenkonflikte der vordersten Gefechtslinie sich zurechtgefunden, geschweige daß ein nachdenklicher Christ Lösungen gefunden hätte.

Ja, heißt es, ihr nehmt die Dinge zu schwer. Auch euer Christentum muß einfach und möglichst rücksichtslos sein: patriotisch, kameradschaftlich. Aber sowie wir uns auf diese Forderungen einlassen, entschwindet uns eben der Kerngeist des Christentums. Ein sehr einfaches Erlebnis! ... Ein feindlicher, uns flankierender Graben hat uns im Angriff schweren Schaden getan; Schüsse von dort haben uns unter anderen einen Kompanieführer getötet. Die

Wut unserer Leute ist groß; der Graben muß unser werden. Im Morgengrauen stürmen zwei Züge von uns auf den feindlichen Graben; sie erhalten starkes Feuer; elf Tote, darunter beide Zugführer, fünfzehn Verwundete decken den Boden, bevor wir in den Graben kommen. Da strecken die Franzosen, die bis zum letzten Augenblick unsere Leute zusammengeschossen, die Waffen und flehen um ihr Leben. Und unsere Soldaten nahmen die fünfzig Franzosen, die keinen Toten und keinen Verwundeten hatten, gefangen. Denn sie jammerte des Volks! – Sind unsere Leute da nun gute Christen, aber schlechte Soldaten gewesen? Oder sind sie gute Christen und gute Soldaten gewesen? Oder gar schlechte Soldaten und daher auch schlechte Christen? Ein feines ethisches Kriegsparadigma, über das sich lange diskutieren läßt. Ich kann über die Geschichte nicht diskutieren; es ist zuviel eigenes Herzblut in ihr.

Aus diesen und ähnlichen Erlebnissen glaube ich, der Kirche beweisen zu können, daß ihre Anhänger in vorderster Linie in religiöser Hinsicht sehr eigenartig beeinflußt werden, so daß Hilfen aus der Geschichte und kirchlich-traditionelle Erinnerungen bei ihnen fast völlig versagen. Menschen, denen im Interesse der Allgemeinheit das individuell Böse als Pflicht zugemutet wird, stehen unter seelischen Ausnahmegesetzen. Nicht nur, daß sie dem Radikal–Bösen in primitiver Ausprägung ständig begegnen, sie müssen ja auch pflichtmäßig das Böse tun. Und infolge der Verkettung psychischer Einflüsse zieht das Bösestun auch ein Bösesein nach sich.«

[56] Bischof *Michael v. Faulhaber:* Der Krieg im Lichte des Evangeliums (Glaube und Leben, Sonderheft Nr. 2, 1915), 4 ff.

In Anknüpfung an das Wort in Naumanns »Hilfe« (Oktober 1914), es gebe »im neutestamentlichen Christentum keinen Ausdruck für den notwendigen, heiligen Kampf der Völker ... und für den Kriegstod«, und an Klopstock, der den Krieg »der untersten Hölle lautestes, schrecklichstes Hohngelächter« nannte, fragt Faulhaber:

»Ist das wahr? Hört sich an den masurischen Seen und vor Ypern, in den Karpathen und Argonnen wirklich alles Christentum auf? Bedeutet ein Krieg den Zusammenbruch der christlichen Weltordnung? Gibt es zwischen den beiden Größen Krieg und Evangelium einen friedlichen Ausgleich, oder drehen sie den Kopf nach entgegengesetzten Welten wie die beiden Adler im Doppeladlerwappen? Gibt das Evangelium dem Krieg einen Waffenpaß, vielleicht sogar einen Waffensegen, oder aber gibt der Krieg dem Evangelium den Laufpaß und Scheidebrief? ...« In der bejahenden Antwort bleibt Faulhaber »das Thomaswort ›Laßt uns gehen und mit ihm sterben‹ (Joh 11,16) der schönste Fahneneid« (16) und das »majestätische ›Gebt dem Kaiser, was des Kaisers ist‹ die ewige Richtlinie des staatsbürgerlichen Gewissens auch für den Opfergang auf die Gefilde des Todes, ... für den notwendigen, heiligen Kampf der Völker« (21).

[57] Professor *Martin Rade:* Wider die Friedenssehnsucht. Über Jer 6,14 (CW 1915, Nr. 6, 105 f.)
»Ich gelte ja für einen Pazifisten. Und auf meine Art bin ich es auch. Ich bin überzeugt, daß Jesu Jünger auch dazu gesandt sind, Frieden zu stiften auf Erden. Und ich sehe eine Schuld der Christenheit darin, daß sie diese Mission bis heute schlecht erfüllt hat. Aber darüber zu reden hat jetzt gar keinen Zweck. Und die Friedenssehnsucht, wider die ein Wort zu sagen mir auf der Seele liegt, ist etwas ganz andres als jene Friedensmission der Jünger Jesu ... Wiederum verdenke ich diese Sehnsucht nicht jedermann. Für viele Menschen habe ich sie selbst. Für den Soldaten, der nun seit sechs Monaten im Felde liegt. Unter was für unerhörten, ungeahnten Entbehrungen! Welch ein Verlangen, wieder zurück in die Kultur, in das Behagen, in die Arbeit, zurück zu Weib und Kind! Millionen draußen, im Heer und auf dem Wasser. Aber es sind Soldaten! Und sie werden ihre Sehnsucht tapfer bezwingen. Viel härter sind andre dran: die Gefangenen und Versprengten, die müßig liegen und nichts sonst tun können als warten, warten, warten – Gott, wie lange? ...
Dennoch sollen wir nicht sagen: Friede, Friede, wo kein Friede ist. Jene Friedenssehnsucht, die ihre tiefe Wurzel in dem natürlichen Glücksbedürfnis der Menschen hat, muß noch schweigen. Sie wird zum Unrecht, wenn sie Gott abtrotzen möchte, wofür die Zeit noch nicht reif ist. Uns ist dieser Krieg von Gott ...«

[58] Aus einem Aufruf des *bayerischen Oberkonsistoriums* 1916 »an seine Pfarrer, Hilfsgeistlichen und exponierten Vikare«, Hirtenbrief zur Passionszeit (AELKZ 1916, 261 f.)

»Daß manche unter uns – und vielleicht sind ihrer schon viele – nach zwanzigmonatlicher Kriegsdauer ein Ermüden beschleichen will, das ist ja leicht wahrzunehmen. So wie das deutsche Volk nach seiner Gemütsanlage weit entfernt ist von der maßlosen Gewinnsucht wie von der rasenden Ehrsucht seiner Feinde und nur widerstrebend in diesen Krieg eingetreten ist, kann es ja gar nicht anders, als im tiefsten Grund ein Grauen empfinden vor dem furchtbaren Werk, das ihm aufgenötigt ist... Und dieses Gefühl konnte geradezu gefährlich werden, wenn es sich mit religiösen Vorstellungen verband etwa derart, daß der christliche Sinn das Blutvergießen nicht länger gutheißen könne, daß die christliche Selbstlosigkeit es erlaube, wenn nicht fordere, auf eine volle Sühne des an uns verbrochenen Unrechts zu verzichten, und dergleichen.

Aber das darf nicht sein! Und wir Geistlichen, die es mit unserem Volk gut meinen und von einer Warte aus, wie sie ihnen erreichbar ist, die Gegenwart beurteilen, dürfen solchen Gedanken nicht entgegenkommen oder ihnen Vorschub leisten. Ist unser Volk mit gutem Gewissen in den Krieg eingetreten und hat es die Kriegslast als eine von Gott auferlegte auf sich genommen, dann muß es sie auch weiter tragen, bis sie ihm von Gott abgenommen wird. Denn es ist nicht entfernt an dem, daß unser Volk schon unter seiner Kriegslast zusammenbräche oder der Zusammenbruch in der nächsten Zeit bevorstünde. Nur schwer will die Last allmählich werden; sie beginnt zu drücken... Darum, weil sie drücken, sie abzuwerfen, als wären sie schon unerträglich geworden, wäre ein Ungehorsam gegen den, der die Last auferlegt hat, wäre ein Abfall von dem Glauben, mit welchem unser Volk in den Krieg gezogen ist. Wie wenig entspräche das dem großen Vorbild der aushaltenden Geduld, an welches die Heilige Schrift (Hebr 5,7.8; 12,1–12) erinnert!...

Unsere Geistlichen haben sich bis jetzt vielen Dank verdient. Sie verdienen sich noch größeren, wenn sie in Rücksicht auf den Einfluß, den sie besitzen, in Rücksicht auf die Tragweite ihres Wortes sich peinlich hüten, den Stimmungen einer müden Verdrossenheit, einer wahrhaft leidigen Friedenssehnsucht, einer weichlichen Leidensscheu Raum zu geben; wenn sie mit aller Kraft das Beispiel der aushaltenden Geduld selbst geben und dazu ermuntern, daß unser Volk in seiner Passion tapfer aushalte, wie die Väter in ihren Nöten ausgehalten haben ...«

[59] *Martin Rade:* Alles Volk in die Schützengräben! (CW 1915, Nr. 7, 125)
»Nun wird der Krieg interessant. Nun ist es eine Lust zu leben ... Jetzt geht alles Volk in die Schützengräben. Es beginnt ein Sich–Ducken und –Fügen, Kämpfen und Siegen, Sich–Zwingen und –Zwacken, Kasteien und Placken, von der schlichten Hütte bis ins vornehmste Schloß, wie wir das noch nie gesehen. Gezwungen und doch frei. Hart empfunden zuweilen und doch fröhlich. Jeder Stall, jeder Getreideboden, jeder Kaufladen, jede Küche wird zum Ort, wo die ernstesten ethischen Probleme bewältigt werden müssen. Jede Hausfrau wird Philosophin und Heldin zugleich. Jede Mahlzeit ist eine Tat.
Es erfüllt sich, was Schleiermacher fordert für unsre Obrigkeit: daß es dem Christen unanständig ist, ihr untertan zu sein um der Strafe willen, daß es ihm natürlich und notwendig ist, ihr sich zu unterwerfen um des Gewissens willen und daß er ihr zugetan ist mit der stillen Tätigkeit des *Nachdenkens* (Januar 1809). – Das ist der Segen der Antwort, die jetzt unser Volk gibt auf den Aushungerungsplan Englands. Endlich Gott Lob ist die Scheu aufgegeben, als dürften wir von der Gefahr, die uns daher droht, nicht reden. Fest hat die Regierung zugegriffen mit Maßregeln, die das Ganze unsres Wirtschaftslebens in Zucht nehmen: am schwersten den Bauer treffend, weniger seinen Beutel als seine Seele. Aber nicht dieser Stand allein wird die Abwehr zu leisten haben, alle Stände, Bäcker, Metzger, Kaufmann mit; nein, alle Häuser, die Hausfrauen voran mit ihrer Kochkunst, und die Männer, indem sie sich in den neuen Speisezettel fügen. Und ein täglicher Ernst des Nachdenkens und eine unerschöpfliche Fülle kleiner Entbehrungen und damit zugleich kleiner heiliger Freuden wird sich damit über unser ganzes Volk ergießen. Jetzt nur voran mit gutem Beispiel und mit aufklärendem Wort, wer gesehen und gehört wird! Jetzt kommt der Segen des Krieges. Jetzt

liegen nicht nur unsre Brüder, Söhne und Väter in den Schützengräben, jetzt dürfen wir selbst mit hinein, durch Ausharren und äußerste Wachsamkeit und Treue dem Feinde in lauter scheinbar kleinen Fortschritten den Sieg abzugewinnen.

R«

[60] *Gottfried Traub*, Dortmund: Siegeswille 1917. »Eiserne Blätter«, der »Hilfe« 1917 vorangestellt

»Zum neuen Jahr kenne ich nur eine einzige Losung. Sie lautet: Unerschütterlicher Siegeswille. Wenn nicht alles trügt, fallen in ihm die großen Entscheidungen. Sie werden der Kraft entsprechen, die wir zu entfalten willens sind. Wenn je, so haben wir jetzt keine Zeit, müde zu sein. Das sagen wir nicht, weil wir meinen, wir müßten die Leidenschaften und Entschließungen unseres Volkes aufpeitschen. Das deutsche Volk braucht keine Peitsche. Ruhig sehen wir der Zukunft entgegen und trotzen jeder Gewalt. Das neue Jahr wird schwerer als all die andern. Gewaltig sind die Proben, die es unserem Willen, unserem Leib und unserer Seele zumutet. Unsere Braven draußen müssen noch einmal alle Kraft zusammennehmen, und es tut uns bitter leid, daß wir ihnen keine andere Aussicht eröffnen können. Aber England will das so. Es will seine Vorherrschaft bis zum letzten Atemzug verteidigen und hat in seinen Zeitungen unsere Friedensangebote als ›widerliche Versuche, uns anzubiedern‹ abgewiesen. Ehe England zum Frieden genötigt wird, erhält Europa keine Ruhe. Auch wir zuhause wollen allen Mut zusammennehmen. Wir werden uns schlecht und recht durch*hungern*, aber den Ton legen wir auf das erste Wort und sagen *durch*hungern. *Durch*hungern ist noch lange kein Verhungern. Es geht uns immer erträglich. Unerträglich ist nichts als die Niederlage. Wir sind von Jahr zu Jahr gewachsen, und die früheren Entbehrungen erscheinen uns heute gering. Wenn die Notwendigkeit ruft, können wir noch mehr. Das Schicksal traut uns wirklich zu, daß wir mit der Not fertigwerden. So lassen wir uns nicht beschämen ... Nur ein völliger Sieg schafft einen ehrlichen Frieden. Darum steht unser Siegeswille 1917 fester denn je. Wir bringen einander gute Wünsche, in erster Linie: Stille. Taten haben allein das Recht zu reden; alles andere ist Geschwätz. Von Taten soll das Eiserne Kreuz zeugen.

Aber auch jede Hilfe, Güte, Treue und Kraft zuhause ist eine Tat. Klein und Groß erfülle stolz und still die Pflicht des Tages. Das ist unser Eisern Kreuz. Auch herber Tadel ist gesund, wenn er aus Vaterlandsliebe geboren ist. Nur dem Nörgler und Mäkler, der nichts und niemanden gelten läßt als seine eigne Verdrießlichkeit, weise die Tür! Der Maulwurf soll sich nicht einbilden, die Sonne sei nicht da, weil er sie nicht sehen mag.
Dann wünschen wir einander gute und getreue Freunde. Viele sind weggegangen, ach so viele! Bande lockern sich, alte Freunde finden sich nicht mehr. Desto heißer strömt unsere Sehnsucht nach neuer Freundschaft und Kameradentreue. Im unmenschlichen Krieg fand man Menschen oft da, wo man es gar nicht vermutet hätte. Gemeinsame Not und gemeinsamer Sieg verbindet neue Weggenossen. Halte sie feste und pflege die Liebe! Und der dritte Wunsch heißt Glaube. Ohne Glauben ist nichts Großes in der Welt geschehen. Vertrauen allein hält das Haus und stützt den Staat, füllt die Seele und trägt die weite Welt. Noch heute wie 1914 haben wir ein reines Gewissen in diesem Weltkrieg. Noch heute wie 1914 leben wir der frohen Überzeugung, daß der ›deutsche Tag‹ anbricht, indem die übermütige Alleinherrschaft Englands weicht und die Freiheit der Tüchtigen in der Völkerfamilie gesichert wird. Dann kommt ein anderer Frieden als der von Englands Gnaden. Um des wahren Friedens willen schärfen wir das Schwert, denn das türkische Wort hat recht: ›Im Schatten des Schwertes liegt das Paradies.‹ Deutschland, glaube! Dein Schwert ist gesegnet. Die deutsche Erde ist unser Zauber und der deutsche Himmel unser Licht. Wir stehen auf Felsgrund und wanken nicht. 1917 ringt mit uns, wir ringen mit ihm. Wir lassen es nicht, es segne denn uns und unsre Kinder!«
In der »Hilfe« 1917, Nr. 16, 266 f., berichtet *Gottfried Traub* als Augenzeuge vom Schlachtfeld um Arras:
»... Ob spätere Geschlechter noch entsetzlichere Dinge schauen werden? Erde, Meer und Luft sind gleich erregt; wie ein Besessener voll blutigen Schaums am Mund und zwischen die Heere eingeklemmt, leben die Einwohner der Länder dahin, von keinem andern Gedanken gejagt als dem des Krieges und der eigenen Nahrung ... Ob solcher Kampf des Menschengeschlechtes je nochmals über die Erde brausen wird? Ich weiß es nicht. Aber darauf

kommt es nicht an. Es hat wenig Sinn, etwas Erlebtes zu vergleichen mit einem Traum...«

[61] *Gottfried Traub:* Eiserne Blätter August 1917, Nr. 66, 16.
Nach der Ablehnung des deutschen Friedensangebots
»*Es geht aufs Ganze.*
...Hindenburg ruft; wo er ruft, da fehlt kein Deutscher. Er traut uns allen zu, daß wir wollen und können. Vertrauen aus dem Munde dieses deutschen Reckens macht den Zaghaftesten stark und den Zweifelndsten sicher. Nicht Verzweiflung treibt uns, sondern der Krieg soll verkürzt werden zum Heil der leidenden Menschheit. Wir handeln, weil das Schicksal es so will. Der Krieg ist über die Völker hinausgewachsen und drängt zur Weltentscheidung. Da geht es aufs Ganze; die Halben kann man nicht mehr brauchen. So sagen wir ›Ja‹ und sagen nicht ›Aber vielleicht‹. Mit frohem Trotz reiten wir einsam der Welt der kommenden Gefahren entgegen. Jeder offene Feind ist besser als verkappte Gegner. Hohe Not brachte uns Deutschen immer den höchsten Mut. Es ist Ritter Georgs Art... Klar liegt die Sache vor dem deutschen Volk: *Wir oder England!* Jeder Nerv und jeder Gedanke gehöre diesem Kampf. Wer das Letzte nicht einsetzt, kann das übrige alles verlieren.
So hebt der Sturm an für das Schiff des deutschen Staates. Das Schicksal würfelt zwischen England und uns. Wer jetzt aus der Reihe tritt, ist seines deutschen Namens nicht wert. In Sturmzeit wird das Äußerste verlangt und nicht geschwatzt. Im Sturm gilt ein einziges Ziel: Herr bleiben! ... Also voran ohne Heißa und Hoch, aber mit stolzer Freude! England soll zu Tode erschrecken. Eine köstliche Erfahrung macht man in solcher Zeit. Die Großen des Volkes kommen uns nah wie nie; mit einem Mal entdecken wir sie neben uns. Bismarck lebt wieder mit seinem Wort: ›Wir fürchten Gott und sonst nichts in der Welt‹, und sein Blick grollt von Hamburg hin über die Nordsee wie der Donner. Blücher hören wir rufen: ›Vorwärts, Kinder!‹, und die Königin Luise winkt ihrem lieben Volke zu. Der alte Fritz ist wieder jung geworden und besichtigt die Schützengräben. Der heilige Bernhard, der zu den Kreuzzügen rief, steht mitten unter uns und spricht ohne Reklame und Sentimentalität: ›Gott will es!‹ Luther legt uns

seine Hand auf die Schulter, wie es ihm einstens Frundsberg tat, und ruft mit stolzer Miene: ›Volk, Volk, du gehst einen schweren Gang, aber Gott wird mit dir sein.‹ Die Besten aller Jahrhunderte sind heute unsere Brüder. In solcher Gesellschaft fühlt man sich wohl und stark. Und noch kommen dazu die Tausende unserer gefallenen Jung- und Altmannschaft, die als Geister über den Schlachtfeldern hinziehen. Sie sind wach geworden in ihren Gräbern und eilen nach vorn und mahnen in der Heimat. All ihre Jugend und Liebe, Mut und Kraft strömen heute in unsere heißen, vollen Herzen. ›Macht es gut! Wir schauen auf euch.‹ So rufen sie, und wir merken's am klopfenden Puls: Sie kämpfen mit zu Wasser und zu Land und rächen ihr Blut an England!
So fahrt gut, ihr tapfersten U–Boote. Jetzt springen die Funken vom Schwert und die Torpedos fliegen. Wir sind des Kaisers einzige Front aus Stahl. England, es gilt! Du hast keinen Frieden gewollt, so wollen wir den Sieg.«

[62] *Martin Rade:* Wissen, was wir tun (Lk 23,34). CW 1915, Nr. 12, 299 f.

»Hat Jesus nicht auch Krieg geführt? Hat er nicht gestritten, gezürnt, gehaßt? Ja, auch gehaßt. Jesus haßte das Böse und bekämpfte es leidenschaftlich. Was denn vornehmlich? Die innere Unwahrhaftigkeit, die Heuchelei. Er hatte Feinde und war Feind. Oh, er konnte ein furchtbarer Feind sein. Ich möchte ihn nicht zum Feinde haben. Aber das ist ein Prüfstein unseres Hassens und Kämpfens, ob wir in aller Entschlossenheit, etwas und jemanden nicht gelten zu lassen über uns, dennoch ohne Vorbehalt Fürbitte tun können: Vater, vergib ihm, denn er weiß nicht, was er tut! ...
Ein Beispiel: ›Gott strafe England!‹ Wenn einer das sagt in echter überquellender Entrüstung, er soll das Recht haben. Wenn ein Redner es in die Menge ruft als Ergebnis der von ihm aufgerollten Tatsachen, ein Prediger auch von der Kanzel aus der Fülle seiner Gewissenskritik heraus: sie sollen es sagen. Wenn man es aber zum modischen Gruß machen möchte, wenn man es auf glänzende Ringe eingräbt, wenn man die urteilslose Jugend damit vergiftet, dann wird solche Sünde kommen über das Haupt des Volkes, das also tut. Denn es wird dann zum losen Spiel, es

wird zur Phrase, es wird zur Überhebung und Heuchelei ... Man liest doch auch bei einem ausgesprochenen Vertreter des Christentums ... ein Wort wie dies: ›Wenn der Englischmann und Ehrenmann, Minister Grey, *dem an der Stelle des Herzens ein Krebsgeschwür sitzt,* schließlich wird den gerechten Schimpf ernten müssen, *so wird er höhnisch das alles mit seinem Pferdefuß bei Seite scharren.*‹ Ja, wer von uns kennt denn des Feindes *Seele,* um so reden zu dürfen, um so etwas ernsthaft drucken zu dürfen? Wenn wir jetzt zum Karfreitag beten: ›Vater, vergib ihnen, denn sie wissen nicht, was sie tun!‹, da ist Grey mitten unter den Feinden, für die wir also beten ...«

[63] *Johannes Herzog:* Ewige Freude. Zu Weihnachten 1916 (CW 1916, 973 f.)
»Die dritte Kriegsweihnacht! Schwer, schwerer, am schwersten: so war die Steigerung von 1914, 1915, 1916. So hat man's etwa selber erleben können, wenn man zum Beispiel Christfeiern bei den Verwundeten im Lazarett zu halten hatte. 1914 lieblich und erhaben, dazu Gaben die Fülle; 1915 schon gedämpfter, gehaltener, mit dem zitternden Unterton tiefsten Wehs, aber zugleich mit der stillen, tiefgewurzelten Hoffnung: Es ist sicher das letzte Christfest im Krieg. Und jetzt 1916? Zwar *den* Gedanken auszudenken, daß es sich übers Jahr noch einmal wiederholen könne, ist schlechthin eine psychologische Unmöglichkeit. Aber auch ohne dieses Schreckbild ist die Stimmung die eines großen Ernstes: des durchlittenen Wehs, der empfangenen Wunden, der in unsere Reihen gerissenen Lücken sind zu viele! ...«

[64] Professor *Reinhold Seeberg:* Aus einer Feldpredigt im September 1915. In: Geschichte, Krieg und Seele. Reden und Aufsätze aus den Tagen des Weltkrieges (Leipzig 1916), 154 f.
»... fehlt es *uns* nicht an Trost. Durch den dunkeln Sack, der die Lebenssonne umhüllt, brechen doch Lichtstrahlen hindurch; sie künden den Sieg. Und über dem Strom des Blutes schweben selige Geister in lichtem Reigen und singen die gewaltige Melodie vom weltgeschichtlichen Fortschritt, vom stärkeren und größeren Deutschland. Und wir, wir durften dabei sein! ...
Viele Monate Krieg liegen hinter uns, aber auch viele Monate

Sieg! Wir haben nicht umsonst gestritten und gelitten. Unsere Opfer waren nicht umsonst, der große Bundesgenosse oben war mit uns ... Wir leben in einer großen Zeit, in einer Sonnenwende der Weltgeschichte. In diesen großen Todestagen reckt sich der nationale Wille zum Leben riesengroß empor, daß die Alten schier vor ihm erschrecken, als sähen sie ein Gespenst. Dieser Volkswille hält auch alle draußen zusammen, daß ihr trotz allem Jammer die Zähne zusammenbeißt und sagt: ›Nun gerade!‹ Dieser Volkswille trägt uns alle, unsern Reichstag und unsere Regierung, daß wir, die wir im zweiten Kriegsjahr stehen, fest dabei bleiben: Durchhalten bis zum Äußersten! Das deutsche Volk will leben. Es will die Kräfte brauchen ungehemmt und ungedrängt, die Gott ihm gegeben hat. Es will sich ausrecken und ausbreiten nach den Maßen, die der Schöpfer ihm verlieh. Lang genug hat der Riese auf seinem engen Lager gelegen und hat sich gekrümmt und geduckt und ist ausgezogen und hat auf fremdem Boden fremdem Volk aufgewartet und Dienst getan. Jetzt hat er sich erhoben.«

[65] *Adolf Deißmann*, Professor für Neues Testament in Berlin, schildert in einem »Gedächtniswort« für seinen am 23. 10. 1935 verstorbenen Kollegen Reinhold Seeberg, »diesen deutschen Menschen, diesen deutschen Denker, diesen deutschen Kämpfer, der so völlig verwachsen ist mit einem schicksalsschweren deutschen Halbjahrhundert« (s. u. 11), die akademische Trauerfeier und die Errichtung des Ehrenmals für die im Weltkrieg gefallenen Angehörigen der Berliner Universität unter dem Nachkriegsrektor Seeberg am 24. 5. 1919. In: A. Deißmann: Reinhold Seeberg. Ein Gedächtniswort (Stuttgart 1936), 36 f.

»... Ich darf als einer aus der schon stark gelichteten Reihe der älteren Teilnehmer den Vorgang erzählen; ich halte ihn für den Höhepunkt seines [Seebergs] Rektorats nicht nur, sondern auch seiner gesamten Berliner Jahre.

Wir waren in akademischer Tracht in langer, feierlicher Prozession von der Universität zum Dom gezogen, Professoren, Studenten und Universitätsverwandte, Reinhold Seeberg in Rektormantel und Kette an der Spitze. Aber wir waren nicht von der stillen Teilnahme mittrauernder Volksgenossen begleitet, und

unsere Fahnen waren nicht ehrfurchtsvoll gegrüßt worden. Auf der Straße und im Lustgarten hatten sich, es war Sonnabend Mittag, Hunderte von halbwüchsigen Demonstranten zusammengerottet, die uns mit Johlen, Pfeifen und höhnendem Lachen beschimpften: Unsere nationale Kundgebung war dieser verhetzten Jugend zuwider; denn die von den Kugeln der Straßenschießereien stark mitgenommene Universität galt ihnen als Hauptquartier der antikommunistischen Reaktion. Selten haben wir die innere Erniedrigung unseres Vaterlandes so gefühlt wie auf diesem Weg zum Dom. Im Dom selbst wich der Druck. Der Rektor sprach zwar von der Kanzel aus erschütternd von unserer Erniedrigung; aber in trotzigem Dennoch–Glauben redete er dann vom Wiederaufbau und Neubau. Und er forderte uns auf, unseren an der Front unbesiegten jungen Helden im Garten der Universität ein schlichtes Mal zu errichten als ragendes Symbol des Glaubens, daß wir, die jetzt Erniedrigten, trotz allem siegen und leben werden: ›Invictis victi victuri!‹
Das Denkmal wurde errichtet und ist unter den Augen Hindenburgs von Reinhold Seeberg geweiht worden. Er selbst aber durfte es noch erleben, daß seine Vision ›victuri‹ Wirklichkeit geworden ist: durch den schöpferischen Dennoch–Glauben unseres Führers.«

[66] Professor *Otto Baumgarten,* Kiel: Siegespredigt am 30. August 1914 über Ps 36,7: Gottes Gerechtigkeit (EF 1914, 329 ff.)
»Sind nicht die Siegesnachrichten in dieser Woche wie eine gewaltige Flut über uns hingegangen, daß hier eine Tiefe und dort eine Tiefe brauste? Kaum sind wir zur Besinnung gekommen über dem gewaltig vordringenden Schritt unserer Truppen. Und nun ist auch die große Sorge, die uns um unserer braven Ostpreußen willen erfüllte, von unserer Seele genommen. Sieg überall! Kaum hält sich gegenüber diesem Jubel im tiefsten Grunde der Seele das bittere Weh um das viele geflossene Blut und die Sorge um die eigenen Geliebten, die noch geopfert werden sollen. Und auch die Verluste unserer Flotte, klein im Vergleich zu dem, was sie uns leistet, und doch dem Herzen dieser Stadt so schmerzlich, vermögen nicht zu dämpfen die Freude am Sieg.

Aber warum geht durch diese immer neue Freude etwas so heilig Feierliches? Wie eine gehaltene Gebetsstimmung? Es ist so überwältigend groß, so über alles Bitten und Verstehen gewaltig, daß wir selbst davor klein werden. Wer wird sagen mögen: *So* mußte es kommen, das konnte nicht fehlen? Aber diese überraschende Größe der Zeit ist auch geweiht durch ein heiliges Gesetz, das sie uns kündet. Fühlt ihr's nicht alle? Es ist die Gerechtigkeit, es ist das heilige Recht unseres Gottes, was sich da durchsetzt vor unsern Augen.

Meine Freunde, wir wollen uns nicht überheben, zum wenigsten in dieser Zeit. Aber wie eine große Tiefe überwältigt uns die Gewißheit, der einst unser Schiller Ausdruck gab: ›Ein heiliger Wille lebt, wie auch der menschliche wanke‹; es sind moralische Gesetze, nicht bloße Naturgewalt und Übermacht, was diese Siege vollbringt. Und so wollen wir stille halten und zu verstehen suchen, was uns Gott sagt in dieser großen Zeit. Meine Freunde, wir getrauen uns ja nicht, Sinn und Ratschluß des Höchsten zu erfassen; aber ist es nicht doch, als ob wir den Zipfel seines heiligen Gewands ergreifen könnten? ›Deine Gerechtigkeit stehet wie die Berge Gottes, und dein Recht wie eine große Tiefe.‹ Davor erbebt unsre Seele in Ehrfurcht.

I.

Daran hat jener klügste Rechner unsrer Tage, jener große Staatsmann und Führer seines Volks, Eduard VII., nicht gedacht, als er den gewaltigen Plan schmiedete, der nun in diesen letzten Wochen sein letztes Glied uns enthüllt, ach, daran hat er nicht gedacht, daß am Ende die moralischen Faktoren schwerer ins Gewicht fallen als alle Macht- und Massenfaktoren.

Wahrlich, die Zahl tut's nicht! Und wenn die zwei Millionen Russen sich von Wilna her über uns ergössen, in immer neuen Anläufen unser armes Grenzland überschwemmten, so fürchteten wir uns nicht so sehr; denn sie sind gelähmt durch ihren Mangel an Gerechtigkeit...

Und nun Frankreich, dies arme Land der ewigen Revanche! Wir wollen es nicht zu klein machen: Es lebt in dem französischen Volk eine gewisse Größe, eine gewisse Hingabe an eine Idee, die

Idee, das Volkstum wieder auszubreiten auf einst besessene Landesteile; diese Idee hat durchgehalten durch die rasch wechselnden Systeme der Regierung, hat sie zu großen Opfern begeistert, zuletzt zur Einführung der dreijährigen Dienstzeit, die wir uns nicht mehr abverlangen. Aber eine wirklich sittliche Kraft liegt nicht in solcher wesentlich negativen Idee, nicht in wilder Leidenschaft; sie liegt nur in schaffenden Gedanken, nur in selbstbeherrschter Leidenschaft. Woher sonst der Leichtsinn in der Kriegsvorbereitung, zumal in der Ausrüstung der Truppen, das stete Handeln mit Vorschußlorbeeren, die ewige Selbstberäucherung bei abnehmender Volkskraft?...

II.

Möchte doch aber auch unser Volk ... immer mehr zu einem Diener der Gerechtigkeit, zu einem Werkzeug des heiligen Rechtes werden!

Gewiß, wir haben heute ein Recht zum Nationalstolz, vor allem stolz zu sein auf unsern Friedenskaiser, der nun das Schwert so kraftvoll führt; stolz zu sein auf den zweiten Moltke, der mit wunderbarer Umsicht und nach Erwägung aller Möglichkeiten die gewaltigen Heere in so ruhigen, großen Schritten vorwärts lenkt, stolz zu sein auf unsern preußischen Kriegsgeist, dem kein Einsatz von Blut und Ausdauer zu hoch ist, der über wahre Wälle von Leichen hinüberschreitet und sich selbst der überlegensten Waffe entgegenwirft; stolz zu sein auch auf des ganzen Volkes willig frohe Opfer, auch auf die innere Zucht, mit der wir nun wieder zur Arbeit im Beruf zurückgekehrt sind. Niemand soll uns diesen Stolz schmälen und schmälern.

Und doch, meine Freunde, hier vor dem Angesicht Gottes, der so über alles Bitten und Verstehen uns geholfen hat aus der schwersten Not – denkt nur zurück an unsern Bittgottesdienst, da unsere Seelen standen unter dem Druck der großen Not! –, sollten wir uns da nicht demütigen, damit fort und fort nicht wir selbst, sondern Gott uns erhebe zu Werkzeugen seines Rechts?

... Es ist nicht deutsch, so wenig als es christlich ist, diejenigen, an denen man sich mißt, herunterzudrücken zu unscheinbarem Maß. Vergessen wir nie, was wir in unserer nationalen Kultur unseren

Feinden, obenan den Engländern, aber auch den Franzosen, im Jahre 1870 auch den Russen verdankten, und behalten wir ein offenes Auge für alles Edle der fremden Art! Das ist gerecht vor Gott und ist gutes, altes Recht unserer deutschen Art. Möge es auch in diesem Kriege uns erhalten bleiben wie eine große Tiefe!...«

[67] *Martin Rade* über die Ideen Wilsons 1918 (CW 1918, Nr. 46/47, 436)

»Ideen des Westens. Warum Wilsons und des Westens? Warum haben *wir* diese Ideen nicht gehabt? Warum nicht vertreten? Aber es *sind ja unsere Ideen.* Sie sind ja auf unserem Boden gewachsen. Es genügt der eine Name: Kant. Und wir haben sie ja auch während des Krieges geäußert. Aber nur schüchtern. Nur vorläufig, wie wenn es uns nicht Ernst damit wäre. Wie wenn wir uns ihrer schämten. Statt daß wir uns hätten ernstlich damit ›an die Spitze stellen‹ müssen. Statt daß wir sie hätten vertiefen, ganz neu verarbeiten und so der sehenden Welt darbieten sollen. Nun ist die Führung drüben.«

[68] *Friedrich Naumann* über Wilsons Völkerbundsprogramm 1918. »Zukunftsfragen« (Hilfe 1918, 17. 10., Nr. 42, 488 f.). Nach ursprünglicher Ablehnung der Wilsonschen Gedanken befreundet er sich nun zögernd damit:

»...ist der jetzige Wilsonsche Völkerbund wirklich etwas Ewiges, wofür es sich verlohnt, Opfer zu bringen wie für ein *Reich Gottes auf Erden*? Ist er die Vollendung der christlichen Verheißung, daß es *einen* Hirten und *eine* Herde geben soll? ... Oder ist er nur ein Kunstprodukt der theoretischen Vernunft, ein gespensterhaftes Gebäude, in dem die Delegierten der Nationen teils sich vergnügen, teils sich zanken? Es würde so schrecklich sein, den Geist der Volksselbständigkeit hinzugeben für etwas, was nichts ist als dauerndes Gekreisch und Elend! ... Hat sich *das deutsche Volk* in seiner Mehrheit und in seiner geistigen Leitung einmal überzeugt, daß der Völkerbund unvermeidlich, geschichtsnotwendig und an sich möglich ist, so wird Wilson in der ganzen Welt keine besseren Mitarbeiter finden können als gerade die

Deutschen, denn von uns ist das Problem der Selbsterhaltung eines Volkes in so schweren Erlebnissen erkämpft worden wie wohl von keiner andern großen Nation ...«

[69] *Otto Baumgarten* 1917 über Annexionspolitik (EF 1917, 190 f.: Kirchliche Chronik)
»1. Nach meinen ausführlichen Darlegungen in meinem den meisten so ärgerlichen Buche ›Politik und Moral‹ kann eine *protestantische Ethik an sich keinen Anstoß* nehmen *an einer Eroberungs- oder Annexionspolitik*. Denn jene verträgt sich sehr wohl mit der protestantischen Real- und Machtpolitik, wie sie von Friedrich dem Großen und Bismarck charakteristisch vertreten ist, für die die Erhaltung und Erweiterung der Macht, das heißt der wirklichen Lebensfähigkeit des nationalen Staatswesens, das oberste Gesetz ist. Ich habe auch nie moralischen Anstoß genommen an der Erweiterungspolitik, die Rußland nach Konstantinopel drängte oder Rumänien zur Annexion der vorwiegend rumänisch sprechenden Teile Ungarns ... Konkret gesprochen: Sobald mir nachgewiesen wird, daß der Nahrungsspielraum, um eine vermehrte Kinderzahl Deutschlands, auf die wir aus nationalen Gründen dringen müssen, wirklich großziehen und sittlich verwerten zu können, in den alten Grenzen Deutschlands, auch unter weitgehender innerer Kolonisation, nicht mehr zu gewinnen ist, so sehe ich nicht ein, was ich gegen eine Annexion des vortrefflichen, noch dazu schon lange von deutscher Seite besiedelten Koloniallandes Kurland vom sittlichen Standpunkt aus einwenden sollte. Denn der absolute Pazifismus ist durchaus kein protestantisches Dogma. Der Protestantismus, der überhaupt aller Individuation mit dem Vertrauen göttlicher Fügung entgegenkommt, erkennt von jeher die gottgewollte Gliederung der Menschheit in Nationen an und stärkt die Volkspersönlichkeiten. Weiter aber: Wenn uns nachgewiesen wird, daß die Sicherung unseres Reiches gegen eine Wiederholung des eben ausgestandenen Überfalls durch eine von England geführte Koalition unmöglich ist ohne die militärische Beherrschung Belgiens, ohne die Einbeziehung der flandrischen Küste in unser System der Flottenstationen, ohne die Unterstellung der hochbedeutenden Minettelager von Briey unter deutsche Hoheit, ohne die Vorrückung

unserer östlichen Grenzen über die Linie Kowno-Grodno usw., dann reagiert bei mir gegen solche Annexionspolitik zunächst der moralische Mensch nicht...

2. Dagegen *verbietet* gerade *das* für den protestantischen Politiker entscheidende *Lebensinteresse des eigenen Landes eine unbegrenzte Eroberungs- und Annexionspolitik*, meines Erachtens auch einen guten Teil der vorgenannten, vom militärischen Standpunkt aus vertretenen Einbehaltung eroberten Gebietes. Denn unsere bisherigen Erfahrungen mit Fremdstämmigen innerhalb unserer Grenzen zeigen, daß Maßlosigkeiten in der Erweiterungs- und Sicherungspolitik sich in ungeheurem Maße rächen. Abgesehen davon, daß eine Erfüllung der Forderungen der wirtschaftlichen Verbände und der Alldeutschen eine so absolute Niederwerfung Englands voraussetzen würde, wie sie leider kaum zu erwartet ist, würde sie die so widernatürliche Koalition auseinanderstrebender Kräfte wie mit einem eisernen Reifen zusammenhalten, uns also zu einem dauernden latenten Kriegszustande gegenüber der von unserem ›Militarismus‹ und ›Imperialismus‹ sich bedroht sehenden Welt, mit Einschluß von Nord- und Südamerika, verurteilen und uns nötigen, eine Kriegsrüstung zu tragen, die uns den Atem rauben, alle unsere inneren Werte schmälern, unsere Kulturinteressen unbefriedigt lassen würde...«

[70] *Martin Rade:* »Gleichgewicht?« (CW 1917, 43 ff. gegen Fr. Meineckes Satz in der Silvesternummer der Frankfurter Zeitung: »Nicht Niederwerfung, sondern *Gleichgewicht* heißt die politische Lage der Zukunft.«)

»...›Gleichgewicht‹? Wo soll es herkommen? Es ist ein Traum, und nicht einmal ein schöner. Denn es ist das fruchtbarste Nest neuer Verwirrungen und Irrungen, das man sich denken kann. Als Bild aus der Mechanik genommen, wird es den sittlichen Forderungen, welche ›die politische Lage der Zukunft‹ an die Menschheit stellt, ... in keiner Weise gerecht... Es gibt nur *eine* echte Möglichkeit, von Gleichgewicht zu reden, das ist sub specie aeterni...

Für uns Menschen ist Gleichgewicht kein Ziel und keine Aufgabe. Auch in der Politik nicht. Die Losung ist für uns teils zu hoch, teils zu niedrig. Zu hoch, weil Gott allein imstande ist, diese

Welt im Gleichgewicht zu sehen, zu erhalten und immer neu zu schaffen. Zu niedrig, weil wir eine ganz andre und viel edlere Aufgabe haben der Zukunft, auch der politischen, gegenüber...«

[71] Kommentar *Martin Rades* am 26. Juli 1917 »zu den Ereignissen im Reich« (Kanzlerwechsel usf., CW 1917, 554 f.)
»1. Demokratie und Monarchie. Wir wünschen unserm Volk, daß ihm endlich der volle Anteil an seiner Verwaltung und Regierung werde, der ihm gebührt. Und wir hoffen, es ist seit dem 11. Juli die Bürgschaft dafür gegeben. Eine ›Demokratisierung‹ nach dem Muster der Weststaaten wünschen wir uns nicht. Wir wollen so wenig der bloßen Majoritätenherrschaft ausgeliefert sein wie dem Anspruch privilegierter Stände. Wir möchten unseres Reiches Geschick so wenig in die Hände des Bankkapitals legen wie in die des Rüstungskapitals. Wir wollen das Ausgleichende eines Königs- und Kaisertums behalten inmitten der Interessenkämpfe der Gruppen und Klassen und loben uns unsre konstitutionelle Monarchie.
2. Siegeswille und Friedenswille. Weshalb soll das ein Widerspruch sein? Unsere Tapferen draußen zu Wasser und zu Lande sollen siegen, so viel sie können. Wir wollen ihnen gerne nicht in den Rücken fallen, sie nicht im Stich lassen, wollen Geduld haben und durchhalten. Aber zugleich müssen wir den ernsten Friedenswillen nicht nur haben, sondern auch laut und deutlich bezeugen. Nicht in sich jagenden Friedensangeboten, die freilich den Eindruck der Schwäche machen müssen. Aber in einer Haltung, die auf Seiten der Feinde von jedem, der guten Willens ist, verstanden wird. Eine solche Haltung muß unserm Volk, muß unsrer Staatsleitung möglich sein. Bethmann Hollweg hat in dieser Hinsicht gute Vorarbeit getan; möge es seinem Nachfolger beschieden sein, ein Meisterstück zu leisten, wie die Zeit es braucht. Was die Mehrheit des Reichstags zu beschließen vorhat, scheint uns würdig und recht...«

[72] *Martin Rade:* Krieg ohne Ende. Am 5. Juli 1918 über Hebr 12,4 (CW 1918, 257 f.)
»Wir sehen mit herzlichem Vertrauen und herzlichem Stolz auf unsre Front. Wir sind glücklich, daß unser liebes deutsches Volk

sich so tapfer behauptet hat gegen die Feindschaft fast der ganzen Welt, und wir zweifeln nicht, daß es sich fernerhin behaupten wird, wie lange der Krieg auch noch währen mag ... Was not tut, ist *Stählung* unsrer Volksseele. Das ist die Stimmung, an der wir arbeiten sollen. Stahlhart soll unser Geschlecht werden. Nicht durch Niederlagen sollte es das, damit hat Gott in seiner großen Barmherzigkeit uns verschont, obwohl er noch immer dieses Erziehungsmittel anzuwenden weiß. Auch nicht durch die Menge der Todesopfer; dafür hat er noch immer seinen wunderbaren Trost bereit: ›Tod, wo ist dein Stachel!‹ Aber durch die lange Dauer des Krieges: dadurch schmiedet er uns, damit doch endlich noch etwas Rechtes aus uns werde.

... Mag beten um den Frieden, wer da will, das Kriegsende erhoffen von morgen und, wenn es morgen nicht kommt, von übermorgen, wer Kind genug dafür ist. Mannesart, wie der Apostel Paulus sie meint (1 Kor 13,11), ergibt sich dem göttlichen Willen, lauscht auf die ewigen Absichten, stellt sich zur Verfügung für den geforderten Dienst. Laßt uns aus dem vaterländischen Kriege, in dem wir drinstehn, mutig hineinwachsen in den Krieg für Gottes Reich, in dem wir jederzeit stehen sollen. Solange das Ringen der Heere dauert, treu mitkämpfend, leidend und siegend für unser Vaterland, aber ohne Aufhören aus diesem Ringen lernend, was wir als Heerbann Christi an Kampf, Leid und Sieg in der Welt zu leisten haben. Jetzt im Krieg, mag er dauern so lange er will, dann in dem, was die Menschen Frieden nennen – was ach so köstlich ist, aber Gott Lob, der Güter höchstes nicht, sondern bestenfalls nur ein Abglanz des heiligen Friedens, der dort ist, wo Gott alles in allem.

R«

[73] Zum 12. Dezember 1918 (CW 473 f.) widerspricht *Martin Rade* der »Kreuzzeitung«, die ihre Bußtagsandacht überschrieben hatte »Unsre Ehre ist dahin«.

»Ich verstehe das sehr wohl. Bin ich doch ein Kind der Zeit von 1870/71, Bismarcks, Wilhelms I. und habe die Erfüllung des Kyffhäuser–Traumes miterlebt als die selbstverständliche Grundlage alles vaterländischen Empfindens. Haben wir Kinder dieser Zeit je uns vorstellen können ein besiegtes Deutschland, ein geschlagenes Heer, ein vom Feinde besetztes Rheinland, ein vom Reiche losgerissenes Elsaß oder Posen? ›Schande und Knechtschaft‹! Wohl denen, die vor der schwarzen Stunde gestorben sind.

Und doch, der Prediger des Evangeliums *darf* nicht so reden. Er darf es wenigstens nur so, daß dann sogleich das große Dennoch folgt: Dennoch nein. Die Ehre ist nicht verloren ... So tief bist du nicht gesunken, daß du dein Haupt verhüllen müßtest unter den Völkern. Am wenigsten um dieses Waffenstillstands willen. Was daran schändlich ist, ist Schande den feindlichen Siegern, nicht uns.«

[74] Erlaß des sächsischen *Evangelisch–Lutherischen Landeskonsistoriums* zu Beginn des vierten Kriegsjahres (AELKZ 1917, 806 f.)

»Die Ansprache wurde von den Kanzeln verlesen, in der es [das Konsistorium] mahnt, auf Gottes Stunde zu warten, ohne Murren sich unter Seinen Willen zu beugen, mit unverminderter Treue fortzufahren in Gebet und Arbeit, auch auszuhalten in hartem Kampf und schwerem Leid. Das von Gott gefügte Zusammentreffen der entsagungsreichsten Zeit des Kriegs mit dem Gedächtnisse der größten Gottestat deutscher Geschichte [der Reformation] müsse uns anspornen, in Luthers Sinn und Geist alle Verzagtheit zu verbannen, nach dem Vorbild der Reformatoren unser Leben zu prüfen und zu heiligen, allem leichtsinnigen, in dieser Zeit doppelt sündhaften Wesen zu wehren, die Jugend in christlicher Zucht zu halten, die Obrigkeit in schuldiger Treue mit christlicher Fürbitte zu stützen ...«

[75] *Christian Geyer:* Aus der Predigt zu Weihnachten 1916 über 2 Kor 4,6. In: Die Stimme des Christus im Krieg. Predigten aus dem dritten Kriegsjahr (München 1917), 21 f.

»Was gibt dieser dritten deutschen Kriegsweihnacht ihr eigentümliches Gepräge? Daß wir uns je länger, je mehr des Gegensätzlichen im deutsch-christlichen Wesen bewußt werden. Christus dort und die Erdenpflicht hier stehen einander gegenüber. Christentum und Vaterland, Frömmigkeit und Tapferkeit, Friedenssehnsucht und Kampfeslust ringen in unserer Volksseele miteinander. Christ und Krieg sind Gegensätze. So unwiderleglich ist der Widerspruch zwischen beiden, daß alle Künste, beide zu versöhnen, nur immer wieder versagen. Täuschen wir uns darüber zu anderen Zeiten leichter hinweg, so will uns das am allerwenigsten in der Weihnachtszeit gelingen. Darüber sind manche in die Gefahr geraten, die Freude am Christfest zu verlieren. Die Weihnachtslieder kommen ja doch nicht gegen den Kanonendonner auf. Also stimmt doch das Kinderlied: ›Vom Himmel hoch, da komm ich her‹ und die hohen Freudengesänge: ›Fröhlich soll mein Herze springen‹ und wie sie alle heißen, lieber gar nicht an! Löscht die Lichter des Christbaums aus! Ihr milder Schein kämpft doch vergebens gegen die Schatten an, die die Welt verdüstert haben. Wirklich? Ist das dein Ernst, deutsche Seele? Nein, das Gegensätzliche zieht sich an! Heute mehr denn je. Gerade dem Krieg zum Trotz singen wir das Christuslied der Weihnachtszeit, und dem Krieg zum Trotz freut sich das Kind in unsrer Seele... Gerade im Krieg brauchen wir das liebe Weihnachtsfest, wie wir das Licht eben in der Nacht anzünden. Weihnachten ist ja Licht in der Finsternis. Es grüßt uns von dem Gott, der da hieß das Licht aus der Finsternis hervorleuchten. Es gibt, gottlob, noch einen Raum in der Welt, wo dem Krieg zum Trotz Weihnachten gefeiert werden kann, das ist unser Herz. Draußen Sturm und drinnen Ruhe; draußen Sorge und drinnen Vertrauen; draußen Krieg und drinnen Frieden. Das ist möglich. Darum feiern wir Kriegsweihnacht mit der Losung: Licht im Herzen...«

[76] *Christian Geyer*: Aus der Predigt über Mt 17,1–10 am 13. Februar 1916, Verklärung (aaO. Nr. 3, 34 f.)

»... Wir lesen einen Anschlag, daß eines unsrer Unterseeboote ein französisches Linienschiff in den Grund gebohrt habe. Innerhalb von zwei Minuten ist es mit seiner ganzen Besatzung von 600 oder 700 Mann gesunken. Das teilen wir uns hocherfreut mit. Aber ist es nicht ein schreckliches Los, das diese Hunderte plötzlich getroffen hat? Ist nicht jeder von ihnen geradeso Mensch wie wir? Hat nicht jeder seine Mutter, seine Frau, seine Kinder daheim? Natürlich, es ist Krieg, und im Krieg freuen wir uns über jeden Erfolg unsrer Waffen und trauern über unsre Verluste. Allein dieser Kriegszustand, der eine Glut des Grolls und der Feindschaft anfacht und mit seinem Rauch das Mitleid verhüllt, wie der Rauch unsrer Schornsteine die Sterne unsichtbar macht, ist auf die Dauer unsrer Seele nicht zuträglich. Wir möchten wieder einmal schrankenlos lieben dürfen und den Haß in die Hölle zurückschieben, der er entstiegen ist. Darum treibt es uns in die lichtere Höhe, auf den Berg, von dem aus die Aussicht so weit ist und zu dessen Gipfel kein Geschrei von unten her dringt. Von da oben gesehen, hat jedes Volk seinen von Gott ihm gewiesenen Beruf, und was hier unten gegeneinander kämpft, wird von dort oben als eine große Arbeitsgemeinschaft erkannt.«

[77] *Wilhelm Fresenius:* Gottes Gesetz unser Trost in schwerster Kriegszeit. Predigt am 6. 10. 1918 über Ps 119, 89–96 (3 ff.)
»Noch nie ist es mir so schwer geworden, die Kanzel zu besteigen wie heute; in dem ungeheuren Ernst dieser Tage, die vielleicht die Entscheidung über die Zukunft unseres deutschen Volkes bringen, so oder so. Wie draußen seit Wochen trostloses, trübes Wetter herrscht, so sieht man auch im Innern nichts als ein trostloses Grau ... Unsere innere Lage ist ernst, sehr ernst. Während es gerade in dieser Zeit schwerster, entscheidender Kämpfe draußen und mancher sonstigen Schwierigkeiten da und dort Pflicht wäre, daß unser deutsches Heimatvolk der Welt ein Bild vollkommener Einheit und Geschlossenheit zeigte, sind Leute, die sich Deutsche zu nennen wagen, am Werk, Unordnung und Durcheinander hervorzurufen und Vorteile für sich und ihre Partei aus der Not der Zeit herauszuschlagen. Man weiß gar nicht, wie man solches Treiben bezeichnen soll. Und doch läßt man sie gewähren und gibt ihnen nach! Denn sie behaupten, die Stimme des Volkes zu sein, und sind's doch nicht. Denn jeder vernünftige Deutsche – und so denkt heute die überwiegende Mehrzahl unseres Volkes – sagt: Laßt uns erst Ruhe nach außen schaffen, dann mögen wir uns über die inneren Fragen auseinandersetzen, in denen die Meinungen geteilt sind. Aber auf diese Stimme, auf die eigentliche Stimme des Volkes hört man nicht. Und so fährt unser Staatsschiff mit rasender Eile den Klippen zu, an denen es zerschellen muß. – Wir wollen hier wahrlich keine Politik treiben, das sei ferne von uns... Wenn uns *alles* genommen wird: unsere Geschichte, unser Vaterland, unser Stolz, unsere Ehre; wenn wir

ungeheure Lasten zu tragen haben werden, wenn wir die Millionen der besten Söhne unseres Volkes umsonst geopfert, wenn unsere Kämpfer für nichts schreckliche Leiden erlitten und Übermenschliches geleistet haben; wenn unser Leben trostlos sein wird auf dieser Erde, weil man uns die Kraft vaterländischer Begeisterung, Hoffnung und Zuversicht nahm – Gott *bleibt* uns, an ihn wollen wir uns klammern, er ist unser Fels und unsere Burg. – Und: wir wollen diese und die kommenden Tage als eine Prüfung erfassen lernen, die er uns schickt. Es muß wohl Gottes Wille sein, daß uns dieses Letzte, Schwerste nicht erspart bleibt, daß wir diese trübsten, schwärzesten Stunden erleben müssen. Wir haben's wohl verdient, weil wir immer wieder so undankbar gegen Gottes wunderbare Hilfe waren, so vergeßlich, so verzagt, so bitter und so kleinlich ...

Möchte das der Segen dieser schweren Tage sein, daß wir aus dem dunkeln Tal, durch das wir jetzt gehen müssen – durch eigene Schuld –, *endlich hinaufzusteigen anfangen zu jener lichten Höhe. Daß wir wieder ein Volk werden, das geschlossen und einig in Demut und im Gebet vor seinem Gott auf den Knieen liegt, wie's in den Anfangstagen dieses Krieges war.* Darum der Ruf, den wir so oft schon erhoben haben ...: *Zurück zu dem Geist von 1914, zu dem Geist schlichten Gottvertrauens, brüderlicher Gesinnung, tätiger Hilfe, kraftvoller Einigkeit!«*

[78] Generalsuperintendent *D. Friedrich Lahusen*, Berlin: Brief an seinen Sohn Hermann vom 8. 11. 1918. In: D. Lahusen: Vater und Seelsorger. Briefe an seinen Sohn. Hrsg. von Hermann Lahusen (Gütersloh 1929), 148 f.

»... Ich begrub den Grafen Schwerin, einen der Besten im Lande. An seinem Sterbebett habe ich so Herrliches erlebt wie sehr selten im Leben. Ein Sterbebett, das ein Siegesbett war ...

Deutschlands Geschick hat ihm mit das Herz gebrochen, aber er dankte Gott, daß er ihn in das höhere Licht führe, wo er verstehen würde, was Gott mit unserm Volke vorhat.

Ich durfte das den Abgeordneten und Ministern und vielen sagen. Ich sprach nach seiner Bestimmung über Röm 8,31–39. Eine große, glänzende Versammlung. Mit diesem Tage sank das alte Preußen und Deutschland hin.

Jetzt geht es also ums Vaterland. Ich habe soeben die dritte Ansprache an die Gemeinden gemacht, die erste für den Fall der Erhebung, die zweite für den schmählichen Frieden, die dritte nun für die Revolution. Furchtbar – wir wollen beten und arbeiten und *glauben.*«

»Berlin, den 11. November 1918

... Es ist ruhig in Berlin. Der prinzliche Reichskanzler hat es vermocht, den Kaiser zur Abdankung zu zwingen, die arme Kaiserin ist in Potsdam. Der Kaiser in Holland. Nun ist also auch die Ehre fort. Das Ende der Hohenzollern. Man möchte blutige Tränen weinen. Ja, wir waren ein unreifes Volk, wir sind vor Gott unwert, aber wir waren führerlos, das ist das grausame Geschick, und umsonst flehen wir: Gib uns *einen* Mann! Wir wollen die Hände ineinanderlegen und unsern Weg gehen im Dunkel, bis Gott uns wieder Licht sendet.«

[79] *Ernst Troeltsch:* Nach Erklärung der Mobilmachung. Rede, gehalten bei der von Stadt und Universität einberufenen vaterländischen Versammlung am 8. August 1914 (Heidelberg 1914)
»Mitbürger und Mitbürgerinnen, liebe Volksgenossen! Volksgenossen sind wir allezeit, aber seit die meisten von uns leben, noch niemals so wie heute. Seit gestern sind wir ein Volk in Waffen, dem das Volk der Heimat, die älteren Männer, die Frauen, die Kinder, zu Hause die Arbeit besorgt, während alle unsere jugendkräftigen Männer bis auf den letzten im Felde stehen werden. Grimm und Empörung lodert auf im ganzen Volk gegen die slawische Herrschsucht und Tücke, der etwas ängstlich und zögernd die französische Rachgier sich anschließt. Niemand weiß, was an Feinden diesen noch folgen wird. Aber, was kommen mag, wir kämpfen um Sein und Leben, und auch indem wir Österreich nicht zertreten lassen, kämpfen wir für uns, für die Freiheit und Menschenwürde. Da steht alles auf von der äußersten Rechten bis zur äußersten Linken, wie ich nie gezweifelt habe. Wir alle lieben unser Vaterland, im Frieden jeder auf seine Weise, und in solchem Kriege jeder auf gleiche Weise ...
Ein Halbjahrhundert Friede ist, wie es scheint, in unserer deutschen Geschichte das Höchstmaß, das wir erreichen. Das Reformationszeitalter war erfüllt von furchtbaren Kriegen. Das halbe

Friedensjahrhundert darauf endete mit dem Dreißigjährigen Krieg, dem Kampfe aller gegen alle unter wechselnden Bündnisformationen. Auf den Dreißigjährigen folgte wieder in ungefähr gleichem Abstand das Kriegszeitalter Ludwigs XIV. und sein Höhepunkt, der Spanische Erbfolgekrieg; wir tragen die Spuren dieser Kriege heute noch sichtbar hier am Leibe unserer Stadt. Dann kamen die Kriege Friedrichs des Großen: der erste die Besetzung, der zweite die Behauptung Schlesiens und der dritte die Verteidigung Preußens gegen eine ganze Welt – genau wie wir 1866 den Grund gelegt, 1870 ihn verteidigt haben gegen Frankreich und heute – das ist *unser* dritter schlesischer Krieg – verteidigen müssen gegen die Welt. Und wieder ein Halbjahrhundert des Friedens, das Halbjahrhundert unserer großen Philosophie und Poesie und sein Ende im Weltkrieg des Napoleonischen Zeitalters und im Siege der deutschen Erhebung vor hundert Jahren. Dann ein Halbjahrhundert deutscher Friedensarbeit, die ein Deutsches Reich und deutsche Freiheit schaffen wollte, und ihm folgend die gewaltige Kette der zur Gründung des Deutschen Reiches führenden Kriege. Daraus ergab sich jener unser herrlicher, reicher, großer Friede, die gewaltigste Zeit deutschen Schaffens und deutscher Ausbreitung, die Zeit, von der ich eben gesprochen habe ... Aber nach 44 Jahren droht heute auch diesem Frieden der Neid und Haß der Fremden, die Rache der hierbei Überwundenen mit einem furchtbaren Ende. Genährt von einer hetzenden Journalistik ohne Bedenken, arbeitend mit allen Künsten verbrecherischer Verschwörung, barbarischer Wut und asiatischer Tücke bricht das Slawentum gegen uns los, und ein geistvolles Volk wie die Franzosen, das Volk der europäischen Demokratie und Freiheit, will mit ihnen zusammen in widerspruchsvollem Bunde über uns herfallen und seine Revanchesuppe kochen an diesem allgemeinen Brand. Die Flammen der Unvernunft und Bosheit, des Hasses und des Neides, die Rätsel dunkler Interessenkonflikte und Massenstimmungen schlagen aus dem Boden und erinnern uns daran, daß alle menschliche Kultur ein Haus ist, das auf Vulkanen steht. Was gibt es da zu tun? Es gibt nur eines, den Ruf: *Zu den Waffen, zu den Waffen!* ...
Was sollen in diesem Moment neben den Waffen und den Taten die Worte? Mit diesem Gefühl kämpft jeder, der in dieser Stunde

reden soll und die Augen und Ohren der Tausende auf sich gerichtet fühlt. Oh, könnte der Redner dieser Stunde jedes Wort verwandeln in ein Bajonett, verwandeln in ein Gewehr, in eine Kanone! Könnte er es verwandeln in einen Mann, der ruhig und bieder in der Weise unseres Volkes zu den großen Scharen stieße, als verstände es sich von selbst und als könnte der Strom der Menschen nicht hoch genug schwellen!...

Es ist ein rein bürgerliches und politisches Gebet, das ich meine und das doch in diesem Momente unser allerreligiösestes Gebet ist. Mit heißem Atem und mit schweren Schwingen steigt es auf in die Richtung, wo wir den Sinn und die Wahrheit der Welt unter verschiedenen Namen suchen, wo die einen mit größerer, die andern mit geringerer Glaubenskraft das Rätsel unseres Daseins gelöst oder auch verhüllt fühlen. Es ist das schlichte Gebet der Deutschen in der Stunde der Gefahr: *›Gott, schütze Deutschland, unser Vaterland!‹*

Und ein jedes solches Gebet ist zugleich ein Gelöbnis, auch dies ein bürgerliches und politisches, aber in solcher Stunde ein wahrhaftes, echtes Gelübde aus tiefbewegter opferwilliger Seele und keine Phrase patriotischer Feste. Seit wir Kaiser und Reich haben, pflegt unser Wahlspruch zu lauten: Mit Gott für Kaiser und Reich! Wohlan, heute hat jedes der drei Worte, aus denen er sich zusammensetzt, ein vertausendfachtes Gewicht. Heute und insbesondere in dieser Stunde, wo wir nicht bloß Kaiser und Reich, sondern auch den lebendigen Atem Gottes fühlen und haben, wo aus Ehrfurcht und Hoffnung, Sorge und Glaube gemischt das Gefühl der Allgewalt Gottes uns durchdringt, in dieser Stunde beten wir zugleich mit jenem Gebet das tiefe und ernste, feurige und feste Gelübde: *Mit Gott für Kaiser und Reich!*

Gott helfe uns, es zu halten!«

[80] Professor *Joseph Mausbach:* Vom gerechten Kriege und seinen Wirkungen. Zeitgemäße Gedanken (Hochland 12/I, Oktober 1914, 1)

»Es ist kein böser Tag und keine Stunde der Finsternis; es ist ein großer Tag, ein Tag des Gerichts, ein Tag des Herrn... Wir sind in Notwehr, und Not kennt kein Gebot! Selbst in der privaten Notwehr ist es erlaubt, nicht nur gegen den Angreifer Gewalt anzuwenden, sondern auch in Rechte Dritter einzugreifen ... Um Sein oder Nichtsein unseres Reiches handelt es sich, um Sein oder Nichtsein deutscher Macht, des deutschen Wesens!«

[81] Aus dem (ersten) Briefe »eines Feldgeistlichen vom Kriegsschauplatz an den Herausgeber des Hochland« von Militäroberpfarrer *Dr. Balthasar Poertner* (Hochland, September 1914, 11/II, 722 ff.)

»... Schon in den Tagen der drohenden Kriegsgefahr habe ich Tag für Tag Hunderte von Soldaten morgens früh im Gottesdienst gehabt, denen ich nach einer herzlichen kurzen Ansprache und dem Reuegebet die Lossprechung von ihren Sünden gab, woran sich die heilige Kommunion schloß ... Ernst und feierlich sind die Gesichter, männlich ist die Haltung; von den Stirnen und aus den Augen liest man einen ernsten, heiligen Willen, der *gerechten* Sache des Vaterlands nach Gottes Willen treu und unverzagt zu dienen. Es flammt eine religiöse Kraft in diesen ihren Gott suchenden Männern empor, die etwas Erschütterndes an sich hat. Ich will nicht versäumen zu bemerken, daß all diese Hunderte von Soldaten freiwillig, ohne dienstliche Aufforderung, zur Kirche und zu den heiligen Sakramenten kommen. Da hält *Gott* Männermission. Was Priesterwort und Glockenruf in Zeiten des Friedens nicht vermögen, die Stimme Gottes im Gewittersturm des Krieges rüttelt die Herzen auf zur Selbstbesinnung, zum Nachdenken über letzte, höchste Wahrheiten des Lebens, und Scharen strömen zum Gotteshaus, um die Hände dessen zu fassen, der die Blätter der Welt- und Menschheitsgeschichte schreibt. Wenn ich bei diesen Gottesdiensten die tiefe, religiöse Ergriffenheit der Männerherzen sehe, denke ich: Oh, heiliger Krieg, der solche bis dahin verborgene religiöse Kräfte in einem Volke zur Entfaltung bringt, das hat Gott in seinen Weltregierungsplan wohlweislich aufgenommen, um unseres deutschen Volkes *Seele*, die Religion, wieder in alter Kraft erstehen zu lassen! – Wenn der Gottesdienst in der Kirche zu Ende ist, fahre ich hinaus zu den Vorposten und Bewachungsmannschaften. Schnell bildet sich im freien Feld um mich ein Kreis von 50 bis 100 feldmäßig ausgerüsteten Soldaten, denen die helle Freude aus den Augen glüht, weil sie in den Händen ihres Pfarrers den Kelch mit dem heiligen Brote sehen, das ihnen Gottes Nähe, Segen und Hilfe verbürgt. Solche Abendmahlsfeier auf freiem Feld ergreift mich und alle Anwesenden, auch evangelische Offiziere aufs tiefste und verfehlt nicht eine Wirkung, die erst im Angesicht des Feindes zur vollen Geltung kommt. Blicke und Worte vieler Soldaten bekunden eine innige Dankbarkeit, daß Gott, ihr Heiland, selbst sie liebevoll in bitter ernster, schicksalschwerer Stunde aufsucht. Und solche, Menschen und Engel erfreuende Feier klärt den Geist, erwärmt das Herz und stählt den Willen zu Heldentaten, von denen wir jetzt jeden Tag Kunde erhalten. Brave Leute meiner Gemeinde schrieben mir aus einem Dorf dicht an der Grenze, daß sie in einem ›Vaterunser‹ grüßen, das sie in einer Kapelle gebetet hätten; sie fürchteten sich nicht vor dem Feind und vertrauten auf den lieben Gott. Haben solche einfachen, braven, hoch vertrauenden Krieger nicht das spontane Empfinden: Gott kann nur die Gerechtigkeit schützen, und Deutschlands Sache ist in diesem uns frevelhaft aufgenötigten Kriege zugleich die Sache der Gerechtigkeit, also Gottes...?«

[82] Schilderung eines katholischen Kriegsgottesdienstes von *Dr. Balthasar Poertner*, Militäroberpfarrer an der Ostfront (Hochland, Oktober 1914, 12/I, 98)
»...Heilige Messe mit Militärmusik; mächtig schwellen die Lieder der deutschen Singmesse ›Hier liegt vor Deiner Majestät‹. An die Predigt schließt sich die Generalabsolution und die Kommunion... Etwa 600 brave Krieger kommen zum Tische des Herrn. Mitten unter ihnen, gleich den gewöhnlichen Soldaten, ein Major und andere Offiziere. Eine außergewöhnliche Andacht liegt auf allen Gesichtern. Des furchtbaren Ernstes der kommenden Tage sind sich alle bewußt. Wie viele von denen, die da vor mir knieten, sind heute schon im Jenseits, ihre Leiber aber liegen in Soldatengräbern bei Hohenstein, wo sie in fünftägigem Kampfe die in der heiligen Kommunion erhaltene göttliche Kraft wohl nötig hatten...«

[83] Eine kurze Sonntagspredigt läuft nach anderem Muster ab. *Dr. Balthasar Poertner* (Hochland, November 1914, 12/I, 235 f.)

»... Gerade auf den anstrengenden Märschen ging ich gern oft ein großes Stück des Weges neben den Kolonnen der Soldaten, die zum guten Glück großenteils mich persönlich aus der Garnison oder von Gottesdiensten auf dem Truppenübungsplatz Arys her kannten. Dann redete ich zu ihnen in liebevollem, oft auch scherzendem Ton, tröstete die Übermüdeten mit dem Hinweis, daß wir *alle* Kraft einsetzen müßten, um *schnell* und sicher zum Sieg und zur Abwendung großer Gefahren fürs Vaterland zu kommen, ermahnte sie, an Gott sich zu *halten*, sagte ihnen, daß unser Heiland mit uns geht und uns zur Seite steht mit Allmachtskräften. Nur festhalten, Soldaten – nicht wanken – nicht verzagen. Gott ist mit uns und unserer gerechten Sache. Wenn ich so zu den braven, heldenmütig alles ertragenden Soldaten redete, leuchteten ihre Augen, und die alte Begeisterung, mit der sie in den Krieg gezogen waren, flammte wieder auf ... Eine Sonntagspredigt, die nur aus einigen Sätzen bestand: ›Wißt ihr, Kameraden, daß heute Sonntag ist?‹ ›Jawohl, Herr Pfarrer!‹ ›Dann vergeßt mir euer Vaterunser nicht und denkt an den lieben Herrgott, daß ihr heute, wenn ihr zum Gefecht kommt, in Gottes gnädiger Hand stehet, daß ihr beschützt und gesegnet seid und siegreich und gesund den Tag des Herrn vollendet, nicht wahr?‹ ›Jawohl, Herr Pfarrer!‹ ›Gott befohlen also, liebe Freunde, Gott sei mit euch und segne euch.‹ – Solche kurzen, einfachen, schlichten Worte eines Geistlichen haben meist so wundersame Wirkung auf das Soldatengemüt. –«

[84] Professor *Carl Muth:* Christus und der Krieger (Hochland, Oktober 1915, 13/I, 105 ff.)
»Christus und der Krieger gehören restlos zusammen. Den Krieger und eine kriegführende Nation kann Christus daher segnen, den Krieg selber nie. Denn Christus will den Frieden und nicht den Krieg. Aber wie er sich selbst geopfert hat, um den Menschen die Versöhnung zu bringen, so segnet er auch jeden, der das Opfer seines Lebens bringt zum Zwecke des Friedens.«

[85] Professor *Joseph Mausbach:* Die literarische Kriegserklärung der französischen Katholiken. In: Georg Pfeilschifter: Deutsche Kultur, Katholizismus und Weltkrieg (Freiburg [3]1916), 1 ff.

»... mit dem Erscheinen des Buches ›La Guerre allemande et le Catholicisme‹ [erscheint] auch die religiöse Einheit, der kirchliche Friede unter den Katholiken des Erdkreises schwer bedroht und gefährdet. Man braucht sich gewiß nicht zu wundern, daß in allen kriegführenden Ländern die Katholiken eng mit ihren Volksgenossen zusammenstehen ... Aber neu und unerhört ist es, daß die gläubigen Katholiken eines Landes als solche hervortreten und unter Führung angesehener Kirchenfürsten und Gelehrten die furchtbarsten Anklagen gegen eine andere Nation erheben; schmerzlich und unerträglich ist es für jeden Friedensfreund und Katholiken, daß sie diese Nation, weil sie gegen Frankreich kämpft, vor der ganzen Christenheit als grundsätzlichen Feind aller Sittlichkeit und Religion brandmarken und dabei ausdrücklich die Katholiken des Landes als Mitschuldige hinstellen!
... Wer die Religion als Feldzeichen erhebt und als Waffe gebraucht, um schwankende Freunde aufzurütteln, um den verhaßten Gegner desto tödlicher zu treffen, der macht sich verantwortlich für alle entrüstete und zornige Gegenwehr, die bei dem Angegriffenen losbricht und nun gar leicht das geheiligte Banner in den Staub zieht. Wäre es nicht vollkommen verständlich, wenn etwa die deutschen Protestanten diese Lästerung Deutschlands vor dem Auslande, die sich offen unter katholischer und kirchlicher Flagge vollzieht, mit einem scharfen Gegenstoße gegen den Katholizismus beantworteten? – Ganz abgesehen von dem Ärgernis, das sie von dieser Selbstentzweiung der sonst durch ihre Einigkeit gerühmten und imponierenden Kirche empfangen!...
Inmitten aller Schrecknisse des Krieges war es bisher ein wahrer Trost für jedes fromme und friedliebende Gemüt, daß man bei der eigenartigen Gruppierung der kriegführenden Mächte nicht von einem Religionskriege sprechen, nicht die finstere Glut eines blutigen religiösen Fanatismus entfachen konnte. Die Verfasser des genannten Werkes haben alles getan, der Menschheit auch diesen Trost zu rauben ...«

[86] *Joseph Pohle:* Der Friede unter den Konfessionen in Deutschland. In: Max Meinertz–Hermann Sacher: Deutschland und der Katholizismus II (Freiburg 1918), 188 f.
»... Eine gesteigerte Aufmerksamkeit seitens der deutschen Ka-

tholiken verdient ihre zukünftige Stellung zur Persönlichkeit Martin Luthers. Wer die protestantische Literatur des letzten Jahrzehnts durchforscht und den Pulsschlag der Zeit versteht, wird bald wahrnehmen, daß heute nicht mehr die Bekämpfung des lutherischen Lehrsystems, sondern die Herabsetzung und Verunglimpfung der *Person Luthers* von den Evangelischen als das eigentlich Verletzende empfunden wird. Jedem Protestanten, wes Glauben oder Unglaubens er sei, ist Luther nun einmal der Heros der Geistesfreiheit, der Befreier von allem Dogmenzwang, der Begründer der ›freien Forschung‹, der Schöpfer der persönlichen Glaubensfreiheit. Mit dieser psychologischen Stimmung müssen sich die Katholiken abfinden und im Interesse des religiösen Friedens ihr Verhalten danach einrichten. Darum ergeht an sie der gemessene Ruf: ›Unsere katholischen Volksgenossen werden unsere Schätzung Luthers vertragen müssen. Ohne das geht es nicht. Und wir werden nicht gleich die Nase rümpfen dürfen, wenn der Papst Maria zur *Regina pacis* ernennt.‹...«

[87] *Friedrich Holdermann* berichtet als Zitat aus der »Frankfurter Zeitung« Nr. 71, 2. Ausgabe 1915 (CdcW 1915, 103 f.) das Resumee aus Hunderten von Feldpostbriefen:

»Das *spezifisch Konfessionelle*, geschweige denn Dogmatische *tritt zurück*. Viele Briefe atmen einen starken religiösen Ton, geben geradezu religiöse Erlebnisse wieder, aber die konfessionelle und dogmatische Besonderheit verschwindet. Auch Katholiken schrieben nicht anders als Protestanten. Es ist, als wie wenn die Religion in ihrer Ursprünglichkeit vor ihrer dogmatischen und konfessionellen Zeit wieder aufstünde, das fromme Empfinden, wie es der Menschenseele angeboren ist... Die Religion als frommes Abhängigkeitsgefühl, als Gottvertrauen, Dankbarkeit für Behütung und Hilfe, als Ewigkeitshoffnung, als Hingabe aus Pflicht gegen Gott und Vaterland. Das Luther–Lied mit seinem wundervollen Trotz gegen eine ganze Welt ist ein Kriegs– und Marschlied auch für die Katholiken im deutschen Heer geworden. Einem Amerikaner fällt es auf, daß die deutschen Regimenter beim Einmarsch in das eroberte Antwerpen ›Ein' feste Burg‹ singen... Katholische Feldprediger reden zu konfessionell gemischten Truppenteilen und umgekehrt. Ein jüdischer Feldprediger hält, weil gerade kein anderer zu haben ist, einen Gottesdienst mit Protestanten und Katholiken ...«

[88] Telegrammwechsel der beiden deutschen Kardinäle *Felix v. Hartmann* und *Franz v. Bettinger mit dem Kaiser Wilhelm II.* nach der »Kölnischen Volkszeitung« Nr. 497 vom 21. 6. 1915. Zitiert nach Georg Pfeilschifter aaO. 493

»Die beiden hochwürdigsten Herren Kardinäle Erzbischof v. Hartmann in Köln a. Rh. und Erzbischof v. Bettinger in München haben an Seine Majestät den Deutschen Kaiser folgendes Telegramm gerichtet: ›Empört über die Verunglimpfungen des deutschen Vaterlandes und seines glorreichen Heeres in dem Buche ›Der deutsche Krieg und der Katholizismus‹ ist es uns Herzensbedürfnis, Euerer Majestät *im Namen des ganzen deutschen Episkopats unsere schmerzliche Entrüstung* auszusprechen. Wir werden nicht unterlassen, *beim Oberhaupt der Kirche Beschwerde zu führen.*‹

Darauf ist bei dem Kardinal von Köln folgende Antwort Seiner Majestät des Deutschen Kaisers eingelaufen:

›Ich danke Ihnen und dem Kardinal v. Bettinger herzlich für den Ausdruck der Entrüstung des deutschen Episkopats angesichts der schmählichen literarischen Verleumdungen des deutschen Volkes und Heeres seitens unserer Feinde. Auch diese Angriffe prallen ab an dem guten Gewissen und der sittlichen Kraft, mit denen das deutsche Volk seine gerechte Sache verteidigt, und fallen auf ihre Urheber zurück.

Wilhelm I. R.«

[89] Aus der Beschwerde der in der Fuldaer Bischofskonferenz versammelten *deutschen Bischöfe* bei Papst Benedikt XV. vom 17. 8. 1915. Zitiert nach G. Pfeilschifter aaO. 493 f.

»Es möge uns hier gestattet sein, Deiner Heiligkeit unseren Schmerz auszudrücken über das Erscheinen eines Buches, in dem gewisse katholische Gelehrte, gedeckt durch die Autorität von Bischöfen, so weit gegangen sind, daß sie angeblich zum Schutze ihres eigenen Vaterlandes die deutschen Katholiken verdächtigt haben, als seien sie von der Reinheit des Glaubens abgeirrt. Durch diese Handlungsweise ist zu befürchten, daß Haß und Feindschaft sogar in die Familie Christi Eingang finden, die doch nach dem Geiste des Erlösers alle vereinen soll durch das heilige Band des Friedens und der Liebe. Indem wir diesen unseren Schmerz in Dein väterliches Herz ausgießen, werden wir nicht aufhören, Deine Bestrebungen mit unseren Gebeten zu unterstützen, und werden unsere Gläubigen stets von neuem ermahnen, durch Werke der Buße und durch Erweise der Liebe, auch dem Feinde gegenüber, von der göttlichen Liebe, auch dem Feinde gegenüber, von der göttlichen Güte die Abkürzung der Schreckenstage zu erwirken.«

Aus der Antwort von *Papst Benedikt XV.* vom 6. 9. 1915. Zitiert nach G. Pfeilschifter aaO. 494 f.

»In dem Strudel der gegenwärtigen Weltlage, durch dessen stürmische Gewalt die blühendsten Staaten Europas, wie Wir sehen, erschüttert und fast in ihrem Bestande bedroht werden, begreifet Ihr leicht, Unser geliebter Sohn und Ehrwürdige Brüder, was Unser Herz empfindet, da Wir Tag und Nacht vor Augen haben, wie tagtäglich so viele Menschen niedergemacht, so viele Völker von schwerem Unglück heimgesucht werden. In dem Maße, wie die Notlage durch die Fortdauer des Krieges sich verschlimmert, wächst auch, wie Wir sehen, bei allen die Sehnsucht nach dem Frieden. Aber Wir wünschen gar sehr, daß diese allgemeine Sehnsucht bei allen den königlichen Weg einschlagen möge, der in duldsamer und menschenfreundlicher Liebe zum Frieden führt. Von diesem Wege würden weit abirren, die etwa glauben sollten, es sei ihnen erlaubt, die Handlungen der Katholiken eines andern Volkes durch Wort und Schrift in einer Weise herabzusetzen, daß sie, wie der Apostel (Gal 5,26) sagt, ›einander herausfordern, einander beneiden‹ und so neuen Zunder zu der Erbitterung liefern, deren Glut sie durch Gerechtigkeit des Urteils und durch Milde der Gesinnung löschen sollten. Indem Wir daher mit inständigem Verlangen den Frieden erflehen – und zwar einen Frieden, der sowohl den Forderungen der Gerechtigkeit wie auch der Würde der Völker entsprechen möge –, ermahnen Wir alle Katholiken, daß sie jede Zwietracht meiden und, durch christliche Bruderliebe vereint, zur Wiederherstellung eines solchen Friedens allesamt beitragen mögen.«

[90] Hirtenbrief der *deutschen Bischöfe* am 13. 12. 1914. Zitiert nach St. d. Z. 91 (1915), 182 f.

»Welches ist die Hauptaufgabe [in diesem Kriege]? Wir antworten ohne Zögern: *Buße und Sühne.* Der Krieg ist ein Strafgericht *für alle Völker,* die von ihm betroffen werden... Der Krieg schlägt das Schuldbuch der Völker auf vor aller Welt und trägt das Ergebnis ein mit Menschenblut. *Wir wollen uns nicht in die Schuld anderer Völker vertiefen,* sondern in unsere eigene, *wollen nicht das Gewissen unserer Feinde erforschen,* sondern das unsrige. *Wir sind unschuldig am Ausbruch des Krieges; er ist uns aufgezwungen worden, das können wir vor Gott und der Welt bezeugen.* Im Übrigen wollen wir nicht auf unsere Unschuld pochen. Der Krieg hat auch bei uns schwere Schuld aufgedeckt... Der Krieg hat vor sein Gericht geladen die moderne, widerchristliche, religionslose Geisteskultur und hat ihren Unwert, ihre Hohlheit und Haltlosigkeit, ihre Schadhaftigkeit aufgedeckt. *Aber auch in unser Vaterland war diese Kultur schon bedenklich weit eingedrungen,* eine ihrem ganzen Wesen nach *unchristliche, undeutsche* und ungesunde Überkultur mit ihrem ganzen Firnis und ihrer inneren Fäulnis, mit ihrer rohen Geldsucht und Genußsucht, mit ihrem ebenso anmaßenden wie lächerlichen Übermenschentum, mit ihrem ehrlosen *Nachäffen einer fremdländischen verseuchten Literatur* und Kunst und auch der schädlichsten Auswüchse der *Frauenmode.* Das ist unseres Volkes und daher unsere große und größte Schuld. Sie fordert Buße und Sühne. Unsere Soldaten haben sofort aus dem Kriegsruf den Bußruf herausgehört; daher war ihr erster Gang zum Beichtstuhl. Ihr gutes Beispiel hat Nachahmung gefunden in allen Schichten des Volkes. Die öffentliche Meinung ist umgeschlagen; *es weht ein anderer Geist durch die deutschen Gaue* als noch vor wenigen Monaten.«

[91] Auszüge aus Kriegshirtenbriefen *deutscher Bischöfe,* zusammengestellt durch Professor Dr. A. Knöpfler. In: G. Pfeilschifter, 284 ff.

»Mit freudiger Genugtuung bestätigt der Erzbischof von *Bamberg* das neu erwachte religiöse Leben in deutschen Landen, wenn er schreibt: ›Als unsere Männer und Jünglinge gerufen wurden zum Kampfe für das bedrohte Vaterland, zum Schutze seiner Ehre und Existenz, da wollten sie nicht hinausziehen ins Feld, wo der Tod in hundertfacher Gestalt ihnen drohte, mit dem Stachel der Sünde im Gewissen; sie mußten erst die quälende Unruhe, die das Bewußtsein der Schuld gegen ihren Schöpfer und Herrn und die Furcht vor seiner Rache in ihnen hervorgerufen hatten, aus dem Herzen entfernen, um ruhig und mutig ihre Pflicht gegen das Vaterland erfüllen zu können bis zum Tode.

›Gott sei gedankt‹, ruft der Erzbischof von *Freiburg*, ›die Hirtenstimme der Bischöfe hat in euern Seelen ein Echo gefunden. Überaus zahlreich habt ihr euch an den angeordneten religiösen Übungen beteiligt und euch, eure Familien und Gemeinden dem heiligsten Herzen Jesu geweiht. ... Wohl ist es wahr – von der ganzen Welt sei es zur Ehre unseres Volkes freudig bekannt –: Der Glaube und der religiöse Sinn waren in der deutschen Volksseele nicht erloschen ...‹

In gleicher Weise spricht der Kardinal–Erzbischof von *München:* ›Ihr seid gerne den fortgesetzten Ermahnungen eurer Seelsorger, dem gemeinsamen Mahnrufe der deutschen Bischöfe und der nun auch an den ganzen katholischen Erdkreis ergangenen apostolischen Mahnung des obersten Hirten der Kirche gefolgt, Gott um Abwendung dieser schweren Heimsuchung, um Verleihung des Friedens anzuflehen und euch durch Buße und heiligen Eifer dieser Hilfe von oben würdig zu machen. Ich bitte euch, nicht nachzulassen im Gebete, daß der barmherzige Gott die Tage der Trübsal abkürze ...‹

›Furchtbar ernst ist die Verantwortung derer, die diesen Krieg verschuldet‹, so beginnt der Fürstbischof von *Breslau* seinen Fastenhirtenbrief, ›aber auch die Strafe derer, die durch ihre Gottlosigkeit und Frevel dieses Strafgericht Gottes heraufbeschworen haben. Der Fastenhirtenbrief in solcher Zeit muß eine strenge Mahnung zur Buße sein, eine ernste Aufforderung zu gründlicher Umkehr. So haben alle Bischöfe Deutschlands und Österreichs zu Anfang des Krieges zu ihren Diözesanen geredet. Rückkehr zu Gott in festem Glauben und in eifrigem religiösem Leben, das muß die Frucht der Kriegszeit sein.‹

Auch der Bischof von *Straßburg* mahnt: ›Jeder Krieg ist ein Strafgericht Gottes, und zwar nicht nur über diejenigen, die ihn schuldhaft heraufbeschworen haben, sondern auch über diejenigen, welche notgedrungen in denselben hineingezogen wurden. Der gegenwärtige Krieg ist somit auch ein Strafgericht für unser Vaterland. Auch wir in Deutschland haben viel und schwer gesündigt, auch wir in Deutschland müssen reuig an unsere Brust schlagen und mea culpa sagen. Trotz aller Fortschritte in der äußeren Kultur hat sich die religiöse und sittliche Entwicklung in erschreckendem Maße abwärts bewegt... Die Not der Zeit hat den Blick wieder zu Gott hingewendet. Ein reges religiöses Leben ist wieder im Volke erwacht. In Scharen strömt das Volk zu den von den Bischöfen angeordneten Andachten. Auch unsere Soldaten sind tief ergriffen von dem religiösen Geiste, der sich überall geltend macht...‹

Der Bischof von *Metz* mahnt zu heiligem Gottvertrauen: ›Belebung des Gottvertrauens tut uns allen not, damit wir nicht erliegen auf dem Kreuzweg, den Gott uns führt.‹

Der Bischof von *Rottenburg* fordert mit kräftigen Worten zum geistigen Heldenkampf auf: ›Man hat mit Recht gesagt, im gegenwärtigen Krieg sei im deutschen Volke die alte Heldenkraft aufs neue erwacht. Diese Heldenkraft muß auch im religiösen Leben sich bewähren. Das Heldentum des Krieges soll abgelöst werden durch ein Heldentum des Friedens; der Kampf um das Deutsche Reich soll zu einem Kampf um das Reich Gottes werden.‹...

In gleich ernsten Worten mahnt der Bischof von *Augsburg:* ›Diese schicksalsschweren Monate, die über uns hereingebrochen, sie müssen Tage heiliger Exerzitien, müssen wahre Missions- und Bußtage für jeden sein, und halten wir es für unsere Pflicht, euch zu bitten: lasset euch den Ernst der Zeit eine ernste Mahnung zur Buße sein, oder, um es mit andern Worten zu sagen, der Ernst der Zeit lehre und mahne euch: *Zurück zu Gott.*‹

Ähnlich lauten die Mahnungen des Bischofs von *Mainz:* ›Gekommen sind die Tage der Buße auch für jene, die auf die Mahnungen der Kirche sonst nicht hören. Der Krieg legt uns diese Buße auf, wir mögen wollen oder nicht, in den Beschränkungen, Entbehrungen, Opfern, Unbequemlichkeiten leiblicher und geistiger Art, denen sich niemand ganz entziehen kann und darf. Wir bringen Opfer an Geld und Gut für unsere tapfern Soldaten im Felde, für unsere Verwundeten und Kranken in den Lazaretten... *Zurück zu Christus* – dies die nachdrückliche Mahnung, die aus den Schrecken und Heimsuchungen des Krieges an uns ergeht.‹

Der Bischof von *Regensburg* weckt die Gefühle kindlichen Dankes für Gottes gnädigen Schutz vor feindlicher Invasion und mahnt zugleich zu aufrichtiger Gottesfurcht. ›Ihm, dem allgütigen Gott, der seine rettende, helfende Hand bisher über uns gehalten, sei deshalb von Herzen Dank gesagt...‹

Der Bischof von *Eichstätt* mahnt: ›Wir alle haben gesündigt und sollen in der Zeit der Heimsuchung denken wie die fromme Judith, die ihr Volk in den Tagen großer Bedrängnis ermahnte: ›Wir wollen nicht murren über das, was wir leiden, sondern wollen denken und glauben, daß Gottes Strafen geringer sind als unsere Sünden und daß die Geißeln des Herrn, mit denen wir gezüchtigt werden, uns zu Besserung und nicht zum Verderben widerfahren‹ (Jud 8,26). ›Der Herr verwundet, aber er heilt auch; er schlägt, und seine Hände machen gesund‹ (Job 5, 11)...‹

Fast gleichlautend sind die Hirtenworte des Bischofs von *Ermland* ... [und] von *Limburg*...: ›Ein großer Trost ist es für uns, zu wissen, daß hienieden Gottes Strafgerichte stets von seiner erbarmenden Liebe begleitet sind. An diese erbarmende Liebe Gottes wollen wir uns in weiser Selbstbesinnung und Umkehr wenden durch Buße und Gebet.‹

Zu Buße und Gebet ruft auch der Bischof von *Münster* seine Gläubigen auf: ›Auch wir lebten in einer gebetsarmen Zeit... Man suchte überall Hilfe in den Anliegen der Zeit, nur nicht bei Gott; man klopfte an alle Türen in der Not, nur nicht an die Tore des Himmels. Als man aber den Schrecknissen des Krieges gegenüber sich macht- und hilflos sah, da waren die Kirchen mit Betern angefüllt, da haben viele wieder beten und gut beten gelernt‹...

Zu Starkmut und Ausdauer mahnt der Bischof von *Osnabrück:* ›Gewiß hat Gott uns durch den Krieg an seine unendliche Majestät erinnert und uns demütig auf die Knie sinken lassen. Aber wie ein guter Erzieher gebraucht er die Zuchtrute nicht bloß, um uns niederzubeugen und zu strafen, sondern vor allem, um uns zur Besserung aufzurichten und unsern Willen zu stärken. Der

Krieg ist ja auch die Zeit, die Heldenmut hervorbringt. Wir bewundern die Tapferkeit unserer Soldaten in den Strapazen und Entbehrungen, im Kämpfen und Sterben. Auch den Helden in den Lazaretten, die so mutig und geduldig ihre Verwundungen und Verstümmelungen ertragen, gilt unser Lob. Diese Heldengesinnung muß aber uns alle beseelen.‹

Auch der *Armeebischof* erhebt seine Stimme zu einem eindringlichen Ruf zur Buße: ›Die Religion lag verachtet danieder‹, ruft er. ›Unglaube und Unsittlichkeit erhoben stolz ihr Haupt; da kam der Krieg, der starke Arm Gottes, und verhalf der Religion wieder zu ihrem Recht. Unzählige erkannten, wie bitter es ist, den Herrn verlassen zu haben. Sie riefen: ›Ich glaube!‹ und schlugen reumütig an ihre Brust. Sie beichteten ihre Sünden und fanden den Frieden Gottes in der heiligen Kommunion.‹ ...

Diese Proben aus deutschen Hirtenbriefen, den französischen Ergüssen zur Seite gestellt, zeugen jedem, der sehen will, welch abgrundtiefer Unterschied zwischen den beiden Seiten obwaltet. Dort einseitigster nationaler Chauvinismus, der sich bis zur Verunglimpfung des Gegners fortreißen läßt, hier ernste, religiöse Stimmung, die nicht der leisesten Verletzung des Feindes sich schuldig macht ... In gleich versöhnlichen Worten [wie der Bischof von *Würzburg*] mahnt der Bischof von *Speyer:* ›Das Gebot der fünften Bitte, den Schuldigern zu vergeben, bleibt auch im Kriege göttliches Gebot. Die Krieger dürfen nicht aus persönlichem Haß gegen die Feinde wüten, nicht aus persönlicher Rachsucht Verwundete und Gefangene mißhandeln, nicht auf eigene Faust unnötigerweise Privateigentum schädigen. Jene Kameraden haben das fünfte Gebot des Vaterunsers recht erfaßt, die mit den Kindern ihrer Feinde die Suppe teilen und auch an den Gräbern der Feinde den Helm abnehmen und sprechen: ›Vater unser, vergib uns unsere Schuld, wie auch wir vergeben unsern Schuldigern!‹ Und an einer andern Stelle (Predigt am 9. 8. 1914 in Speyer) sagt derselbe Bischof: ›Die Höhenfeuer der Begeisterung, die heute von allen deutschen Bergen leuchten, sind nicht vom Haß gegen andere Völker und Fürsten, sie sind von der Liebe zu Kaiser und König, zu Vaterland und Heimat und vom Glauben an unser gutes Recht angefeuert ...‹«

[92] *Otto Zimmermann* SJ über den Bettag 1914. In: Der Gottesbeweis des Weltkriegs (Münster [6]1915), 55, 58

»Einen Sturmlauf des Gebetes brachte der durch die Allerhöchste Order befohlene Bettag am 5. August. Man berichtete aus Berlin, daß die Gottesdienste bei Protestanten wie Katholiken gut besucht gewesen seien. Tausende irrten von einer Kirchentür zur andern und fanden sie immer von Menschen versperrt. Mehr als einmal sammelten sich im Lustgarten solche überschüssige Kirchgänger um das Königsdenkmal, und ein schnell herbeigerufener Prediger sprach von dessen Stufen ...

Auch der Namenstag des Kaisers [Franz Josef] am 4. Oktober war auf Anordnung der Bischöfe allgemeiner Bettag. ›Eine Millionengemeinde lag heute auf den Knien‹, sprach Kardinal Piffl im Stefansdom. Durch ganz Österreich klang *ein* Gebet: ›Gott segne, Gott schütze, Gott erhalte unsern Kaiser!‹

Am 8. Dezember, dem Feste der Unbefleckten Empfängnis, weihte Kaiser Franz Josef in der Kaiserlichen Schloßkapelle zu Schönbrunn, umgeben von allen damals in Wien weilenden Mitgliedern des kaiserlichen Hauses, vor dem ausgesetzten Allerheiligsten sich und sein ganzes Haus dem göttlichen Herzen Jesu ... Am 1. Januar 1915 wurde auf Anordnung der Bischöfe die Weihe ganz Österreichs in allen Kirchen Österreich–Ungarns vollzogen. Am 10. Januar folgte Deutschland. Ein Triduum bereitete hier auf Sühne und Weihe vor. Nach zahlreichen Berichten gestaltete sich der ›Sühnesonntag‹, der ›Weihesonntag‹ zu einem ›überwältigenden Akte der Glaubensinnigkeit‹, zu einem ›einzig dastehenden Erfolg‹, große Volksmissionen an Zudrang zu Gottesdienst und Sakramenten überflügelnd, etwas ›Unerhörtem seit Menschengedenken‹, einem ›hohen Ehrentag in der Pfarrgeschichte‹, einer ›wahren Volksentsündigung und Volkssühnetat‹. Im Westen rechnete man auf 10 000 Seelen 6 000 Kommunionen.«

[93] *Hermann Kremers:* Zum Friedensangebot Papst Benedikts. In: Die Einkreisung des deutschen Protestantismus. Vertraulich als Handschrift gedruckt. 1. 10. 1917, 8 ff.

»Es ist ganz gewiß keine neue himmlische Weisheit, die dem er-

habenen Munde des ›Lichtes der Welt‹ entquillt; Schiedsgericht, Abrüstung, Aufbau der Völkergemeinschaft auf Recht statt auf Macht – es sind alles tausendmal wiedergekaute Gemeinplätze einer höchst vernünftigen, aber auch höchst impotenten menschlichen Weisheit. Die Zumutung der Abrüstung aber (Verzicht auf unsere U–Bootwaffe!), die Forderung: ›Keine Entschädigungen, keine Annexionen‹ wirkt höchst merkwürdig im Munde eines angeblich neutralen Souveräns und Friedensfürsten, der doch selber als Kriegsgewinn die Wiederherstellung seines Kirchenstaates erhofft, dessen Vorgänger als gewaltige Kriegsfürsten der Ecclesia militans Städte erobert und Heere gehalten haben bis 1870. Es bleibe dahingestellt, ob England hinter der päpstlichen Friedenskundgebung steht; letztlich und grundsätzlich ist der Papst weder entente– noch vierbundfreundlich, sondern verfolgt überall seine eigene Politik – darin besteht seine ›Neutralität‹! Wir bezweifeln die Menschenfreundlichkeit Benedikts ebensowenig wie das Interesse, das der Führer einer großen Weltgemeinschaft an der Beendigung dieses Krieges naturgemäß hat. Aber wir glauben nicht an das blutende Herz des ›Stellvertreters Christi‹, das den Jammer der ganzen Welt in göttlichem Schmerz trägt; solche Sprache grenzt uns an Gotteslästerung. Alle die Väter und Mütter, die ihr Bestes still geopfert, tragen mindestens ebenso schwer an der Weltnot wie der ›Vater der Christenheit‹, der doch ›keinen dabei hat‹, es sei denn entfernte Verwandte, und dies auf der Seite unserer welschen Feinde ...
Von Rom ist uns Deutschen noch nie etwas Gutes gekommen ... Lüften wir den Dunst des Weihrauchs und des Schmalzes der Lobeopfer, der von den Altären der Presse, der Parlamente, der Ministerbänke in dichten Wolken aufsteigt, und sehen wir klar! Dieser Eifer ist nicht vom Himmel und göttlich, sondern irdisch und menschlich; es ist der *römische Wille zur Macht*, der alte *Papsttraum, über einer entzweiten Welt im gleißenden Schein des göttlichen Schiedsrichters zu thronen, es ist dasselbe heiße Begehren, das die gewaltigen Herrennaturen der mittelalterlichen Päpste über Könige und Kaiser Friede heischend gebieten hieß und das doch nie und nirgends zum Gottesfrieden führte, sondern heute – wenn Gott uns nicht hilft – wie damals zu Sturz und Zerrüttung des deutschen Kaisertums und damit, wie ein*

mittelalterlicher Frommer nach dem Sturz der Hohenstaufen klagte, zu einer ›ungeheuren Verwirrung aller Dinge‹...

Fassen wir zusammen: Die erzwungene Rückkehr der Jesuiten, die in die Wege geleitete Mattsetzung Preußens als Schutzmacht protestantischer Kultur, endlich und am meisten der päpstliche Eingriff in das deutsche Schwertrecht, diese drei, zeitlich Schlag auf Schlag folgenden, in sich zusammenhängenden Vorstöße Roms bedeuten nicht weniger als die *schwerste Niederlage, welche der deutsche Protestantismus seit den Tagen der Reformation erlitten hat...*

Vor dem nun offenen Feind über dem Meere (USA, Wilson) schützen uns die U–Boote, aber vor dem guten Freunde jenseits der Berge schütze uns Gott! Es wiederholen sich zur Zeit die Ereignisse aus Israels Wüstenzug: Nach erst aufflammender Begeisterung das Seufzen, Murren, Verlangen nach den Fleischtöpfen Ägyptens und ebenso, die Mißstimmung klug benutzend, die scharfe Erhebung der Unzufriedenen wider Mosis zielbewußten Führerwillen, die Führung des Volksgewissens durch Aarons hohepriesterliche Autorität. Nur: Viel schlimmer als das goldene Kalb, das auch jetzt viele umtanzen, ist die Aufrichtung des gleißenden Idols eines kommenden Menschheitsfriedens durch den römischen Papst, und so viel höher stieg die hohepriesterliche Macht, daß auch die Kinder Korahs ihm Gefolgschaft leisteten; das römische Papsttum mit der Weltdemokratie im Bunde wider Moses–Hindenburg und seine Getreuen, wider Deutschlands gottgewiesenen Weg und Beruf.

Ein Jena des deutschen Protestantismus!...

Drei ... Trugbilder sehe ich aus dem tausendjährigen Schoß der Geschichte wieder auftauchen:

1) *die Lüge einer christlichen, gottgewollten Demokratie;*
2) *das Ziel der Internationale aller Farben, der kosmopolitische Traum* eines rechtlich organisierten Völkerbruderbundes, womöglich mit Verwischung aller Grenzen und Vermischung aller Nationen und Rassen...;
3) endlich ... *das Trugbild des ewigen Friedens auf Erden* als eines Zieles angeblich, das durch menschliches Tun und Machen erreicht werden könnte und das der Christenheit zu erstreben befohlen sei...«

[94] *R. v. Nostitz-Rieneck* SJ: Wie der Weltkrieg kam. St. d. Z. 88 (1915), 101 ff.

»Ein deutlicher Durchblick durch die Vorgeschichte des Weltkriegs [bietet] sich wie von selbst dar, wenn man die Fülle der Geschichte nach drei Leitideen zusammenfaßt: der kontinentalen Großmachtpolitik des neuen Deutschen Reichs, dem Aufschwung seiner aufkommenden Weltpolitik, dem Zusammenschluß aller Gegnerschaften wider das eine und das andere... Nachdem das Deutsche Reich begründet und aufgerichtet war, galt es, diese neue Großmacht dem alten Europa ohne weitere Erschütterungen einzufügen, ihr eine kontinentale Großmachtstellung zu geben und zu sichern, die dem Umfang und der Bedeutung Deutschlands entsprach, eine würdige Aufgabe für Bismarcks Staatskunst... Die kontinentale Großmachtstellung der im Dreibund vereinten Reiche wurde erheblich gefestigt und gesteigert. Allerdings nur zu Verteidigungszwecken. Allein die außerhalb gebliebenen kontinentalen Großmächte konnten den Dreibund zum Anlaß nehmen, um behufs Wahrung des ›europäischen Gleichgewichts‹ sich ihrerseits zusammenzuschließen. Was seit nahezu zwei Jahrzehnten in der Luft lag, trat in die Erscheinung: das franko-russische Bündnis...

Deutschland, seit Jahrhunderten politisch eine Null und Nonvaleur, stand mit einem Mal als die große europäische Großmacht da. Diese Tatsache an sich ergab Verschiebungen der Machtverhältnisse, Veränderungen der Gleichgewichtslagen und weitreichende Folgen von beidem... Vom europäischen Standpunkt gesehen, trat das Deutsche Reich an die Stelle der Großmacht Preußen... Die Ohnmacht Deutschlands war für alle ein politischer Vorteil, die Obmacht Deutschlands schien eine heraufziehende, drohende Gefahr; die neue Bildung eines diplomatisch, militärisch, finanziell, wirtschaftlich, handelspolitisch so geschlossenen und leistungsfähigen Großreichs, das sich unter die Großmächte Europas mitten hineinstellte, war niemand willkommen...«

[95] Aus dem gemeinsamen Hirtenschreiben der *Erzbischöfe und Bischöfe Deutschlands* am Fest Allerheiligen 1917. Zitiert nach Meinertz-Sacher aaO. 429 ff.

»Wir treten bald in den vierzigsten Kriegsmonat ein, und immer noch müssen wir bange ausschauen, ob die Sintflut von Blut, Not und Tod, die über ganz Europa gekommen ist, sich nicht endlich verlaufe. Die Friedenstaube, die der Heilige Vater vor einigen Monaten aussandte, hat ihren segensreichen Flug über die Erde genommen, aber den Ölzweig des Friedens hat sie noch nicht heimbringen können. Gleichwohl lassen wir den Mut nicht sinken. Wir leiden und beten weiter, gestärkt durch die Hoffnung, daß der Gott des Friedens (Röm 15,33) zu seiner Zeit die Himmelsgabe des Friedens senden werde, nach dem die Völker schmachten, den die Welt nicht geben kann...

In diesen stürmischen Kriegszeiten konnten eure Bischöfe von der Warte ihres apostolischen Amtes aus manche erfreuliche, [mußten] aber doch auch recht bedenkliche Zeichen der Zeit sichten. Wir freuten uns von Herzen über all das Gute, Große, Heldenhafte, das der Krieg zwar nicht hervorgebracht, aber doch ans Licht gebracht, nicht gewirkt, aber doch geweckt hat in unsern herrlichen Heeren und in unserem Volke daheim... Aber wir mußten zu unserem großen Schmerze feststellen, daß der Krieg doch auch auf sittlichem und religiösem Gebiete viele Verwüstungen angerichtet, auch in christlichen Gemeinden manchen schwachen Glauben geknickt, manchen kranken Willen gebrochen, die Jugend verwildert, Zucht und Ordnung gelockert hat.

Seine Wirkungen im Großen aber, seine Folgen für das gesamte Völkerleben und Staatsleben sind noch gar nicht abzusehen. Haben wir nicht Throne stürzen und Königskronen in den Staub rollen sehen? Hat nicht in großen Ländern die Furie der Revolution mit der Furie des Krieges ein entsetzliches Blutbündnis geschlossen? Kracht nicht das Staatengebäude Europas in allen Fugen? Die Völker fühlen den Boden wanken unter ihren Füßen, und auf alle Gemüter drückt die Ahnung, daß aus den furchtbaren Wehen des Krieges eine ganz neue Zeit und Welt herausgeboren werden müsse.

In so schicksalsschwerer Stunde, an so scharfer Zeitenwende halten wir es für unsere Pflicht, laut unsere Stimme zu erheben und euch, geliebte Diözesanen, durch die Stürme und Nebel hindurch Weg und Ziel zu weisen. Das Leitwort nehmen wir aus dem Munde unseres Herrn und Heilandes. Es ist eines jener Worte, die leuchten wie der Blitz vom Aufgang bis zum Niedergang

(Mt 24,27), ein Wort, welches das religiöse und bürgerliche Leben des Christen regelt und zusammenschließt, der majestätische Befehl: *›Gebet Gott, was Gottes ist, und dem Kaiser, was des Kaisers ist‹* (Mt 22,21). Daran haltet fest, Geliebte, danach ordnet euern Wandel, und ihr werdet nicht in die Irre gehen... Je ernster wir es nehmen mit dem ersten Teil des großen Gebotes: Gebet Gott, was Gottes ist, desto gewissenhafter werden wir den zweiten erfüllen: *Gebet dem Kaiser, was des Kaisers ist.* Je eifriger wir den religiösen Pflichten nachkommen, desto bessere Staatsbürger werden wir sein, treu dem Kaiser und dem Landesfürsten, gehorsam jeder rechtmäßigen Obrigkeit, nicht der Strafe wegen, sondern aus Gewissensgründen, nicht aus Menschenrücksichten, sondern um Gottes willen (Röm 13,5). Wir wissen ja, daß es keine obrigkeitliche Gewalt gibt außer von Gott und daß jeder, der sich der obrigkeitlichen Gewalt widersetzt, sich der Anordnung Gottes entgegenstellt, und die sich dieser entgegenstellen, ziehen sich selber die Verdammnis zu (Röm 13,1 f.).
Mit unerschütterlicher Treue und opferfreudiger Hingebung stehen wir daher zu unsern Herrschern von Gottes Gnaden, dem Kaiser und den Landesfürsten. In ihre Hand hat Gott im Laufe einer Entwicklung von Jahrhunderten den Herrscherstab gelegt. Ihnen haben unsere heldenmütigen Krieger den Eid der Treue geschworen und ihren Schwur mit ihrem Blute besiegelt. Der Krieg hat in Deutschland den alten heiligen Bund zwischen Volk und Fürst nicht gelockert, sondern ihn im gemeinsamen Leiden und Streiten noch fester geschmiedet. Wir haben es als brennende Schmach empfunden, daß man es wagte, uns den Frieden anzubieten als Judaslohn für Treubruch und Verrat am Kaiser. Seiner ganzen Vergangenheit getreu, wird das katholische Volk alles zurückweisen, was auf einen Angriff gegen unsere Herrscherhäuser und unsere monarchische Staatsverfassung hinausläuft. Wir werden stets bereit sein, wie den Altar so auch den Thron zu schützen gegen äußere und innere Feinde, gegen Mächte des Umsturzes, die auf den Trümmern der bestehenden Gesellschaftsordnung einen erträumten Zukunftsstaat aufrichten wollen, gegen jene geheimen Gesellschaften, die dem Altar und dem Thron den Untergang geschworen haben. Welch unheilvolle Rolle haben gerade diese im Weltkriege gespielt, und wie steht unsere

Kirche gerechtfertigt da, die immer vor ihnen warnte und den Katholiken den Beitritt strengstens verbot!
Wir geben dem Kaiser, was des Kaisers ist, *wir geben auch dem Staat, was des Staates ist.* In der Achtung vor der rechtmäßigen staatlichen Obrigkeit und im Gehorsam gegen ihre Gesetze werden wir gegen niemand zurückstehen. Aber denen können wir nicht beitreten, die den Staat als den Urquell alles Rechts ansehen und ihm eine unumschränkte Machtvollkommenheit zusprechen. Ebensowenig stimmen wir denen zu, denen das Volk in seiner Gesamtheit als Urheber und Inhaber der staatlichen Gewalt, der Wille des Volkes als letzte Quelle des Rechts und der Macht gilt; diese erregen und betören dann die Massen mit den Schlagworten von der Gleichberechtigung aller, von der Gleichheit aller Stände und suchen mit Gewalt eine Volksherrschaft zu begründen, die doch nur zu neuen Formen von Ungleichheit und Unfreiheit, von Vergewaltigung und Tyrannei führen würde ...«

[96] *Ludwig Weber:* Gottes Walten im Krieg 1870/71. Vgl. Gert Lewek: Kirche und soziale Frage um die Jahrhundertwende. Dargestellt am Wirken L. Webers (Neukirchen 1963), 46
»Wider Gott läßt sich schlecht kämpfen, und das hat auch Napoleon III. 1871 erfahren. Auf der deutschen Seite war damals Schlag auf Schlag, Sieg auf Sieg, Blitz auf Blitz und im Herzen jedes Mal der unabweisbare Eindruck: Hier ist Gottes Finger, hier handelt und redet Gott. Gott redet eben zu den Menschen auch im Schlachtendonner, wenn fressendes Eisen vor ihm hergeht. Wen aber Gott verderben will, denen raubt er zuvor den Verstand... Gott war's, welcher endlich durch die militärische Einheit zur politischen Einheit führte... Friedrich Wilhelm IV. hatte dereinst den Bestrebungen des Frankfurter Parlamentes das treffende Wort entgegengehalten, die deutsche Krone werde nur auf dem Schlachtfelde gewonnen; und nicht nur auf einem, sondern auf mehr als zwanzig Siegesfeldern hatte sich König Wilhelm jetzt einen Anspruch auf diese Krone erworben ... Darum danken wir Gott für das, was er 1870/71 für uns und an uns getan hat! Danken wir ihm, daß Deutschland damals einen König an der Spitze hatte, der wie ein Heerkönig des germanischen Altertums der gebietende und beherrschende Führer einer unge-

heuren Massenbewegung war, die alle Höhen und Tiefen unseres Volkes erschütterte.«

[97] *»Allgemeine Evangelisch-Lutherische Kirchenzeitung«* zum Kriegsbeginn am 7. August 1914 (745 f.)
»...Der Krieg ist Gottes Sache, eine Offenbarung Gottes. Was will Gott im Kriege sagen?
›Seid stille und erkennet, daß Ich Gott bin.‹ Das Wort geht zuerst an die, die ihn nicht mehr kennen und ohne Gott zu leben sich gewöhnt haben. Und er ist doch da... Der schweigende Gott wurde ihnen zu einem Gott, der nicht mehr zu fürchten ist; zuletzt zu einem Gott, der nicht mehr da sei... ›Seid stille und erkennet, daß Ich Gott bin.‹ Er will jetzt reden, und so laut, daß es jedem ans Herz dringt; er will reden mit der Stimme des Krieges. Diese Stimme überhört man nicht leicht; vor ihr wird vieles still, was vorher stolz war... Was keine Langmut Gottes und keine Gnade vermochte, das vermag die Gottesoffenbarung des Krieges. Die Menschen lernen wieder, an Gott denken und ihn suchen; sein Name kann wieder genannt werden, ohne daß man darüber spottet...
...Gott will nicht, daß die Seinen im Kriege zagen, sondern die Häupter zu Ihm erheben. ›Ich bin Gott.‹ Nicht die Macht des Feindes ist Gott, sie ist wie nichts vor Ihm. Auch der Tod ist nicht Gott. Einer allein ist Gott, und er gibt seine Gewalt nicht aus der Hand... Wenn jetzt die Angst über sie kommen will, tröstet er sie wie eine Mutter: ›Erkennet, daß *Ich* Gott bin‹... Wenn schwere Botschaften an ihr Ohr kommen, kommt zugleich die Botschaft mit: Das hat Gott getan, euer Gott, und seine Hände sind allewege Vaterhände. Aber die schwere Botschaft wird nicht die letzte sein. Eine andere Botschaft kündigt Gott bereits an: ›Ich will Ehre einlegen unter den Völkern.‹ Darum soll auch die Gemeinde noch mitten im Kriege mit dem Lobgesang antworten: ›Der Herr Zebaoth ist mit uns, der Gott Jakobs ist unser Schutz.‹«

[98] Aus einem Feldpostbrief eines *Maschinistenmaats* an seinen Pastor (EF April 1915, 137)
»Höchst überrascht von Ihrem Liebesgabenpaket, weiß ich wirklich nicht, wofür ich mehr danken soll, für die Liebesgabe oder

vielmehr für die Herzensgüte, in der Sie mir eine solche Antwort auf meine unfeine Karte schrieben. Es ist ja wahr, ich selber halte mich für nicht den schlechtesten Menschen, aber ich vergleiche mich doch nicht mit dem bew. Zöllner aus der Heiligen Schrift. Denn dieser glaubte wenigstens, daß ihm eine Vergebung gewährt würde. Ich dagegen glaube an keine Vergebung meiner eventuellen Sünden, da es mir unmöglich ist, an einen Gott und ein ewiges Leben zu glauben. Diese gegen die Kirche gerichtete Sünde tut mir um Ihretwillen leid, da somit der von Ihnen mir erteilte Konfirmandenunterricht ohne jeden Erfolg geblieben ist...«

[99] *Peter Lippert* SJ: Die Gottesverehrung im deutschen Volke. In: G. Pfeilschifter 75 ff.
»Gottes Name schwebte auf seinen [des Volkes] Lippen, Gottes Gebot und Ruf erklang in seinen Ohren und riß die Seelen hin zu Opfern, die unerhört groß und schwer, aber auch gottgewollt und gottgefällig erschienen. ›Gott mit uns!‹ Dieser Ruf ist geradezu die Formel und Losung der deutschen Kriegsführung geworden.
Diese deutsche Gottesverehrung hat aber bei den Feinden viel Mißdeutung und Tadel erfahren; sie hat die heftigste Empörung und laute Entrüstung hervorgerufen. Man empfand sie wie eine Beleidigung Gottes, wie eine gemeine Heuchelei, wie eine größenwahnsinnige Lästerung, wie einen brutalen Hohn auf den christlichen Gottesbegriff. Man hat gesagt: Der Gott, zu dem die Deutschen beten und den sie auf die Spitze ihres Schwertes den unterjochten Nationen bringen wollen, ist nicht der Gott Jesu Christi, sondern ein Götze: das vergötterte Deutschland, ›das deutsche Ich‹, und Wotan, der alte Heidengott der Germanen, als Symbol der Personifikation des Deutschtums...
Nach diesen Anklagen wäre die deutsche Gottesverehrung in der Tat einer der ärgsten Greuel, die je im Namen und mit dem Schein der Religion verübt wurden; sie wäre pharisäische Heuchelei und ein wahrhaftiges Sakrileg.
...Ein Volk, in dem doch immerhin Millionen wahrhaft religiöser und gläubiger Menschen sich finden, das von Fürsten regiert wird, die wenigstens bis zum Krieg allgemein als liebenswürdig,

edel und hochsinnig galten; ein Volk, das allsonntäglich seine Kirchen mit Betern füllt, ja mit betenden, knieenden, singenden und kommunizierenden Männern!; ein Volk, das doch in zahllosen Vereinen und Veranstaltungen eine gewaltige Summe von religiösen und karitativen Werken aufgebracht hat – daß ein solches Volk nun in Wirklichkeit götzendienerisch und gotteslästerisch sein soll, das ist doch allzu unwahrscheinlich...

Wie steht es nun aber mit der inneren Echtheit und Aufrichtigkeit, mit der Reinheit des deutschen Gottesglaubens? Ist es der Glaube an den wahren, lebendigen Gott, den Schöpfer Himmels und der Erde? Oder ist es der Glaube an einen selbstgemachten Götzen, an ein Produkt des deutschen Sehnens und Träumens? Wenn Kaiser Wilhelm II. dem Kardinal Hartmann von Köln in einem Augenblick aufrichtiger Ergriffenheit sagt: ›Der da droben hat uns geholfen‹ und mit der Hand zum Himmel weist, so scheint es doch undenkbar, daß er sich selbst oder ›das deutsche Ich‹ als seinen rettenden Gott betrachte...

Der alte Gott, auf den auch das neue Deutschland vertraut, ist vielmehr der ewige Gott, dessen Macht und Treue niemals wankt. Er ist in Wahrheit der Gott unserer großen Väter und Vorfahren gewesen, der Gott der christlichen und zugleich glänzenden Vergangenheit unseres Volkes, der Gott, den die Deutschen des tausendjährigen Kaiserreiches verehrten, dessen Fügung und Vorsehung auch wir mit Bewunderung und Freude erkennen in der Geschichte des alten ›Heiligen Römischen Reiches‹, das einstmals die Führung der abendländischen Christenheit besaß. Seinem gnädigen Walten schreiben wir es auch zu, wenn unser Volk, das vielgequälte und zerrissene, immer wieder gerettet wurde aus beispielloser Verwüstung und Verheerung. Auf denselben Gott haben die Deutschen auch vertraut, als sie vor hundert Jahren sich erhoben, um den unerträglichen Druck eines fremden Gewaltherrn abzuschütteln und ihre Freiheit wiederzugewinnen. Der Gott, dessen Name den Freiheitskämpfern und Freiheitssängern als Symbol und Banner ihrer gerechten Sache voranflog, war gewiß nicht ein alter Heidengott. Wie könnte man auch an einen toten Götzen das Gebet richten, das Körner die deutschen Soldaten vor der Schlacht beten lehrte: ›Vater du, führe mich! Führ mich zum Siege, führ mich zum Tode! Herr, ich erkenne deine

Gebote! Herr, wie du willst, so führe mich! Gott, ich erkenne dich! ... Vater du, segne mich! In deine Hände befehl' ich mein Leben, du kannst es nehmen, du hast es gegeben. Zum Leben, zum Sterben segne mich! Vater, ich preise dich.‹ Der Gott, zu dem so gebetet wurde, ist jener alte Gott der Christenheit, der in der französischen Revolution ›abgesetzt‹ worden, der Gott, den die enzyklopädistische kirchenfeindliche Aufklärung geleugnet, den der englisch–französische Deismus zu einer ohnmächtigen Weltferne verurteilt hat ...«

[100] *Peter Lippert* SJ aaO. 84 ff.
»Auch die französischen Bischöfe erklären, Frankreich sei ›das erwählte Gottesvolk‹ und ›Gott habe Frankreich nötig gehabt‹. In solch übertrieben klingenden Worten würde die Mehrheit des deutschen Volkes nie und nimmer von Deutschland zu reden wagen. Aber wir wollen die französischen Redensarten nicht kritisieren, sie nicht als Zeichen der Selbstüberhebung betrachten. Denn wir nehmen an, daß unsere Brüder – und das sind auch die französischen Katholiken – einen guten und gottgefälligen Sinn mit ihren Worten zu verbinden wissen. Aber das eine glauben wir sicher zu wissen: Wenn wir von unseres Volkes Beruf und Mission, von seiner göttlichen Erwählung und gottgegebenen Aufgabe sprechen, dann wollen wir den Beruf anderer Völker damit nicht leugnen, nicht verkleinern, nicht hämisch beurteilen. Es wäre auch töricht. Denn wie die Berufe der einzelnen Menschen sich ergänzen und aufeinander angewiesen sind nach Gottes Willen, so nach demselben Willen auch die Berufe der Völker. Es ist ein unberechenbarer Schaden für alle, wenn ein Volk seine Mission vergißt, seine heiligsten Traditionen zertrümmert, sich von den Wegen und Einrichtungen trennt, in denen es einstmals in einer schöneren Vergangenheit ein Glanz und eine Perle war in dem Völkergeschmeide, das der Herr sich bereitet hat. Und umgekehrt haben alle Völker ihren Gewinn und Segen davon, wenn ein Volk, und wäre es auch das deutsche, sich ernstlich daran gibt, seine Sendung zu erfüllen, mit seinen gottgeschenkten Gaben zu wuchern. Mit bitterer Ironie und höhnischer Gebärde weisen unsere Feinde hin auf Wilhelm II. als den ›Erwählten Gottes‹. Wollen sie damit sagen, daß dieser Kaiser sich zu einem

neuen Messias aufwerfe, daß er über die allgemeine Gottesdienstbarkeit hinausstrebe und sich ein Privileg anmaße, wie kein anderer Mensch sich eines solchen rühmen könne? Unsere Feinde kennen diesen Fürsten so wenig, wie sie sein Volk kennen. Wenn wir ihn unsern Kaiser von Gottes Gnaden nennen, unsern gottgeschenkten Führer in diesem schweren Kampfe, so liegt darin keine Spur von Anmaßung gegen Gott und von Überhebung über andere Völker und Fürsten ...«

[101] Dompfarrer und Stadt-Superintendent von Königsberg i. Pr. *Joh. Quandt:* Predigt über Jos 5,13–16; 6,1–2. In: B. Doehring: Ein feste Burg. Kriegspredigten, 241 ff.

»... *Ein Heer des Herrn* zog gegen Jericho. Dürfen wir das auch von den Feldheeren sagen, die seit Anfang August gegen einen dreifachen Feind in unserem Weltteile ausgezogen sind? Nun, die verbündeten Herrscher sind gottesfürchtige Männer, die ihr Knie täglich vor Gott beugen und alles, was sie tun, mit dem Herrn tun. Unter ihren Truppen ist eine große Anzahl rechter Kinder Gottes; da sind Männer und Jünglinge genug, die ihren Gottes- und Christus-Glauben treu bewahrt haben, deren Trost im Felde ihr Neues Testament und ihr Gesangbuch sind. Es sind ja auch andere da – ich wünschte, es wären weniger –, die bisher ohne Gott und Heiland gelebt haben. Ob nicht gar mancher in der Not der Zeit jetzt den Weg zum Herrn zurückfinden wird? Wir hoffen und glauben es. Jedenfalls ist, aufs Ganze gesehen, die Land- und Seemacht der beiden verbündeten Kaiserreiche ein christliches Heer. Das zeigt sich am deutlichsten in seinem Verhalten gegenüber der feindlichen Bevölkerung und gegenüber den Verwundeten und Kriegsgefangenen. Wir vergessen Jesu Predigt nicht: Liebet eure Feinde, segnet, die euch fluchen, tut wohl denen, die euch beleidigen und verfolgen; gebe Gott, daß wir das niemals vergessen! *Ein Heer des Herrn* wollen wir sein und sollen es sein, weil der Herr auch *unsere* Truppen dazu brauchen will, seine geheimen Pläne auszuführen. Bedenken wir nur stets: Gott geht's nicht um ein größeres Deutschland und stärkeres Österreich. Gott geht's um viel Höheres und Wichtigeres: um die Ausbreitung des Gottesreiches auf Erden, um das Wachstum und die Förderung des durch Christus gebrachten Heils unter den

Völkern. Dazu sollen die Siege dienen, die er uns bisher in Ost und West geschenkt hat, dazu allein! Freue dich, mein Volk, seiner Gnaden! Auch du schlägst deine Schlachten als *ein Heer des Herrn.*

Was der Mann des Alten Bundes [Josua] erst durch eine besondere Erscheinung erfahren mußte, das wissen wir Kinder des Neuen längst. Wir sehen zwar keinen Mann mit bloßem Schwerte in der Hand vor unseren Augen, aber wir wissen, daß er da ist, und fühlen seine heilge Nähe. Er stand bei Lüttich mit uns im Kampfe und bei St. Quentin, auf Galiziens Fluren und in Ostpreußens Gefilden, in Polen und an der Marne und hat uns und unseren Verbündeten Sieg über Sieg gegeben.«

[102] *P. Kirmß,* Berlin: Aus einer Predigt über 1 Kor 15,10. In: B. Doehring aaO. 217 ff.

»... Durch Gottes Gnade sind wir, was wir sind, *und wir Deutsche sind etwas.* Wir mögen wohl etwas Besonderes in der Welt sein. Wenigstens sind jetzt die Augen der ganzen Welt auf uns gerichtet. Mit dem Riesenkampf, den wir jetzt durchzukämpfen haben, steht unser Volk jetzt im Mittelpunkt der Welt. Es hat schon eine lange Geschichte von mehr als zweitausend Jahren hinter sich und könnte somit zu den alten Völkern gezählt werden. Aber es steht jetzt wie ein junger, gepanzerter Riese da, der, von allen Seiten angefallen, im Kampfe sich seiner Kraft erst recht bewußt wird. – Wir sind etwas. Deshalb hassen uns die Einen und haben sich zusammengetan, um uns zu verderben. Andere beneiden uns ...

Wir sind etwas. Sonst hätten sie doch nicht soviel Macht und List gegen uns aufgeboten. Sonst hätte man doch nicht die halbe Welt gegen uns in Bewegung gesetzt, fast alle Rassen gegen uns herbeigerufen, die Gelben, die Braunen und die Schwarzen. Wir sehen, aus friedlicher Arbeit aufgeschreckt, mit Staunen, daß unser Volk die ganze Welt in Bewegung setzt. Wir stehen jetzt im Mittelpunkt der Weltgeschichte. Nachdem durch lange Jahrhunderte der deutsche Geist an der Weltgeschichte gearbeitet hat, macht jetzt der deutsche Geist Weltgeschichte. Diese Zeit erinnert uns an die erhabenen Bilder, welche die Offenbarung Johannis zeichnet: ›Michael und seine Engel stritten mit dem Drachen, und der Drache stritt und seine Engel und siegete nicht. Auch ward ihre Stätte nicht mehr gefunden im Himmel.‹ Bisher sind wir allzu bescheiden hinter anderen Völkern zurückgetreten... Nun *wollen wir doch endlich einmal anfangen, wir selbst zu sein.* Wir wollen endlich einmal aufhören, immer das Ausländische als das Kostbare und Wertvolle und das Deutsche als das Minderwertige zu bezeichnen. Wir wollen den anderen zeigen, daß wir etwas sind. Das viele edle Blut, welches fließt, sollte uns endlich einmal stolz machen. Das Jahr 1870/71 hat noch nicht genügt, uns diesen Stolz zu geben. So möge diese Flammenzeit uns zu uns selbst bringen. Die Erde zittert. Berge fallen. Hügel weichen. Wir aber haben ein Recht dazu, mit aufrechtem Haupt vor Gott und den Menschen zu stehen... Wir sind etwas *durch Gottes Gnade.* Das muß der Grund unseres Stolzes sein. So ist er berechtigt. Sonst ist er eitler Hochmut, das, was man mit einem fremden Wort Chauvinismus nennt. Was sind wir denn durch Gottes Gnade? Worin besteht das deutsche Wesen, das Gott uns gegeben hat? Das ist die Innerlichkeit, der Reichtum des inneren Lebens, die Wärme und Treue des Gemütes, das Denken, Dichten und Träumen, das die anderen teils mit einem gewissen Mitleid, teils mit einer merkwürdigen verständnislosen Scheu betrachten, die Treue und Aufrichtigkeit, die schlichte, innerliche Frömmigkeit, die Keuschheit und Reinheit, welche die reine Flamme auf dem Herd des Hauses nährt, die Ehrfurcht vor den ewigen Idealen der Menschheit und die Menschlichkeit – das ist das Wesen, welches das deutsche Volk von Gottes Gnaden hat.«

[103] *Martin Rade:* Dieser Krieg und das Christentum (CW 1916, 24)

»Wo wäre unser siegreicher Widerstand gegen die übermächtigen Feinde geblieben, wenn wir uns Zeit genommen hätten, auf die Bußbank zu knien? Da gab es nur *eine* sittliche Macht, die wir brauchen konnten: das Bewußtsein gerechter Sache und damit ein gutes Gewissen. Fragt heute, wovon unser Volk in diesem Krieg lebt, woraus es seine Kraft zieht zum Siegen und Durchhalten; es ist nichts anderes! Nehmt ihm das, und es wird kraftlos sein, eine Beute der 250 Millionen, gegen die wir nur 115 Millionen sind. ›*Mit reinem Gewissen und reiner Hand ergreifen wir das Schwert!*‹...«

[104] Pastor Lic. *Jannasch*, Lübeck: Vom Selbstlob. Aus einer Predigt über 2 Kor 3,1.5. Vgl. E. Rolffs: Epistel–Predigten aus der Kriegszeit (Göttingen 1916), 55 ff.

»Meine Freunde, wenn man heut rückblickend an all das vergossene Blut, an all die geknickten Hoffnungen, an all das grenzenlose Herzensweh denkt, das die neun Kampfesmonate schon gebracht haben, dann ist es in der Tat für uns ein erhebender Gedanke, uns sagen zu können: Unsere Hände sind *rein* vom Blut! Sie sind rein trotz allem, was deutsche Männer– und Frauen–Hände schon geschafft haben an harter Kampfesarbeit, draußen und daheim... Warum sind sie rein davon? *Letztlich* doch, weil ein Mann von dem unendlich feinen, tief christlichen Verantwortlichkeitsgefühl wie unser deutscher Kaiser die Entscheidung über Krieg und Frieden in seiner Hand hatte. Das, was *er* im Juli 1914 geleistet hat an Selbstbeherrschung und Geduld, das war fast übermenschlich... Wie anders würde vielleicht das Schuldkonto des Weltkrieges aussehen, wenn ein Jüngerer und weniger Erfahrener ... an *seiner* Stelle gestanden hätte!«

[105] *Dietrich Vorwerk:* Darf der Christ hassen? In: Die Reformation 1914, 569, Auszug

»Wir deutschen Christen sind überzeugt, daß wir eine gerechte Sache verfechten, daß Gott mit uns ist. Wir sind dessen gewiß, daß die Ziele unserer Feinde widergöttlich sind. Englands pharisäische Heuchelei vermag den Brotneid, der seine Waffen leitet, nicht zu bemänteln. Japans rechtlose Raubgier liegt offen zu Tage. Rußlands Rassenhaß, Frankreichs Rachsucht, Serbiens Meuchelmordpolitik, Belgiens verlogene Grausamkeit verdienen ein siebenfältiges Wehe. Jesus ruft dieses Wehe von seinem himmlischen Königsthron auf unsere Feinde herab... Es ist Deutschlands Aufgabe, als Werkzeug Gottes ein weltgeschichtliches Gottesgericht an unseren Feinden zu vollziehen, weil sie den Geist der Finsternis vertreten, der dem Reiche Gottes todfeind ist. Deutschland kämpft für alle christlichen, sittlichen und kulturellen Ideale, für Recht und Wahrheit. Unsere Gegner sind im Bunde mit Materialismus und Mammonsdienst, mit Lüge und Mord. Deutschland würde seine gottgegebene Aufgabe versäumen, wenn es in weichlicher Empfindsamkeit nachlassen wollte in der Bekämpfung der Gottesfeinde. Wir müssen, um mit Luther zu reden, den Krieg mit männlichen Augen anschauen und mit voller Wucht durchführen. Die fünfte Bitte des Vaterunsers hat in ihrer Anwendung auf die Aufgaben unseres Volkes heute unter anderem auch den Sinn: Vergib uns, wenn wir nicht alle Kraft daran setzen, den Feind zu besiegen; vergib jede Kugel und jeden Hieb, die wir vorbeisenden. Und die sechste Bitte bedeutet uns heute auch: Führe uns nicht in Versuchung, daß wir dein Gottesgericht nur halb vollenden. Not und Wehe für den Feind, Vernichtung seiner Flotte, Zerstörung seiner Festungen, Zusammenbruch seiner Heere dürfen und müssen wir von Gott erbitten. Denn, wie wiederum Luther sagt, man kann nicht beten, daß Gottes Reich komme, ohne zugleich zu beten, daß die Anschläge des Teufels zunichte werden. Die heilige Liebe zu Gott bewährt sich im heiligen Haß gegen das Gottfeindliche ...«

[106] Professor *Wilhelm Walther:* Deutschlands Schwert durch Luther geweiht (Leipzig 1915), 5, 10
»Nur wenn der Krieg als Pflicht der Liebe verstanden werden kann, darf von seiner Berechtigung auch für den Christen die Rede sein. Dann aber ist er nicht nur berechtigt, sondern heilige Pflicht. Und so ist es in der Tat. Um hier richtig zu urteilen, muß unter anderm die Stimmung als falsch erkannt werden, die sich in dem Wort Ausdruck gegeben hat: ›Krieg ist Krieg‹ ...
Es ist also der Krieg in einem doppelten Sinne Gottes Wille und Tun: Gott will Gerechtigkeit unter den Völkern aufrecht erhalten, und er will, wenn es den Menschen zum Besten dienen kann, sie ›plagen‹. In jener Beziehung sollen wir ihm dienen, indem wir zum Schwert greifen, in dieser Beziehung, indem wir unter der Schärfe des Schwertes demütig leiden.
... Im Gegensatz zu dem gefährlichen einseitigen Individualismus, der die Gemüter zu beherrschen angefangen hatte, ist wieder das Bewußtsein um die große Wahrheit erwacht, daß wir auch Teile eines Ganzen sind, eines von Gott dem Schöpfer und Leiter der Geschichte zu einer realen Einheit verbundenen Vol-

kes, daß darum auch der Einzelne für das Ganze da ist und Opfer zu bringen, ja sich selbst zu opfern bereit sein muß... Die Plage des Krieges wird zum Segen Gottes.«

[107] Oberlandesgerichtspräsident *Johann Zehnter:* Vaterland und politische Betätigung. In: Meinertz–Sacher II, 139 ff.
»... Für den katholischen Christen ist die Vaterlandsliebe überdies eine *religiös–sittliche Pflicht.* Nach der theistisch–teleologischen Weltanschauung ist der Staat nicht etwas zufällig Gewordenes oder willkürlich Gemachtes, sondern ein organisches Gebilde, das unter tätiger Mitwirkung der Menschen aus den Trieben entstanden ist, die Gott in die menschliche Natur gelegt hat. Die gesellschaftlichen Bedürfnisse des Menschen, die vererbte Gewohnheit und die sich steigernde Liebe zum angestammten Gemeinwesen haben zur Bildung, Befestigung und Erhaltung der Staaten geführt. Wie die Triebe, aus denen er entstanden, ist danach der Staat selbst göttlichen Ursprungs und ihn zu lieben ein im Gewissen verpflichtendes sittliches Gebot. Ist der Staat etwas von Gott Gewolltes, so ist er selbstverständlich etwas Gutes und Wertvolles, kein bloßer Notbehelf und am allerwenigsten etwas Böses. Nur völliges Mißverstehen kann zu der immer wieder auftauchenden Behauptung führen, nach der Lehre der katholischen Kirche oder doch wenigstens nach der Lehre des Mittelalters sei der Staat nach Charakter und Ursprung etwas Sündhaftes. Der Staat gehört nach katholischer Auffassung ebenso in den göttlichen Weltplan wie die Kirche... Beide Pflichtenkreise widersprechen sich keineswegs; der eine stützt den andern, und wer derjenigen ›Vervollkommnung der Menschen‹ nachstrebt, welche der göttliche Weltplan vorgesehen hat, muß in beiden seiner Aufgabe genügen... Die Liebe zum Vaterland umfaßt die Liebe und Treue zum Landesherrn und die opfermutige Bereitwilligkeit zum Tragen der Lasten, die der Staat zur Erfüllung seiner Aufgaben notwendig hat.
In den Zeiten inneren und äußeren Friedens wird sich der Mensch seiner Vaterlandsliebe kaum recht bewußt. Wenn aber außergewöhnliche Ereignisse eintreten und dem Vaterland Gefahr droht, dann entflammt die Vaterlandsliebe, steigert sich mit der Größe der Not und erhebt sich zu ungeahnter Kraft und heldenhaften

Leistungen. Der Opfersinn der Vaterlandsliebe kennt keine Grenzen; Gut, Blut und Leben werden unbedenklich hingegeben ...«

[108] Erklärung von *16 Hannoveraner Pfarrern* 1918 (AELKZ 1918, 21 ff.)

»Die Unterzeichneten erfüllen eine vaterländische Pflicht, indem sie öffentlich erklären:

1) Wir geben dem bedrohten Vaterland, was ihm gebührt: Liebe von ganzem Herzen und unerschütterliche Treue, bis ein ehrenvoller, unsere Zukunft sichernder Friede errungen ist.
2) Aber über dem Vaterland steht, alle Länder umspannend, das Reich Gottes, dessen Evangelium heißt: Gerechtigkeit, Friede und Liebe.
3) Es hieße dem Evangelium schlecht dienen, wenn wir der durch diesen Völkerkrieg aufgeregten Leidenschaften nicht Herr blieben und einem Chauvinismus verfielen, der uns, die Boten des Friedens, zu ›Kriegstheologen‹ stempelte.
4) Wohl ist ein vaterländischer Zorn berechtigt, aber er verdunkle nicht unser Urteil, daß diesem Kriege auch ein allgemeiner Mangel an Gerechtigkeitssinn, ein Übermaß an Mammonssinn und an Kulturseligkeit, kurz die Sünde zugrunde liegt.
5) Demgegenüber unerschrocken für Gerechtigkeit, Liebe und übermaterielle Güter, kurz für die Gottesherrschaft einzutreten ist die elementarste Pflicht unseres Dienens. Wir dienen damit zugleich unserem Vaterland, das nur unter der Gottesherrschaft gedeihen kann.
6) Dankbar begrüßen wir es, wenn jetzt in Upsala und anderswo in neutralen wie in feindlichen Ländern dieselben christlich-sittlichen Forderungen laut werden. Wir vertrauen, daß dieser ›neue‹, in Wirklichkeit uralte Geist des Reiches Gottes sich durch alle noch so starken Hindernisse Bahn brechen und den Völkern als hehrstes, wenn auch langsam reifendes Kriegsziel eine Zukunft in Gerechtigkeit und Glück bringen wird. In dieser Überzeugung reichen wir jedem Gleichgesinnten die Hand: Weiter arbeiten und nicht müde werden!

Pastor Bartels–Bordenau; P. Berkenbusch–Hannover; P. Bingmann–Celle; P. D. Chappuzeau–Hannover; Miss. Dir. D. Haccius–Hermannsburg; P. Harms–Hermannsburg; P. Heintze–Lintorf; P. Hölscher–Berkerode; P. Köhler–Hannover; P. Lemmermann–Hildesheim; Superintendent i. R. Mehliß–Hildesheim; P. Palandt–Banteln; P. Lic. Pommerien– Landringhausen; P. Lic. Rolffs–Osnabrück; P. Semler–Eickeloh; P. Uhden–Hannover.«

[109] Professor *Joseph Mausbach:* Vom gerechten Kriege und seinen Wirkungen. Zeitgemäße Gedanken (Hochland 12/I, Oktober 1914, 1 ff.)

»... Aus den Schriften des heiligen Augustinus sehen wir, daß die Manichäer gerade aus Abneigung gegen das Alte Testament zu extremen Lobrednern des Friedens wurden und jeden, auch den gerechten Krieg als widergöttlich verdammten (Contra Faustum 22,74 ff.) Augustinus erinnert dagegen an die Haltung Johannes' des Täufers, der die Soldaten nicht zum Aufgeben des Kriegsdienstes, sondern nur zur Manneszucht und Ehrlichkeit verpflichtete, an den Hauptmann Kornelius, den die Apostel ebensowenig zum Verlassen des Heeres anhielten, an die christlichen Kaiser, die bei ihren Feldzügen mit Recht auf den Beistand des himmlischen Königs vertraut hätten. Mit treffender, gesunder Weitherzigkeit erklärt Augustin die Forderung der Bergpredigt, daß wir dem Angreifer auch die andere Wange reichen sollen. Christus fordert die Bereitschaft des Herzens, Schmach und Gewalt für Gott zu leiden; diese innere Selbstherrschaft ist notwendig in allen Lagen, die äußere Antwort aber auf eine Beleidigung kann verschieden sein; sie kann im Dulden und Kämpfen, im Schweigen und Reden geschehen, je nach der sonstigen Verpflichtung. Hat doch Christus selbst dem Knechte, der ihn schlug, nicht die andere Wange gereicht, sondern ihn hoheitsvoll zur Rede gestellt (Sermo Dei in monte I, 58) ...

‚*Pacem habere debet voluntas, bellum necessitas*', sagt der heilige Augustinus; der Friede ist ein Gut an sich, das wir erstreben müssen; der Krieg ist ein furchtbares Übel, das die Not uns aufzwingt, das nur um eines höheren Gutes willen oder, wie Augustin weiter sagt, um des wahren, ehrenvollen Friedens willen erlaubt ist (Epist 189,6) ...

›Nur den Bösen kann der Krieg als ein Glück erscheinen, den Guten ist er eine Sache der Not‹ (belligerare ... malis videtur felicitas, bonis necessitas. De Civitate Dei 4, 15). Die Tränen, die schon geflossen sind, die Opfer und Lücken, die sich heute schon schmerzlich geltend machen, sie lassen uns ahnen, welche Fülle von Jammer und Elend der Weltkrieg über die Gesellschaft bringen wird, auch dann, wenn er nicht mit Niederlage und Schrekken endet. Tod, Verstümmelung, Siechtum für persönliches Menschenleben; Druck, Lähmung und Ruin für das Wirtschaftsleben, vielleicht auf eine lange Reihe von Jahren! Wie alle großen Schicksale und Leiden hat der Krieg aber auch eine *tröstliche, erhebende Seite*, erfüllt er eine wichtige Aufgabe in der Hand der Vorsehung. Er soll ›die *Sittenverderbnis* der Menschen *bessern* und *zunichte machen*, er soll die tugendhafte und *rühmliche Gesinnung* der Menschen durch Trübsale *bewähren* und *emportreiben*, auf daß sie entweder für eine bessere Welt reif wird oder in dieser irdischen Welt neue Aufgaben zu lösen findet‹ (De Civitate Dei 1, 1). Was wir irdischen Frieden nennen, das ist ja oft weit entfernt vom Sinn und Inhalt des Friedensgrußes Christi; es ist oft ebensowenig geeignet, das gesunde Sehnen des Menschenherzens und den echten Lebensdrang der Völker zu befriedigen. Friede ist die aus der rechten Ordnung erblühende Ruhe (tranquillitas ordinis), ist die Harmonie des Vielen in der Einheit, das Lebensgefühl eines wohlgegliederten, gesunden Organismus. Wie stark erschüttert war dieser Friede vor dem Kampfe auch im deutschen Gemeinwesen, wie gefährlich bedroht durch revolutionäre Strömungen, soziale Unzufriedenheit, nationale Gegensätze und Reibungen! Und wie rasch hat der Sturmwind des Krieges diese Wetterwolken verjagt, alten Haß und Streit zum Schweigen gebracht! Überrascht sehen wir: Das deutsche Gemeingefühl ist durch sozialistische Agitation noch lange nicht erstickt, die Entfremdung zwischen arm und reich ist in wenigen Tagen durch den Gedanken an das eine Vaterland überbrückt worden. Wie durch ein Wunder hat sich die scheinbar hoffnungslose nationale Zersplitterung in Österreich ausgeglichen; der beutegierige Panslawismus wird sein eigener Totengräber. Alles klagte – und nicht mit Unrecht – über den materialistischen Zug der Zeit, über den Mangel an sittlichem Idealismus und Opfersinn. Dieselbe Überraschung auch hier: ein Insichgehen des äußerlichen, leichtfertigen Menschen, ein Heraustreten des besseren, innerlichen Menschen! Wieviel unverbrauchte sittliche Kraft im eigentlichen Volke schlummert, das wußten alle, die in lebendiger Berührung mit ihm standen; aber so viel echtes Gold, so viel feurige Begeisterung für Kaiser und Vaterland, so viel rührende Teilnahme für alle Volkskinder, so viel überströmenden Mut in der Jugend, ihr Leben dem Ganzen zu opfern, hatte niemand erwartet. Das Zutrauen in die Tüchtigkeit der Staats- und Heeresleitung war niemals erschüttert – trotz aller deutschen Lust am Kritisieren; allein wie glänzend wurde es übertroffen, als man sah, wie das gewaltige Werk der Mobilmachung in imponierender Ruhe und Sicherheit sich entfaltete.«

[110] *Georg Friedrich Nicolai*, Auszug aus: Die Biologie des Krieges. Betrachtungen eines Naturforschers, den Deutschen zur Besinnung (Zürich 1917, [2]1919), 171 f. Hier sei besonders Nicolais radikale Desillusionierung des Verteidigungskriegs hervorgehoben, die völlig dessen üblicher Legitimierung widersprach.

»Gegen den Verteidigungskrieg wäre an sich auch wenig einzuwenden. Vor allem, wenn man bedenkt, daß die Menschheit zu der gepriesenen Ausübung dieser defensiven Gerechtigkeit nur kommen kann, wenn irgendein Angreifer da ist. Wäre also dies Lob des Verteidigungskrieges wirklich eine innerlich empfundene Wahrheit, wäre sie Allgemeingut der Menschheit, so wäre damit in der Tat der Krieg als solcher weggelobt. Nun denken allerdings die Menschen als Gesamtheit vorläufig noch nicht so. Vorläufig glaubt nur jeder, er und sein Volk habe allein diese neue Wahrheit gewonnen, was aber leider nur wenig nütze, da alle anderen Völker Anbeter der alten Angriffsideen geblieben seien. Dies nützt nun in der Tat nicht nur wenig, sondern gar nichts – ja es schadet sogar. Denn diese Phrase vom Verteidigungskrieg ist heute das Bollwerk geworden, hinter dem sich die vorsichtigeren Kriegsfreunde – besonders die unter den Philosophen – gerne verstecken. Sie haben damit die Position gewonnen, von der aus sie den Krieg, ohne zu erröten, loben können; sie haben, wie Th. Uphan einmal sagt, den Krieg zur Haustür hinausgeworfen, aber heimlich zur Hintertür wieder hineingelassen ...

Serbien verteidigt sich gegen die ›*Aufsaugung*‹ durch Österreich. *Rußland* und *Montenegro* verteidigen den ›*stammverwandten*

Bruder‹, *Österreich* sein *›Prestige‹* auf dem Balkan, *Deutschland* seine *›Nibelungentreue‹*, *Frankreich* führt einen Befreiungskrieg und verteidigt die *›annektierten Provinzen‹* gegen den *›Eroberer‹*, *England* verteidigt das *›Recht der Neutralen‹*, *Japan* verteidigt den *›mongolischen Gedanken‹* in Ostasien, und nur *Belgien* verteidigte schließlich sein *Land*. Von der *Türkei* aber ist es nicht bekannt geworden, was sie eigentlich verteidigt, doch scheint es ja, als ob sie ebenso wie Belgien nicht ganz freiwillig in den Krieg hineingezogen ist.«

Dazu als Fußnote: »Seitdem ich dies schrieb, ist noch Italien mit seiner Verteidigung der geknechteten italienischen Brüder und Amerika mit seiner Verteidigung des demokratischen Gedankens hinzugekommen.

Es hängt von der Weltanschauung des Einzelnen ab, welches dieser zu verteidigenden Güter man als wertvoll genug ansieht, daß darum Blut fließe ...«

[111] Erklärung von *Berliner Pfarrern* zum Reformationsjubiläum 1917 (CdcW 1917, 349 f.)

»Die Berliner Pfarrer Lic. Dr. Aner, Nithack–Stahn, Pleß, Lic. Dr. Rittelmeyer und Lic. Wieland veröffentlichen folgende *Erklärung:*

›Im Gedächtnismonat der Reformation fühlen wir unterzeichneten Berliner Pfarrer, im Einverständnis mit vielen evangelischen Männern und Frauen, uns zu folgender Erklärung verpflichtet, die zugleich Antwort auf mehrfache Kundgebungen aus neutralen Ländern sein soll:

Wir deutschen Protestanten reichen im Bewußtsein der gemeinsamen christlichen Güter und Ziele allen Glaubensgenossen, auch denen in den feindlichen Staaten, von Herzen die Bruderhand. Wir erkennen die tiefsten Ursachen dieses Krieges in den widerchristlichen Mächten, die das Völkerleben beherrschen, in Mißtrauen, Gewaltvergötterung und Begehrlichkeit, und erblicken in einem Frieden der Verständigung und Versöhnung den erstrebenswerten Frieden. Wir sehen den Hinderungsgrund einer ehrlichen Völkerannäherung vor allem in der unheilvollen Herrschaft von Lüge und Phrase, durch die die Wahrheit verschwiegen oder entstellt und Wahn verbreitet wird, und rufen alle, die den

Frieden wünschen, in allen Ländern zum entschlossenen Kampf gegen dies Hindernis auf. Wir fühlen angesichts dieses fürchterlichen Krieges die Gewissenspflicht, im Namen des Christentums fortan mit aller Entschiedenheit dahin zu streben, daß der Krieg als Mittel der Auseinandersetzung unter den Völkern aus der Welt verschwindet.‹

[Kommentar der CdcW:] Die fünf Berliner Pfarrer sind sämtlich ›liberal‹. Ihre Erklärung verstärkt den Eindruck, der bis in das erste Kriegsjahr zurückgeht, daß nämlich ein Teil der kirchlich ›Liberalen‹ diesem Krieg ablehnend gegenübersteht, während die kirchliche Rechte in einmütiger Geschlossenheit die Sache Deutschlands, nicht die der ›Völkerwelt‹ vertritt und den unbedingten Sieg der deutschen Waffen als die sicherste Bürgschaft des zukünftigen Friedens betrachtet.«

Auf der gleichen Seite wird von folgender Veranstaltung in Berlin berichtet (CdcW 1917, 350 f.):

»In der Apostel–Paulus–Kirche zu Schöneberg fand zur Feier von Hindenburgs siebzigstem Geburtstag Festgottesdienst statt. Darüber berichtet der ›Reichsbote‹ u. a.: ›Pfarrer Max Braun sprach über ‚Hindenburg und der deutsche Glaube'. Mit praktischem Kanzelhumor erinnerte er die Gemeinde dabei aber auch an das Geburtstagsgeschenk, das sich Hindenburg selber erbeten hatte: *Kriegsanleihe!*, und er regte an, doch *gleich nach dem Gottesdienste zur Tat zu schreiten.* Nachdem Pfarrer Rodatz vom Altar aus den erhebenden Gottesdienst geschlossen hatte, begaben sich *Lic. Dibelius* und Pfarrer Braun je in eine Vorhalle der Kirche und eröffneten sofort Zeichnungsstellen für die Kriegsanleihe. Der Erfolg war überaus erfreulich. In Summen von 10 bis 10.000 Mark wurden zusammen 30.000 Mark gezeichnet!‹

Eine ähnliche *Überspannung des vaterländischen Gedankens:*

Aufruf in den ›Niederschönhausener Kirchlichen Nachrichten‹:

Und was tust Du für Deutschlands große Stunde?

1. Dein *Gold* gehört dem Vaterland! Und 2. Zeichne die 7. Kriegsanleihe! Und 3. *Bist Du schon Mitglied der ›Deutschen Vaterlandspartei‹?*

Nein – Nein – Nein? *Wie willst Du bestehen?* Vor Deinem Vaterlande – Deinem Gewissen – *Deinem Gott?*«

[112] *Otto Umfrid:* Christentum und Krieg. Im »Kirchlichen Anzeiger«, 16. Juli 1896. Zitiert nach O. Umfrid: Friede auf Erden! Betrachtungen über den Völkerfrieden (Eßlingen a. N. [2]1898), 13–20

»Es war im letzten Winter, als der bekannte *Christoph Schrempf* in der Stuttgarter Ortsgruppe der deutschen Friedensgesellschaft einen Vortrag über Krieg und Christentum vor etwa 150 deutschen Männern und Frauen hielt. Mit der ihm eigenen Schärfe ... suchte er zwei Sprüche aus dem Neuen Testament ... darzustellen. Zuerst das Wort Christi: ›So dir jemand einen Streich gibt auf deinen rechten Backen, dem biete den andern auch dar‹ – ein Wort, durch welches ... alle Notwehr ausgeschlossen werde, und zwar wie für die Individuen so für die Völker und für die Staaten ... Schrempfs Rede neigte sich der Ansicht zu, daß Christentum und Krieg sich nicht vertragen ... weil sich der Christ durch Jesu Wort verpflichtet halten müsse, auf das sogenannte Recht der Notwehr zu verzichten. Wer nun der Überzeugung lebe, daß der Krieg verwerflich sei, der müsse auch die Konsequenzen ziehn, das heißt der Obrigkeit erklären, daß er keine Waffen tragen werde und daß er eher selber sterben wolle, ehe er bereit sei, einen Feind zu töten.

Uns Friedensfreunden blieb nichts andres übrig, als ... zu konstatieren, daß er [der Redner] zwar mit seinem individualistischen Christentum auf dem Boden des russischen Grafen Tolstoi stehe, der in seinem Werk ›Die allgemeine Wehrpflicht und das Christentum‹ denselben Standpunkt vertrete, aber nicht auf dem Boden der Friedensgesellschaften, die ihre Anhänger nicht zur Auflehnung gegen die bestehenden Gesetze ermahnen, auch zunächst kein Martyrium von ihnen erwarten, aber die öffentliche Meinung gewinnen, durch dieselbe die kriegerische Spannung zwischen den Nationen beseitigen und auf diese Weise die Friedfertigkeit der Völker herbeiführen möchten ...

Ich lebe der gewissen Überzeugung, daß das Christentum als Religion des Friedens anzusehen ist. Prophetenstimmen aus der Zeit der Vorbereitung haben auf das Kommen eines Friedensreiches hingewiesen (Jes 11; 9,4; 2,4; Sach 9) ...

An der Wiege des Christentums erklang das Engellied: ›Friede auf Erden‹. Christus hat gesagt: ›Selig sind die Friedfertigen‹;

›liebet eure Feinde!‹ Seinem schwertesfrohen Jünger hat er zugerufen: ›Wer das Schwert nimmt, soll durch das Schwert umkommen.‹ Er redet von dem Senfkornbaum des Reiches Gottes, unter dem die Vögel des Himmels, die Nationen der Erde friedlich beieinander wohnen sollen. Im Johannes-Evangelium steht gar die weltumfassende Verheißung: ›Es wird eine Herde und ein Hirte sein.‹ Wenn aber Christus davon redet, daß Krieg und Kriegsgeschrei als Vorzeichen des Endes betrachtet werden müssen, so hat er nirgends gesagt, daß blutige Kämpfe unmittelbar bis zum Ende dauern oder daß die *Christenheit* in solchen Kämpfen sich zerfleischen müßte; das können wir den Heiden überlassen. Und wenn wir aus dem Munde Christi auch einmal ein scharfes Wort wie das vernehmen: ›Ich bin nicht gekommen, den Frieden zu bringen, sondern das Schwert‹, so weiß doch jeder Kundige, daß der Erlöser uns nichts andres damit sagen will als das: Wer sich mit völliger Entschiedenheit auf seine Seite stelle, der werde dadurch wie mit Schwertesschärfe je nachdem von seinen nächsten Angehörigen geschieden werden ...
Was die Zitate aus dem Neuen Testament betrifft, so kann man uns entgegenhalten, daß Christus doch bei aller Friedensliebe nie den Krieg direkt verboten habe ...
Daß Christentum und Krieg recht wohl zusammenstimme, wie Professor *Ernst* in seiner Sedans-Rede meinte, ist mir ein unerträglicher Gedanke. Das Christentum, die Religion der Liebe, und der Krieg – ›des Menschengeschlechts Brandmal, der Hölle lautestes, schrecklichstes Hohngelächter‹, wie ihn *Klopstock* genannt hat; das Christentum mit seinem Glauben an die Menschwerdung des Göttlichen und der Krieg, der die Bestie im Menschen wachzurufen pflegt; das Christentum mit seinem Ziel einer allgemeinen Menschheitsverbrüderung und der Krieg mit seinem blutigen Mord, mit seinen Menschenschlächtereien – nein, das stimmt nie und nimmermehr zusammen. Daß sich ein Indianerstamm ›mit Lust und Liebe‹ auf dem Kriegspfad tummeln kann und keinerlei Gewissensskrupel dabei fühlt, das mag verständlich scheinen; aber daß die Christenvölker mit Blut und Eisen ihre Forderungen klarzumachen pflegen und mit der Stimme der Kanonen zueinander reden, das enthält für Leute, die noch sehen können, einen auf die Länge unerträglichen Gewissenswiderspruch.

Wie kommt's denn aber, daß bisher der Gegensatz so selten erst in seiner ganzen Schärfe wahrgenommen wurde? Es wird nicht fehlgegriffen sein, wenn wir den Grund hiefür in jener ungesunden Jenseitigkeit des religiösen Lebens suchen. Es ist doch auffallend, daß Juden und Christen, welche das Gebot ›Du sollst nicht töten‹ kennen, im Großen nie auf den Gedanken kamen, daß dies Gebot dem Massentotschlag, also auch dem Krieg, aufs schärfste widerspricht. Es war der Fehler der bisherigen Entwicklung, daß man alles, was im Namen Gottes von dem menschlichen Geschlecht gefordert wurde, auf das individuelle Leben zu beziehen pflegte und gar nicht daran dachte, wie dieselben göttlichen Gesetze auf das öffentliche Leben anzuwenden seien.
Das scheint mir nun der große Fortschritt unsrer Tage gegenüber dem, was wir bisher erlebten, ... daß Christus, wenn der Ausdruck mir gestattet ist, politisch werden will, daß infolgedessen jener falsche Gegensatz, der zwischen Politik und christlicher Moral bejaht werden muß, daß weder Lug und Trug und Hinterlist noch Drohen mit brutaler eiserner Gewalt sich in der Politik der Zukunft wird behaupten können, daß sich vielmehr die Christenheit zur Anerkennung jenes ganz elementaren Grundgesetzes mit der Zeit entschließen wird, nach dem Gewalt nicht mehr vor Recht ergeht, vielmehr ein Rechtszustand auch zwischen Völkern aufgerichtet werden muß, durch den der Krieg mit seinen Schrecken im Prinzip beseitigt wird.
Von diesem Standpunkt aus betrachten wir die auswärtige deutsche Politik der vergangenen Jahrzehnte in der Hauptsache als eine Politik des rücksichtslosen Staatenegoismus, dessen Konsequenz schließlich nur der Krieg aller gegen alle sein kann. An den Folgen haben wir schon heut zu tragen: Es ist der Rüstungswahnsinn, diese Schraube ohne Ende, dieser Panzer ohne Lüftung, unter dem die Völker fast zusammenbrechen; haben doch die europäischen Nationen die ansehnliche Summe von 4 ¾ Milliarden Mark allein für ihre Rüstung jährlich auszugeben, ist doch Europa zu einem waffenstarrenden, von gegenseitigem Mißtrauen umgetriebenen Kriegslager geworden!«

[113] Pastor *Francke*, Berlin: An die Bekenner des Evangeliums (Völker-Friede, Dezember 1914, 137)

»Zu den unerfreulichen Erscheinungen, die der Krieg gezeitigt hat, gehört die Leichtigkeit, mit der die christlichen Geistlichen das Christentum der Zeitlage anpassen zu können meinen. Das wahre Christentum ist mit der Zeitlage, wie sie der Krieg geschaffen hat, schlechthin unvereinbar. Es protestiert gegen dieselbe in der denkbar schärfsten Weise. Es ist eine Vergewaltigung des Evangeliums, wenn man aus ihm eine Rechtfertigung oder Idealisierung all der Tugenden herauslesen will, die heute gebraucht werden zur Erringung politischer oder kriegerischer Erfolge. Die Opferwilligkeit, die das Evangelium verlangt, ist eine ganz andere als die, die unsere Zeit den Völkern predigt. Die evangelische Opferwilligkeit dient nicht der Selbstbehauptung, von der das Neue Testament nicht eine Silbe weiß, sondern der Selbstverleugnung und Selbstopferung. Und zwar sollen sich die Mutigen, die den Tod überwinden können, opfern, damit die Armen und Geringen leben können... Und nur wer den moralischen Mut hat, sich zu diesen zu bekennen, sollte das Evangelium predigen. Die andern sollten ihre Hand davon lassen, es ist nicht ihr Amt! Sie sollten die ehrliche Konsequenz eines Nietzsche besitzen, der das Evangelium *gehaßt* hat, weil es für die Welt, wie sie einmal ist, völlig unbrauchbar ist. Zu brauchen ist es für die Welt, die werden soll! Sie sollten keine rabulistischen Verdrehungskünste üben und die armseligen paar Stellen, wo auch Christus der Gewalt das Wort zu reden *scheint*, künstlich aufbauschen und ins Feld führen gegen den großen Gesamtkomplex neutestamentlicher Ideen, der die Gewaltanwendung als widergöttlich verwirft.

...Der Held des Evangeliums ist ein Mann, der die grauenvolle Bitterkeit des Sterbenmüssens langsam durchmacht, der Menschheit tiefsten Jammer sich damit qualvoll zum Bewußtsein bringt und dennoch willig stirbt, damit durch seinen Tod die andern alle ›Leben und volles Genüge haben‹... Wer statt dessen meint, sich mit der Wirklichkeit immer irgendwie aussöhnen zu müssen, wohl gar in ihr immer das Walten Gottes verehren zu müssen, sollte nicht christlicher Prediger sein. Er bringt mit seiner Anpassungsfähigkeit das Christentum um seine beste Kraft. Und die Zukunft ist nahe, wo wir das Christentum bitter notwendig brauchen werden... Äußerlich werden wir da übertüncht mit einem Firnis, der den Siegfried markieren soll, oder Achill oder Herakles. Innerlich wird nichts daran geändert, daß die Empfindung unserer Ohnmacht und Unbefriedigung bleibt, auch wenn sie schweigt. Und wo sie schließlich ganz aus dem Bewußtsein schwindet, da schwindet mit ihr das wahre Menschentum. Übrig bleibt das Kunstprodukt einer Heroenkultur, das sich angesichts der furchtbaren Überlegenheit der Tatsachen wie eine große Lüge ausnimmt.«

[114] Bischof *Michael v. Faulhaber:* Der Krieg im Lichte des Evangeliums (1915)

I.

»Die normale und kulturschaffende Weltlage ist der Weltfriede. Der Krieg ist ein Ausnahmezustand, der von Zeit zu Zeit zur Entspannung der politischen Lage notwendig werden kann, aber immer nur als Mittel zum Frieden und immer erst dann, wenn alle Versuche, eine Streitsache auf friedlichem Wege beizulegen, gescheitert sind und der zuständigen höchsten Stelle kein anderes Mittel bleibt, ein Unrecht abzuwehren oder ein notwendiges Lebensrecht völkischen Daseins zu retten. *Ein Volk darf nicht den Mutwillen haben, einen vermeidlichen Krieg vom Zaune zu brechen; es muß aber den Mut haben, einen unvermeidlichen Krieg auf sich zu nehmen.* Dieses Rechtsverhältnis zwischen Krieg und Frieden wird durch zwei einseitige Auffassungen schief gestellt, *durch den Martialismus zugunsten des Krieges, durch den Sabbatismus zugunsten des Friedens* ...
Das Gewichtsverhältnis zwischen Krieg und Frieden auf der Waage des Evangeliums steht also *unbedingt zugunsten des Friedens.* Damit aber, daß *dem Frieden unbedingt das relative Vorrecht* zugesprochen wird, *›ist der Krieg noch nicht in absolutes Unrecht gesetzt‹.* Sabbatisten, die auf Friedenskongressen ihrem an sich ehrwürdigen Friedenswerk einen religiösen Unterbau geben wollen, kommen leicht auf diesen Trugschluß. Es kann der Krieg um des Krieges willen abgelehnt werden, ohne daß damit der Krieg um des Friedens willen abgelehnt wird. Es kann der Friede ein Klang aus der Harfe des Himmels sein, ohne daß damit jeder Krieg der untersten Hölle lautestes, schrecklichstes

Hohngelächter wird. Wenn die beiden, Krieg und Friede, zur Audienz zum Lehrmeister des Evangeliums kämen, der Krieg bis an die Zähne in Eisen gepanzert, der Friede mit dem Ölzweig, der Meister würde gewiß den Frieden mit beiden Händen segnen. Würde er dem Kriege sagen: Du wilder Mann, ich habe keinen Segen mehr für dich? Würde er ihm fluchen und auch dem gerechten Kriege, dem Kriege um des Friedens willen jeglichen Rechtsausweis und Waffenpaß verweigern?

II.

Der Waffenpaß des Krieges im Lichte des Evangeliums

... Das Eingangskapitel des ersten Evangeliums enthält den messianischen Stammbaum, der in vielen seiner Namen eine Feldherrnhalle darstellt. Das Wiegenlied des Kindes von Bethlehem, an sich ein Hochgesang des Weltfriedens, hat zum Nachspiel den Kindermord, der wie blutiges Morgenrot dem Gotteskind selber zum frühen Tode leuchtet. Während Immanuel zu Nazareth lebte im ersten Jahrzehnt seines Lebens, wurde die Schlacht im Teutoburger Wald geschlagen. In den Tagen seines öffentlichen Lebens fiel der Kopf seines Freundes und Vorpostens Johannes unter dem Henkersschwert (Mt 14,10). Der Stundenlauf seiner nächtlichen Gebetswachen war auf die militärische Uhr eingestellt (Mk 6,48), die er auch in der Gleichnisrede als Stundenzähler nahm (Lk 12,38) ... Für unsere Rechtsfrage ist indes auf *diese militärischen Zwischennoten des heiligen Buches kein Gewicht zu legen.*

Gewichtiger ist, daß das Evangelium den Krieg *als geschichtliche Tatsache des christlichen Zeitenlaufs* auf der ganzen Entwicklungslinie von der ersten bis zur elften Stunde in Aussicht stellt. Das Wort von den Blutzeugen (Mt 24,9) läßt schon für die apostolische Zeit blutige Tage ahnen, und für den Vorabend des Weltgerichts werden in prophetischer Fernsicht je später, je blutiger die furchtbarsten Völkerkriege angekündigt: ›Ihr werdet von Kriegen hören und Kriegsbotschaften. Es wird Volk wider Volk sich erheben‹ (Mt 24,6 f.). Der Zusatz im Markus-Evangelium: ›Solches *muß* geschehen‹ (13,7) hat die Tatsache des Krieges sogar als unabwendbares Angebinde der Weltgeschichte bezeichnet. Das Evangelium träumt trotz aller Vorliebe für den

Frieden keinen weltfernen Friedenstraum und hat nicht einmal die Friedensgedichte der Propheten vom Umschmieden der Schwerter in Pflugscharen wiederholt. In seinem Lichte ist der Glaube an einen ewigen Weltfrieden ein Aberglaube. Die ewige Ruhe ist nur in der Herberge der Toten auf dem Camposanto zu Hause und in den Wonnegefilden derer, die in Gott überwunden haben. *Einen Zusammenbruch der christlichen Weltordnung kann der Krieg also nicht bedeuten,* da im Evangelium nur der Weltkirche, nicht dem Weltfrieden unverwüstlicher Bestand verbürgt wird. Ohne Frage hat das heilige Vierbuch den Krieg als *geschichtliche* Tatsache der christlichen Ära bejaht...

In den Gleichnisreden ... kommt das Evangelium *dreimal auf den Krieg zu sprechen,* dreimal in einer Form, die dem Waffenpaß des Krieges das Siegel der Befürwortung aufdrückt. *Das erste Mal* (Lk 14,31–32) wird *die Zurüstung für den Krieg,* der Ausmarsch ins Feld mit dem Gang in Gottes Reich in Vergleich gebracht. ›Welcher König wird gegen einen andern zu Feld ziehen, um Krieg zu führen, ohne sich zuerst hinzusetzen und zu überlegen, ob er mit zehntausend Mann dem entgegenrücken kann, der mit zwanzigtausend ihm entgegenkommt.‹ Der Sinn der Parabel ist: Wie die Könige den Krieg lange voraus überlegen und planvoll vorbereiten, so sollt auch ihr den wichtigsten Gang im Leben, den Gang in das Reich Gottes, gut vorbedenken und nicht planlos und blind überstürzen... *Im zweiten Fall* (Mt 22,2–7) wird *der Krieg als Zuchtrute in der Hand Gottes* bezeichnet... Im Sinne der Parabel erscheint hier der Krieg als Gottesgericht über die Frevler an der religiös–sittlichen Weltordnung und an heiligen Majestätsrechten. Ein Krieg, der *die Mordtat von Serajewo* sühnen will, ist im Lichte dieser Matthäus–Parabel als eine Rechtstat erwiesen. *In einer dritten Gleichnisrede* erscheint *Christus selber in der Uniform eines Kämpfers,* und damit vollendet sich der Beweis für den Rechtscharakter des Krieges in der Welt des Evangeliums. In den messianischen Psalmen des Alten Bundes trägt der Gesandte des Heils wiederholt das Kostüm eines siegreichen Feldherrn, der in strahlender Waffenrüstung den Triumphwagen besteigt und mit scharfen Pfeilen nach dem Herzen seiner Feinde zielt (Ps 44,4–6), von unterlegenen Königen sich huldigen läßt (Ps 71,9–11) und feindliche

Nationen zerschmettert (Ps 109,6), oder er trägt das Kostüm eines Gerichtsherrn, der mit eisernem Zepter seine Herrscherrechte wahrt (Ps 2,9; vgl. Offb 19,15) und in der Fülle seiner Kraft die Völker zerstampft wie der Keltertreter die Trauben in der Kufe (Jes 63,1–6)...

III.

Der Waffensegen des Krieges vor den Altären des Evangeliums

...›Dem Böswilligen nicht widerstehen‹, heißt das, das Böse ohne jeden Widerstand Herr werden lassen? ›Die andere Wange hinhalten‹, heißt das, gutmütig von rechts und links sich beohrfeigen und alle Schmach und alles Unrecht sich bieten lassen und in allen Rechtsfragen nachgeben, ohne mit der Wimper zu zucken? ›Will dir einer den Rock nehmen, laß ihm auch noch den Mantel dazu‹, heißt das: Wollen sie euch Elsaß nehmen, gebt ihnen Lothringen noch dazu, und wollen sie Ostpreußen, gebt ihnen Westpreußen noch dazu?...

Das Wort vom Nichtwiderstehen und Hinhalten der anderen Wange ist überhaupt *keine sozialrechtliche Richtlinie. Der einzelne* kann aus höheren Beweggründen der Aszese auf sein privates Recht verzichten und seinen Mantel verschenken – die christliche Sittenlehre hat auch der höchsten Selbstentäußerung und Aszese in der Form des Rates die Höhenwege gewiesen. *Die staatliche Obrigkeit dagegen* hat es nicht in der Hand, mir nichts, dir nichts heilige Rechte des Volkes und des Landes ohne Schwertstreich zu opfern. Auf persönliche Rechte verzichten kann vollkommen sein; den Rock eines andern, das Recht seiner Volksgenossen verschenken wäre Unrecht; öffentliche Rechte des Vaterlandes opfern wäre Verrat...

Das Gebot der Feindesliebe ist *auch im Kriege nicht aufgehoben.* ...Mit einem Fluch auf den Lippen sollen unsere Feldgrauen nicht sterben. *Die Zeit der Fluchpsalmen ist mit dem Evangelium endgültig vorüber.* Die reinere, reichere, stärkere Kraft ist die Liebe, die Liebe für König und Vaterland und Heimat. Das ist eine Pflanzung, die der Vater im Himmel gepflanzt hat. Spottkarten, Grußformeln des Hasses und andere hölzerne Kindersäbel sind nicht im Geiste des Evangeliums. Lassen wir die Liebe, nicht den Haß die Seele des Krieges sein!...

IV.

Die Erntefrucht des Krieges für die Scheunen des Evangeliums

... Ein Licht in diesem Dunkel ist *der Vorsehungsglaube des Evangeliums* ... Für den Vorsehungsgläubigen ist der Krieg *eine Pflugschar in der Hand Gottes*, die in tiefen Furchen viel Brachfeld aufreißt, viel Unkraut umackert, den Boden für gute Saat bereitet und Neuland pflügt, auch wenn dabei Grenzsteine mitumgeackert werden ... Der Ruf nach kleinkalibriger religiöser Literatur ist nicht verstummt, und eben in diesen Tagen wurde das Lukas–Evangelium in der Übersetzung von Dimmler in 120 000 Drucken und jetzt auch das ganze Evangelium in der Übersetzung von Ecker in einer prächtigen Taschenausgabe in mehreren hunderttausend Drucken den katholischen Soldaten ins Feld geschickt. Ich habe in der zweiten Märzwoche Gelegenheit gehabt, mit einem Ausweis des bayerischen Feldpropstes, Eminenz v. Bettinger, vor bayerischen Truppen im Felde Gottesdienst zu halten. Es liegt ein heiliger Ernst auf den Gesichtern unserer Brüder im feldgrauen Rock, es leuchtet ihnen aber auch ein auffallend frisches Aussehen und eine ungebrochene Zuversicht aus den Augen ... *Die deutsche Kriegskunst betet* ... Ein verwundeter Leutnant spricht im Lazarett seine seelische Wandlung offen aus: ›Ich bin zweimal getauft worden. Einmal in der Kirche. Das Christentum aber, das ich dort empfing, war längst verlorengegangen. Das zweite Mal im Feuer der Schlacht. Das Christentum, das ich da wiedergewonnen, soll niemand mehr meinem Herzen entreißen.‹ ...

Die schwerste Niederlage in diesem Weltkrieg ist der Kreditverlust des Atheismus und der anderen fremden Götter von ähnlichem Kaliber ... Zum Teil ist aber der Krieg tatsächlich *auch in sittlicher Beziehung* ein Aufwecker aus dem Tangorausch der letzten Friedensjahre und für viele ein Hahnenschrei entschiedener Umkehr geworden ... Angesichts dieser Riesenaufgaben des Krieges sind die großen Verheißungen des Evangeliums im Verein mit den kirchlichen Gnadenmitteln wohl geeignet, *die sittliche Kraft der gläubigen Soldaten ins Heldenhafte zu erheben.* Sie leben an manchen Tagen nur von einer Granate zur andern, aber sie wissen: ›Bei Gott ist alles möglich‹ (Mt 19,26) ... Sie können zum Lehmboden sagen: ›Mein Bett bist du‹, und zum Tode: ›Du bist mein täglicher Weggenoß‹, aber sie wissen: ›Wer sein Leben um meinetwillen verliert, wird es gewinnen‹ (Mt 10,39; 16,25; Joh 12,25). Solche Worte des ewigen Lebens sind Saatkörner der Heldengröße...

Es liegt bereits auf der Grenze meines Themas, es wäre aber eine Lücke, gar nicht zu reden *von jener nationalen Begeisterung, die für den erlauchten Träger der Krone durchs Feuer geht* und in diesem Krieg ein Alleluja singt... Ein Herrscher, der den Krieg sucht, feiert kein silbernes Friedensjubiläum! An Gelegenheiten, die Zündschnur in das europäische Pulverfaß zu leiten, hat es wahrhaftig in den 25 Regierungsjahren nicht gefehlt. Auch unsere alte Bayerntreue wird im Feuer neu geschmiedet. Wie haben ihnen die Augen geleuchtet, als ich ihnen beim Gottesdienst im Felde von ihrem in Treue fest geliebten König Ludwig III. sprach...«

[115] *Veller:* Die Betrachtungen zum Dorfpredigtproblem während des Krieges. Auszug: Der Opfergedanke (EF 1916, 15 ff.)

»... Ich habe folgenden Weg betreten und etwa so zu den Leuten gesprochen: Wir erleben was Merkwürdiges. Wir müssen Christen werden! Das Vaterland zwingt uns dazu. Was uns so furchtbar schwer wird, das wird jetzt einfach bei einem jeden von uns als selbstverständlich vorausgesetzt, daß er sich nämlich für die andern, seine deutschen Brüder und Schwestern im weiten Vaterland opfert. Wie ganz anders sieht auf einmal das Leben aus. Bisher war immer unser erster Gedanke: Was kann ich von dem andern haben, wie kann ich ihn ausnützen?, und jetzt heißt's: Du sollst für ihn leiden, vielleicht gar bluten, sterben. Seht, das hat unser Herr Jesus freiwillig getan. Den hat kein Mensch dazu gezwungen... Wir wollen zu diesem pädagogischen Zweck das Evangelium unseres Herrn ruhig ein wenig nationalisieren und verweltlichen. Was es an Tiefe dabei vielleicht einbüßt, gewinnt es in die Breite. Es *braucht* aber nichts einzubüßen dabei... Von vaterländischen Pflichten kommen wir zu christlichen Ideen, und diese wieder werden der stärkste Impuls zu vaterländischer Hin-

gabe und Opferbereitschaft. Das wollen wir auch in der ländlichen Predigt uns treu und eifrig zunutze machen...
Ich darf es aussprechen, daß meine Leute gespannt gelauscht haben, als ich so Jesu Opfertod und vaterländische Hingabe verglich... Für Evangelium und Vaterland ein gleich großer Gewinn!...«

[116] *Peter Lippert* SJ: Die Gefallenen unseres Volkes (St. d. Z. 88, 1915, 401 ff.)
»Nun haben wir uns an den Tod gewöhnt! ... Heute lesen wir lange Listen von Verunglückten, von Menschen, die wir kannten, die gesund und stark von uns gegangen sind vor wenigen Wochen. Jetzt steht hinter ihren Namen: tot, tot! Nun gibt es weite Landschaften, die von endlosen, niedrigen Hügelreihen durchzogen sind, eine Hügelreihe hinter der andern, meilenweit. Und jede dieser Erdwellen ist ein Massengrab. Da unten liegt ein ganzes Volk von Toten, und jeden Tag werden sie noch vermehrt – durch Menschenwollen, durch unsern eigenen, ernsthaften Entschluß! Denn wir *wollen* Krieg führen, und der Krieg bedeutet ein Massensterben...
Daß *der Sinn des Lebens der Tod ist,* das nimmermehr zu vergessen, mahnen uns die Gefallenen: ›Wer sein Leben liebhat, der muß es verlieren.‹ Das Dogma vom stellvertretenden Tod,... den ein Einziger für die Vielen starb, der Allereinzige und Größte, der die sterbliche Menschennatur getragen hat. Und weil er sich der Tat nicht geweigert hat, durfte er auch in seiner Lehre das Geheimnis aller Liebe in den stellvertretenden Tod setzen: ›Eine größere Liebe hat niemand, als wer sein Leben hingibt für seine Freunde.‹ ... Das Große, das Heroische wird nun selbstverständlich. Es ist nicht mehr eine Seltenheit, eine Übermenschlichkeit, eine ungewöhnliche Leistung, sondern eine einfache, schlichte Pflicht und Schuldigkeit. Mit der Redegewalt, mit der die Toten reden, wird uns nun wieder die alte Mahnung eingeprägt: ›Wenn einer nicht um meinetwillen alles verläßt, was er hat, Vater und Mutter und Schwester und ehelich Weib, und wenn er nicht alles haßt, selbst das eigene Leben, kann er mein Jünger nicht sein.‹ Nun hat Gott so unwiderstehlich gerufen, daß wir nicht einmal Zeit hatten zu der zweifelnden Frage, ob Gott denn wirklich im

Ernst unsere Liebsten fordern könne. ›Gott will es‹, so ging es wieder durch unsere Mitte, und vor diesem Willen verstummte jeglicher Widerspruch. Wir wurden gebeugt unter den Befehl der allerhöchsten Autorität, die unser Leben und unsere Lieben uns abfordert. Das Gebot, das uns so seltsam dünkte, wird uns jetzt wahrhaftig sehr geläufig: ›Ziehe fort von deinem Volke und vergiß das Haus deines Vaters!‹ Sonst haben Väter und Mütter sich oft leidenschaftlich der Berufung ihres Sohnes oder ihrer Tochter zu einem gottgeweihten Stand widersetzt. Aber nun hat der Herr Stürme gesandt, die den Liebling sehr schnell entrückten ... in einen Dienst, der das Heimweh nicht kennen darf, zu einer Mission, von der es leicht keine Wiederkehr mehr gibt. So mancher alte Vater hat nun seine Stütze hingeben müssen, so manches Mütterlein den Trost seiner Augen.

Das ist die Moral der Selbstentäußerung, und auf den Gräbern der Gefallenen erhebt sie sich zu einem neuen, ungeahnten Triumph. Diese alte Ethik des demütigen Gehorsams und der Pflichttreue! Diese verkannte und vielgeschmähte Ethik der Unterwerfung unter Gottes Gebot und Berufung! Diese triebüberwindende, diese einschränkende, diese fesselnde und wehtuende Ethik! Jetzt hat sie ihren ganzen Wert wieder bewiesen...«

[117] *Anton Pummerer* SJ: Opfernde Kreuzesliebe (St. d. Z. 89, 1915, 31 ff.)

»Seitdem man Erdenjahre zählt, hat die Menschheit noch keine Zeit erlebt, so groß und gewaltig, so furchtbar und entscheidungsschwer wie die gegenwärtige. Deutschland und Österreich, von rachsüchtigen, neidischen, raubgierigen Feinden umringt, die sie mit Not und Verderben bedrohen, haben sich in felsenfester Treue die Hände gereicht zu gemeinsamem Sieg oder Untergang. So sind sie hinausgezogen, die Millionen von Vätern, Söhnen, Brüdern und Freunden, die blitzende Wehr in tapferer Hand, unerschütterliches Vertrauen im glaubensfrommen Herzen. Großes haben sie bereits geleistet, die Schirmer unseres Landes, unseres Rechts und unserer Größe; Heldentaten über Heldentaten haben sie verrichtet, und nie wird der Sang verklingen von deutscher Krieger Tapferkeit...«

Pummerer benutzt diese Einleitung zu einer stärker beim christologischen Sinn verharrenden Exegese von Texten der Passionsgeschichte und Verkündigung Jesu wie zum Beispiel Mt 20,28, Lk 23,41, Joh 3,14 ff., Röm 5,3 f., Offb 7,14; 21,4, um zu schließen:

»Es ist wohl ein erhebender und stärkender Gedanke, daß alles das erduldet wird zu unseres teuren Vaterlands Schirm und Größe; doch die Wunde brennt nicht desto minder, und der Kummer nagt deshalb nicht weniger an der Seele. Fliehen wir da zu dem, der alles Kreuz geheilt hat mit unermeßlichem Gottessegen! Nehmen wir es wie er in tiefster Anbetung der unerforschlichen Ratschlüsse der göttlichen Vorsehung und williger Ergebung in den Willen unseres Schöpfers! Tragen wir es aus Liebe zur Gerechtigkeit, um unsere Schuld zu tilgen und uns zu läutern. Harren wir aus in unerschütterlicher Hoffnung und in dem seligen Bewußtsein, daß wir so innerlich stark werden und heranreifen zum Vollalter Christi und zur Freudenernte der Ewigkeit!«

[118] Ein Perikopen–Vorschlag zu folgenden Themen für »Jesuspredigten für die Kriegszeit« erschien von Pfarrer *Albert Hosenthien*, Werkleitz (EF 1915, 94 ff.)

»Jesu Glaube: E. Mt 10,29–31; L. Mt 14,22–33; T[ext] Mt 8,23 bis 27; (Lied) Ist Gott für mich

Jesu Gehorsam: E. Mt 7,21; L. Phil 2,5–11; T. Joh 4,31–34; Mir nach, spricht Christus

Jesu Gebetsleben: E. Jak 5,16 b; Lk 11,1–13; T. Lk 6,12; Wenn dich Unglück hat betreten

Jesu dienende Liebe: E. Joh 15,13; L. Lk 10,25–37; T. Joh 15,1 bis 5, 12–17; Herz und Herz ...

Jesu suchende Liebe: E. 1 Tim 1,15; L. Mk 2,13–17; T. Lk 15,1 bis 10; Jesus nimmt die Sünder an

Jesu Sanftmut und Demut: E. 1 Petr 2,21 b–23; L. Mk 10,13–23; T. Mt 11,28–30; Liebe, die du mich zum Bilde

Jesu Bedürfnislosigkeit: E. 1 Tim 6,6–8; L. Mt 6,19–21, 25–33; T. Lk 9,57 f.; Seele, was ermüdst du dich

Jesu Friede: E. Röm 5,1; L. Mt 26,42–45; T. Joh 16,33; Meine Seele senket sich

Jesu Geduld: E. Hebr 10,36; L. Joh 19,1–11; T. Hebr 12,1 b–3; Ein Christ kann ohne Kreuz nicht sein

Jesu Eifer: E. 2 Tim 2,3; 1 Tim 6,12; L. Joh 2,13–17; T. Lk 12, 49 f.; Ringe recht

Jesu Haß gegen die Sünde: E. Mt 16,26; L. Mt 4,1–11; T. Mt 5, 29 f.; Mache dich, mein Geist, bereit

Jesu Rücksichtslosigkeit gegen sich selbst: E. Lk 9,62; L. Mt 10, 32–40; T. Mt 16,21–23; O Durchbrecher

Jesu Furchtlosigkeit: E. 1 Petr 3,13–15 a; L. Mk 14,55–65; T. Mt 10,28; Warum sollt' ich mich denn grämen

Jesu Ausrüstung zum Todesgang: E. Offb 2,10 c; L. Lk 22,31 bis 38; T. Mt 26,36–46; Eines wünscht' ich mir

Jesu Heldentod: E. 1 Petr 2,24; L. Mk 15,22–39; T. Joh 10,12 bis 15, 18 a; Ein Lämmlein geht

Jesu Sieg: E. 2 Tim 1,10 b; L. Mk 16,1–8; T. 1 Kor 15,55.57; O auferstandener Siegesfürst

Jesu ewige Majestät und Herrschaft: E. Offb 3,21; L. Offb 1,9 bis 18; T. Joh 17,24 a; Jesus, meine Zuversicht.«

[119] *Hermann v. Bezzel* in einem Brief an ein Fräulein vom 30. September 1914. In: Briefe nebst einem kleinen Anhang ..., hrsg. von Wilhelm Seb. Schmerl (Nürnberg 1919), 276 f.

»... Der Protestantismus geht durch seichte, geringe Zeiten. Vielleicht hat man den teuren Jesus–Namen zu rasch, zu unvermittelt und zu einseitig betont, und ... nun tritt die kalte Reaktion ein, die wir mit dem ganzen Weh der Entthronung Christi, seiner Depotenzierung durchleiden müssen.

Was kann man dagegen tun? – Verehrtes Fräulein, wenn Sie mir das sagen könnten, dann wollte ich Ihnen all mein Leben dankbar sein. Aber ich weiß nur: Anhalten am Bekenntnisse, Lehren und Vermahnen, bis Seine Zeit gekommen ist. Unser Volk war überfordert, jetzt unterbietet es. Gott wird ... die christusfeindliche Epoche heraufkommen lassen. Wir aber wollen in der Sturmflut an die Dämme gehen und halten, was allein uns halten kann.«

[120] *Engelbert Krebs:* Der Weltkrieg und die Grundlagen unserer geistig–sittlichen Kultur. In: Meinertz–Sacher, Deutschland und der Katholizismus, 4 ff.

»... Man hat das deutsche Pflichtbewußtsein vielfach irrigerweise als *Erbe Kants* und *Schillers* bezeichnet. Der Irrtum lag darin, daß man Denker, die nur starke Aussprecher angestammter Geistesart gewesen sind, zu Vätern dessen machte, was die Ahnen selbst ihnen vererbt hatten. Der Königsberger Philosoph entstammt dem Lande der pflichttreuen preußischen Beamten und Offiziere; der idealistische Dichter aber gehörte seiner Herkunft nach zu dem Stamme, in welchem die *Treue* von altersher überliefert war. Überhaupt war die *Treue*, welche Tacitus als gesamtgermanische Eigentümlichkeit schildert, der Mutterboden für die Pflichttreue und das streng sittliche Pflichtbewußtsein, das dem Deutschen im Wesen liegt. Daß diese Treue und dieses Pflichtbewußtsein nichts spezifisch Kantisches oder gar Protestantisches ist, ergibt sich schon allein aus der Tatsache, daß auch das katholische kirchliche Leben in Deutschland weniger die enthusiastischen Ausdrucksweisen und pomphaften Formen der katholischen Frömmigkeit romanischer Völker aufweist, dagegen durch vollbesuchte Sonntagsgottesdienste und fleißigen Sakramentenempfang der großen Menge die weite Verbreitung des kirchlichen Pflichtbewußtseins offenbart. Wohl aber hat dieses Pflichtbewußtsein und die ihm eigene Treue etwas hervorgebracht, was artmäßig *deutsch* ist und in andern Ländern bis heute nicht in seinem sittlichen Wesen verstanden wurde, das ist der deutsche *Militarismus*. Die Geistesart, die damit bezeichnet wird, hat nichts von der Wildheit an sich, welche unsere Feinde ihr andichten. Vielmehr ist das deutsche Volksheer mit seiner strammen Zucht und starken sittlichen Kraft nur zu dem geworden, was es ist, weil seine Schöpfer den *Pflichtgedanken* und die *Treue* zu Grundlagen des *Dienstes* für das Vaterland gemacht haben ...

Kulturarbeit und Gottesdienst müssen sich gegenseitig ergänzen, um ein Gesamtbild des Reichtums Gottes zu geben und so ›das *Reich Gottes*‹ auf Erden zu bauen ... Jeder einzelne hat seinen Platz an der Werkbank Gottes, jeder einzelne Beruf, jedes einzelne Volk hat seine Kammer und seinen Arbeitsplatz in der Werkstätte Gottes. Nur im einheitlichen Zusammenwirken aller kann das Gotteswerk glücklich vorangebracht, das *Gottesreich* erbaut werden.«

[121] *Albrecht B. Ritschl:* Unterricht in der christlichen Religion (Bonn 1875), 27 ff.

»§ 31. Das *Recht* ist die Ordnung gegenseitiger und gemeinschaftlicher Handlungen, welche sich entweder auf Einzelzwecke (Privatrecht) oder auf gemeinsame Zwecke beziehen (öffentliches Staats–, Kriminal–Recht), die jedoch engern Umfanges als der sittliche Endzweck des Reiches Gottes sind ... Da aber das Recht vollständig als Mittel der sittlichen Freiheit zu ihren Zwecken und deshalb als ein Produkt sittlicher Art begriffen wird, so schließt die richtige Gesinnung auch die Gesinnung für das Rechtsgesetz notwendig in sich, und regelmäßig wird in der Rechtsgemeinschaft selbst auf die Gesinnung für das Recht bei jedem gerechnet ...

§ 32. Deshalb ist die Rechtsordnung eines Volkes oder der Staat zwar an sich gleichgültig gegen das Christentum als Gottesverehrung wie als Praxis des Reiches Gottes (a); allein weiterhin wird der Staat als Ordnung Gottes anerkannt und der Gehorsam gegen seine Rechtsgewalt als religiöse Pflicht vorgeschrieben (b). Denn die Rechtsgemeinschaft ist als notwendiges Mittel zur Sicherung der sittlichen Freiheit auch die unumgängliche Bedingung dafür, daß die Christen die Aufgabe des Reiches Gottes in allen Gebieten der sittlichen Gemeinschaft lösen können (c).

a) Mk 12,17. b) 1 Petr 2,13–17; Röm 13,1–7. c) Der staatlose, sei es revolutionäre, sei es nomadische Zustand der Gesellschaft ist ein vollständiges Hindernis der christlichen Aufgabe des Reiches Gottes. Schon die Israeliten mußten das Nomadentum aufgeben, um ihrer Religion zu leben, deren Grundverheißung der Gewinn des festen Wohnsitzes ist (1 Mos 12,1–3).

§ 33. Demgemäß ist freilich die tätige Teilnahme am Staate, sofern sie aus dem Patriotismus und der allgemeinen Rechtsgesinnung entspringt, keine Tätigkeit, welche direkt zum Reiche Gottes gehörte. Jedoch folgt aus § 32 nicht bloß die Verträglichkeit des christlichen Lebens mit der tätigen Teilnahme am Staate, sondern die notwendige Wechselbeziehung zwischen beiden. Denn einerseits wird der Christ sich die Förderung der staatlichen

Rechtsgewalt angelegen sein lassen, gerade um den Raum für das Streben nach dem Reiche Gottes zu gewinnen. Andererseits wird die durch das Interesse des Staates gebotene Erziehung eines christlichen Volkes zur Humanität auf das Streben nach dem Reiche Gottes gegründet und durch die Einsicht in die ihm entsprechende Sittlichkeit geregelt sein müssen, eine Einsicht, welche der Staatsmann in einem christlichen Volke nicht entbehren kann...«

[122] *Christian Pesch* SJ: Tapferkeit (St. d. Z. 89, 1915, 212 ff.)
»Kaum etwas liegt uns zur Zeit des Krieges näher als der Gedanke an die Tapferkeit der Soldaten, die draußen auf dem Schlachtfeld ihre Kraft, ihre Gesundheit, ihr Leben einsetzen für die Erhaltung und das Wohl des Vaterlandes...
Die Tapferkeit ist eine Soldatentugend. Da wir nun als Christen Soldaten Christi sind (2 Tim 2,3), so hat Gott uns bei der Taufe mit der heiligmachenden Gnade und den übrigen Tugenden auch die übernatürliche Tugend der Tapferkeit eingegossen... Größere Pflichttreue kann der Mensch nicht bewähren, als wenn er um der Pflicht willen auch das Opfer seines Lebens nicht scheut. Die Tugend aber wird nach ihrer Höchstleistung bestimmt und bewertet. *Also ist Tapferkeit jene Tugend, die den Menschen befähigt, selbst aus Furcht vor dem drohenden Tode von der Erfüllung seiner Pflicht nicht abzugehen...*
Die Tapferkeit ist eine kriegerische Tugend; denn gerade im Krieg droht dem Soldaten Lebensgefahr, weil er aus Pflichtbewußtsein das Gemeinwohl des ganzen Vaterlandes gegen den Feind verteidigt. Und diese kriegerische Tugend soll bei der übernatürlichen Rechtfertigung allen Menschen eingegossen, das heißt vom Heiligen Geist als eine besondere himmlische Gabe der Seele mitgeteilt werden? Greise, Frauen und Kinder, überhaupt bei weitem die meisten Menschen brauchen doch nicht in den Krieg zu ziehen. Wozu soll in ihnen also durch eine geheimnisvolle Wirkung Gottes eine Tugend hervorgebracht werden, die sie niemals gebrauchen?
Darauf antwortet der *heilige Thomas:* Es gibt zwei Arten von Krieg: einen allgemeinen Krieg, den ein Volk mit einem andern

führt, und einen Einzelkrieg, den eine Privatperson zu bestehen hat, wenn von ihr unter Androhung des Todes etwas Pflichtwidriges verlangt wird. Beide Arten haben das miteinander gemeinsam, daß man die Todesfurcht überwinden muß, um der Pflicht treu zu bleiben. Darum ist sowohl der Soldat tapfer, der auf dem Felde der Ehre für das Vaterland kämpft, wie jeder andere, der den guten Kampf für die Tugend auch unter Todesgefahr ausficht...

Das Christentum ist nun einmal ein Kriegsdienst, in dem auch das Opfer des Lebens nicht verweigert werden darf. Christus ist gekommen, um Satan, ›den Fürsten dieser Welt‹, aus seinem Reich hinauszutreiben (Joh 12,31). Das ging nicht ohne Kampf; denn Satan bewachte wie ein bewaffneter Starker sein Haus, bis Christus als der Stärkere über ihn kam und ihn seiner Herrschaft beraubte (Lk 11,21 f.). Freilich endete der Kampf für den Heiland mit dem Aushauchen seiner Seele am Kreuze; aber gerade hier feierte die Tapferkeit ihren höchsten Triumph; das Holz der Schmach und des Todes wurde zum Zeichen des Sieges und des Lebens, wie die Kirche in der Präfation der Passionszeit singt: Gott hat das Heil des Menschengeschlechts an das Holz des Kreuzes gebunden, damit dort, wo durch die Sünde Adams der Tod seinen Ursprung nahm, auch das Leben wiedererstehe und Satan, der am Holze des Paradieses siegte, auch am Holze des Kreuzes besiegt werde durch Jesus Christus, unsern Herrn...

Der Tod auf dem Schlachtfelde kann unter einer zweifachen Rücksicht betrachtet werden, entweder lediglich als eine Folge des Kampfes um irdische Güter oder als ein Erweis der Pflichttreue gegen Gottes Gebot. Wer bloß stirbt, weil er irdische Güter gegen Angreifer verteidigt, der ist gewiß kein Märtyrer. *Wer aber stirbt, weil er die von Gott ihm auferlegte Pflicht der Treue gegen Vaterland und Fahneneid nicht verletzen will, der hat in der Tat die rechte Märtyrergesinnung und kann vor Gott des ganzen Ruhmes und Verdienstes eines Märtyrers teilhaftig werden.* Vielfach brauchte er ja nur zum Feinde überzulaufen, um sein Leben zu retten. Aus Pflichttreue tut er es nicht und erduldet lieber den Tod. Mehr kann auch ein Märtyrer nicht tun. Ob andere Bedingungen des Martyriums fehlen, die vom Willen des Soldaten nicht abhängen, brauchen wir hier nicht zu untersuchen; denn

für die sittliche Wertschätzung seiner Handlungsweise ist das nicht von Belang...
Das unentwegte Aushalten ist der beste Teil der Tapferkeit. Es ist ja unter Umständen nicht schwer, sich in einen gewissen Taumel zu versetzen und in diesem Zustande Schmerzen und Gefahren nicht zu achten. Aber Tag um Tag die gleichen Entbehrungen zu dulden, die gleiche Pein zu fühlen, den gleichen Schrecken ausgesetzt zu sein und trotzdem fest wie ein Fels auf dem Boden der Pflicht zu stehen, das ist sehr schwer. Ausharren und durchhalten muß der Tapfere. Was nützt der mutige und ungestüme Anfang, wenn der Wille durch die Dauer der Beschwerden schwach und unfähig wird, das anfangs so begeistert angestrebte Ziel auch wirklich zu erreichen? ›Wer ausharrt bis zum Ende, wird das Heil erlangen‹ (Mt 10,22)...«

[123] Oberlehrer Lic. *Schuster:* Aus einer Predigt über Apg 16,8–10. In: E. Rolffs: Epistelpredigten aus der Kriegszeit (Göttingen 1916), 13 f.
»Die Pflicht rief [Paulus] zur Arbeit nach Europa, der Ruf der Pflicht erschien ihm als Gottes Ruf... Denn das Gebot der Pflicht ist Gottes Gebot... Und nun ist heute wieder der Ruf erschollen: ›Komm herüber nach Mazedonien und hilf uns!‹ Aber dieses Mal soll nicht der Osten dem Westen, sondern umgekehrt der Westen dem Osten Hilfe bringen. Zuerst Waffenhilfe. Deutsche Krieger sind nach Mazedonien gezogen, haben unsern Bundesgenossen und Freunden geholfen, schweres Unrecht zu sühnen, geraubte Provinzen zurückzugewinnen, unterdrückte Blutsbrüder zu erlösen. Und wenn Gott will, werden diese deutschen Krieger helfend, beschirmend, erlösend noch weiter nach Osten ziehen, über Europas Rand nach Asien hinüber.«

[124] *Friedrich Rittelmeyer:* Was verlangt von uns der Krieg? Rede 1914 (Ulm 1914), 6 f.
»...Das ganze Volk sollte sich mit vollem Bewußtsein verwandeln in ein Heer von Kämpfern. Kämpfern gegen die drohende Not... Unser ganzes Volk sollte ein einziger großer kämpfender Volkswille sein! Alles, was je Deutschland groß gemacht hat, soll-

te jetzt auch in uns Daheimgebliebenen lebendig werden, sollte uns zu starken Helden machen! Wer jetzt nicht eintritt in die Reihen der deutschen Kämpfer, der verdient überhaupt den deutschen Namen nicht. In der innersten Seele entschlossen, unsre Feinde daheim zu besiegen, und mit allen Kräften Leibes und der Seele tätig, so wollen wir alle auf unsrem Platz stehen, unser liebes Volk und Vaterland zu verteidigen bis zum Äußersten. So wird Deutschland ein einziger streitender und siegender Volkskörper, so kommt es zu einer herrlichen Offenbarung des deutschen Geistes, und wir alle nehmen an dieser weltgeschichtlichen Offenbarung des deutschen Geistes teil... Warum denken wir so stolz an Tsingtau? Weil wir wissen, daß es wahr gewesen ist bis auf den Grund, wenn der Gouverneur telegraphiert hat: Einstehe für Pflichterfüllung bis zum Äußersten! Warum freuen wir uns so herzlich unsrer Marine? Weil wir wissen, trotz der ungeheuren Übermacht wird sie treu ihre Pflicht tun bis zum letzten Mann und wird der Welt eine Offenbarung der deutschen Treue geben bis in den Tod... Warum denken wir überhaupt so ruhig an unser Heer und seine Führer und zeichnen ohne Sorge die Kriegsanleihe? Weil wir wissen, wir haben ein Heer von pflichtgetreuen deutschen Soldaten und Offizieren, die leisten, was sie leisten können...«

[125] *Bertha v. Suttner:* Die Waffen nieder! (Bd. II, 284). Aus ihrem Pariser Tagebuch vom 25. Dezember 1871 notiert: »Eine kleine Abteilung preußischer Kavallerie wird aus den Häusern der Ortschaften Troo und Sougé mit Flintenschüssen begrüßt (das ist Patriotenpflicht). General Kraatz befiehlt die Züchtigung dieser Ortschaften (das ist Kommandantenpflicht) und läßt brennen. ›Anzünden‹, lautet das Kommandowort, und die Leute – vermutlich sanfte, gutmütige Burschen – gehorchen (das ist Soldatenpflicht) und legen den Brand an. Die Flammen schlagen zum Himmel, und die armen Heimstätten stürzen krachend ein über Mann und Weib und Kind – über fliehende, weinende, brüllende und brennende Menschen und Tiere. O *du fröhliche, o du selige, o du heilige Weihnachtszeit!*«

[126] Aus dem Feldpostbrief eines *jungen Theologen* in Château Thierry am 5. September 1914 (EF 1914, 351)
»... In solchen Augenblicken, wo es sich um Leben oder Tod handelt, denke ich an nichts, was mich an den Wert des Lebens erinnert, auch ist kein Gebet auf meinen Lippen oder der Gedanke, daß Er mich erretten möge, in mir. Nur das Gegenwärtige: die vorwärts stürmenden Kameraden und der Feind, den ich aufs Korn nehmen soll. Also das Leben der roten Hose dahinten wegblasen, das ist mein Trachten. Es ist nicht das Bewußtsein, als ob man einen Menschen wirklich tötete, nur der Gedanke, daß ich meine Pflicht tue, wenn ich dorthin schieße, und jener seine Pflicht, wenn er auf mich zielt. Nachher allerdings kommt das Bewußtsein, wie wunderbar Gott geholfen und erhalten hat...«

[127] *Gottfried Traub:* Aus der Waffenschmiede (Stuttgart 1915), Geleitwort, 8 f.
»Nicht in eine Welt der Aufgeregtheit will ich führen, sondern in die Welt eines nüchternen, entschlossenen Willens, der seine Kraft in sich selber trägt. Der Deutsche ist ein Mann des Soll, oder er ist kein Deutscher. Er fragt nicht nach Glückseligkeit und Wohlbehagen in erster Linie, sondern er ruht nicht, ehe das Bild, das ihm von der höchsten Entwicklung seines lieben Volkes vorschwebt, erfüllt ist. *In diesem ›Soll‹ liegt die echte Demokratie; sie lebt von Pflichten zuerst und nicht von Rechten, aber von allgemein verbindlichen Pflichten...* Sie lebt *im* Vaterland, nicht *vom* Vaterland. Wenn solche Ziele in Friedenszeit manchem vergangen waren und wir uns schon mit naheliegenden, kleinen Forderungen zufrieden gaben, so danken wir dem Krieg, daß er jenes ›Soll‹ in herber Größe offenbarte. Die Pflicht gegen das Vaterland ist das Eisenregiment, in dessen Reihen Soldat und Zivilist gleichermaßen stehen.«
(Am 15. 11. 1914, aaO. 91 f.:) »Ich kämpfe ganz bewußt für ein deutsches Christentum, nicht in dem Sinne einer volksmäßigen Absperrung oder gar Einbildung, aber in dem Sinne, daß durch die ganze Geschichte unseres deutschen Volkes das Christentum eine bestimmte Gestalt, eine eigenartige Kraft und eine größere Freiheit gewonnen hat und noch gewinnen wird. Schon Luthers, Fichtes und Schleiermachers Christentum ebenso wie die Dome

von Magdeburg und Köln zeugen von großen Umformungen Palästinas im deutschen Geist. Ich bin gewiß, daß Jesus da selber mitgeht...«

[128] Professor *Ihmels*, Leipzig, in einer Predigt zu Beginn des fünften Kriegsjahres (AELKZ 1918, 682)
»...In diesem Glauben laßt uns bei allem Ernst unserer Tage dennoch tapfer und getrost in das neue Kriegsjahr eintreten. In diesem Glauben laßt uns wider allen Geist der Uneinigkeit, der Verzagtheit und der Erbitterung streiten, und laßt uns an der Stelle, dahin Gott uns gestellt hat, für unser Volk täglich unsere Pflicht tun bis zum letzten Atemzuge.«

[129] Professor *Bornhäuser*, Marburg: Pflicht statt Buße (AELKZ 1914, 1025 ff.)
»Sollen wir Deutsche Buße tun, weil dieser Krieg gekommen ist und wir an ihm mitschuldig sind? Über diese Frage ist schon erregt verhandelt worden. Sie findet ihre Antwort nur dann, wenn sich die letzte Ursache dieses Kriegs deutlich sehen läßt. Dies ist der Fall. Nicht die schändliche Mordtat von Sarajewo ist es. Der Krieg wäre gekommen, früher oder später, auch ohne diesen grauenvollen Anlaß. Die letzte Ursache dieses furchtbaren Weltbrandes ist die Tatsache des Deutschen Reiches und dessen machtvolle Entfaltung im Wettbewerb der Völker. Das Deutsche Reich ist aber eine Gabe Gottes an unser Volk. So haben wir es, wir deutschen Christen,... immer angesehen. Und daß wir in diesem Reich unsere Gaben und Kräfte, die auch Gott uns gab, gebraucht haben, daß wir an der Kulturarbeit der Menschheit einen hervorragenden Anteil gewonnen haben, das ist nicht unrecht, das war unsere Pflicht...« Von daher gesehen wird den Gegnern »Krämerseele« (Engländer), »eitle Rachgier« (Franzosen), »grausame Barbarei« (Russen) vorgeworfen.

[130] Professor *Otto Eißfeldt:* Krieg und Bibel. Religionsgeschichtliche Volksbücher (Tübingen 1915), 83 f.
»Ein nur zur Befriedigung nationaler Ansprüche oder zur Erreichung materieller Vorteile geführter Krieg steht in unausgleichlichem Widerspruch mit der biblischen Religion. Den Krieg hin-

gegen, der gegen Frevel und Unrecht zur Wahrung sittlicher Güter entbrennt, beurteilt sie als Gottes Krieg. Dabei schwebt ihr als Gegenstand der Hoffnung und als Ziel des Strebens eine Zeit ewigen Friedens in der Völker- und Menschenwelt vor. Wenn das Sittlich-Böse aus der Welt getilgt ist, dann hat der Krieg seine Aufgabe der Erziehung und Läuterung des Menschengeschlechts erfüllt, dann ist die Zeit ewigen Friedens gekommen.«

[131] *Martin Rade:* Haß oder Pflicht? (CW 1916, Nr. 41, 781 f.)

»Das Lissauersche Haßgedicht sind wir glücklich los. Mancher, der es einst mitgesungen hat, schämt sich dessen. Womit über seinen poetischen Wert nichts gesagt sein soll. Ein hochehrenswertes Mitglied des preußischen Abgeordnetenhauses, Landgerichtsrat Dr. v. Dampe, hat einen neuen Haßgesang gesungen, eine Schrift von 58 Seiten, betitelt: Heiliger Haß! Es fällt unsereinem schwer, das lange Lied zu lesen. Obwohl die Echtheit und Reinheit der Leidenschaft, die seine Ausführungen trägt, dem Verfasser gerne bezeugt werden soll.

Aber indem er nun die deutsche Volksseele zu solchem Haß neu aufpeitschen möchte, auch die nötige Fühlung mit dem Christentum dafür sucht, gilt es doch, zu widersprechen.

Dieser Krieg ist nicht mit Haß zu führen, zu glücklichem Ende zu führen ...

Aber unserm Volke soll man heute nicht den Haß predigen, wie wenn darin das Heil läge. Denn mit dem kann es das nicht durchhalten und durchfechten, was ihm auferlegt ist ...

Für unser Volk hat der Krieg von Anfang an unter dem Gedanken der *Pflicht* gestanden. Das war schon im Beginn so bei unserm Landvolk, bei der Masse auch der Großstädter und der Arbeiter. Es ist heute mehr denn je so. In diesem Zeichen allein wird es siegen. Diesen Gedanken, dieses Bewußtsein gilt es zu stärken, zu vertiefen, im Gewissen festzuhämmern ...

Man verschone uns mit jener Haßpredigt, die sich heute gegen den äußeren Feind, morgen gegen einen vermeintlichen inneren richtet, wie wir das ja jetzt auch erleben. Man stärke und vereinige uns im Glauben an die Pflicht, die wir tun sollen und wollen. Von daher wird uns Kraft zuströmen, welche dauert.«

[132] *Adolf Stoecker:* Über die Liebe zu König und Vaterland. In: A. Stoecker: Christlich-Sozial (Bielefeld 1885), 28 ff.
»Deutsche Art, preußische Tugend ist es, den Wahlspruch festzuhalten, mit dem unsre Väter in den Freiheitskrieg gezogen sind: Mit Gott für König und Vaterland ... Heute will ich die patriotische Seite anrühren, daß es durch unsre Herzen beben soll: Für König und Vaterland!
Wir Preußen machen zwischen König und Vaterland keinen Unterschied. Wo der König, da ist das Vaterland, und wo das Vaterland, da ist der König ...
Wie die christliche Schule der Schild, so ist die Heerespflicht das Schwert der Nation.«

[133] *Gottfried Traub:* Der Krieg und die Seele. In: Politische Flugschriften. Hrsg. von E. Jäckh (Stuttgart 1914), H. 4
»Dieser Krieg ist wie ein Gottesfinger, der uns zu unseren großen deutschen Männern weist: von Luther bis zu Kant, von Fichte bis zu Lagarde, von Stein und Arndt bis zu Moltke und Bismarck. Hebt die Perlen! Fahrt in den Schacht und holt deutsches Erz! Ehre wird wachsen, und ein Geschlecht ohnegleichen soll erstehen.«

[134] *Ernst v. Dryander:* Evangelische Reden in schwerer Zeit. 1. Heft, Nr. 3: Das Leben für die Brüder! (6. 9. 1914, 20 ff.) über 1 Joh 3,16
»Auch wir wissen von einem Reich Gottes, das alle Grenzpfähle überspringt, das die Gegensätze der Rasse, der Farbe, der Sprache, der Nationalität überbrückt, um unter der Siegesfahne Jesu Christi die Völker zu einen zu einer Gemeinschaft des Glaubens und des Geistes. Aber wir wissen auch, daß die große Harmonie des Reiches Gottes in dem Zusammenwirken der Volksindividualitäten besteht. Wir wissen, daß unsere Eigenart, gegründet auf die Besonderheit unserer Scholle, auf die Gemeinschaft der Sprache und Sitte, auf die Einheit des Rechts und der Geschichte, des Glaubens und der Bildung, ein köstliches Gut, ja ›ein göttlicher Beruf‹ ist, den wir bewahren und schützen und den wir nicht von treulosen Feinden uns entreißen lassen wollen. Wir protestieren darum gegen die schwächliche Sentimentalität, die

aus Friedensliebe das Schwert uns aus der Hand winden will. Wir wissen nicht nur mit Luther, daß auch ›ein Kriegsmann im seligen Stande sein kann‹, sondern auch, daß ein Kriegsmann in Gottes Namen seine Waffen trägt und in Gottes Namen sein Schwert zieht zu heiligem Kampf. Wir halten es mit Bismarck, daß von allen großen Dingen auf Erden gilt: ›Und setzet ihr nicht das Leben ein, nie kann euch das Leben gewonnen sein.‹ So wollen auch wir *das Leben für die Brüder lassen.«*

[135] *Ernst v. Dryander:* Evangelische Reden in schwerer Zeit. 5. Heft: Jesu Stellung zum Patriotismus und zum Kriege (4 ff.)
»... Gegensatz zwischen Patriotismus und Christentum nur scheinbar vorhanden. Wo es der Fall ist, ist der eine oder das andre auf falschem Wege. Hat in Jesu Herzen neben der Sorge um des Vaters Reich die Liebe zum irdischen Vaterlande noch Platz gehabt, hat ein Paulus in glühender Liebe zu seinen Volksgenossen vom Heil ausgeschlossen werden wollen, wenn er sie dadurch retten könne, so muß beides, die Liebe zum Evangelium und zum Vaterlande, in *einer* Seele nebeneinander wohnen können, ohne sich zu widersprechen.« Das Vaterland hat Vorrang vor der ›Welt‹: »Nicht *obwohl,* sondern *weil* ich Christ bin, bin ich das Beste, was ich habe, meinem Vaterlande schuldig, nicht nur Zeit, Kraft und Besitz, sondern auch das Mark meiner Kraft, mein Verhältnis zu Gott und meinen Glauben.«

[136] Hofprediger *D. Bernhard Rogge,* Potsdam, in einer »Sedans–Rede« bei einer Volksfeier am Abend des Sedans–Tages im Lustgarten zu Potsdam. In: B. Doehring: Ein feste Burg ..., 169
»Darum segnen wir diesen mutwillig und frevelhaft von den mit List und Tücke wider uns verbündeten Feinden uns aufgezwungenen Krieg als einen heiligen. Hat er doch dazu gedient, die Vaterlandsliebe, die in weiten Kreisen unseres Volkes hinter elendem Parteigezänke zurückzutreten in Gefahr war, in hellen Flammen wieder auflodern zu lassen. Den deutschen Michel hat er aus dem Schlafe geweckt und in einen vom Haupt bis zu den Zehen mit Wehr und Schild ausgerüsteten, in heiligem Zorn entbrannten Michael verwandelt ...«

[137] *Martin Rade:* Vaterlandsliebe und Christentum. Über Röm 9,3 (CW 1914, 787 f.). Vgl. dort auch »Deutsche Nation«, aaO. Nr. 36, 817 f.

»... Wer diese Stelle begreift, wird zugeben, daß es in der ganzen Weltgeschichte einen glühenderen Patriotismus niemals gegeben hat als den des Paulus. Denn unzählige Tapfre sind für ihr Volk in den leiblichen Tod gegangen, Paulus aber wollte – wenn es möglich wäre, sein Volk dadurch zu erlösen – in den ewigen Tod. Und das ist nun der Apostel Jesu Christi. Und das steht nun im Neuen Testament. Vaterlandsliebe und Christentum müssen also sich wohl vertragen! ...

Vaterlandsliebe bis zum Tode fürs Vaterland – eine Tugend der Heiden – millionenfach bewährt – vom Christentum nicht ad acta gelegt, sondern anerkannt als selbstverständliche, natürliche heilige Pflicht. Ein Stück Menschenwürde, ein Stück Menschenrecht. Hier liegt die Wurzel alles gerechten Krieges: Liebe zum Allernächsten und Schutz des heimischen Herdes, des gemeinsamen Heiligtums.

Diese Liebe zum heimischen Herd, diese Entschlossenheit, sich für ihn zu opfern, ist ganz nahe verwandt der christlichen Religion, ist selbst Religion ...

Wundervoll, was wir jetzt erleben an Leistung und Triumphen der Vaterlandsliebe! Mit einem Mal wahrhaftig und wirklich: Ein Volk von Brüdern; träumen wir? Kaiser, Kanzler und Konservative mit den Sozialdemokraten Hand in Hand; geschehen noch Wunder? Und nicht in flüchtigem Rausch, nein, mit klarem Verstande und zu großem, hartem Handeln.

Wundervoll, wie alles zu den Fahnen strömt! Da schweigen die persönlichen Interessen, da schweigt die Furcht vor Not und Tod; es geht in die sicherste Gefahr wie zum Feste.

Wundervoll, wie Zucht und Ordnung die Massen bewältigt, wie jeder Einzelne sich einreiht, die Truppen sich gliedern, die Führer Gehör finden, gegenseitiges Vertrauen Alle umschlingt! ...

Wundervoll diese innere Hingabe, diese Einmütigkeit im Empfinden und Tun, diese Opferfreudigkeit!

Das alles schenkt uns die Not der Zeit. Das alles ist die köstliche Frucht der Vaterlandsliebe. Das alles müßte, wenn es recht stünde, das Christentum auch in Friedenszeiten in den Menschen fertigbringen. Weshalb tut es das nicht? Ich weiß es nicht. Aber solange und weil es das nicht fertigbringt, solange und darum muß Krieg kommen auf Erden.«

[138] *Wilhelm Fresenius:* Gedanken eines Festungsgarnisonspfarrers über den Krieg. 1. Der Segen des Kriegs (CW 1914, 803 ff.)

»Ich habe den Eindruck, *daß unser Volk in diesen Tagen ein gut Stück vorangekommen ist in politischer Einsicht.* Das ist der erste Segen, den ich von dem Krieg verspürte... Verflogen ist alle Unlust und Verdrossenheit im Inneren, *unser Volk kann sich doch noch echt und wahr für Großes begeistern,* wenn ihm nur Großes zugemutet wird!... *Gott hat seine Wirklichkeit an vielen tausend Menschenherzen herrlich bewiesen... Unser Volk ist einig, wie es wohl noch nie war...* Wir alle wissen, daß aus dem Opfersinn das Beste und Höchste im Menschenleben hervorgeht, wie einer gesagt hat: Das Opfer ist das Grundgesetz der Welt! Wir wissen, daß aus ihm allein der wahre Fortschritt entspringt. *Sollen wir nicht Gott auf den Knien danken, daß er uns so segnet, daß der Opfermut aufgewacht ist in unserem Volk? ... Ja, es ist etwas Großes um diese Kraft der Arbeit und Organisation,* die sich da entfaltet, um die Arbeit, die nicht dem make money für eigenen Gewinn gilt, sondern der Zukunft unseres Vaterlandes... Ich sehe zunächst vor allem die Aufgabe vor uns, *unseren Kindern* die große Zeit fruchtbar, zu einem Segen zu gestalten, daß sie *echte Begeisterung, Gott, Einigkeit, Opfermut, Arbeit fürs große Ganze* als *Wirklichkeiten* erleben, als *treibende, lebendige Kräfte auch ihres Daseins...*«

[139] *Albert Koerber:* Aus der Predigt am Totenfest 1915 in Gotha: Der Tod für das Vaterland (55)

»Freilich, klagen allein genügt uns nicht, *ehren* wollen wir sie, feiern die Toten, es ist ja Totenfest. Dabei wollen wir auch derer nicht vergessen, die daheim auf dem Siechbett gestorben sind, einen ruhmlosen Tod, und doch manche als Helden des Alltags und nicht wenige auch von ihnen Opfer des Krieges, weil sein Leid, seine Not und seine atemraubende Spannung ihnen über die Kraft ging; feiern aber wollen wir besonders die tapfern

Helden, die das Leben, weil's der Güter Höchstes nicht ist, dahingaben für uns zum Opfer, für uns daheim, für die Heimat, das teure Vaterland, das alles umschließt, was wir lieben ... An unsern Grenzen sahen wir, was alles der lebendige Wall tapferer Leiber und tapferer Seelen von uns abgewehrt hat; sie kämpften und starben für das größere, bessere, stärkere, freiere Vaterland, das wir, so Gott will, schauen dürfen. Nie erlöschender Dank sei ihnen gezollt.«

[140] *Rudolf Herzog* in »Der Weltkrieg in seiner Einwirkung auf das deutsche Volk«. Hrsg. von Max Schwarte (Leipzig 1918). Zum Geleit, 1
»Wacht auf! Wacht auf! Der geistliche Liederdichter des 16. Jahrhunderts, wenn er an Zion dachte, ließ den Türmerruf erschallen zur Hochzeit mit dem Herrn: ›Steht auf, die Lampen nehmt!‹ Und der Abschnitt des Gesangbuchs, in dem das Lied eingereiht ist, nennt sich ›Die letzten Dinge‹ ...
Auch der Türmerruf, den dieses Buch ausstößt von einer höheren Warte aus als von den Zinnen einer Partei, handelt von den letzten Dingen. Denn die letzten Dinge, das sind die heiligsten Dinge, und nach dem Letzten gibt es unter Männern kein Allerletztes mehr. Die letzten und heiligsten Dinge eines Volkes aber sind seine Entwicklung und die zu ihrem Schutz errichteten Bürgschaften. Und der Hochzeitsaugenblick – was ist es anderes als die Hingabe des ganzen Volkes an den Vaterlandsgedanken, als das Aufgehen des Einzelnen im Gemeinwohl? Steht auf, die Lampen nehmt!«

[141] *Walter Lehmann:* Wesen, Wert und Pflege der Vaterlandsliebe (München 1915), 11
»Ist es denn schön gewesen im lieben deutschen Vaterland so, wie es bisher war? Soll die Zeit nach 1870 auch nach 1914 wiederkehren? Ich empfinde die Zeit von 1870 bis 1914 als eine außerordentlich unfruchtbare und kleine Zeit.«
Die Hauptursache für diese Armseligkeit sieht Lehmann »in dem Mangel an echter, bewußter, Zukunft schaffender vaterländischer Gesinnung ... Sie schlief. Nun aber ist sie erwacht und schafft Unvergleichliches. Somit drängt sich jedem, der mit liebevollem

Blick in die Zukunft seines Volkes sieht, als unabweisliche Pflicht auf, die unvergleichliche Gelegenheit zu benutzen und das Volk im Zustand dieser bewußten, erblühten, lebendigen, schöpferischen Vaterlandsliebe zu erhalten.«

[142] *Fritz Wilke:* Ist der Krieg sittlich berechtigt? (Leipzig 1915). Zitiert sind nur gesperrt gedruckte Hauptsätze (39 bis 80)

»Das Volk, in das wir hineingeboren werden, dessen Blut in unseren Adern kreist, dessen Sprache als erster, wonnesamer Mutterlaut an unser Ohr drang und das nächstliegende Verständigungsmittel mit der Außenwelt für uns bildet, das Vaterland, dessen Geschichte die Geschichte unserer Vorfahren ist, dessen Geisteswelt uns beseelt, dessen Kulturgüter wir unbewußt in uns aufnehmen, in dessen Schutz wir unser Einzelleben führen, sind nach allem unser gottgewiesenes Arbeitsfeld.«

»Solange die Nationen auf unserem Planeten nicht ohne Ausnahme hoffnungslos erschlafft, verfallen oder erstarrt sind, sondern sich als lebendige Gebilde aufwärts und abwärts entwickeln, ist der Krieg als letztes Heilmittel für offene oder verborgene Krebsschäden unentbehrlich und sittlich berechtigt.«

»In diesem Sinn ist der Notkrieg trotz seiner Schrecken eine göttliche Einrichtung und ein Werk der Liebe.«

»Solange man mit der Möglichkeit von Notkriegen rechnen muß, ist somit die Vorbereitung zum Kriege nach denselben Regeln der Kunst ein sittlich einwandfreies, nationalpolitisch unerläßliches Erfordernis, und sie bietet in der Gestalt des Volksheeres zugleich ein wertvolles Mittel zur körperlichen und sittlichen Ertüchtigung der Nation.«

[143] *Paul de Lagarde:* Deutsche Schriften (1. Bd. 1878, 2. Bd. 1881, ²1886, 1924 hrsg. von Karl August Fischer, München). Zitiert nach letzterer Ausgabe S. 87 ff.

»... Dem Staate und der Nation fehlt Jesus als der Träger des Evangeliums, der allein es zu einem Lebenskeime gemacht hat, fehlt die Gemeinschaft evangelisch Gesinnter, die evangelische Kirche, welche allein das in einzelnen hier und da verstreut vorhandene Leben sammeln und durch die Sammlung erhalten und wirksam machen kann... Jeder Deutsche, der es will, kann mehr und mehr dahin kommen, das Evangelium in sich fleischgeworden erblicken zu lassen... Unsre Aufgabe ist nicht, eine nationale Religion zu schaffen – Religionen werden nie geschaffen, sondern stets offenbart –, wohl aber, alles zu tun, was geeignet scheint, einer nationalen Religion den Weg zu bereiten und die Nation für die Aufnahme dieser Religion empfänglich zu machen, die – wesentlich unprotestantisch – nicht eine ausgebesserte alte sein kann, wenn Deutschland ein neues Land sein soll; die – wesentlich unkatholisch – nur für Deutschland da sein kann, wenn sie die Seele Deutschlands zu sein bestimmt ist; die – wesentlich nicht liberal – nicht sich nach dem Zeitgeiste, sondern den Zeitgeist nach sich bilden wird, wenn sie ist, was zu sein sie die Aufgabe hat: Heimatluft in der Fremde, Gewähr ewigen Lebens in der Zeit, unzerstörbare Gemeinschaft der Kinder Gottes mitten im Hasse und der Eitelkeit, ein Leben auf Du und Du mit dem allmächtigen Schöpfer und Erlöser, Königsherrlichkeit und Herrschermacht gegenüber allem, was nicht göttlichen Geschlechtes ist. Nicht human sollen wir sein, sondern Kinder Gottes; nicht liberal, sondern frei; nicht konservativ, sondern deutsch; nicht gläubig, sondern fromm; nicht Christen, sondern evangelisch; das Göttliche in jedem von uns leibhaftig lebend und wir alle vereint zu einem sich ergänzenden Kreise; keiner wie der andere und keiner nicht wie der andere; täglich wachsend in neidloser Liebe, weil auf dem Wege aufwärts zu Gott wohl einer dem anderen immer näher kommt, aber nie der eine den Weg eines anderen schneidet. Das walte Gott.«

[144] *Gerhard v. Zezschwitz:* Der Kaisertraum des Mittelalters in seinen religiösen Motiven. Vortrag in Stuttgart am 3. Januar 1877 (Leipzig 1877), 30 f.

»Was ist zuletzt die Lehre des ganzen Geschichtsbildes, das ich vor Ihnen aufzurollen versucht – wenn nicht die: daß Antichristentum und deutsches Kaisertum unsern Vätern als Wesensgegensätze galten?... Wer der höchsten Menschheitsehren von Gott wert geachtet worden, der mußte, so schloß man damals, auch innerlich bereit sein, allzeit seine Krone niederzulegen vor dem Throne Christi.

Die Begeisterung des deutschen Volkes für seinen großen Friedrich erwachte erst in vollen Chören, als dieser – ein Greis an Jahren – das Kreuz zur Heerfahrt nahm zum heiligen Grabe. Auch von diesem irdischen Reliquientraum sind wir ernüchtert. Aber daß wir einen Kaiser haben, einen greisen Heldenkaiser, der sich nicht schämt, seine Kniee zu beugen vor dem Kreuze Christi und seine Krone in den Staub zu legen vor dem König aller Könige –: das gehört zu eines christlichen Deutschen schönsten Freuden in diesen Tagen. –

Wir beten für unsren Kaiser wie die alten Christen; aber nicht eben in der Furcht, daß nach ihm gleich der Antichrist kommen werde. Wir beten für ihn – nicht eben in der Sorge, daß er der letzte sein könne, der ebenso Glauben halte als des Reiches kräftig walte. – Nein, wir beten für ihn als für die edle Gottesgabe, in der sich Traumbilder der Vergangenheit verklärt haben zu tagesheller und tagesfroher Wirklichkeit. Und dazu denke ich, verehrte Anwesende, sagen Sie Alle: Amen!

... Sie, liebe alte Schwaben, und wir andern, Sachsen, Bayern und alle deutschen Stämme – wir sagen mit *einem* Munde: *Gott erhalte und segne unsren Kaiser und behüte unser deutsches Volk vor dem Antichristentum!*«

[145] *Adolf Stoecker* in: Dreizehn Jahre Hofprediger und Politiker (Berlin [5]1895), 31

»Berlin fand ich [1874] in den Händen des kirchenfeindlichen Fortschritts und der gottfeindlichen Sozialdemokratie; das Judentum herrschte in beiden Parteien. Die Reichshauptstadt war in Gefahr, entchristlicht und entdeutscht zu werden. Als öffentliche Macht war das Christentum tot, ebenso die Königstreue und Vaterlandsliebe. Eine christliche oder konservative Volksversammlung war damals undenkbar. Es schien, als wäre der große Krieg geführt, damit das Judentum Herr von Berlin sei. Und auch die kirchlichen Verhältnisse spotteten jeder Beschreibung: Ein gottloser Freisinn war am Ruder; es kam vor, daß in den Bezirksvereinen jüdische Faiseurs bestimmten, wer als Geistlicher gewählt werden sollte. Der bei dem Zivilstand hervortretende Bankerott des Kirchenwesens war schlimmer als in den Tagen der Französischen Revolution. Im letzten Vierteljahr des Jahres 1874 blieben über achtzig Prozent der Ehen ungetraut, über vierzig Prozent der Kinder ungetauft. Annähernd hat dieser Zustand die siebziger Jahre hindurch angedauert. Es war wie vor dem Weltuntergang; die Ungerechtigkeit hatte überhand genommen, die Liebe war erkaltet.«

[146] Deutschland, Deutschland über alles! Kriegsbetstunde von A. F. über 2 Kor 11,18 im *»Protestantenblatt«* (Berlin, den 26. August 1914, Nr. 34/35, 797 ff.)

»Sintemal viele sich rühmen nach dem Fleisch, will ich mich auch rühmen, der Apostel Paulus sagt's, und ich will's tun, denn stolz, ganz stolz bin ich, ein Deutscher zu sein in diesen Tagen, und gerade weil ich ein Christ bin, darf ich's sein, denn ich weiß: Daß wir so sind, ist nicht von uns gekommen, sondern von Gott.

Wo soll ich anfangen mit meinem Stolz – ich kann vom Osten reden oder vom Westen, in Deutschlands Norden oder nach Süden blicken. Ob ich aufs Land gehe oder in die große und größte Stadt, überall gehen den Leuten die Augen über, wenn sie von der Begeisterung reden, die sie gesehen haben und die ihnen bis ans Herz griff. Kein Taumel, keine Hurraschreierei, kein Lärm, der aus den Wirtschaften herkommt, sondern wie das Schreien und Rufen dessen, der seines Herzens stürmische Bewegung nicht meistern kann. Sie eilen wirklich zu den Waffen, sie bitten und betteln, mitgenommen zu werden, die weibische Furcht vor Blut und Tod hat noch keine Macht gewonnen über die Gemüter, sie können noch Blut sehen und Blut vergießen, das eigene und das des Feindes, der dem Vaterlande ans Leben will...

Wir sind stolz auf unsern Kaiser und unsere Regierung und auf unser Heer zu Wasser und zu Lande. Nicht eine Minute zu früh und keine Sekunde zu spät, während gewiß man überall den bitteren Ernst der Verantwortung gespürt als eine Last, die Gott auflegt.

Und ein einig Volk alle miteinander! ... Sie haben sich gründlich verrechnet, alle die Ängstlichen und alle die Schadenfrohen, die mit einem inneren Zwist rechneten. Wir sind stolz auf dies einige Volk.

Und wie still geht alles zu! Ganz früh am Morgen, in dunkler Nacht, die Menschen schlafen, da sind sie fort, die Truppen, ohne

Geschrei, Musik und Vorschußlorbeeren – und draußen vor dem Bahnhof gehen die tapferen Frauen heim! Stolz! Sei stolz, Deutschland, auf deine Frauen.
Am Sonntag und am Abend füllen sie die Kirchen und stehen um die Altäre zum Abendmahl – ganz junge Burschen sind dabei, und der Gottesname, wenn ihn einer ausspricht, klingt, und wenn er ihnen im Gruß gesagt wird, macht er ihnen die Augen leuchten. Ich bin stolz, ganz stolz, mein Gott, auf mein Volk.
... Aber ein anderes steigt vor uns auf: Wie muß dies Volk den Gottessegen, den es jetzt erfährt, hüten und mit ihm wuchern! Jetzt schon, daß es die Riesenaufgabe erfüllt gegen all die Feinde, daß die in der Heimat Arbeit und Ordnung halten, während die Millionen der Starken draußen im Felde stehen, und erst dann, wenn Gott uns den Sieg wird gegeben haben!
Dann, dann erst recht muß es gelten: Deutschland, Deutschland über alles, über alles in der Welt durch Gottes Gnade.«

[147] *Bertha v. Suttner* über die ideologische Erziehung auf der österreichischen Militärschule für Offiziere (Die Waffen nieder! [Dresden ^{2}1893], Bd. II, 110 f.)
»Ich forschte meinen Bruder einmal aus, was denn so die Ansichten seien, welche den Schülern in Bezug auf den Krieg beigebracht werden. Aus seinen Antworten ging ungefähr folgendes hervor: Der Krieg wird als ein notwendiges Übel hingestellt, zugleich aber als der vorzüglichste Erwecker der schönsten menschlichen Tugenden, die da sind: Mut, Entsagungskraft und Opferwilligkeit; als der Spender des größten Ruhmesglanzes und schließlich als der wichtigste Faktor der Kulturentwicklung. Die gewaltigen Eroberer und Gründer der sogenannten Weltreiche – die Alexander, Cäsar, Napoleon – werden als die erhabensten Beispiele menschlicher Größe angeführt und der Bewunderung empfohlen; die Erfolge und Vorteile des Krieges werden auf das lebhafteste herausgestrichen, während man die in seinem Gefolge unabweisbar eintretenden Nachteile – Verrohung, Verarmung, moralische und physische Entartung – gänzlich mit Stillschweigen übergeht. – Nun ja, nach demselben System ward ja auch in meinem, im Mädchenunterricht vorgegangen; dadurch war in mei-

nem kindlichen Gemüt die Bewunderung für die Kriegslorbeeren entstanden, die mich einst beseelte. War ich doch selber von Bedauern erfüllt gewesen, daß mir nicht, wie den Knaben, die Möglichkeit winkte, solche Lorbeeren zu pflücken.«

[148] *Eduard Le Seur:* Aus einer Predigt zum Neujahrstag 1915 über Mt 6,10 b. In: Meister des Lebens (Berlin 1915), 8 f.
»Ist's denn nicht Raserei, auf der Jagd nach einem Gute, und sei's das höchste, dem sichern Untergange entgegenzugehen, nachdem man das Gut doch nicht besitzen kann?
Sei's Raserei, die sich für andere opfert, des Lebens nicht achtet, um den Brüdern Ehre, Freiheit und Vaterland zu erkämpfen! – Doch wenn's ans Letzte ginge? Der lange verdunkelte Glaube an höchstes Heldentum ist uns ja neu erstanden. Setzen wir den Fall, unsre Heere wären vernichtend geschlagen bis auf das letzte Aufgebot, das jetzt nur von ferne mit angehaltenem Atem dem Kampfgetöse lauschen darf. Wer zweifelt, daß dann deutsche Frauen und Mädchen ihre Söhne und Brüder – und wären es noch halbe Kinder, ihre Gatten und Väter – und wären sie schon schwache Greise – anfeuern würden, in den gewissen Schlachtentod zu gehen?!
Wofür? Für verlorene Güter? – Für deutsche Ehre, wenn schon die Welt über Deutschlands Niederlage jubelt? Für deutsche Freiheit, wenn schon die Feinde im Begriffe wären, die letzte deutsche Freiheit zu erdrosseln? Fürs deutsche Vaterland, wenn es bereits als Beute von seinen Siegern verteilt wäre? – Und dennoch für Ehre, Freiheit, Vaterland? – Wo wären sie dann? – – – Wären es Unwirklichkeiten, Wahngebilde, für die ein hochgebildetes, aufgeklärtes Volk in seiner Gesamtheit – wenn es sein müßte – ohne Zagen in den Tod ginge? – Unter den gedachten Voraussetzungen wäre die Erde der Schauplatz dieser Güter nicht mehr, und dem Wechsel zeitlichen Geschehens wären sie entrückt. – Wo also wären sie? In der Sprache der Religion lautet die Antwort: Im Himmel! Und sie meint wirklichste Wirklichkeit damit. Und daß sie Wahrheit meint, lehrt alle Zeit, lehrt uns die Gegenwart, die sich für unsichtbare, doch darum nicht minder wirkliche Güter, für zeitloses, doch darum nicht minder wirkliches Geschehen Millionen ihrer besten Söhne kosten läßt in dem gewaltigsten

Anschauungsunterricht, der Menschen je zuteil ward. Und damit sind wir am Ende.«

[149] *Ludwig Schneller:* Der Glaube des Generals. Predigt über Joh 3,14 f. (1915) bzw. über das Glaubensbekenntnis des Generals Schmettau vor Friedrich II.:

»Ich glaube an eine göttliche Erlösung von allen meinen Sünden. Ich glaube an eine göttliche Vorsehung, die jedes Haar auf meinem Haupte zählt. Und ich glaube an ein ewiges, seliges und herrliches Leben nach dem Tode« (6–9).

»... welche leuchtende Vorbilder hat doch Gott in seiner Gnade darin unserem Volke gegeben! Da ist vor allem unser Kaiser. Wohl ist er stolz auf sein unvergleichliches Heer; aber seine Hilfe erwartet er nicht von Generalen und Soldaten, sondern von dem da droben. ›Ein Mann mit Gott ist immer die Majorität‹, so hat er neulich gesagt, felsenfest davon überzeugt, daß Gott mit ihm sei. Heute vor acht Tagen spielte sich auf dem Marktplatze in Lyck in Ostpreußen inmitten der zerschossenen Häuser und der halbzerstörten Kirche eine ergreifende Szene ab: Die soeben aus den großen Kämpfen kommenden, mit Schmutz und Blut bedeckten Krieger drängten sich jubelnd um den Kaiser. Sie drückten ihm die Hände, daß er sich ihrer kaum erwehren konnte. Dann stieg tausendstimmig ihr Gesang zum Himmel. Alle halbverbrannten Mauern und zerschossenen Fensteröffnungen waren mit Soldaten besetzt, die sämtlich nur einen Wunsch hatten: ihren Kaiser zu sehen. Wißt ihr, was unser großes Heer mit so großem Vertrauen zu ihm erfüllt? Nicht nur das, daß er wie jeder Soldat seine Schuldigkeit tut, gleich ihnen mit allen seinen Söhnen ins Feld gezogen ist und die Gefahren des Krieges mit ihnen teilt. Nein, es kommt noch hinzu das erhebende Gefühl: Mit ihm ist Gott!

Und neben ihm unser Hindenburg! Was für einen Eindruck muß es auf unsere Soldaten gemacht haben, als er am Schlusse eines Kriegsgottesdienstes selbst mit den Offizieren seines Stabes vor den Altar trat, seine Hände über seinem Schwerte faltete und laut um Kraft und Beistand für die vor ihm liegende neue, große Aufgabe betete und von Gott den Sieg über Deutschlands Feinde erflehte. Dieses Gebet unseres gewaltigsten Heerführers ist eine laute Predigt, und unser deutsches Volk würde mir leid tun, wenn es diese Predigt nicht verstände! Man muß unwillkürlich an das Wort des Herrn denken: ›Wer mich bekennet vor den Menschen, den will ich auch bekennen vor meinem himmlischen Vater.‹ Vor einem halben Jahre der glorreiche Sieg bei Tannenberg, und jetzt in dieser Woche abermals ein gleich großer und strahlender Sieg des frommen und gewaltigen Helden! Am Mittwoch durcheilte unser Vaterland und die ganze Welt die Nachricht von dem Siege nach der neuntägigen Winterschlacht in Masuren, von der man noch nach Jahrhunderten reden wird. Eine ganze russische Armee von mindestens 160 000 Mann, die uns verderben sollten, nicht nur geschlagen, sondern für immer unschädlich gemacht, dazu 64 000 Gefangene und unübersehbares Kriegsmaterial! Und gesiegt hat wieder der Mann, der dort vor jenem Altar Gott so demütig um seinen Beistand angefleht hatte. Ja, unsere größten Männer – wie übrigens in der ganzen deutschen Geschichte, denkt einmal darüber nach! – sind Beter. Das allgemeine Priestertum, das einst die Reformation unserem Volke wiedergegeben hat, wacht wieder auf. Nicht nur Kaiser und Generale, auch Tausende von einfachen Soldaten stehen jetzt draußen unter ihren Kameraden als Beter, als Zeugen Gottes, als Bekenner Jesu. Merkt's euch, ihr Männer, die ihr eure höchste Würde als Hauspriester, als Beter unter euern Hausgenossen noch nie ausgeübt habt, und folgt ihrem Beispiel! Lernet auch, wenn Gott die Sachen einmal ganz gegen eure Wünsche fügt, nicht gleich an ihm zu verzweifeln, sondern haltet's auch in diesem Stücke mit dem alten General: ›Ich glaube an eine göttliche Vorsehung, die jedes Haar auf meinem Haupte zählt‹ . . .

Der Flieger–Unteroffizier Binder war vor kurzem auf seiner Taube mit einem Offizier aufgestiegen, um eine sehr wichtige Erkundung zu machen. Im Kampfe mit einem französischen Doppeldecker wurde er von einer Kugel in den Leib getroffen. Er war zum Tode verwundet. Aber der Offizier rief ihm zu: ›Aushalten, Kamerad! Im Gleitfluge nieder!‹ Und der sterbende Pilot hielt die Lenkstange krampfhaft fest, damit die wichtige Beobachtung gerettet werde, und führte die Maschine mit Aufbietung seiner letzten Kraft glücklich nieder. Als die Taube den Boden berührte, kam es leise von seinen Lippen: ›Bin ich gut gelan-

det?‹ Und ein freudiges Lächeln verklärte seine Züge, als er das ›Ja‹ vernahm. Noch konnte das Eiserne Kreuz auf die Brust des Siegers gelegt werden, dann war es in wenigen Minuten vorbei. Und gewiß, da er ein gläubiger Christ war, ist er auch droben glücklich gelandet, in der Heimat des Friedens, wo keine Menschen mehr mit grausamer Wut gegeneinander kämpfen.
Auch für dich, lieber Christ, kommt alles darauf an, daß du einmal glücklich landest. Halte aus, halte aus bis zum letzten Kampf und Strauß! Halte fest den Glauben an eine göttliche Erlösung von allen deinen Sünden! Halte fest den Glauben an eine göttliche Vorsehung, die jedes Haar auf deinem Haupte zählt! Halte fest den Glauben an ein ewiges, seliges und herrliches Leben nach dem Tode. Dann wirst auch du einmal mit dem seligen Rufe am Ziel anlangen: Glücklich gelandet!«

[150] *Dr. Bötticher:* Durchhalten! Predigt zu Kaisers Geburtstag im Felde 1915 (EF 1915, Mai, 153 ff.)
»Draußen im Schützengraben liegen unsere Kameraden und halten heute ganz besonders Wacht. Denn zahlreicher und nachdrücklicher als sonst wird uns heute der Feind mit seinen Grüßen bedenken. All die lieben Feste, an denen zu Hause alle Arbeit ruht, haben wir im Felde unter erhöhter Gefechtsbereitschaft zubringen müssen. So ist's auch heute an unseres Kaisers Geburtstag. So haben wir den Tag noch nie gefeiert: Das ganze deutsche Volk in Waffen huldigt heute seinem obersten Kriegsherrn ... Unerreichbar fern, ›auf steiler Höh, wo Fürsten stehn‹ ist uns *unser* Kaiser doch nicht. Er ist *unser* Kaiser, er gehört uns, seinem Volk, er ist der Landes*vater.* Er steht uns nah wie ein Vater seinen Kindern. Und so dürfen wir's wagen, heute einmal unserem Kaiser zu nahen wie ein Sohn dem Vater ... Wir wollen versuchen, uns in die Seele unseres Kaisers hineinzuversetzen, wollen einmal die Gedanken nachdenken, die heute seine Seele beschäftigen. Dabei soll uns leiten ein neutestamentliches Wort, das mir ganz besonders das zu treffen scheint, was unsern Kaiser heute beschäftigt. Es steht einsam, ohne inneren Zusammenhang, nur von wenigen beachtet im Johannes-Evangelium Kap. 12,27: ›Heute ist meine Seele betrübt. Und was soll ich sagen: Vater, hilf mir aus dieser Stunde? Doch darum bin ich in diese Stunde gekommen!‹

Ein merkwürdiges Wort zu Kaisers Geburtstag! Nicht wahr? Jesus hat's gesprochen in der schwersten Stunde seines Lebens. Es ist ein Gethsemane–Wort; der Verbrechertod am Kreuz war ihm gewiß...

›Heute ist meine Seele betrübt.‹ Das wird heute der erste Gedanke unseres Kaisers sein. Ernst, tief ernst sieht er aus auf allen Bildern, die wir letzthin von ihm sahen. Er, der ein Friedenskaiser sein wollte, der seine Aufgabe darin sah, Werke des Friedens zu schaffen und zu fördern, der den Frieden zu halten strebte, als schon Gefahr war, daß seine Friedensliebe als ein Zeichen von Schwäche ausgelegt wurde bei Freund und Feind, er mußte zum Schwert greifen gegen eine ganze Welt von Feinden. ›Uns ist das Schwert in die Hand gezwungen‹, so sprach er damals von dem Balkon seines Schlosses.

Und nun stehen wir mitten drin in diesem furchtbaren Ringen. Wieviel Opfer hat's schon gekostet! Wieviel Blut ist schon geflossen! Die Besten, die Tapfersten unseres Volkes sind dahin. Wieviel Jammer und Schmerzen in den Lazaretten, wieviel Trauer und Sorge daheim! Das *fühlt* unser Kaiser, das empfindet er tief im Herzen: ›Heute ist meine Seele betrübt.‹

Aber noch ist kein Ende abzusehen. Wie hat er doch gehofft und tröstend seiner Hoffnung Ausdruck verliehen: ›Wenn das Laub gelb wird, seid ihr zu Hause‹; ›Weihnachten sollt ihr in der Heimat feiern.‹ Aber der Kampf steht. Noch ist der Feind nicht niedergerungen. Noch ist ein dauernder Friede nicht erkämpft. Dunkel liegt die Zukunft vor uns. Die Entscheidung steht uns noch bevor. ›Heute ist meine Seele betrübt.‹ Uns allen drängt sich im Hinblick auf das, was wir erlebt haben und was uns nun noch bevorsteht, die Bitte auf: ›Vater, hilf mir aus dieser Stunde!‹ Wir alle sehnen uns nach dem Ende dieser furchtbaren Kämpfe, heraus aus der drückenden Unsicherheit, zurück in die Ruhe des Friedens, in geordnete Verhältnisse. Mehr wie sonst wird unser Kaiser heute an seinem Geburtstage Gott bitten um gesicherten Frieden, um ein siegreiches Ende des Krieges, damit er die Aufgaben der Kultur und des Friedens von neuem angreifen kann. Aber das darf nicht unser letzter Gedanke sein dem Leben gegenüber, in das Gott uns gestellt hat. Jesus wies diesen Gedanken von sich...

Die herrlichen Tage der Mobilmachung haben unserem Kaiser gezeigt, daß eine große Vaterlandsliebe tief eingewurzelt ist in unserem Volke. Wer dachte damals an Pflicht, an drückende, schwere Aufgabe? *Ein* heiliger *Wille* beseelte unser ganzes Volk. *Ein* heiliger *Wille* tat sich kund vor der ganzen Welt. Ein Volk von Brüdern, die sich nicht unterkriegen lassen wollen, so ergossen sich unsere Heere nach West und Ost und hielten die Wacht gegen Nord ... Wir fühlten dem ganzen Krämer- und Lügnergeist gegenüber plötzlich mit aller Deutlichkeit die Pflicht: An deutschem Wesen wird die Welt genesen. Wir erfuhren, daß unserem Volk eine Aufgabe von Gott gegeben ist in der Welt, daß Gott durch uns Deutsche die Welt, die Menschheit einen ordentlichen Schritt vorwärtsbringen wollte. Das war eine herrliche Offenbarung für uns, unseren Kaiser. ›Dazu bin ich in diese Stunde gekommen, daß ich sie *erleben sollte.*‹
Wer wagt nun noch, sich herauszuwünschen aus dieser Zeit! Wer will jetzt noch hadern mit seinem Gott! Wir wären doch recht undankbare Kinder. Dankbar wollen wir die Hände falten und unseren Gott preisen, der sich uns in den Schrecken der Schlacht unter dem Donner der Geschütze so innig offenbart hat. Da liegt der Born unserer Kraft. Das gibt uns guten Mut durchzuhalten. Das gibt uns sichere Hoffnung auf den Sieg unserer Sache. Und unser Kaiser steht mitten unter uns; er fühlt wie wir, er glaubt wir wir. Gott sei die Ehre! Amen!«

[151] Predigtzeugnisse nach dem Zusammenbruch. In: M. Schian: Die evangelische Kirche im Felde (Leipzig 1919), 231
»Bei diesem Gottesdienst [am 11. 11. 1918] legte der Pfarrer ein persönliches Bekenntnis ab: Er habe nie in der Feldpredigt Parteipolitik getrieben und wolle das auch jetzt nicht. Wer aber zu seiner Gewissensberatung ein Bekenntnis seines Pfarrers hören wolle, solle ein furchtlos offenes hören. Es laute: ›Ich halte meinem Gott die Treue; ich halte meinem Herzensherrn, Kaiser Wilhelm, die Treue; ich halte meinem Volk die Treue.‹ Diese drei Sätze wurden weiter ausgeführt. Zum zweiten Satz sagte er etwa dies: Er wolle seinem Kaiser die Treue halten, weil von beschworener Überzeugung kein Mensch auf Erden entbinden kann; weil man dem Geist des Kaisers, der Hohenzollern-Losung

›Der König ist der erste Diener des Staates‹ als Christ, für den er der Vornehmste aller Diener ist, treu bleiben muß, auch wenn der Herrscher sein Herrscheramt niedergelegt hat; weil die vergangene Geschichte, die kaiserlose Zeit von 1806 bis 1870, gelehrt hat, daß die Liebe zur deutschen Kaiseridee nie größer war, als da sie nun aus der deutschen Not die Sehnsucht wieder erwecken würde nach dem durch Not geläuterten sozialen Kaisertum, in dem Deutschland unter den Hohenzollern seine glücklichsten Jahre erlebte.«

»An Kaisers Geburtstag 1918 hatten die Prediger eine besonders schwierige Aufgabe... Damals haben Feldgeistliche es für angezeigt gehalten, in der Predigt mit einer Offenheit auf die Kritik an Person und Politik des Kaisers einzugehen, die früher unerhört gewesen wäre.«

»Das bloße Wort ›Durchhalten‹ war schon Anfang 1917, wenigstens in manchen Teilen des Heeres, geradezu verpönt. ›Ich weiß‹ – schrieb ein Feldgeistlicher damals –, ›daß die Leute beim Feldgottesdienst öfter einfach darauf warten, ob dieses Wort kommt, und kommt es, dann ist die Wirkung der Predigt für viele vorbei; dann heißt es nachher mit einem gewissen Hohn: Natürlich, ›durchhalten und Maul halten‹, was anderes hatte der Pastor auch nicht zu sagen! – Wer also die Predigt ohne Rücksicht auf diese seelische Verfassung zu einer ›Durchhaltepredigt‹ gestaltete, war verloren.«

Der »Reichsbote« 1919 Nr. 308: »Es ist mir von Kameraden so oft gesagt und geklagt worden, daß sie die ›Durchhalte‹-Predigt allmählich nicht mehr mit anhören könnten und diese Art Predigten ihnen jeden Gottesdienst verekelt habe. Der Schaden, den unsere Kirche an ihrer Männerwelt durch diese unseligen Kriegspredigten gehabt hat und hat, ist unberechenbar...«

[152] Aus dem Feldpostbrief eines *Theologen* 1915 (EF 1915, 138 f.)

»Es ist, als hörte man ferne einen Fluß rauschen. Das ist Gott oder das Schicksal, dem wir nicht entrinnen, das wir durch unsere Befreiungsversuche vielleicht selber vollenden. Aber es will uns kein Furchtgefühl ergreifen, denn – und das ist vielleicht die andere Seite des neuen Geistes – wir haben in dem gewaltigsten

Kriege gesiegt! Wir haben gekämpft und nicht gezittert; wir haben Opfer gebracht und Opfer gesehen, Liebe gespendet und erhalten, Herrliches erleben dürfen – das alles geht nicht spurlos an der Volksseele vorüber.«

[153] »Landesverrat« (AELKZ 1915, 56 ff.)
»... Ursprünglich zogen unsere Soldaten voll Zorn gegen England aus; ›diese Hunde‹, so nannten sie in ihren Feldbriefen die Engländer. Jetzt hörte man von Fraternisierungen und Besuchen in den gegenüberliegenden Schützengräben: Deutsche mit Franzosen, sogar Deutsche mit Engländern. Wie ein Stich ging es uns daheim durchs Herz: auch mit Engländern, diesen Mördern unseres Volkes! Diese Freundschaft konnte sehr christlich aussehen, aber paßte schlecht zu vaterländischer Treue. Wie konnte man nur den über dem Vaterland blutrot ausgebreiteten Himmel, den tausendfachen Jammer der Heimat vergessen, den England und Frankreich verschuldeten! Jeder Franzose ist ein Stück Frankreich, jeder Engländer ein Stück England. Das Schwert für sie, aber nimmer die Hand! ...
Wir wollen nicht bloß auf Kommando schießende Truppen, sondern jeder ein Held voll inneren Kampfesmutes und Kampfeszorns. Gerade die Herzen, heiße, glühende Herzen wünschen wir bei unsern Kriegern; damit erkämpft man Siege ...
Jetzt, so müßte jeder deutsche Krieger sich sagen lassen, ist dein Stand, ein Wächter und Befreier deines Vaterlandes zu sein; Gott hat dir das Schwert gegeben, nun schlage zu; und das Gewehr, nun schieße zu; und das Bajonett, nun stich zu. Jeder Feind, den du erschlägst, ist ein Teil Befreiung des Vaterlandes, dein Volk dankt es dir und dein Gott segnet es dir. Es ist echte Nachfolge Christi, kühn in den Kampf für die Brüder zu gehen und sein Leben für sie einzusetzen und die ›Wölfe‹ totzuschlagen. Es ist ein Stück wahren Christentums, als Knecht des irdischen Herrn, des Kaisers, doch zugleich Knecht des himmlischen Herrn zu sein, und ihm ein geklärtes, dem Vaterland treues, gegen die Feinde des Vaterlandes entschlossenes Herz zu zeigen. Ja das Herz, nicht bloß die Hände! ›Auf daß ihr solches tut *von Herzen* mit gutem Willen‹, sagt Paulus.
So und nicht anders müßten die Daheimgebliebenen denken, in

diesem Sinne an die im Feld Stehenden schreiben und ihnen Feuer ins Herz gießen, daß sie als Helden und ›wie die Löwen‹ gegen die Feinde streiten. Denn ihr Schwert ist von Gott, von Christus geweiht. Mit Gott für Kaiser und Reich!«

[154] *W. L.*, wahrscheinlich der Herausgeber der AELKZ, am 25. 10. 1918: Bleibt noch eine Hoffnung in dieser schweren Zeit? (940 ff.)
»Wenn aber Deutschland wirklich zerschmettert würde, wie die Feinde wollen, ja, dann stehen wir vor dem Allergrößten. Ob dann nicht überhaupt die Weltgeschichte zu Ende geht? Denn wie stehen die Dinge? Auf der einen Seite das von den Feinden eingekreiste und zur Selbstverteidigung gezwungene Deutschland, an seiner Spitze ein Kaiser, der nur mit Gott in den Krieg zog und seine Hoffnung auf Gott setzte; die frommen Feldherrn, die nur mit Gott es wagten; die Vieltausende frommer Christen, die alles in Gottes Hände stellten, ihn Tag und Nacht um seine Hilfe anrufend. Auf der andern Seite das atheistische Frankreich mit seinem Bekenntnis: Die Deutschen fürchten Gott, wir fürchten nicht einmal Gott; das die Weltlüge in seinen Dienst rufende England mit der Losung: Unsere silbernen Kugeln werden den Krieg gewinnen; das vom Blut der Menschheit seine Geldsäcke füllende Amerika, das um Geldes willen den Krieg unternahm. Die Partien sind erschreckend ungleich. Hier der Mammon, dort Gott; hier das Vertrauen auf die Masse, dort das Vertrauen auf Gott... Siegen also die Feinde Deutschlands – nicht vorübergehend, sondern mit seiner Zerschmetterung –, so siegt das Unrecht, die Lüge, das Geld, der Mord; und besiegt wird das Vertrauen auf Gott, die Hoffnung auf seinen Beistand...«

[155] Pastor *Petersen*: Gebet um den Sieg (Schwierigkeiten der Kriegspredigt, EF 1914, 427)
»Wiederholt ist mir entgegengetreten, daß das *Gebet um den Sieg* unserer Heere Gemeindegliedern Schwierigkeiten bereitet. Soll Gott für uns gegen unsere Feinde, die ihn wie wir um Sieg anflehen, Partei ergreifen? Ich glaube, diese Bedenken werden am leichtesten dadurch erledigt, daß der Prediger darauf hinweist, daß der Sieg schließlich durch moralische Kräfte errungen

wird. Um den Sieg bitten heißt, um Kraft bitten. Dabei ist die naive Gottesvorstellung, nach welcher Gott die Heere leitet, wie der Schachspieler die Figuren auf dem Brette zieht, abzuwehren.«

[156] Professor *Heinrich Schrörs:* Überlieferung und Fortschritt. In: Meinertz–Sacher, Deutschland und der Katholizismus, 1918, I, 29 ff.
»... Vielleicht wird man dereinst, wenn der Abstand der Zeit alles in die rechte Perspektive fügt, die Jahre des Deutschen Reiches bis zum Weltkriege nur als den machtvollen Auftakt zur deutschen Geschichte des zwanzigsten Jahrhunderts betrachten. Die Fundamente sind gelegt, die Mauern hochgeführt, die Zinnen bekrönen den Bau, aber nicht weniges an der Ausgestaltung des Innern, an dem heimisch und wohnlich machenden Hausrat harrt noch der schöpferischen Hand und sucht nach dem Geiste, der da weben und walten soll. Hier haben die Katholiken Deutschlands mitzuraten und mitzutaten, haben von ihren Anschauungen und Idealen ein gebührendes Maß hineinzulegen und wirken zu lassen. Das ist ihr Recht und ihre sowohl patriotische als religiöse Pflicht. Als begeisterte und hingebende Söhne des Vaterlandes und zugleich als überzeugungstreue und charaktervolle Söhne der Kirche müssen sie ihr ganzes Gewicht in die Waagschale werfen, wenn das Glück der kommenden Zeit abgewogen wird...
Dem Katholizismus liegt das Konservative im Blute... Darum kann der Katholik niemals neuen Ideen huldigen, die, wenn auch nur in den letzten Folgerungen, mögen diese ausdrücklich gezogen werden oder nicht, mit der katholischen Wahrheit in Widerspruch treten. Das Lehramt der Kirche und die mit ihm zusammenarbeitende theologische Wissenschaft haben in dieser Beziehung unbedingt das entscheidende Wort zu sprechen...«

[157] *Friedrich Rittelmeyer:* Der deutsche Kriegsmann. Kriegsflugblatt von »Christentum und Gegenwart«, Nr. 2
»Man fragt: Wie vereinigt sich Christentum und Krieg? Für mich heißt es jetzt: Wie bewahre ich mein Christentum im Krieg? Felsenfest auf Gott vertrauen, völlig sich selbst hingeben, ist das nicht das ganze Christentum? Wenn ich täglich das Wort spreche:

Vater, in deine Hände befehle ich meinen Geist! und täglich nach dem Worte lebe: Niemand hat größere Liebe als die, daß er sein Leben lässet für seine Freunde! – bin ich nicht dann ganz nahe bei meinem Herrn Jesus Christus?«

»*Morgengebet.* Großer, allmächtiger Gott, mein lieber Vater! Ich bin dein, und du bist mein in alle Ewigkeit! Nichts kann uns scheiden! Nun geschehe dein Wille! In dir fühle ich mich völlig geborgen! In dir fühle ich mich heldenstark! Du selbst hast mir mein Vaterland gegeben und hast mir gesagt: Hab es lieb mit ganzer Seele und kämpfe dafür mit aller Kraft! Das will ich nun auch tun in deinem Namen! Hilf mir, daß ich kühn und klug, durch nichts geschwächt und durch nichts gelähmt, meine ganze Kraft einsetze fürs Vaterland! Meine Lieben daheim aber vertraue ich dir, meinem lieben Vater! Du bist bei ihnen und bleibst bei ihnen, auch wenn ich nicht mehr bin! Komme, was kommen mag, nichts kann uns scheiden von deiner Liebe, die in Christo Jesu ist, unsrem Herrn! Und nun bleibe alles dahinten, und um mich her seien nur du und meine Pflicht! Halte mich nur ganz fest in deiner Kraft und in deinem Frieden! . . .«

»*Kampf.* Die Taten von 1914 – unsern Enkeln sollen wohl die Augen leuchten, wenn davon gesprochen wird! In den Schulen soll davon erzählt werden, und dem Lehrer soll das Herz warm werden, und den Kindern soll das Herz mit Macht schlagen in der jungen Brust, Buben und Mädchen. In all den kleinen Seelen soll der heiße Wunsch aufsteigen: ›Oh, wäre ich doch damals dabei gewesen! Aber ich will auch stark, kühn und frei sein wie die Männer von damals, die jetzt in der Erde ruhen!‹ Wir wollen dafür sorgen, daß unser Vaterland wie im Jahre 1813 und im Jahre 1870 wieder etwas zu erzählen bekommt, was die noch Ungeborenen erhebt und veredelt von Geschlecht zu Geschlecht! Wir wollen mit unsern Taten das junge Deutschland erziehen helfen, das in ferner Zukunft einmal zum Leben erwachen wird!

Unwiderstehlich, wenn er angreift, unerschütterlich, wenn er standhält; wettergewaltig nach außen, gottgeweiht und gottgeborgen im Innern – so kämpft der deutsche Kriegsmann . . .

Die Kugel, die mich treffen soll, die muß mir schon von meinem Gott und Vater selbst gesendet sein. Will *er* mich erhalten, so

können die Heere der ganzen Welt alle ihre Geschosse auf mich richten, und ich gehe sicher mitten durch sie hindurch wie ein unsichtbarer und unverwundbarer Held.
Da liege ich im mörderischen Feuer. Aber wie ein lichter Engel, der seine schirmenden Fittiche um mich breitet, ist der Friede Gottes um mich her. Denn meine Seele ist tief in Gott geborgen. Dort kann sie kein Feind finden und treffen ... Der Sieg gehört – nicht dem letzten Goldstück, sondern der letzten Anstrengung, der letzten Begeisterung, der letzten Aufopferung, und die soll *unser* sein!
Wir Deutschen haben nur ein Siegeslied, und das heißt: Nun danket alle *Gott!* ...«

Abkürzungen

AELKZ	Allgemeine evangelisch-lutherische Kirchenzeitung (Leipzig)
CdcW	Die Chronik der christlichen Welt
CW	Die Christliche Welt (Marburg)
EF	Evangelische Freiheit
Ev. Theol.	Evangelische Theologie (München)
HZ	Historische Zeitschrift (München)
MPTh	Monatsschrift für Pastoraltheologie (Göttingen)
NkZs	Neue kirchliche Zeitschrift (Leipzig)
RE	Realenzyklopädie für protestantische Theologie und Kirche
RGG	Religion in Geschichte und Gegenwart (Göttingen)
St. d. Z.	Stimmen der Zeit (Freiburg i. Br.)
Theol. Ex. h.	Theologische Existenz heute (München)
ZEE	Zeitschrift für Evangelische Ethik (Gütersloh)
ZKG	Zeitschrift für Kirchengeschichte (Stuttgart)
ZThK	Zeitschrift für Theologie und Kirche (Tübingen)

Literaturverzeichnis

* Die Titel von Zeitschriften und von Sammlungen mit Predigten, Gebeten und Gedichten sind wie Autorennamen behandelt.

Adam, Alfred: Nationalkirche und Volkskirche im deutschen Protestantismus (Göttingen 1938)

Ahlfeld, Friedrich: Predigten über die evangelischen Perikopen, gehalten in der St. Laurentii-Kirche zu Halle. H. 1–4 in zwei Bdn. (Halle 1850)

– Der christliche Hausstand. Fünf Predigten über Epheser 5,22–33 und 6,1–9 (Halle ²1852)

Albertini, Luigi: Le origini della guerra mondiale (1943)

Althaus, Paul: Luther und das Deutschtum. In: Reformationsschriften der Allg. Ev.-Luth. Konferenz. Hrsg. Grützmacher, H. 11 (Leipzig 1917)

– Pazifismus und Christentum. In: NkZs. XXX, H. 9 (Leipzig 1919)

Aner, Karl: Kriegsbilder aus der Bibel (Berlin 1914)

– Bismarck, sein Wesen, sein Werk. Ein deutsches Volksbuch (Berlin 1915)

Aubry, Octave: Das zweite Kaiserreich (Zürich o. J.)

Bachem, Karl: Vorgeschichte, Geschichte und Politik der Deutschen Zentrumspartei (Köln 1930–32)

Balgo, H.: Judith oder Heldenkraft und Heldentod. Kriegs- und Fastenpredigten (Dülmen 1915)

Ball, Hugo: Zur Kritik der deutschen Intelligenz (Bern 1919)

Balthasar, Hans Urs v.: Apokalypse der deutschen Seele (Salzburg/Leipzig 1939)

Baltzer: Predigt- und Erbauungsliteratur. In: Theologische Rundschau 18 (1915), 315 ff.

Barnett, Correlli: Anatomie eines Krieges (München 1966)

Barth, Karl: Gott im Vaterland. In: Gemeindeblatt für die dt. ref. Gemeinde (Genf 1909), Nr. 38

– Die protestantische Theologie im 19. Jahrhundert (Zürich 1947)

– Evangelische Theologie im 19. Jahrhundert. Theol. Studien H. 49 (Zürich 1957)

– Nachwort zur Schleiermacher-Auswahl. Siebenstern-Taschenbuch Nr. 113/114 (München 1968)

Baudrillart, Alfred Msgr. (Hrsg.): Deutscher Krieg und Katholizismus. Album (Paris 1915)

Bauer, Clemens: Deutscher Katholizismus. Entwicklungslinien und Profile (Frankfurt 1964)

Bauer, Hans: Serajewo. Die Frage der Verantwortlichkeit der serbischen Regierung an dem Attentat von 1914 (Stuttgart 1930)

Bauer, Johannes: Schleiermacher als patriotischer Prediger. Ein Beitrag zur Geschichte der nationalen Erhebung vor hundert Jahren (Gießen 1908)

Baumgarten, Michael: Der Protestantismus als politisches Princip im deutschen Reich (Berlin 1872)
Baumgarten, Otto: Bismarcks Glaube (Tübingen [2]1915)
– Der Krieg und die Bergpredigt. Deutsche Reden in schwerer Zeit. Nr. 24 (Berlin am 10. Mai 1915)
– Politik und Moral. Vorlesungen (Tübingen 1916)
– Erziehungsaufgaben des Neuen Deutschland (Tübingen 1917)
– Christentum und Weltkrieg (Tübingen 1918)
– Praktische Sittenlehre (Tübingen 1921)
– Kreuz und Hakenkreuz (Gotha 1926)
– Der sittliche Zustand des deutschen Volkes unter dem Einfluß des Kriegs. In: Wirtschafts- und Sozialgeschichte des Weltkrieges. Deutsche Serie. Geistige und sittliche Wirkungen des Krieges in Deutschland. Hrsg. G. T. Shotwell (Stuttgart 1927), 1–88
Beck, Hermann: Gedächtnisrede auf weiland Se. Majestät Kaiser Friedrich III., gehalten beim Trauergottesdienst in der evang. Stadtpfarrkirche zu Bad Kissingen am 18. Juni 1888 (Bad Kissingen 1888)
Berger, Arnold E.: Der deutsche Idealismus und der Weltkrieg (Darmstadt 1914)
Bergsträsser, Ludwig: Geschichte der politischen Parteien in Deutschland (München [7]1952, [11]1965)
Bernhardi, Friedrich v.: Deutschland und der nächste Krieg (Stuttgart 1912)
– Vom Kriege der Zukunft. Nach den Erfahrungen des Weltkrieges (Berlin 1920)
– Deutschlands Heldenkampf 1914–1918 (München 1922)
Bernhart, Joseph: Kreuz und Schwert. Eine Feldpredigt. (München 1914)
– Wir treten zum Beten (München 1914)
Bertholet, Alfred: Religion und Krieg (Tübingen 1915)
– Altes Testament und Kriegsfrömmigkeit. Ein Vortrag (Tübingen 1917)
Bettex, Fr.: Der Krieg (Düsseldorf [3]1915)
Beyschlag, Willibald: Alles ist euer, ihr aber seid Christi. Ein evangelisches Zeugniß zur allgemeinen deutschen Schillerfeier. Predigt am 6. November 1859 in der Schloßkirche zu Karlsruhe (Karlsruhe 1859)
– C. J. Nitzsch, eine Lichtgestalt der neueren deutsch-evangelischen Kirchengeschichte ([1]1872, [2]1882)
– Schleiermacher als politischer Charakter. Rede, gehalten beim Antritt des Rektorats der Universität Halle (Berlin 1866)
– Erkenntnißpfade zu Christo. Auswahl academischer Predigten (Berlin 1877)
– Leben Jesu (1885, [5]1912)
– Was ist Rom gegenüber der evangelische Christ seiner Kirche und seinem Vaterlande schuldig? Vortrag, gehalten zu Berlin am 25. Oktober 1882 auf der Conferenz der Landeskirchlichen evang. Vereinigung (Halle 1882)
– Der Altkatholizismus. Eine Denk- und Schutzschrift an das evangelische Deutschland (1882, [3]1883)

– Zur deutsch-christlichen Bildung. Gesammelte popular-theologische Vorträge (Halle 1880, ²1899)
– Aus meinem Leben, Bd. I 1896, Bd. II 1898

Bezzel, Hermann v.: Halt mir dein Kreuz für. In: Die Furche (Kassel), Oktober 1914, 3 ff.
– Sendlinger Predigten. Eine Auswahl Predigten aus den Jahren 1914–1916. Hrsg. Hans Meiser. Bd I (München 1919)
– Briefe, nebst einem kleinen Anhang von Gesichten und Gedanken. Hrsg. Wilhelm Sebastian Schmerl (Nürnberg 1919)

Bieder, Werner: Vom Missionsinspektor zum Oberhofprediger. Der tragische Weg Ludwig Friedrich Wilhelm Hoffmanns. In: Ev. Missions-Magazin, Basel, 4 (1965), 198 ff.

Bigler, Robert M.: The Rise of Political Protestantism in Nineteenth Century Germany. In: Church History, vol. 34 (1965), 423 ff.

Binde, Fritz: Gerechtigkeit erhöhet ein Volk. Gott redet im Kriegswetter (Gotha 1915)

Birt, Theodor: Was heißt »Liebet eure Feinde«? Ein Wort der Beruhigung in Kriegszeiten (Marburg 1915)

Blau, Paul: Krieg und Christentum. Drei Vorträge (Berlin 1915)

Blumhardt, Christoph d. J.: Gottes Reich kommt. Predigten und Andachten aus den Jahren 1907 bis 1917. Auswahl Bd. IV (Zürich 1932)

Böhme, Ernst: Die pazifistische Bewegung im Lichte des Evangeliums und der christlichen Ethik. Eine preisgekrönte Abhandlung (Leipzig 1920)

Böhme, Helmut (Hrsg.): Die Reichsgründung. dtv-Dokumente 428 (München 1967)
– (Hrsg.): Probleme der Reichsgründungszeit 1848–1879 (Köln 1968)

Bonus, Arthur: Religion als Wille. Grundlegendes zur neuen Frömmigkeit (Jena 1915)

Bornkamm, Heinrich: Luther im Spiegel der deutschen Geistesgeschichte. Mit ausgewählten Texten von Lessing bis zur Gegenwart (Heidelberg 1955)

Braren, J.: Der Krieg und das Evangelium Jesu (Schleswig 1915)

Braun, Wilhelm: Der Krieg im Lichte der idealistischen Philosophie vor hundert Jahren und ihrer Wirkung auf die Gegenwart. Beiträge zur Förderung christlicher Theologie XXI, 3 (Gütersloh 1917)

Bredendiek, Walter: Reflektierte Geschichte. Die Entwicklung der Gesellschaft und die Stellung von Kirche und Theologie seit 1900 im Spiegel der Lebenserinnerungen deutscher Theologen. Eine Dokumentation. Hefte aus Burgscheidungen Nr. 142 (1965)
– Irrwege und Warnlichter. Anmerkungen zur Kirchengeschichte der neueren Zeit. In: Evang. Zeitstimmen Nr. 24 (Hamburg 1966)

Buchheim, Karl: Geschichte der christlichen Parteien in Deutschland (München 1953)
– Ultramontanismus und Demokratie. Der Weg der deutschen Katholiken im 19. Jahrhundert (München 1963)

– Militarismus und ziviler Geist. Die Demokratie in Deutschland (München 1964)
Bussmann, Walter: Treitschke. Sein Welt- und Geschichtsbild (Göttingen 1952)

Christliche Welt, Die. Zeitschrift (= CW; 1890 ff.)
Chronik der christlichen Welt, Die (= CdcW; 1914–1918)
Class siehe unter *Frymann*
Cohn, Norman: Das Ringen um das tausendjährige Reich. Revolutionärer Messianismus im Mittelalter und sein Fortleben in den modernen totalitären Bewegungen (Bern/München 1961)
Colin, Louis: Les Barbares à la trouée des Vosges 1914–1915 (Paris 1915)
Cordes, August: Der christliche Gedanke in der Welt (Gütersloh 1915)
Cysarz, Herbert: Zur Geistesgeschichte des Weltkriegs (Halle 1931)

Dederichs, W.: Christi Leidensgang durch unsere Zeit (Warendorf 1915)
Dehio, Ludwig: Ranke und der deutsche Imperialismus. In: HZ 170 (1950), 307 ff.
– Deutschland und die Weltpolitik im 20. Jahrhundert (München 1955)
Dehn, Günther: Die alte Zeit. Die vorigen Jahre. Lebenserinnerungen (München 1962)
Deißmann, Adolf: Deutscher Schwertsegen (Stuttgart 1914)
– Reinhold Seeberg. Ein Gedächtniswort (Stuttgart 1936)
Deuerlein, Ernst (Hrsg.): Der Reichstag. Aufsätze, Protokolle und Darstellungen zur Geschichte der parlamentarischen Vertretung des deutschen Volkes 1871–1933 (Frankfurt 1963)
Dieterich, R.: Gott mit uns! Zwölf Predigten und Ansprachen (Ulm 1914)
Dignath, Walter: Kirche, Krieg, Kriegsdienst (Hamburg 1955)
Doehring, Bruno (Hrsg.): Ein feste Burg. Predigten aus eherner Zeit (Berlin 1915)
– Mein Lebensweg zwischen den Vielen und der Einsamkeit (Gütersloh 1952)
Drews, Paul: Entsprach das Staatskirchentum dem Ideale Luthers? Ergänzungsheft zur ZThK 18 (1908), 9 ff.
– Die Predigt im 19. Jahrhundert. Kritische Bemerkungen und praktische Winke. Vorträge der Theologischen Konferenz 19 (Gießen 1903)
Dreyer, Otto: Glaube, Liebe, Hoffnung. Predigten (Gotha 1870)
Droz, Jacques: L'Allemagne et la Révolution Française (Paris 1949)
Dryander, Ernst v.: Predigt, gehalten bei der Jahrhundert-Feier der Erhebung Preußens und der Freiheitskriege im Dom zu Berlin am 10. März 1913 (Berlin 1913)
– Jesu Stellung zum Patriotismus. Sonderdruck aus: Deutsche Revue, Juni 1915 (Stuttgart)
– Jesu Stellung zum Kriege. Sonderdruck aus: Deutsche Revue, Juli 1915 (Stuttgart)
– Evangelische Reden in schwerer Zeit. Zwanzig Hefte (Berlin 1914–1920)

– Erinnerungen aus meinem Leben (Bielefeld/Leipzig ²1922)
Dürst, Rolf: Heinrich v. Kleist. Dichter zwischen Ursprung und Endzeit. Kleists Werk im Lichte idealistischer Eschatologie. Diss. Zürich (Bern 1965)
Dunkmann, Karl: Die Bibel und der Krieg (Berlin 1915)
– Die Predigt in der Kriegszeit und Dispositionen zu den altkirchlichen Episteln und Evangelien und zu freien Texten (Herborn 1915)
– Der Katechismus der Feldgrauen (Wilna 1916)
– Schwert des Geistes. Zeitgemäße Verkündigung des Wortes Gottes (Herborn 1917)
Durchhalten! Entwürfe, Gebete, Gedichte und vaterländische Worte für Kriegsgottesdienste. Hrsg. K. Arper und A. Zillessen. Agende für Kriegszeiten Teil III (Göttingen ³1915)

Einstein, Albert und *Freud, Sigmund:* Why war? An international series of open letters, No. 2, (League of Nations, Paris 1933)
Eisenberg, C.: Zwölf Feldpredigten (Marburg 1914)
Eissfeldt, Otto: Krieg und Bibel. Religionsgeschichtliche Volksbücher (Tübingen 1915)
Elben, Wolfgang: Das Problem der Kontinuität in der deutschen Revolution. Die Politik der Staatssekretäre und der militärischen Führung vom November 1918 bis Februar 1919. In: Beiträge zur Geschichte des Parlamentarismus und der politischen Parteien, Bd. 31 (Düsseldorf 1965)
Elert, Werner: Der Kampf um das Christentum. Geschichte der Beziehungen zwischen dem evangelischen Christentum in Deutschland und dem allgemeinen Denken seit Schleiermacher und Hegel (München 1921)
– Morphologie des Luthertums. Zwei Bde. (München 1931/32, ²1952/53)
Erdmann, Karl Dietrich: Zur Beurteilung Bethmann Hollwegs. In: Geschichte in Wissenschaft und Unterricht, 15 (Stuttgart 1964), 525–540
– Die Zeit der Weltkriege. In: Bruno Gebhardt: Handbuch der deutschen Geschichte, Bd. 3 und 4 (Stuttgart ⁹1970)
Ernst, Fritz: Die Deutschen und ihre jüngste Geschichte (Stuttgart ²1964)
– Zum Ende des Ersten Weltkriegs. In: Die Welt als Geschichte, 17 (1957), 55 ff.
Evertz, Alexander: Der Abfall der evangelischen Kirche vom Vaterland (Dortmund ⁴1966)
Eyck, Erich: Das persönliche Regiment Wilhelms II. Politische Geschichte des deutschen Kaiserreiches von 1890 bis 1914 (Zürich 1948)
– Bismarck. Zwei Bde. (Zürich 1941/43)
– Bismarck und das deutsche Reich (Zürich 1955)

Fassmann, Kurt (Hrsg.): Gedichte gegen den Krieg (München 1961)
Faulhaber, Michael v.: Der Krieg im Lichte des Evangeliums. In: Glaube und Leben, Sonderheft Nr. 2 (München 1915)
– (Hrsg.): Das Schwert des Geistes. Feldpredigten im Weltkrieg (Freiburg 1917)

– Waffen des Geistes. Gesammelte Kriegsreden (Freiburg [5]1918)
Fausel, Heinrich: Im Jahre 1914. Theol. Ex. h. Nr. 121 (München 1965)
Fichte, Johann Gottlieb: Reden an die deutsche Nation (Köln o. J.)
Fiebig, P.: Luther. In: Die Furche, 6 (1915), 304 ff.
Fink, J.: Des Christen Kampf und Sieg. Kriegsfastenpredigten (Paderborn 1915)
Finke, Heinrich: Der Gedanke des gerechten und heiligen Krieges in Gegenwart und Vergangenheit. Rede (Freiburg 1915)
– Rede. Zum Gedächtnis unserer Gefallenen (Freiburg 1919)
Fischer, Fritz: Der deutsche Protestantismus und die Politik im 19. Jahrhundert. In: HZ 171 (1951), 473 ff. Vgl. Probleme der Reichsgründungszeit, hrsg. von H. Böhme (Köln 1968), 49 ff.
– Griff nach der Weltmacht. Die Kriegszielpolitik des kaiserlichen Deutschland 1914/18 (Düsseldorf [3]1964)
Flitner, Andreas: Die politische Erziehung in Deutschland. Geschichte und Probleme 1750 bis 1880 (Tübingen 1957)
Förster, Erich: Die Stellung der evangelischen Kirche. In: Wirtschafts- und Sozialgeschichte des Weltkriegs. Deutsche Serie. Hrsg. Shotwell (Stuttgart 1927), 89 ff.
Förster, Friedrich Wilhelm: Offener Brief an Senator Baron d'Estournelles de Constant. In: Gedankenaustausch über die Beendigung des Krieges seitens deutscher und französischer Pazifisten (Zürich 1916), 37 ff.
– Die deutsche Jugend und der Weltkrieg. Kriegs- und Friedensaufsätze (Leipzig 1918)
– Erlebte Weltgeschichte 1869–1953. Memoiren (Nürnberg 1953)
Frank, Reinhard: Die belgische Neutralität. Ihre Entstehung, ihre Bedeutung und ihr Untergang (Tübingen 1915)
Franke, Hermann: Kriegspredigten 1914, gehalten in der Peter-Paul-Kirche zu Liegnitz (Liegnitz 1914)
Frantz, Constantin: Das neue Deutschland, beleuchtet in Briefen an einen preußischen Staatsmann (Leipzig 1871)
Fresenius, Wilhelm: Gottes Gesetz unser einziger Trost in schwerster Kriegszeit. Predigt am 6. 10. 1918, nach Bekanntwerden der deutschen Friedensbitte an Wilson (Bad Nassau 1918)
Freud, Sigmund siehe unter *Einstein*
Fried, Alfred H.: Offener Brief an einen französischen Pazifisten und Antwort an Prof. Ruyssen in Bordeaux. In: Gedankenaustausch über die Beendigung des Krieges seitens deutscher und französischer Pazifisten (Zürich 1916), 7 ff. und 20 ff.
– Der Kaiser und der Weltfrieden (Berlin 1910)
– Handbuch der Friedensbewegung. Zwei Teile (Berlin/Leipzig [2]1911/13)
– Mein Kriegstagebuch. Vier Bde. (Zürich 1918 ff.)
Friedrich Wilhelm IV.: So sprach der König. Reden, Trinksprüche, Proclamationen, Kabinets-Ordres, Erlasse u. a. Friedrich Wilhelms IV., Königs von Preußen (Stuttgart 1861)

Frommel, Emil: In des Königs Rock. Geschichten aus Krieg und Frieden (Berlin ²1877)
– Die Zehn Gebote Gottes in Predigten gehalten (Barmen ⁵1885)
– Aus Lenz und Herbst. Erinnerungen (Bremen ⁴1897)
– Das Evangelium Lucae in Predigten und Homilien ausgelegt (Bremen 1897 ff.). Ebenso die anderen drei Evangelien
– Ährenlese. Eine Sammlung Aufsätze (1897)
– Briefe aus Amt und Haus 1849–1896. Hrsg. Amalie Frommel (Berlin 1901)
– Blätter von allerlei Bäumen (Berlin ⁷1908)
– Nachtschmetterlinge. Erzählungen (Berlin ³1895, ⁹1908)
– In zwei Jahrhunderten. Freud und Leid einer alten Pfarrerin (Stuttgart ⁶1909)
Frommel-Gedenk-Werk. Mehrere Bände (ab 1900)
Frommel, Max: Die Kirche der Zukunft und die Zukunft der Kirche (1869)
– Pilgerpostille. Mit biographischem Anhang (²1893)
– Hauspostille. Epistelpredigten (⁴1897)
– Einwärts – Auswärts – Vorwärts. Pilgergedanken und Lebenserfahrungen (³1907)
– Herzpostille. Evangelienpredigten (³1915)
Frommel, Otto (Hrsg.): Segen und Trost. Reden aus dem Amte Emil Frommels (Berlin 1902)
Frymann, Daniel (alias *Class*): Wenn ich der Kaiser wär'. Politische Wahrheiten und Notwendigkeiten (Leipzig ⁵1914)
Fuchs, Emil: Mein Leben. Zwei Bde. (Leipzig 1957/59)
Füllkrug, Gerhard (Hrsg.): Theologischer Lehrgang für die feldgraue Geistlichkeit in Ost und West. Berichte der Referenten (Leipzig 1918)
Furche, Die. Eine Monatsschrift zur Vertiefung christlichen Lebens und Anregung christlichen Werks in der akademischen Welt. Hrsg. Dr. Gerhard Niedermeyer, 4–8 (1914–1918)

Geiger, Max: Aufklärung und Erweckung. Beiträge zur Erforschung Johann Heinrich Jung-Stillings und der Erweckungstheologie (Zürich 1963)
Geiss, Imanuel (Hrsg.): Juli 1914. Die europäischen Krisen. Der Ausbruch des Ersten Weltkrieges. dtv-Dokumente Nr. 293 (München 1965)
Gerok, Gustav: Himmelan! Ein Jahrgang Evangelien-Predigten (Stuttgart 1885)
– (Hrsg.): Karl Gerok. Ein Lebensbild aus seinen Briefen und Aufzeichnungen zusammengestellt (Stuttgart 1892)
Gerok, Karl: Predigten auf alle Fest-, Sonn- und Feiertage des Kirchenjahres. Zwei Bde. (Stuttgart/Leipzig ⁴1871)
– Aus ernster Zeit. Neue Evangelien-Predigten (Stuttgart ²1878)
– Hirtenstimmen. Noch ein Jahrgang Epistel-Predigten (Stuttgart 1879)
– Brosamen. Noch ein Jahrgang Evangelien-Predigten nebst einigen Gelegenheitsreden (Stuttgart 1888)

– Trost und Weihe. Reden und Predigten (Stuttgart 1890)
– Der Heimat zu! Ein Jahrgang nachgelassener Predigten (Stuttgart 1893)
Geschichtskalender, Deutscher (Leipzig 1914–1918)
Geyer, Christian: Erlebtes Christentum. Ein Wegweiser für die religiöse Gegenwart (Ulm 1914)
– Was bringt uns der Krieg? (Ulm 1914)
– Wer nur den lieben Gott läßt walten. Kriegspredigt, nach dem Stenogramm gedruckt (Nürnberg [3]1915)
– Die Stimme des Christus im Kriege. Predigten aus dem dritten Kriegsjahr (München 1917)
– Heiteres und Ernstes aus meinem Leben (München 1929)
Ginsberg, Ernst: Abschied. Erinnerungen, Theateraufsätze, Gedichte (Zürich 1965)
Glage, Max: Der rechte Kriegsmann. Etliches aus der heiligen Rüstkammer (Hamburg 1914)
Goens, D. G.: Gott mit uns! Feldpredigten, im Großen Hauptquartier gehalten (Berlin 1915)
Goetz, Walter (Hrsg.): Briefe Wilhelms II. an den Zaren 1894–1914 (Berlin 1920)
Gogarten, Friedrich: Fichte als religiöser Denker (Jena 1914)
– Religion und Volkstum. Tat-Flugschriften 5. Im Kriegsjahr 1915 (Jena)
Gomperz, Heinrich: Philosophie des Krieges in Umrissen. Acht volkstümliche Universitätsvorträge, gehalten zu Wien im Januar und Februar 1915 (Gotha 1915)
Goyau, Georg: Das religiöse Deutschland. Der Protestantismus (Einsiedeln 1906)
– *[Goyau, Georges]:* L'Unité belge et l'Allemagne (Paris 1918)
Grumbach, S.: Das annexionistische Deutschland. Eine Sammlung von Dokumenten, die seit dem 4. August 1914 in Deutschland öffentlich oder geheim verbreitet wurden (Lausanne 1917)

Haering, Theodor: Predigten über das Vaterunser (Calw 1914)
– Lieder in der Heimat 1914–1915 (Tübingen 1915)
Hagenmeier, K. (Hrsg.): Krieg und Kanzel. Drei Bde. (Rottenburg 1914/15)
Haller, Johannes: Die Ära Bülow. Eine historisch-politische Studie (Berlin 1922)
Hallgarten, George W. F.: Imperialismus vor 1914. Soziologische Darstellung der deutschen Außenpolitik bis zum I. Weltkrieg (München 1951)
Hammer, Karl: Deutschland im Lichte des Reiches Gottes. Zur Erinnerung an Wilhelm Hoffmann. In: Theol. Zeitschrift 25 (Basel 1969), 182–194
– Adolf v. Harnack und der Erste Weltkrieg. In: Zs. f. ev. Ethik (Gütersloh 1971)
Hammer, Wolfgang: Adolf Hitler – ein deutscher Messias? Bd. I (München 1970)
Harleß, Adolf Gottlieb Christoph v.: Kommentar zum Epheserbrief (1834)

– Theologische Enzyklopädie vom Standpunkt der Kirche aus (1837)
– Christi Reich und Christi Kraft. Zwanzig Predigten (Stuttgart 1840)
– Christliche Ethik (Stuttgart 1842, ^{8}1893)
– Wie Geistliche sich in Kriegszeiten verhalten sollen. Eine Stimme Luthers an die Zeitgenossen (Leipzig 1859)
– Die Sonntagsweihe. Predigten, gehalten in Leipzig, Dresden und München Vier Bde. (Leipzig ^{2}1859)
– Bruchstücke aus dem Leben eines süddeutschen Theologen. Neue Folge (Bielefeld/Leipzig 1875)

Harnack, Adolf v.: Reden und Aufsätze. Neue Folge, Bd. III. Aus der Friedens- und Kriegsarbeit (Gießen 1916)
– Erlebtes und Erforschtes. Reden und Aufsätze Bd. IV (Gießen 1923)
– Briefe an Johannes Müller. In: Grüne Blätter (Elmau 1930), 164 ff.

Harnack, Axel v.: Der Aufruf Kaiser Wilhelms II. beim Ausbruch des ersten Weltkrieges. In: Die neue Rundschau 64 (1953), 612 ff.

Hartung, Fritz: Deutsche Geschichte 1871–1919 (Berlin ^{5}1941)

Hase, Karl v.: Ideale und Irrthümer. Jugenderinnerungen (Leipzig ^{6}1908)

Haupt, Dr.: Sind die Ultramontanen eine vaterlandslose Parthei? (Bamberg ^{3}1869)

Heckel, Theodor: Adolf v. Harleß. Theologie und Kirchenpolitik eines lutherischen Bischofs in Bayern (München 1933)

Heim, Karl: Der Krieg und das Ringen des Studenten um eine Weltanschauung. Vortrag am Semester-Eröffnungsabend des D.C.S.V. Kreis Berlin (Berlin 1917)

Heimpel, H.: Luthers weltgeschichtliche Bedeutung. In: Der Mensch in seiner Gegenwart (1954)

Hepp, Robert: Politische Theologie und theologische Politik. Studien zur Säkularisierung des Protestantismus in der Weimarer Republik. Diss. Erlangen (1967)

Hermelink, Heinrich: Das Christentum in der Menschheitsgeschichte von der Französischen Revolution bis zur Gegenwart. Drei Bde. (Stuttgart 1951 ff.)

Herpel, Otto: Die Frömmigkeit der deutschen Kriegslyrik (o. J.)

Herrmann, Wilhelm: Die Türken, die Engländer und wir deutschen Christen (Marburg 1915)

Herz, Johannes (Hrsg.): Adolf v. Harnack und der Evang.-Soziale Kongreß (Göttingen 1930)

Herzfeld, Hans: Die moderne Welt. Zwei Bde. (Braunschweig 1969/70)

Hesse, Hermann: Krieg und Frieden. Betrachtungen zu Krieg und Politik seit dem Jahre 1914 (Frankfurt 1965)

Heuss, Theodor: Friedrich Naumann. Der Mann, das Werk, die Zeit (Stuttgart 1937)

Hilfe, Die. Gotteshilfe, Selbsthilfe, Staatshilfe, Vaterlandshilfe, Bruderhilfe. Hrsg. Friedrich Naumann. Jg. 1–24 (1894–1918)

Hirsch, Emanuel: Deutschlands Schicksal. Staat, Volk und Menschheit im Lichte einer ethischen Geschichtsansicht (Göttingen ^{2}1922)

– Die Liebe zum Vaterlande. Schriften zur politischen Bildung. Hrsg. von der Gesellschaft Deutscher Staat, H. 12 (Langensalza 1924)

– Geschichte der neueren evangelischen Theologie im Zusammenhang mit den allgemeinen Bewegungen des europäischen Denkens, Bd. IV und V (Gütersloh 1952, 1954)

Hochland. Monatsschrift. Hrsg. Carl Muth. Jg. 11 ff. (1914–1919)

Hoffmann, Carl: Leben und Wirken des Dr. Ludwig Friedrich Wilhelm Hoffmann. Zwei Bde. (Berlin 1878/80)

Hoffmann, Christoph: Über die Grundlage eines dauerhaften Friedens. Eine Vorstellung an die deutsche Nation und ihre Häupter. Hrsg. Im. Hoffmann (Stutgart ²1918)

Hoffmann, Heinrich: Der neuere Protestantismus und die Reformation (Gießen 1919)

Hoffmann, Wilhelm: Die Hoffnung des Reiches Gottes auf Erden. Predigt zur Eröffnung der beiden Häuser des Landtages am 29. Nov. 1855, gehalten in der Domkirche zu Berlin (1856)

– Die Erdkunde im Lichte des Reiches Gottes. Zur Erinnerung an Alexander v. Humboldt und Carl Ritter (Berlin 1860)

– Deutschland. Einst und Jetzt im Lichte des Reiches Gottes (Berlin 1868)

Holl, Karl: Die Bedeutung der großen Kriege für das religiöse und kirchliche Leben innerhalb des deutschen Protestantismus (Tübingen 1917). Vgl. Gesammelte Aufsätze III, 347 ff.

Hubatsch, W.: Deutschland im Weltkrieg 1914–1918 (Frankfurt 1966)

Huber, Fritz: Aus tiefer Not zu Gott! Kriegsandachten (Heidelberg 1915)

Humburg, Paul: Der christliche Studenten-Weltbund im Kriege. In: Deutschlands Jugend und der Weltkrieg (Cassel 1915)

Hunzinger, A. W.: Das Christentum im Weltanschauungskampf der Gegenwart (Leipzig ²1916)

Ihmels, Ludwig: Unser Pfingstgesang in ernster Zeit. Pfingstpredigt über 2 Tim 1,7 zur Mitfeier des königlichen Geburtstages in der Universitätskirche zu Leipzig (Leipzig 1915)

– Der Krieg und die Jünger (Jes 3). Umgearbeitete und vermehrte Auflage von: Der Krieg im Lichte der christlichen Ethik (Leipzig 1916)

– Allein durch den Glauben. Sechs Predigten (Leipzig 1916)

– Darum auch wir. Sieben Predigten, nebst einer Ansprache am Völkerschlachtdenkmal (Leipzig 1914)

– Das Evangelium von Jesus Christus in schwerer Zeit. Neunzehn Predigten aus dem Kirchenjahr 1914/15 (Leipzig ²1916)

– Aufwärts die Herzen. Einundzwanzig Predigten aus dem Kirchenjahr 1915/16, nebst einer Ansprache bei einer liturgischen Feier des kaiserlichen Geburtstages in der Universitätskirche zu Leipzig (Leipzig ²1918)

In ernster Stunde! Zum Massenstreik gegen die Staatskirche. Beiträge von D. Fr. Lahusen, P. Le Seur, Lic. R. Mumm, Diakon Fiedler, J. Ungnad, L. Weichert (Berlin 1914)

Jähns, Max: Über Krieg, Frieden und Kultur. Eine Umschau (Berlin ²1893)
Jagow, G. v.: Ursachen und Ausbruch des Weltkrieges (Berlin 1919)
Jameson, Egon: ABC der dümmsten Sätze. rororo Nr. 704 (Hamburg o. J.)
Jatsch, J.: Unser Gottesglaube und der Krieg (Freiburg 1915)
Jeremias, Joh.: Frömmigkeit im Kriege (Leipzig 1915)
Jung, Kurt M.: Die Geschichte unseres Jahrhunderts. Europäische Geschichte von 1900–1960 (Berlin 1960)
Jünger, Ernst: Der Kampf als inneres Erlebnis (Berlin 1922)
– Feuer und Blut. Ein kleiner Ausschnitt aus einer großen Schlacht (Berlin ⁴1929)
– (Hrsg.): Krieg und Krieger (Berlin 1930)

Kähler, Martin: Betrachtungen über das deutsche Kaiserreich in seiner ersten Krise (1872)
- Theologe und Christ. Erinnerungen und Bekenntnisse. Hrsg. Anna Kähler (Berlin 1926)
Kaehler, Siegfried A.: Zur Beurteilung Ludendorffs im Sommer 1918. Nachrichten der Akademie der Wissenschaften in Göttingen. Philol. hist. Klasse, Nr. 1 (Göttingen 1953)
– Vier quellenkritische Untersuchungen zum Kriegsende 1918. In: Nachrichten der Akademie ... Nr. 8 (Göttingen 1960), 423 ff.
Kaftan, Julius: Die Verheißung des Herrn an seine Kirche auf Erden. Pfingstpredigt über Mt 16,17.18 (Basel 1879)
Kaiser, Gerhard: Pietismus und Patriotismus im literarischen Deutschland. Ein Beitrag zum Problem der Säkularisation (Wiesbaden 1961)
Kantzenbach, Friedrich Wilhelm: Gestalten und Typen des Neuluthertums. Beiträge zur Erforschung des Neokonfessionalismus im 19. Jahrhundert (Gütersloh 1968)
Kappstein, Theodor: Emil Frommel. Ein Gottesfreund für unsere Zeit. Sein Leben und Wirken aus eigener Erinnerung erzählt (Gotha 1916)
Kattenbusch, Ferdinand: Über Feindesliebe im Sinne des Christentums (Gotha 1916)
Kawerau, Gustav: Luthers Gedanken über den Krieg. Schriften des Vereins für Reformationsgeschichte, Nr. 124 (1916), 37 ff.
– Reich Gottes und Mission. Flugschriften der Deutsch-Evangelischen Missionshilfe, H. 5 (Gütersloh 1916)
Keil, Wilhelm: Erlebnisse eines Sozialdemokraten. Zwei Bde. (Stuttgart 1948)
Keller, Samuel: Mors consolator. Predigt (Freiburg 1914)
– Aus meinem Leben. 1. Bd. (Freiburg 1917)
Kirchenzeitung, Allgemeine Evangelisch-Lutherische (= AELKZ). Hrsg. Luthardt (1914–1918)
Kirchenzeitung, Deutsch-Evangelische. Hrsg. Hof- und Domprediger A. Stoekker. (1887–1902)
Kirchenzeitung, Evangelische. Hrsg. E. W. Hengstenberg (ab 1827)

Kirchenzeitung, Evangelische. Organ der Vereinigung der Evangelisch-Lutherischen innerhalb der preußischen Landesgruppe (konfessionelle Gruppe). (1914–1918)

Klessmann, Eckart (Hrsg.): Die Befreiungskriege in Augenzeugenberichten (Fribourg/Düsseldorf 1966)

Kloster, Walther: Der deutsche Generalstab und der Präventivkriegsgedanke (Stuttgart 1932)

Knapp, Julius: G. Fr. Oehler. Ein Lebensbild (Tübingen 1876)

Koch, Gaudentius: Neue Fünfminutenpredigten (Regensburg 1918)

Kögel, Gottfried: Rudolf Kögel. Biographie in drei Bden. (Berlin [2]1904)

Kögel, Rudolf: Der erste Brief Petri, in zwanzig Predigten ausgelegt (1863)

– Geibel. Der deutsche Reichsherold. In: Daheim 1872, 228 ff.

– Aus dem Vorhof ins Heiligthum. Ein Jahrgang evangelischer Zeugnisse über alttestamentliche Texte (Bremen 1875, [3]1888)

– Das Vaterunser in elf Predigten ausgelegt (Bremen [2]1881)

Koehler, Franz: Der Weltkrieg im Lichte der deutsch-protestantischen Kriegspredigt (Tübingen 1915)

– Das religiös–sittliche Bewußtsein im Weltkriege (Tübingen 1917)

Köhler, Walther: Wie Luther den Deutschen das Leben Jesu erzählt hat. Schriften des Vereins für Reformationsgeschichte, Nr. 127/8 (Leipzig 1917)

König, Karl: Vom Geiste Luthers des Deutschen (Jena 1917)

Koerber, Albert: Wir Christen im Krieg. Predigten, gehalten in der Margarethenkirche zu Gotha (Gotha 1917)

Kohn, Hans: Die Idee des Nationalismus (Heidelberg 1950; englisch New York 1948)

Kotowski, Georg, Pöls, Werner und *Ritter, Gerhard* (Hrsg.): Das Wilhelminische Deutschland. Stimmen der Zeitgenossen (Frankfurt 1965)

Kraus, Karl: Die letzten Tage der Menschheit (München 1964)

Krause, Oswald: Die Osterpredigt nach dem ersten Weltkrieg (Gütersloh 1965)

Krebs, Engelbert: Das Geheimnis unserer Stärke (Freiburg 1916)

– Kardinal Merciers öffentliches Wirken. In: Hochland 15 (1917/18) 188 ff. und 332 ff.

Kremers, Hermann: Die Einkreisung des deutschen Protestantismus. Ein Mahnruf. (Vertraulich!) Aus dem Jahresbericht des Vorsitzenden, erstattet auf der 30. Provinzialversammlung des Rheinischen Hauptvereins des Evangelischen Bundes zu Duisburg am 1. 10. 1917

Kress, O. E. (Hrsg.): Kirche, Staat und Katholiken. Dokumentation 1803 bis 1967 (Augsburg 1967)

Krieg, Der Heilige. Gedichte aus dem Beginn des Kampfes (Jena 1914)

Krieg und Friede 1870. Zwei Briefe von David Friedrich Strauß an Ernst Renan und dessen Antwort. Mit einem Anhang: Carlyle an die Times (Leipzig o. J.)

Külpe, Oswald: Die Ethik und der Krieg (Leipzig 1915)

Kupisch, Karl: Ruhe ist die erste Bürgerpflicht. In: Unterwegs Nr. 8 (Berlin 1959)
– Quellen zur Geschichte des deutschen Protestantismus 1871–1945 (Göttingen 1960). Auch Siebensternbuch Nr. 41/42
– Tradition und Gegenwart (Berlin 1962 ff.)
– Demokratie und Protestantismus. In: Theol. Ex. h. Nr. 115 (1964), 69 ff.
– Schelling in Berlin. In: ZKG III/IV (1965), 258 ff.
– Durch den Zaun der Geschichte (Berlin 1965)
– Europa und Deutschland. Protestantische Gedanken abseits von Konvention und Taktik (Berlin 1966)
– Der Deutsche zwischen 1850 und 1865. In: ZfRGG XVIII (1966), 108 ff.
– Die deutschen Landeskirchen im 19. und 20. Jahrhundert. In: Handbuch zur Kirchengeschichte. Hrsg. K. D. Schmidt und E. Wolf (Göttingen 1966)
Kutter, Hermann: Ihr seid alle Brüder! Predigt vom 2. August 1914 bei Gelegenheit der Mobilisation der schweizerischen Armee (Zürich ^{2}1914)
– Advent für Groß und Klein (Zürich 1915)
– Gideonszeit. Predigt zum Advent (Zürich 1915)
– Reden an die deutsche Nation (Jena 1916)

Lagarde, Anne de: Paul de Lagarde. Erinnerungen aus seinem Leben (Göttingen 1894)
Lagarde, Paul de: Über die gegenwärtige Lage des deutschen Reiches (Göttingen 1876)
– Deutsche Schriften (Göttingen 1885, ^{2}1892)
– Bescheinigung über den richtigen Empfang eines von Herrn Otto Ritschl an mich gerichteten Briefs (Göttingen 1890)
– Über einige Berliner Theologen und was von ihnen zu halten sei (Göttingen 1897)
Lahusen, Friedrich: Vater und Seelsorger. Briefe an seinen Sohn. Hrsg. Hermann Lahusen (Gütersloh 1929)
Landauer, Gustav: Rechenschaft (Berlin 1919)
Lang, Gustav Adolf: Die Kontroverse um Kriegsursachen und Friedensmöglichkeiten 1914–1919 im Rahmen der »Neuen Zürcher Zeitung«. Ein Beitrag zur Geschichte der öffentlichen Meinung im geistigen Kampf des Ersten Weltkriegs. Diss. Zürich (1968)
Langner, Albrecht (Hrsg.): Katholizismus und freiheitlicher Sozialismus in Europa (Köln 1965)
Lehmann, Walter: Wesen, Wert und Pflege der Vaterlandsliebe. 147. Flugschrift zur Ausdruckskultur. Dürerbund (München 1915)
Lemberg, Eugen: Nationalismus. Psychologie und Geschichte, Soziologie und politische Pädagogik. Zwei Bde. (Hamburg 1964)
Lenz, Max: Kleine historische Schriften. Bd. II: Von Luther zu Bismarck (München 1920)
– Martin Luther (o. J.)
Lersch, Heinrich: Herz! Aufglühe dein Blut. Gedichte im Kriege (Jena ^{2}1918)

Le Seur, Eduard: Meister des Lebens. Sechs Kriegspredigten vom Hassen und Schmähen, vom Glauben, Hoffen und Lieben (Berlin 1915)

Lewek, Gert: Kirche und soziale Frage um die Jahrhundertwende. Dargestellt am Wirken Ludwig Webers (Neukirchen 1963)

Loewenich, Walther v.: Luther und der Neuprotestantismus (Witten 1963)

– Christian Geyer. Zur Geschichte des »freien Protestantismus« in Bayern. In: Jahrbücher für fränkische Landesforschung, Nr. 24 (1964), 283 ff.

Loofs, Friedrich: Leitfaden zum Studium der Dogmengeschichte (1889, [6]1959)

– Grundlinien der Kirchengeschichte (1901)

– Symbolik I (1902)

Ludwig, Emil: Juli 14. Vorabend zweier Weltkriege (Hamburg 1961)

– Wilhelm der Zweite (1925; Frankfurt [3]1968)

Lütgert, Wilhelm: Die deutsche Reformation und Deutschlands Gegenwart. Festrede zur Feier der vierten Jahrhundertfeier der Reformation in der Aula der vereinigten Friedrichs-Universität Halle–Wittenberg (Halle 1917)

– Zum Gedächtnis. Rede, gehalten bei der Feier für die im Kriege gefallenen Angehörigen der Universität in der Marktkirche zu Halle a. S. am 22. Mai 1919 (Halle 1919)

– Die Religion des deutschen Idealismus und ihr Ende. Vierter Teil: Die Religion des Idealismus und ihr Ende im Zeitalter Bismarcks (Gütersloh 1930)

Lutz, Heinrich: Demokratie im Zwielicht. Der Weg der deutschen Katholiken aus dem Kaiserreich in die Republik. 1914–1925 (München 1963)

Lynar, Ernst Graf v. (Hrsg.): Deutsche Kriegsziele 1914–1918 (Berlin 1964)

Mann, Golo: Deutsche Geschichte des 19. und 20. Jahrhunderts (Frankfurt 1958)

– Politische Entwicklung Europas und Amerikas 1815–1871. In: Propyläen-Weltgeschichte Bd. VIII (Berlin 1960), 367 ff.

Mann, Ulrich: Lorbeer und Dornenkrone. Eine historische und theologische Studie über das Wehrverständnis im deutschen Soldatentum (Stuttgart 1958)

Marc, Franz: Briefe aus dem Felde (München 1966)

Marcks, Erich: Wo stehen wir? Die politischen, sittlichen und kulturellen Zusammenhänge unseres Krieges. Eine Rede (Stuttgart 1914)

– Otto v. Bismarck. Ein Lebensbild (Stuttgart 1915)

– Vom Erbe Bismarcks. Eine Kriegsrede (Leipzig 1916)

– Der Imperialismus und der Weltkrieg. Vortrag, gehalten in der Gehe-Stiftung zu Dresden am 9. 10. 1915. In: Vorträge der Gehe-Stiftung zu Dresden, Bd. 8 (Leipzig 1917), 1 ff.

Mattmüller, Markus: Leonhard Ragaz und der religiöse Sozialismus. Eine Biographie (Zürich; Bd. I 1957, Bd. II 1968)

Mausbach, Joseph: Kampf und Friede im äußeren und inneren Leben (München 1915)

Max von Baden, Prinz: Deutschlands moralische Aufgabe im Weltkrieg. Zwei Kundgebungen (Weimar 1918)
– Erinnerungen und Dokumente (Stuttgart 1927)

Mehl, Oskar J.: Der Tod fürs Vaterland (1915)

Mehnert, Gottfried: Evangelische Kirche und Politik 1917–1919. Die politischen Strömungen im deutschen Protestantismus von der Julikrise 1917 bis zum Herbst 1919 (Düsseldorf 1959)

Meinecke, Friedrich: Die deutsche Erhebung von 1914. Aufsätze und Vorträge (Stuttgart 1915)
– Kultur, Machtpolitik und Militarismus. Sonderdruck: Deutschland und der Weltkrieg (Berlin 1916)
– Probleme des Weltkriegs. Aufsätze (München 1917)
– Strassburg – Freiburg – Berlin. Erinnerungen 1901–1919 (Stuttgart 1950)
– Ausgewählter Briefwechsel. Werke Bd. VI. Hrsg. L. Dehio und P. Classen (Stuttgart 1962)
– Erlebtes 1862/1919 (Stuttgart 1964)

Meinertz, Max und *Sacher, Hermann* (Hrsg.): Deutschland und der Katholizismus. Gedanken zur Neugestaltung des deutschen Geistes- und Gesellschaftslebens. Zwei Bde. (Freiburg 1918)

Mendelssohn-Bartholdy, Albrecht: Juristen-Predigten im Krieg. In: Der Neue Merkur, 2. Jg.
– The War and German Society. The Testament of a Liberal (New Haven 1937)

Mercier, Désiré Joseph, Cardinal: Contre les Barbares. Lettres, Mandements, Protestations du Primat de Belgique pendant l'Occupation allemande. Avec préfaces de S. Em. le Cardinal Amette archevêque de Paris et de M. de Broqueville ministre de la guerre de Belgique et une introduction de Mgr. A. Baudrillart (Paris 1917)

Merz, Georg: Wege und Wandlungen. Erinnerungen aus der Zeit 1892–1922. Nach seinem Tode bearbeitet von Johannes Merz (München 1961)

Meyer, Konrad: Kirche, Volk und Staat vom Standpunkt der evangelischen Kirche aus betrachtet (Leipzig 1915)

Michaelis, Georg: Für Staat und Volk. Eine Lebensgeschichte (Berlin 1921, ²1922)

Mirbt, Carl: Quellen zur Geschichte des Papsttums und des Römischen Katholizismus (Tübingen 1895, ⁵1934)

Missalla, Heinrich: »Gott mit uns.« Die deutsche katholische Kriegspredigt 1914–1918 (München 1968)

Mohr, Heinrich: Gottesstreiter (1916)

Motschmann, Claus: Evangelische Kirche und preußischer Staat in den Anfängen der Weimarer Republik. Möglichkeiten und Grenzen ihrer Zusammenarbeit. In: Historische Studien H. 413 (Lübeck 1969)

Müller, Johannes: Adolf Harnack auf Schloß Elmau. In: Grüne Blätter (Elmau 1930), 137 ff.

Müsebeck, Ernst: Das Gewissen der deutschen Gegenwart: E. M. Arndt. Ein Vortrag (Gotha 1915)
Mulert, H.: Paul de Lagarde (Berlin 1913)
Mumm, Reinhard: Der Christ und der Krieg (Leipzig 1915)

Natorp, Paul: Der Tag des Deutschen. Vier Kriegsaufsätze (Hagen i. W. 1915)
Naumann, Friedrich: Was heißt Christlich-Sozial? (1896)
– Demokratie und Kaisertum (1900)
– Mitteleuropa. Mit Bulgarien und Mitteleuropa (Volksausgabe Berlin 1916)
Neck, Rudolf: Arbeiterschaft und Staat im Ersten Weltkrieg 1914–1918. Veröffentlichungen der Arbeitsgemeinschaft der Arbeiterbewegung in Österreich (Wien 1966)
Neuberg, Artur und *Stange, Erich* (Hrsg.): Gottesbegegnungen im großen Kriege. Feldpostbriefe, Auszüge aus Kriegstagebüchern und Erfahrungen von Feldpredigern (Dresden 1915)
Nicolai, Georg Friedrich: Die Biologie des Krieges. Betrachtungen eines Naturforschers, den Deutschen zur Besinnung. Zwei Bde. (Zürich 1917, ²1919)
– Warum ich aus Deutschland ging. Offener Brief an denjenigen Unbekannten, der die Macht hat in Deutschland (Bern 1918)
– Aufruf an die Europäer. Gesammelte Aufsätze zum Wiederaufbau Europas. Hrsg. und eingeleitet von Dr. Hans Wehberg (Leipzig 1921)
Niemöller, Wilhelm: Evangelische Verkündigung in zwei Weltkriegen. In: Junge Kirche 25 (1964), 567 ff.
Nürnberger, Richard: Imperialismus, Sozialismus und Christentum bei Friedrich Naumann. In: HZ Nr. 170 (1950), 525 ff.

Offenbarungen des Krieges. Predigten von Foerster, Fresenius, Ködderitz, Jueken, Poßner, Ritzhaupt, Rolffs, Schönhuth, Simons, Steinmetz, Violet (1914)
Oncken, Hermann: Die weltgeschichtlichen Probleme des großen Krieges. Vortrag, gehalten am 27. 10. 1917 in der Handelshochschule zu Königsberg i. Pr. (Berlin 1918)
– Das Deutsche Reich und die Vorgeschichte des Weltkrieges. Zwei Bde. (Leipzig 1933)
Ott, Günther: Ernst Moritz Arndt. Religion, Christentum und Kirche in der Entwicklung des deutschen Publizisten und Patrioten (Bonn 1966)

Pachaly, Erhard: Adolf Harnack als Politiker und Wissenschaftsorganisator des deutschen Imperialismus in der Zeit von 1914 bis 1920. Diss. Berlin (1965), maschinenschriftlich
Pahncke, K. H.: Willibald Beyschlag. Ein Gedenkblatt zur fünfjährigen Wiederkehr seines Todestags (Tübingen 1905)
Penzig, R.: Deutsche Religion (Berlin 1915)
Peters, N.: Der Krieg des Herrn (1915)

Pfeilschifter, Georg (Hrsg.): Deutsche Kultur, Katholizismus und Weltkrieg. Eine Abwehr des Buches La Guerre allemande et le Catholicisme (Freiburg [3]1916)

Piechowski, Paul: Die Kriegspredigt von 1870/71. Diss. Königsberg (Leipzig 1916)

Planck, Karl Christian: Testament eines Deutschen. Philosophie der Natur und Menschheit. Hrsg. Karl Köstlin (Jena 1880, [2]1912)

Platz, Hermann: Geistige Kämpfe im modernen Frankreich (München 1922)

Plenge, Johann: Der Krieg und die Volkswirtschaft (Münster i. W. [2]1915)

Plessner, Helmuth: Das Schicksal deutschen Geistes im Ausgang seiner bürgerlichen Epoche (Zürich 1935)

Pöls, Werner (Hrsg.): Historisches Lesebuch 1: 1815–1871 (Frankfurt 1966)

Ponsonby, Sir Frederick (Hrsg.): Briefe der Kaiserin Friedrich (Berlin 1929)

Pressel, Wilhelm: Die evangelische Kriegspredigt im Ersten Weltkrieg 1914 bis 1918 (Göttingen 1968)

Pross, Harry (Hrsg.): Dokumente zur deutschen Politik 1806–1870 (Frankfurt 1963)

– (Hrsg.): Die Zerstörung der deutschen Politik. Dokumente 1871–1933 (Frankfurt 1959, [4]1963)

Protestantenblatt. Wochenschrift für den deutschen Protestanten (1914 ff.)

Raab, Heribert (Hrsg.): Kirche und Staat. Von der Mitte des 15. Jahrhunderts bis zur Gegenwart (München 1966)

Rade, Martin: Schleiermacher als Politiker (Berlin 1910)

– Dieser Krieg und das Christentum. Politische Flugschriften. Hrsg. Ernst Jäckh, H. 29 (Stuttgart 1915)

– Glaubenslehre. I. Bd.: »Gott« (Gotha 1924)

– Die Verpflichtung der Kirche zur Friedensarbeit (München 1927)

Rademacher, Arnold: Die Stellung der katholischen Kirche. In: Wirtschafts- und Sozialgeschichte des Weltkrieges. Deutsche Serie. Hrsg. Shotwell (Stuttgart 1927), 149 ff.

Ragaz, Leonhard in seinen Briefen. Hrsg. Christine Ragaz, Markus Mattmüller, Arthur Rich. I. Bd. (Zürich 1966)

Ranke, Friedrich Heinrich: Predigten aus dem Jahre 1848. Ein Zeugniß gegen den Geist der Revolution und des Abfalls von Gott (Erlangen 1849)

– Jugenderinnerungen mit Blicken auf das spätere Leben (Stuttgart 1877)

Rassow, Peter: Adolf v. Harnack. Zwei Reden 1951. In: Kölner hist. Abhandlungen Bd. II (Köln/Graz 1960), 442 ff.

Rathje, Johannes: Die Welt des freien Protestantismus. Ein Beitrag zur deutsch-evangelischen Geistesgeschichte. Dargestellt am Leben und Werk von Martin Rade (Stuttgart 1952)

Recktenwald, Friederike: Kriegsziele und öffentliche Meinung Englands 1914/16. Beiträge zur Geschichte der nachbismarckschen Zeit und des Weltkriegs. H. 5 (Stuttgart 1929)

Reetz, Wilhelm (Hrsg.): Eine ganze Welt gegen uns! Eine Geschichte des Weltkriegs in Bildern (Berlin 1934)

Reitzenstein, Richard: Wilhelm Bousset (Göttingen 1920)

Renan, Ernest siehe unter Krieg und Friede 1870

Renouvin, Pierre: Les origines immédiates de la guerre. 28 juin – 4 août 1914 (Paris ^{2}1927)

Ritscher, Helga: Fontanes politische Gedankenwelt (Göttingen 1955)

Ritschl, Albrecht: Unterricht in der christlichen Religion (Bonn ^{4}1890)

Ritschl, Otto: Albrecht Ritschls Leben. Zwei Bde. (Freiburg 1892/96)

Rittelmeyer, Friedrich: Was verlangt von uns der Krieg? (Ulm 1914)

– Durch Leiden stark. Predigt, gehalten am 14. 2. 1915 (Nürnberg 1915)

– Das Hohe Lied der Liebe. Drei Kanzelreden während der Kriegszeit (München 1917)

– Aus meinem Leben (Stuttgart 1937)

Ritter, Gerhard: Martin Luther, der Deutsche (1935)

– Luther. Gestalt und Tat (München ^{6}1959)

– Europa und die deutsche Frage (München 1948)

Ritter, Gerhard A. (Hrsg.): Historisches Lesebuch 2: 1871–1914 (Frankfurt 1967)

– und *Miller, Susanne* (Hrsg.): Die deutsche Revolution 1918/19 (Frankfurt 1968)

Robertson, Fr. William: Religiöse Reden (Leipzig ^{9}1904)

Römer, Christian: Die Offenbarung des Johannes in Bibelstunden erläutert (Stuttgart 1916)

– Des Christen Weg. Predigten für die Sonn- und Festtage des Kirchenjahres (Stuttgart 1914)

Roethe, Gustav: Vom Tode fürs Vaterland. Kriegsschriften des Kaiser-Wilhelm-Dank. Verein der Soldatenfreunde (Berlin 1914)

Rogge, Bernhard: Sedan-Büchlein. Gedenk- und Festgabe für das deutsche Volk. Zur Erinnerung an die 25. Wiederkehr des Tages von Sedan 1870 – 2. September –1895 (Dresden 1895)

Rohrbach, Paul: Gottes Herrschaft auf Erden (Leipzig 1921)

– Die Beweise für die Verantwortlichkeit der Entente am Weltkrieg (Stuttgart 1921)

– Delbrück als Prophet. In: Am Webstuhl der Zeit. Eine Erinnerungsgabe für Hans Delbrück. Hrsg. E. Daniels und P. Rühlmann (Berlin 1928)

Rolffs, Ernst (Hrsg.): Epistel-Predigten aus der Kriegszeit (Göttingen 1916)

Rosenberg, Alfred: Der Mythus des 20. Jahrhunderts (München ^{6}1933)

Rosenberg, Arthur: Die Entstehung der deutschen Republik, 1871–1918 (Berlin 1930)

Rothfels, Hans (Hrsg.): Bismarck-Briefe. Ausgewählt und eingeleitet (Göttingen 1955)

Schäfer, Dietrich: Die Schuld am Kriege (Berlin 1919)

Schäfer, Rolf: Ritschl. Die Grundlinien eines theologischen Systems (Tübingen 1968)

Schaudig, Hilmar (Hrsg.): Lebensbild des Oberkonsistorialpräsidenten D. Dr. Hermann v. Bezzel (München o. J.)

Scheler, Max: Der Genius des Krieges und der Deutsche Krieg (Leipzig 1915)

Schemann, Ludwig: Paul de Lagarde (Leipzig 1919, ²1920)

Schettler: In Gottes Namen durch! (Berlin 1914)

Schian, Martin: Das deutsche Christentum im Kriege (Leipzig ²1916)

– Die evangelische Kirche im Felde 1914–1918. Hrsg. im Auftrage des Deutsch-Evangelischen Kirchenausschusses. Zwei Bde. (Berlin 1921)

Schieder, Theodor: Das Problem der Revolution im 19. Jahrhundert. In: HZ 170 (1950), 233 ff.

– Das Deutsche Kaiserreich von 1871 als Nationalstaat (Köln 1961)

– Der Nationalstaat in Europa als historisches Problem (Köln 1964)

Schlatter, Adolf: Erlebtes (Berlin 1924)

Schlunck, Rudolf: Ein Pfarrer im Kriege. Kriegserlebnisse des renitenten Pfarrers Rudolf Schlunck. Hrsg. Rudolf Schlunck und Wilhelm Wibbeling (München 1931)

Schmid, Lothar: Paul de Lagardes Kritik an Kirche, Theologie und Christentum (Stuttgart 1935)

Schnabel, Franz: Deutsche Geschichte im 19. Jahrhundert (Freiburg ³1965)

Schneller, Ludwig: Der Glaube des Generals. Eine Gemeinde- und Soldatenpredigt über Joh 3,14.15 (Cöln 1915)

– Bereitet den Weg des Herrn! Kriegspredigt über Lukas 3,2–17 (Cöln 1916)

Schofer, J. und *Kieser, A.* (Hrsg.): Die Kreuzesfahne im Völkerkrieg. Erwägungen, Ansprachen und Predigten. Neun Bde. (Freiburg 1914–16)

Scholder, Klaus: Neuere deutsche Geschichte und protestantische Theologie. In: Ev. Theol. 23 (1963), 510 ff.

Scholz, Heinrich: Der Krieg und das Christentum (Gotha 1915)

– Der Idealismus als Träger des Kriegsgedankens (Gotha 1915)

Schowalter, A.: Buren, Engländer und Deutsche (Leipzig 1915)

Schrörs, Heinrich: Krieg und Katholizismus (München 1915)

Schubert, Ernst: Die evangelische Predigt im Revolutionsjahr 1848. Ein Beitrag zur Geschichte der Predigt wie zum Problem der Zeitpredigt (Gießen 1913)

Schubert, Hans v.: Kaiser Wilhelm. Gedächtnisrede zur Trauerfeier im Rauhen Hause am 22. März 1888 (Hamburg 1888)

Schübel, Albrecht: 300 Jahre Evangelische Soldatenseelsorge (München 1964)

Schücking, Walter: Die Organisation der Welt (Leipzig 1909)

Schütte, Hans Walter: Lagarde und Fichte. Die verborgenen spekulativen Voraussetzungen des Christentumsverständnisses Paul de Lagardes (Gütersloh 1965)

Schulte, Aloys: Von der Neutralität Belgiens. In: Deutsche Kriegsschriften H. 3 (Bonn 1915)
Schultz, Werner: Schleiermacher und der Protestantismus (Hamburg 1957)
– Kant als Philosoph des Protestantismus (Hamburg 1961)
Schulz, Alfons: Die sittliche Wertung des Krieges im Alten Testament. In: Bibl. Zeitfragen, 7. F., H. 10 (Münster i. W. ²1915)
Schulze, Otto: Dr. Martin Luther, der Prophet der Deutschen. Worte von ihm und über ihn. Eine Jubelgabe an die deutsche Lehrerschaft. In: Pädagog. Magazin H. 674 (Langensalza 1918)
Schwabe, Klaus: Deutsche Professoren und politische Grundfragen des Ersten Weltkrieges. Diss. Freiburg i. Br. (1958)
Schwaner, Wilhelm: Germanen-Bibel. Aus heiligen Schriften germanischer Völker. Zwei Bde. (Berlin ²1905)
Schwarte, Max (Hrsg.): Der Weltkrieg in seiner Einwirkung auf das deutsche Volk (Leipzig 1918)
Schwencker, Friedrich: Kriegsfrömmigkeit. Zeugnisse aus dem großen Kriege für Kirche, Schule und Haus. Zwei Bde. (Gütersloh 1915/16)
Seeberg, Reinhold: Die Kirche Deutschlands im 19. Jahrhundert (Leipzig ⁴1903)
– Das Christentum Bismarcks (Berlin 1915)
– Geschichte, Krieg und Seele. Reden und Aufsätze aus den Tagen des Weltkriegs (Leipzig 1916)
Seitz, Manfred: Hermann Bezzel. Theologie – Darstellung – Form seiner Verkündigung (München 1960)
Sell, Friedrich C.: Die Tragödie des deutschen Liberalismus (Stuttgart 1953)
Simon, Ernst: Priester, Opfer und Arzt. Zu den Briefen Wolfskehls, Kafkas und Freuds. In: In zwei Welten. Siegfried Moses zum 75. Geburtstag (Tel Aviv 1962), 413 ff.
Simon, Matthias: Evangelische Kirchengeschichte Bayerns. Bd. II (München 1942)
Soiron, Th.: Gott und der Krieg (Münster 1916)
Sombart, Werner: Händler und Helden. Patriotische Besinnungen (München 1915)
Spael, Wilhelm: Das katholische Deutschland im 20. Jahrhundert. Seine Pionier- und Krisenzeiten 1890–1945 (Würzburg 1964)
Stahl, Friedrich Julius: Die Kirchenverfassung nach Lehre und Recht der Protestanten (1840, ²1862)
– Die Philosophie des Rechts. Zwei Bde. (Heidelberg 1846, ⁵1878)
– Über das monarchische Princip (1846)
– Friedrich Wilhelm III. Gedächtnißrede, gehalten am 3. 8. 1853 (Berlin 1853)
– Der Protestantismus als politisches Princip. Vorträge, zu Berlin 1853 gehalten (Berlin ²1853)
– Die lutherische Kirche und die Union (1859)

– Zum Gedächtniß S. M. des hochseligen Königs Friedrich Wilhelm IV. und seiner Regierung. Vortrag, gehalten im evangelischen Verein zu Berlin am 18. März 1861
– Die gegenwärtigen Partheien in Staat und Kirche (1863)
Stange, Erich (Hrsg.): Die Religionswissenschaft der Gegenwart in Selbstdarstellungen. Fünf Bde. (Leipzig 1925 ff.)
– (Hrsg.) siehe unter *Neuberg*
Stephan, Horst: Luther in den Wandlungen seiner Kirche (Berlin 1907, [2]1951)
Stephenson, Kurt, Scharff, Alexander und *Klötzer, Wolfgang* (Hrsg.): Darstellungen und Quellen zur Geschichte der deutschen Einheitsbewegung im 19. und 20. Jahrhundert. Im Auftrage der Gesellschaft für burschenschaftliche Geschichtsforschung (Heidelberg, 5. Bd. 1965)
Stern, Fritz: Kulturpessimismus als politische Gefahr. Eine Analyse nationaler Ideologie in Deutschland (Stuttgart 1963)
Stimmen aus der Kirche in ernsten Tagen. Predigten vom 17. November 1918 (Zürich 1918)
Stimmen der Zeit (= St. d. Z.). Vormals Stimmen aus Maria Laach. Zeitschrift der deutschen Jesuiten. Seit 1869.
Stoecker, Adolf: Christlich-Sozial. Reden und Aufsätze (Bielefeld 1885)
– Dreizehn Jahre Hofprediger und Politiker (Berlin [5]1895)
Studt, H. H. (Hrsg.): Prof. Dr. theol. Michael Baumgarten. Ein aus 45jähriger Erfahrung geschöpfter biographischer Beitrag zur Kirchenfrage. Als handschriftlicher Nachlass herausgegeben. Zwei Bde. (Kiel 1891)
Stupperich, Robert (Hrsg.): Karl Holls Briefe an Adolf Schlatter. In: ZThK 1967, 169 ff.
Suttner, Bertha v.: Die Waffen nieder! Eine Lebensgeschichte. Zwei Bde. (Dresden [2]1893)
– Krieg und Frieden. Erzählungen, Aphorismen, Betrachtungen (Berlin 1896)
– Memoiren. Hrsg. Liselotte v. Reinken. Mit Geleitwort von Eva Helen Pauling und Linus Pauling (Bremen 1965)
Sybel, Heinrich v.: Die deutsche Nation und das Kaiserreich. Eine historisch-politische Abhandlung (Düsseldorf [2]1862)
– Der Frieden von 1871 (Düsseldorf 1871)
– Die Begründung des Deutschen Reichs durch Wilhelm I. Vornehmlich nach den preußischen Staatsacten. Sieben Bde. (München 1889–1894, [7]1899)

Thikötter, Julius: Darstellung und Beurteilung der Theologie Albrecht Ritschl's in Bonn (Bonn [2]1887)
Thimme, Annelise: Hans Delbrück als Kritiker der wilhelminischen Epoche (Düsseldorf 1955)
Titius, Arthur: Unser Krieg. Ethische Betrachtungen (Tübingen 1915)
Töpner, Kurt: Zusammenbruch und staatlicher Neuaufbau nach 1918 im Urteil deutscher Hochschullehrer. Ein Beitrag zum Zeitgeist der frühen Weimarer Republik. Diss. Erlangen (1966)

Tolzien, Gerhard: Die Tragik in des Kaisers Leben. Eine deutsche Zeit- und Kriegsbetrachtung (Berlin 1915)

Traub, Gottfried: Der Krieg und die Seele. In: Politische Flugschriften. Hrsg. E. Jäckh, H. 4 (Stuttgart 1914)

– Aus der Waffenschmiede (Stuttgart 1915)

– Eiserne Blätter (Dortmund 1916 ff.)

– Erinnerungen (München 1949)

Treitschke, Heinrich v.: Historische und politische Aufsätze, vornehmlich zur neuesten deutschen Geschichte (Leipzig [3]1867). Dasselbe in vier Bdn. ([4]1871)

– Was fordern wir von Frankreich? (Berlin 1870)

– Der Socialismus und der Meuchelmord (Berlin 1878)

– Ein Wort über unser Judentum (Berlin [2]1880)

– Luther und die deutsche Nation. Vortrag (Berlin [2]1883)

– Zum Gedächtniß des großen Kriegs. Rede bei der Erinnerungsfeier der Kgl. Friedrich-Wilhelm-Universität zu Berlin am 19. Juli 1895 (Leipzig 1895)

– Deutsche Geschichte im 19. Jahrhundert. Teil 1–5 (Leipzig 1882–1894)

– Briefe. Hrsg. Max Cornicelius. Drei Bde. (Leipzig 1914–1920)

Trillhaas, Wolfgang: Christian Geyer. Zu seinem 100. Geburtstag. In: Nachrichten der Ev. Luth. Kirche in Bayern 1962, 273 ff.

– Der freie Protestantismus im 20. Jahrhundert und die »Nürnberger Richtung«. In: Humanitas und Christianitas. W. v. Loewenich zum 65. Geburtstag (1968), 193 ff.

Troeltsch, Ernst: Nach Erklärung der Mobilmachung. Rede, gehalten bei der von Stadt und Universität einberufenen vaterländischen Versammlung am 2. August 1914 (Heidelberg 1914)

– Deutscher Glaube und Deutsche Sitte in unserem großen Kriege. Kriegsschriften des Kaiser-Wilhelm-Dank. Verein der Soldatenfreunde H. 9 (1914)

– Der Kulturkrieg. Rede am 1. 7. 1915 In: Deutsche Reden in schwerer Zeit (Berlin 1915)

Tuchman, Barbara: August 1914 (Bern 1964)

– The proud tower. A portrait of the World before the War 1890–1914 (New York 1966)

Uckeley, Alfred: In Jesu Schule. Predigten für Gebildete aus den akademischen Gottesdiensten der Albertus-Universität zu Königsberg i. Preußen (Berlin 1919)

– Lebenskräfte. Predigten für Gebildete aus den akademischen Gottesdiensten der Albertus-Universität zu Königsberg i. Preußen (Berlin 1922)

Umfrid, Otto: Friede auf Erden! Betrachtungen über den Völkerfrieden (Eßlingen [2]1898)

– Rüstungsstillstand (Eßlingen 1911)

– Europa den Europäern. Politische Ketzereien (Eßlingen 1913)

– Vaterlandsliebe und Menschheitsliebe. Eßlingen o. J.

– Weltverbesserer und Weltverderber. Eine Sammlung von Kriegsaufsätzen (Zürich 1916)

Uplegger, Fritz: Die englische Flottenpolitik vor dem Weltkrieg. In: Beiträge zur Geschichte der nachbismarckischen Zeit und des Weltkriegs. H. 8 (Stuttgart 1930)

Vigener, Fritz: Ketteler. Ein deutsches Bischofsleben des 19. Jahrhunderts (München 1924)

Vierhaus, Rudolf (Hrsg.): Am Hof der Hohenzollern. Aus dem Tagebuch der Baronin Spitzemberg 1865–1914. dtv-Dokumente Nr. 318 (München 1965)

Völker, Karl: Der Krieg als Erzieher zum deutschen Idealismus (Wien 1915)

Völker-Friede. Zeitschrift der Deutschen Friedensgesellschaft. Hrsg. Otto Umfrid Jg. 15–17 (1914–1917)

Walther, Wilhelm: Deutschlands Schwert durch Luther geweiht (Leipzig 1915)

Weber, Simon: Soldat und Krieg im Neuen Testament (Freiburg 1914)

Weber, Theodor: Betrachtungen über die Predigtweise und geistliche Amtsführung unserer Zeit (Barmen 1881)

Wegerer, Alfred v.: Der Ausbruch des Weltkrieges 1914. Zwei Bde. (Hamburg 1939)

Wehberg, Hans: Die Führer der deutschen Friedensbewegung (1890–1923) (Leipzig 1923)

– Als Pazifist im Weltkrieg (Leipzig 1919)

Weismann, Gottlieb: Der Bankerott des Gottesglaubens (Stuttgart 1919)

– Eine Entscheidungsstunde: Glaube, Verzweiflung, Zweifel (Stuttgart 1919)

– Das Opfer (Stuttgart 1919)

– Wer sind die Schuldigen? (Stuttgart 1919)

– Vaterland und Reich Gottes (Stuttgart 1919)

Weissauer, Ludwig (Hrsg.): Soldatengeist. Eine Deutung aus Bekenntnissen der Front (Berlin 1941)

Welt, Die Christliche (= CW). Evangelisch-lutherisches Gemeindeblatt für die Gebildeten. Hrsg. Martin Rade Jg. 28–32 (1914–1918)

Werckshagen, Karl (Hrsg.): Der Protestantismus am Ende des XIX. Jahrhunderts in Wort und Bild. Zwei Bde. (Berlin 1900/02)

Weymar, Ernst: Das Selbstverständnis der Deutschen. Ein Bericht über den Geist des Geschichtsverständnisses der höheren Schulen im 19. Jahrhundert (Stuttgart 1961)

Wicke, Karl: Die hessische Renitenz, ihre Geschichte und ihr Sinn (Kassel 1930)

Wilamowitz-Moellendorff, Ulrich v.: Zwei Reden: Krieges Anfang; Die geschichtlichen Ursachen des Krieges (Berlin 1914)

Wilke, Fritz: Ist der Krieg sittlich berechtigt? (Leipzig 1915)

Winckler, Lutz: Martin Luther als Bürger und Patriot. Das Reformationsjubiläum von 1817 und der politische Protestantismus des Wartburgfestes. In: Hist. Studien Nr. 408 (Lübeck 1969)

Witkop, Philipp: Kriegsbriefe deutscher Studenten (Leipzig 1915)
Wittram, Reinhard: Kirche und Nationalismus in der Geschichte des deutschen Protestantismus im 19. Jahrhundert. In: Das Nationale als europäisches Problem. Beiträge zur Geschichte des Nationalitätsprinzips vornehmlich im 19. Jahrhundert (Göttingen 1954)
– Anfechtung und Auftrag der politischen Predigt. Christliche Verkündigung im 19. Jahrhundert. Die heutige Situation. MPTh 51 (1962), 421 ff.
Wolf, Ernst: Luthers Erbe? In: Ev. Theol. 1946/47, 93 ff.
Wolff, Otto: Die Haupttypen der neueren Lutherdeutung. In: Tübinger Studien zur syst. Theologie, H. 7 (Stuttgart 1938)
Worlitschek, A.: Krieg und Evangelium (Freiburg 1914)
Wurm, Theophil: Erinnerungen aus meinem Leben (Stuttgart 1953)
Wurster, Paul (Hrsg.): Kriegspredigten aus dem großen Krieg 1914 und 1915 (Stuttgart 1915)

Zahn-Harnack, Agnes v.: Adolf v. Harnack (Berlin 1936)
Zezschwitz, Karl Adolf Gerhard: System der christlich-kirchlichen Katechetik I (1863), II, 1 (1864), II, 2 (1869–72)
– Predigten, gehalten in der Universitätskirche St. Pauli zu Leipzig (1860)
– Zeugnisse vom guten Hirten. Predigten (Leipzig 1964)
– Apologie des Christentums nach Geschichte und Lehre (1866, ²1868)
– System der praktischen Theologie (1876–1878)
– Die Christenlehre im Zusammenhang, 1.–3. Abth. (1881–1885)
– Lehrbuch der Pädagogik (1882)
– Der Hirt und seine Herde. Predigten, gehalten in der Universitätskirche zu Erlangen 1868–1884 (Erlangen 1891)
Zimmermann, Otto SJ: Der Gottesbeweis des Weltkrieges (Münster i. W. ⁶1915)
– Soll die Religion national sein? Erläuterungen und Unterscheidungen. In: Ergänzungshefte zu den Stimmen der Zeit, 1. Reihe, 3. H. (Freiburg 1916)
Zscharnack, Leopold: Die Pflege des religiösen Patriotismus durch die evangelische Geistlichkeit 1806–1815. In: Harnack-Ehrung (Leipzig 1921)
Zuckmayer, Carl: Als wär's ein Stück von mir. Erinnerungen (Zürich 1966)
Zurhellen, Otto: Kriegspredigten (Tübingen 1915)
– Helden und Heilige des Protestantismus. Eine Geschichte evangelischer Frömmigkeit in religiösen Reden. Hrsg. Else Zurhellen-Pfleiderer (Tübingen 1915)
Zurlinden, S.: Der Weltkrieg. Vorläufige Orientierung von einem schweizerischen Standpunkt aus. Bd. I (Zürich 1917)
Zweig, Arnold: Erziehung vor Verdun (Leipzig 1969)

Biographisches über die wichtigsten Personen

Althaus, Paul d. J. (1888–1966) aus Obershagen. War seit 1914 zwar Privatdozent in Göttingen, erlebte den Krieg jedoch als Pfarrer und Krankenpfleger. 1920 wurde er Professor in Rostock, 1925 in Erlangen für NT und Systematische Theologie.

Aner, Karl (1879–1933) aus Greiz. War seit 1902 Pfarrer in Gera, seit 1912 in Berlin-Charlottenburg, 1923 Dozent und 1929 Professor für Kirchengeschichte in Halle, ab 1930 in Kiel.

Arndt, Ernst Moritz (1769–1860) von Rügen. Nach Theologiestudium Professor für Geschichte und Philosophie in Greifswald. 1806 Flucht vor Napoleon nach Schweden, 1809 Berlin, 1810 Greifswald, 1812 Sekretär des Freiherrn vom *Stein* in St. Petersburg. Hier entstand der »Katechismus für teutsche Soldaten«. 1818–20 Professor in Bonn. Amtsenthebung durch *Friedrich Wilhelm III.* bis 1840. Mitglied der Nationalversammlung 1848.

Bachmann, Philipp (1864–1931) aus Geislingen. Professor für Systematische Theologie in Erlangen.

Baumgarten, Michael (1812–1889) aus Schleswig. 1839 Theologieprofessor für AT in Kiel, 1846 Pfarrer in Schleswig, verließ 1850 seine Heimat, weil er sich politisch allzu eindeutig für das deutsche Recht in der Schleswigschen Frage eingesetzt hatte, um in Kiel eine Professur für AT anstelle von *Fr. Delitzsch* anzunehmen. Sein Kampf mit der Mecklenburgischen Staatskirche unter Leitung von *Kliefoth* beginnt 1858 mit der Amtsentsetzung durch jenen.

Baumgarten, Otto (1858–1934) aus München. Seit 1890 praktischer Theologe in Jena, 1894 in Kiel, 1912 *Adolf v. Harnacks* Nachfolger als Vorsitzender des »Evangelisch-Sozialen Kongresses«, Herausgeber und politischer Chronist der »Evangelischen Freiheit« (EF), 1919 Mitglied der Deutschen Friedensdelegation. Einer der mehr vor als nach dem Weltkrieg »meist befehdeten modernen Theologen« (*W. Jannasch* in RGG I^3, 934), dessen liberale Aufgeschlossenheit für die verschiedensten ethischen Probleme und Möglichkeiten ihm auch das »Umdenken« nach dem Krieg erleichterte.

Bethmann Hollweg, Theobald v. (1856–1921) aus Hohenfinow. 1899 Regierungspräsident in Bromberg, 1905 preußischer Innenminister, nach *Bernhard v. Bülows* Rücktritt 1909–1917 Reichskanzler.

Bettinger, Franz v. (1850–1917) aus Landstuhl. 1873 Priester, 1895 Domkapitular in Speyer, 1909 Erzbischof von München–Freising, 1914 Kardinal und Feldprobst der bayerischen Armee.

Beyschlag, Willibald (1823–1900) aus Frankfurt. Burschenschaftler, 1850 Diasporapfarrer in Trier, 1856 Hofprediger in Karlsruhe, 1860 Pastoraltheologe und Neutestamentler in Halle. Unions- und Vermittlungstheologe, Mitbegründer des bis 1941 bestehenden »Evangelischen Kirchen- und Volksblatts«.

Bezzel, Hermann v. (1861–1917) aus Wald bei Gunzenhausen in Bayern. Schon jung Parteigänger und zweiter Nachfolger *Wilhelm Löhes* in Neuendettelsau 1891–1909. Danach Präsident des bayerischen lutherischen Oberkonsistoriums in München.

Blumhardt, Christoph d. J. (1842–1919). Sohn des Möttlinger Pfarrers *Johann Christoph Blumhardt,* trat diesem 1869 in Bad Boll an die Seite und übernahm die Leitung des Kurhauses ab 1880. 1900–1906 Sozialdemokratischer Landtagsabgeordneter in Württemberg; als Politiker vielfach mißverstanden und gescheitert. Seine theologische Botschaft wirkte auf so verschiedene Geister wie *Johannes Müller, Heinrich Lhotzky, Hermann Kutter, Leonhard Ragaz, Eduard Thurneysen* und *Karl Barth.*

Bodelschwingh, Friedrich v. (1831–1910) aus Tecklenburg. Sohn von *Friedrich Wilhelms IV.* Finanzminister, Jugendgespiele des nachmaligen Kaisers *Friedrich III.*, 1852–1854 Gutsverwalter in Gramenz (Pommern), danach Theologiestudium in Basel, Erlangen und Berlin. 1858–1864 Pfarrer in Paris, dann bis 1872 in Dellwig a. d. Ruhr, 1866 und 1870/71 Feldprediger, Gründer der Betheler Anstalten, der ersten Arbeiterkolonie Wilhelmsdorf (1882), seit 1903 Mitglied des preußischen Landtags.

Dehn, Günther (1882–1969) aus Schwerin. Unter *Dryanders* Leitung Domkandidat im Berliner Stift, 1908 Domhilfsprediger, 1911 Pfarrer, 1931 Professor für Praktische Theologie in Halle, 1933 entlassen, 1946–1954 Professor in Bonn.

Delbrück, Clemens v. (1856–1921) aus Halle. 1896 Oberbürgermeister von Danzig, 1905 preußischer Handelsminister, 1909 Staatssekretär und Stellvertreter des Kanzlers *v. Bethmann Hollweg.* Rücktritt kurz vor dessen Sturz 1916. Danach Honorarprofessor in Jena.

Delbrück, Hans (1848–1929) von Rügen. 1874–1879 Prinzenerzieher, 1881 Privatdozent in Berlin, 1885 ao. Professor für Geschichte, 1896–1921 Nachfolger *Treitschkes,* auch als Herausgeber der »Preußischen Jahrbücher«, Leiter des »Mittwochabendkreises« ab 1914.

Dibelius, Otto (1880–1966) aus Berlin. Wurde 1907 Pfarrer in Crossen/Oder, 1909 in Schottland, 1910 in Danzig, 1911 im pommerschen Lauenburg, ab 1915 in Berlin. Seit 1921 Mitglied des Oberkirchenrats, 1926 Generalsuperintendent der Kurmark, 1933 suspendiert, 1945 Bischof von Berlin, 1949 Vorsitzender des Rats der EKD.

Doehring, Bruno (1879–1961) aus Mohrungen/Ostpreußen. Begann 1908 als Pfarrer in Fischau/Westpreußen, wurde 1914 als Hof- und Domprediger nach Berlin berufen, lehrte 1923 bis 1953 Praktische Theologie ebenda.

Drews, Paul (1858–1912). Pfarrer in Burkau und Dresden, 1894 Professor für Praktische Theologie in Jena, dann in Gießen und Halle. Mitbegründer der CW. Zuerst Reformationsgeschichtler, dann wachsendes Interesse für christlich-soziale Fragen.

Dryander, Ernst v. (1843–1922) aus Halle. Begann 1870 als Hilfsprediger am Berliner Dom, wurde 1872 Pfarrer zu Torgau, 1874 in Bonn, 1882 Superintendent in Berlin, 1890 Generalsuperintendent der Kurmark und Schloßpfarrer, 1903 Mitglied des Oberkirchenrats, 1906 dessen Vizepräsident, daneben Ephorus des Domkandidatenstifts.

Erzberger, Matthias (1875–1921) aus Buttenhausen/Württ. Volksschullehrer und Redakteur, 1903 Mitglied des Reichstags, 1918 Unterzeichner des Waffenstillstands, 1919 Reichsfinanzminister, 1921 von zwei ehemaligen Offizieren ermordet.

Faulhaber, Michael v. (1869–1952) aus Klosterheidenfeld/Ufr. 1899–1903 Privatdozent in Würzburg, 1903–1910 Professor für Altes Testament in Straßburg, 1911–1917 Bischof in Speyer, 1914 Feldpropst der bayerischen Armee, 1917 Erzbischof von München–Freising, 1921 Kardinal.

Finke, Heinrich (1855–1938) aus Krechting/Westf. 1887 Privatdozent, 1891 Professor für Geschichte in Münster, 1898 in Freiburg.

Förster, Erich (1865–1945) aus Greifswald. 1895–1934 Pfarrer der deutschreformierten Gemeinde in Frankfurt, 1915 Honorarprofessor für Kirchengeschichte, Mitarbeiter der CW, ab 1933 der Bekennenden Kirche zugehörig.

Förster, Friedrich Wilhelm (1896–1966) aus Berlin. Freidenkerisch erzogen, 1893 Dr. phil., 1896 in Zürich Kurse für Charakterbildung, Zuwendung zu konfessionslosem Christentum, 1899–1912 Dozent für Philosophie in Zürich, 1914–1920 Professor für Pädagogik in München, seitdem Lehramt niedergelegt. Lebte, seit 1896 in Deutschland wegen seiner antinationalistischen und pazifistischen Meinung angefeindet, im Ausland.

Fried, Alfred H. (1864–1921) aus Wien. Führer der pazifistischen Bestrebungen, gründete 1899 die Zeitschrift »Die Waffen nieder!« mit dem Titel und im Sinne des vielgelesenen Buches *Bertha v. Suttners* (seit 1899 »Die Friedenswarte«), später die österreichische und deutsche Friedensgesellschaft; 1911 Friedensnobelpreisträger. Emigrierte bei Kriegsausbruch nach Bern und bekämpfte von da aus 1914 bis 1918 die offizielle deutsche Politik.

Frommel, Emil (1828–1896) aus Karlsruhe. Studium in Halle, Erlangen und Heidelberg, Vikar und Pfarrer zu Spöck, Altlußheim bei Schwetzingen und Karlsruhe (1854). Ab 1864 in Barmen, 1869 Garnisonspfarrer in Berlin, 1872 titulierter Hofprediger, dadurch enge seelsorgerliche Beziehungen zum Kaiserhaus, aber auch als beliebter Prediger der Hauptstadt zu Hoch und Nieder, kurz vor dem Tod noch Prinzenerzieher in Plön. Als Festredner und volkstümlicher Schriftsteller war Frommel in ganz Deutschland viel gelesen. Mit

Karl Gerok und *Rudolf Kögel* auch in der Herausgabe der »Neuen Christoterpe« musisch verbunden. Das Frommel-Gedenkwerk umfaßt 11 Bände.

Frommel, Max (1830–1890). Während sein Bruder Emil von dessen Sohn Otto als »in keinem Zoll Parteimann« geschildert wird (RGG II², 818), stand Max seit seinem Studium in Leipzig *(Harleß)* und Erlangen *(Hofmann* und *Thomasius)* dem lutherischen Konfessionalismus von Anfang an näher. So trat er 1852 aus der Badischen Union aus, wurde 1853 Hilfsprediger in der lutherischen Gemeinde Liegnitz, 1854 in Rheinswalde bei Sorau. Er kehrte 1858 nach Baden zurück, wo er die freie lutherische Gemeinde in Ispringen bei Pforzheim übernahm. 1865 Trennung von den Breslauer Altlutheranern und Gründung der »Badisch-lutherischen Kirchengemeinde«, 1880 Konsistorialrat und Generalsuperintendent der lutherischen Landeskirche in Celle/Hannover. So verbindet ihn mit dem Bruder die künstlerische Ader. Man denke an seine Mitarbeit an der Zeitschrift »Neue Christoterpe«.

Gerlach, Ernst Ludwig v. (1795–1877) aus Berlin. Mit dem Eisernen Kreuz bedachter freiwilliger Jäger in den »Befreiungskriegen«, 1823 Oberlandesgerichtsrat in Naumburg, 1830 Mitarbeiter am »Politischen Wochenblatt« Berlin, das einen »christlich-germanischen« preußischen Staat erstrebte. Als Mitbegründer und Spiritus Rector der »Kreuzzeitung« trat er mit *Ernst Wilhelm Hengstenberg* für die Trennung der Kirche vom Staat ein. 1844 Präsident des Oberlandesgerichts in Magdeburg, entscheidender Ratgeber *Friedrich Wilhelms IV.* 1848.

Gerlach, Leopold v. (1790–1861) aus Berlin. Älterer Bruder Ernst Ludwigs. Ging als Hauptmann aus den Befreiungskriegen hervor und brachte es bis zum General als treuer Gefolgsmann *Friedrich Wilhelms IV.*, dem er 1861 acht Tage nach dessen Tod ins Grab nachfolgte.

Gerlach, Otto v. (1801–1849) aus Berlin. Jüngster Bruder von Ernst Ludwig und Leopold. Wurde Theologe, hielt Vorlesungen über Kirchenrecht und die Geschichte der Theokratie in Berlin, gab eine Luther-Auswahl heraus, war Englandbewunderer und -kenner in kirchlichen Dingen, 1847 Dom- und Hofprediger.

Gerok, Karl v. (1815–1890) aus Vaihingen. Begann 1844 in Böblingen als Pfarrer, kam 1849 nach Stuttgart und wurde 1868 dort Prälat und Oberhofprediger, aber auch – ähnlich wie *Emil Frommel,* dem er in der Edition der »Neuen Christoterpe« verbunden war – durch seine weitverbreiteten volkstümlichen Auslegungen und Schriften zum »Volksprediger«.

Geyer, Christian (1862–1929) aus Unterfranken, wurde 1887 Pfarrer in Altdorf, 1891 in Nördlingen, 1902 Hauptprediger an der Nürnberger St. Sebalduskirche. Seine Weltoffenheit und seine Freundschaft mit *Friedrich Rittelmeyer* führten zur Herausgabe der Zeitschrift »Christentum und Gegenwart« 1910–1922, deren Titel er 1922, nach der endgültigen Trennung von dem immer mehr an *Rudolf Steiners* Anthroposophie angeschlossenen *Rittelmeyer* in »Christentum und Wirklichkeit« änderte.

Goyau, Georges (1869–1939) aus Orléans. Mitschüler von *Charles Péguy*, begann in Rom mit Diokletian-Studien, widmete sich seit 1891 (»Rerum novarum«) mehr sozialen Fragen. Als Redakteur der Zeitschrift »La Revue des deux mondes« seit 1894 in Deutschland, gewann er das kritische Bild des religiösen Deutschland, das er in einem gleichnamigen, mehrbändigen Werk ab 1898 zeichnete.

Harleß, Adolf Gottlieb Christoph v. (1806–1879) aus Nürnberg. Anfangs noch nicht zur Theologie entschlossen (Philologie- und Jurastudium in Erlangen und Halle), studierte er erst Hegel, Schelling, Spinoza und dann erst Luther. 1830 Privatdozent in Erlangen, 1833 ao. Professor für NT, 1836 o. Professor und Universitätsprediger. Nach dem »Kniebeugungsstreit« 1845 mit dem bayerischen Kultusminister *Abel* Verlust dieser Ämter und Versetzung nach Bayreuth. Im gleichen Jahr noch Professor und Pfarrer in Leipzig, 1850 Oberhofprediger in Dresden, 1852 Präsident des Oberkonsistoriums in München. Der Streit mit und um *Wilhelm Löhe* trug ihm nicht nur Sympathien ein. Gesangbuch und Liturgie in Bayern gewannen unter ihm eine neulutherische Prägung.

Harnack, Adolf v. (1851–1930) aus Dorpat. 1874 Privatdozent, 1876 ao. Professor für Kirchengeschichte in Leipzig, 1879 o. Professor in Gießen, 1887 in Marburg, seit 1888 in Berlin durch kaiserliches Votum, 1890 Mitglied der Preußischen Akademie der Wissenschaften, deren Geschichte er (1900) schrieb und deren Kirchenväterkommission er förderte und leitete, 1905 Generaldirektor der Berliner Staatsbibliothek, 1910 Präsident der Kaiser-Wilhelms-Gesellschaft zur Förderung der Wissenschaft, 1903–1912 Präsident des Evangelisch-sozialen Kongresses, Mitbegründer der CW, Verfasser der kaiserlichen Erklärung zu Beginn des Weltkriegs.

Hartmann, Felix v. (1851–1919) aus Münster. 1874 Priester, 1905 Generalvikar, 1911 Bischof von Münster, 1912/13 Erzbischof von Köln, 1914 Kardinal.

Hase, Karl-August v. (1800–1890) aus Sachsen. 1820 Privatdozent in Tübingen für Kirchengeschichte, 1824/25 als Burschenschaftler auf dem Hohenasperg gefangen, 1828 Professor in Leipzig, 1830 in Jena.

Hengstenberg, Ernst Wilhelm (1802–1869) aus der Mark Brandenburg. 1823/1824 Hauslehrer in Basel für Arabisch, 1824 habilitiert, 1825 lic. theol., 1826 Professor für AT in Berlin. 1827–1869 Herausgeber der von ihm gegründeten »Evangelischen Kirchenzeitung«, die zur Herausbildung der preußischen »Thron-und-Altar-Theologie« wesentlich beitrug.

Hoffmann, Christoph (1815–1885) aus Korntal/Württ. Gründer einer Knabenerziehungsanstalt, erfolgreicher nationaler Rivale von *David Friedrich Strauß* für das Paulskirchenparlament 1848, Gründer der deutschen »Tempelmission« in Palästina; 1874 Abschaffung der Sakramente.

Hoffmann, Wilhelm (1806–1873) aus Leonberg. Älterer Bruder von Christoph. Theologiestudium in Tübingen, Repetent am Stift, Vikar und Pfarrer in Heumaden, Stuttgart und Winnenden. 1839 Missionsinspektor in Basel, 1843 ao. Professor, 1850 Stiftsephorus und Professor in Tübingen, 1852 Hofprediger *Friedrich Wilhelms IV.*, 1853 Generalsuperintendent der Kurmark und Mitglied des Oberkirchenrats.

Kaftan, Julius (1848–1926) aus Schleswig-Holstein. Professor für Systematische Theologie in Basel (1873) und Berlin (1883), Mitglied und (1919) Vizepräsident des Oberkirchenrats, Ritschlianer und Neukantianer, ursprünglich Förderer, später Gegner der CW.

Ketteler, Wilhelm Emmanuel Freiherr v. (1811–1877) aus Münster. Verließ als Jurist 1838 den preußischen Staatsdienst aus Protest gegen die preußische Regierung. Durch den Münchener Görres-Kreis für das Priesterstudium gewonnen. 1844 Priester, 1848 Abgeordneter in Frankfurt, 1849 Propst an St. Hedwig in Berlin, 1850 Bischof von Mainz, 1851 von der badischen Regierung als Erzbischof von Freiburg ebenso abgelehnt wie 1864 von der preußischen für Köln, seit 1871 Mitglied des Reichstags.

Kögel, Rudolf (1829–1896). 1855 Pfarrer in Nakel/Posen, sodann an der deutsch-reformierten Gemeinde im Haag/Holland. 1863 Hof- und Domprediger in Berlin, 1880 Oberhofprediger, zeitweise auch Generalsuperintendent der Kurmark; Herausgeber der »Neuen Christoterpe«.

Krebs, Engelbert (1881–1950) aus Freiburg i. Br. 1906 Priester, 1919 Professor für Dogmatik in Freiburg.

Le Seur, Paul (geb. 1877) aus Berlin. 1909–1925 Inspektor der Stadtmission, im Krieg Garnisonspfarrer in Brüssel, 1933 freier Evangelist.

Lippert, Peter, SJ (1879–1936) aus Altenricht/Opf. Theologe und Schriftsteller, Mitarbeiter der »Stimmen der Zeit«, später Rundfunkprediger.

Loofs, Friedrich (1858–1928) aus Hildesheim, gehörte als Ritschlianer zum Gründerkreis der CW, 1886 ao. Professor in Leipzig, 1887 in Halle, 1888 o. Professor für Kirchen- und Dogmengeschichte.

Mausbach, Joseph (1861–1931) aus Wipperfeld/Rhld. 1884 Priester, 1892 Professor für Moral und Apologetik in Münster, 1918 auch Dompropst.

Messer, August (1867–1937) aus Mainz. 1903 Professor für Philosophie und Pädagogik in Gießen.

Mirbt, Carl (1860–1929) aus Gnadenfrei/Schlesien. 1889 Professor für Kirchengeschichte in Marburg, 1912 in Göttingen Geheimer Konsistorialrat und Mitglied der Göttinger Gesellschaft der Wissenschaften, Kenner des römischen Katholizismus.

Muth, Carl (1867–1944) aus Worms. Publizist, Kultur- und Literaturkritiker, 1903–1941 Herausgeber des von ihm gegründeten »Hochland«, München.

Naumann, Friedrich (1860–1919) aus Sachsen. In konservativ-lutherischem Pfarrhaus aufgewachsen, Oberhelfer im Rauhen Haus, Hinwendung zur liberalen Theologie, in Frankfurt Pfarrer der Inneren Mission, 1898 Aufgabe des Pfarramts, freier Schriftsteller in Berlin; sein Programm statt »christlich-sozial« nun »national-sozial«. 1895 Gründung der »Hilfe«, 1903 Übergang zur Freisinnigen Vereinigung, 1907 Reichstagsabgeordneter, 1918 Gründung der »Deutschen Demokratischen Partei« und Mitarbeit an der Weimarer Verfassung.

Pesch, Christian, SJ (1853–1925) aus Köln-Mühlheim. 1884–1912 Professor für Dogmatik in Valkenburg/Holland.

Pieper, August (1866–1942) aus dem Paderborner Kreis. 1889 Priester, 1903 bis 1919 Generaldirektor des katholischen Volksvereins und Leiter der katholisch-sozialen Arbeitervereine Deutschlands, 1907–1918 Mitglied des Reichstags.

Pohle, Joseph (1852–1922). Philosoph und Theologe, 1894 Professor für Dogmatik in Münster, 1897 in Breslau, vorher in der Schweiz, England und den USA.

Rade, Martin (1857–1940) aus der Niederlausitz. 1904 ao. Professor für systematische Theologie in Marburg. Begegnete 1876 *A. v. Harnack,* dem er zeitlebens verbunden blieb, was sowohl die theologisch- wie die politisch-liberale Richtung ihrer Anschauungen betrifft. 1886 Gründung des »Evangelisch-lutherischen Gemeindeblatts«, das sich 1888 die »Christliche Welt« nannte und bis 1931 von Rade geleitet wurde. 1892 Berufung an die Frankfurter Paulskirche, dort Berührung mit *Friedrich Naumann,* seinem Schwager. 1919 bis 1921 Abgeordneter der Preußischen Verfassunggebenden Versammlung, 1933 Entlassung aus dem Staatsdienst.

Ranke, Friedrich Heinrich (1798–1876). Bruder des Historikers Leopold. 1826 bei Nürnberg Pfarrer, 1834 Dekan in Thurnau, 1840 Professor für Dogmatik in Erlangen, 1841 Konsistorialrat in Bayreuth, 1845 Oberkonsistorialrat in München.

Reinkens, Joseph Hubert (1821–1896), geb. bei Aachen. Studium in Bonn und München, 1850 Privatdozent für Kirchengeschichte in Breslau, 1857 Professor, 1853–1858 Domprediger, 1872 exkommuniziert wegen Nichtannahme des Vatikanums; daraufhin 1873 erster deutscher altkatholischer Bischof in Bonn.

Renan, Ernest (1823–1892) aus Tréguier/Bretagne. Theologe, 1860 Palästinareise, 1862 Professor für semitische Sprachen, 1863–1871 suspendiert wegen seines 1863 erschienenen liberalen »Lebens Jesu«, 1883 Administrator des Collège de France.

Ritschl, Albrecht Benjamin (1822–1889) aus Berlin. Studium in Bonn, Halle und Tübingen, 1846 habilitiert in Bonn, 1859 Professor, 1864 in Göttingen Professor für Systematische Theologie.

Rittelmeyer, Friedrich (1872–1938) aus Dillingen a. D. 1903–1916 Pfarrer in Nürnberg, 1916–1922 in Berlin, danach Begründer und Leiter der mittelbar mit *Rudolf Steiners* Anthroposophie verbundenen »Christengemeinschaft«.

Rogge, Bernhard (1831–1919) aus Schlesien. 1856 Pfarrer in Stollberg bei Aachen. Der Ritschl-Schüler wurde 1859 Divisionspfarrer in Koblenz und 1862–1906 Hofprediger und Garnisonspfarrer von Potsdam.

Rohrbach, Paul (1869–1956) aus Livland. Publizist und Theologe, vielgereist im Nahen und Fernen Osten und Afrika, 1903–1906 kaiserlicher Kolonialkommissar in Südwest-Afrika, 1908 Dozent für Kolonialwirtschaft an der Berliner Handelshochschule, 1914–1917 Dezernent in der Zentralstelle für Auslandsdienst bei der Presseabteilung des Auswärtigen Amts, Mitarbeiter des Naumann-Kreises.

Rolland, Romain (1866–1944) aus Clamecy/Frankreich. 1903–1912 Professor für Musikgeschichte in Paris, während des Weltkriegs beim IRK in Genf.

Schian, Martin (1869–1944) aus Liegnitz. 1896 Pfarrer, 1906 Privatdozent in Breslau, 1908 o. Professor für Praktische Theologie in Gießen; 1921–1926 Herausgeber des zweibändigen Werks »Die deutsche evangelische Kirche im Weltkrieg«, 1924 Generalsuperintendent in Breslau.

Schlunck, Rudolf (1871–1927) aus Hessen. Seit 1902 Pfarrer der Hessischen Renitenz in Schemmern, Melsungen und Altmerschen. Während des Weltkriegs unter persönlichen Opfern für *Friedrich Wilhelm Förster* und gegen den preußischen Militarismus eingetreten.

Schrörs, Heinrich (1852–1928) aus Krefeld. 1877 Priester, 1886 Professor für Kirchengeschichte in Bonn.

Seeberg, Reinhold (1859–1935) aus Livland. 1884 Privatdozent, 1885 ao. Professor für Systematische Theologie in Dorpat, 1889 o. Professor in Erlangen, 1898 in Berlin. Der hervorragende Kenner der Dogmengeschichte und Ehrendoktor aller vier Fakultäten gehörte im Weltkrieg zu den alldeutschen Vertretern maximaler annexionistischer Forderungen und mit dem Historiker *Dietrich Schäfer* in Berlin zu den akademischen Vertretern der »Vaterlandspartei«. 1819 Rektor der Berliner Universität.

Spahn, Peter (1846–1925) aus Winkel/Rheingau. 1905 Präsident des Oberlandesgerichts in Kiel, 1884–1917 Mitglied des Reichstags, 1907–1912 stellvertretender, 1912–1917 Vorsitzender der Reichstagsfraktion des Zentrums, 1917/18 preußischer Justizminister.

Stoecker, Adolf (1835–1909) aus Halberstadt. Begann 1857 als Hauslehrer in der Neumark, wurde 1863 Pfarrer in Seggerde und Hamersleben, 1871 Divisionspfarrer in Metz, 1874–1891 Hof- und Domprediger in Berlin und 1881 bis 1893 Mitglied des Reichstags. Die Leitung der Berliner Stadtmission (ab

1877) und die 1878 gegründete Christlich-soziale Arbeiterpartei wurden ihm Instrumente zur Bekämpfung der Sozialdemokratie. Sein politisch konservatives Programm war auch antisemitisch. *Wilhelm II.* ließ ihn 1891 fallen sowohl durch die Entlassung aus Hofpredigerdiensten wie durch das berühmte Ächtungstelegramm »Christlich-sozial ist Unsinn«. So trat er 1896 auch aus dem »Evangelisch-Sozialen Kongress«, dem er seit 1890 präsidierte, wegen zunehmender Differenzen mit den Männern der kommenden Generation (*Harnack, Naumann* usw.) aus.

Strauß, David Friedrich (1808–1874) aus Ludwigsburg. Wurde berühmt durch sein »Leben Jesu« (1834/35), das ihn jedoch die Lehrtätigkeit an der Theologischen Fakultät Tübingen kostete; danach Gymnasialprofessor in Ludwigsburg.

Suttner, Bertha v. (1843–1914), geb. Gräfin Kinsky, aus Wien. Viele Reisen konfrontierten sie mit dem Elend und den Folgen der Kriege. So wurde sie zur Friedensvorkämpferin, darin gleichen Sinnes wie der von ihr verehrte schwedische Physiker *Alfred Nobel,* der ihr auch zur Abfassung ihres pseudoautobiographischen Romans »Die Waffen nieder!« (1889) zuredete. Dieser Roman gibt von drei Kriegen Zeugnis und begeisterte den Zaren *Nikolaus II.* zu seinem Friedensmanifest von 1898, durch das er zum Auslöser der internationalen Friedensbewegung wurde. Den Ausbruch des Ersten Weltkriegs erlebte Bertha v. Suttner nicht mehr.

Titius, Arthur (1864–1936) aus Sensburg. Begann 1891 als Privatdozent in Berlin, wurde 1900 in Kiel o. Professor für Systematische Theologie, 1906 in Göttingen und zuletzt, 1921, in Berlin; suchte Luther mit Kant zu verbinden.

Traub, Gottfried (1869–1956) aus Württemberg. Begann 1900 als Pfarrer in Schwäbisch-Hall; ein Jahr darauf bereits in Dortmund, wurde 1911 auf Grund seiner Unterstützung des liberalen, amtsenthobenen Pfarrers *Jatho* ebenfalls vom OKR amtsenthoben, nach Kriegsausbruch jedoch auf Grund seiner mit dem Kurs des OKR gleichlaufenden, ja diesen noch übertreffenden nationalistischen Parolen in den von ihm bis 1939 herausgegebenen »Eisernen Blättern« rehabilitiert. Blieb jedoch als Anhänger *Friedrich Naumanns* Politiker (ab 1913 preußischer Landtagsabgeordneter) und Publizist (an der München–Augsburger Abendzeitung 1921–1935) in München.

Treitschke, Heinrich v. (1834–1896) aus Dresden. Habilitierte sich 1859 in Leipzig, 1866 Professor in Kiel, 1867 in Heidelberg, 1874 in Berlin, ab 1886 offizieller Historiograph des preußischen Staates, dessen Aufstieg auch schon vorher seine ganze Hingabe gehörte. 1871–1884 Mitglied des Reichstags, Herausgeber der »Preußischen Jahrbücher«.

Troeltsch, Ernst (1865–1923) aus Augsburg. Wurde in Göttingen *Ritschl*-Schüler und 1892 in Bonn Professor, zuerst an der Theologischen Fakultät, 1894 in Heidelberg auch für Philosophie, ab 1915 in Berlin, nach dem Krieg

(1919–1921) Staatssekretär im preußischen Kultusministerium. Die Thematik Religionsgeschichte, -phänomenologie, -philosophie, -soziologie und -psychologie bezeichnet auch seine Methode.

Umfrid, Otto (1857–1920) aus Nürtingen. Ab 1891 Pfarrer in Stuttgart, suchte schon seit 1894 dem Pazifismus auch in der Kirche Anhänger zu gewinnen, erntete aber nur Verachtung und Anfeindungen von seiten seiner Kollegen, Verwarnungen von seinen Vorgesetzten.

Wilke, Fritz (1879–1957) aus Pommern. Wurde 1905 Privatdozent für Altes Testamant in Greifswald, 1908 ao. Professor in Königsberg und 1909 in Wien, seit 1920 o. Professor für AT und biblische Archäologie.

Wohlenberg, Gustav (1862–1917) aus Holstein. Pfarrer in Altona, ab 1911 Professor für Neues Testament in Erlangen.

Zezschwitz, Karl Adolf Gerhard v. (1825–1886) aus Sachsen. Wurde 1856 Zweiter Universitätsprediger in Leipzig, 1857 Privatdozent und ao. Professor, 1865 in Gießen, 1866 in Erlangen o. Professor für Praktische Theologie.

Personenregister

D + *Kursivzahl* bezeichnet die Nummer eines Dokumentes, *B* die Erwähnung eines Namens im biographischen Anhang. Sachlich weniger wichtige Namen wurden nicht berücksichtigt.

Achelis, E. C. 22 f.
Ahlfeld, F. 22, 156, 183, 348
Althaus, P. 142, 166, 348, *B*
Amette, L.-A. 76 f., 362
Aner, K. 121, 299, 348, *B*
Arndt, E. M. 26, 78, 105, 107, 153, 160, 196, 221 f., 324, 363, *B*
Arnold, E. 132
Augusta (Gemahlin Wilhelms I.) 189, 200
Augustin 79, 116, 296 f.
Axenfeld, K. 203

Bachem, K. 76, 348
Bachmann, Ph. 172, *B*
Baer, E. v. 124
Bahr, H. 118
Barge, H. 137
Barth, K. 31, 62, 69, 95, 348
Baudrillart, H. M. A. 77, 348, 362
Bauer, C. 75, 348
Baumgarten, M. 26, 349, 368, *B*
Baumgarten, O. 34, 61, 64 ff., 69, 74, 125, 140 f., 349, *B*, *D 22*, *66*, *69*
Baur, G. A. L. 107, 155
Baur, K. 105, 155
Baur, W. 154
Becker, K. 78
Benedikt XV. 43, 58, 80 ff., 271 f., 278 ff., 282
Bennigsen, R. v. 168
Benz, G. 239
Berner, M. 203
Bernhardi, F. v. 133, 140, 142 f., 349
Bethmann Hollweg, Th. v. 34 f., 38 f., 48, 52, 69 ff., 114, 137, 141 f., 257, 336, *B*
Bettinger, F. v. 80, 274, 309, *B*, *D 88*
Beyschlag, W. v. 24, 104, 162, 349, 363, *B*, *D 13*
Bezzel, H. v. 35, 39, 55, 130 f., 173, 203, 350, *B*, *D 50*, *119*
Bismarck, O. v. 15, 17, 39, 41, 52, 65, 107 f., 126, 163, 168, 192, 247, 255, 258, 281, 324 f., 367
Blumhardt Chr. 56 f., 96, 165, 350, *B*, *D 51–54*
Bluntschli, J. K. 26, 124, 165
Bodelschwingh, F. v. 26, 35, 203, *B*, *D 17*
Bodenstedt, F. v. 129
Böhme, E. 127 f., 350
Bötticher *D 150*
Bonus, A. 78, 82, 350
Borchert, W. 154
Bornhäuser, D. 144, *D 43*, *129*
Bredendiek, W. 16, 55, 59 ff., 123, 126 f., 172, 350
Briefs, G. 76
Broederich-Kurmahlen 68
Buchheim, K. 73, 350 f.
Buek, O. 121
Bülow, B. v. 48, 70
Burggraf, J. 78, 82

Carlyle, Th. 145, 359
Carus 181
Chamberlain, H. St. 41, 82
Clausewitz, K. v. 142
Cohen, H. 136
Conrad, O. 160

Daab, F. 159 f.
Dampe, v. 323
Dehn, G. 45, 71, 351, *B*
Deißmann, A. 35, 62, 103, 203, 351, *D 65*
Delbrück, H. 68, 365, *B*
Delcassé, Th. 33
Deuerlein, E. 169, 351
Dibelius, O. 300, *B*
Dilthey, W. 151
Doehring, B. 44, 105, 289 f., 325, 351, *B*, *D 28*
Dombrowski, E. 68
Dost, G. 162
Dreydorff 154, 181 f.
Drews, P. 24, 351, *B*
Droysen, J. G. 10, 35

Dryander, E. v. 35, 44 ff., 139, 145, 150 f., 203 f., 351 f., *B*, *D 26, 29, 31–32, 134–135*
Du Bois-Reymond, E. 26

Eberlein, H. 133
Ebers, G. J. 76
Eck, S. 52, *D 42*
Eduard VII. 33, 252
Ehrhard, A. 62
Einstein, A. 121, 352
Eisenhuth, H. E. 162
Eißfeldt, O. 80, 143 f., 352, *D 130*
Elert, W. 148, 352
Erdmann, K. D. 39
Erzberger, M. 76, 81 ff., *B*
Eucken, R. 204
Evertz, A. 148 ff., 352
Eyck, E. 15, 40, 46, 352

Faulhaber, M. v. 58, 76, 80, 128, 277, 352 f., *B*, *D 56, 114*
Fausel, H. 17, 52 ff., 105, 107, 353
Fichte, J. G. 63, 78, 105, 107, 122, 149, 153, 227, 321, 353
Finke, H. 75 f., 84 f., 116, 353, *B*
Fischer, F. 31, 36 ff., 68 ff., 110 f., 115, 134, 136 f., 353
Förster, E. 43, 59, 111, 139, 353, *B*
Förster, F. W. 84, 115, 119 ff., 128, 132, 353, *B*
Fontane, Th. 116, 365
Fox, G. 134
Francke, Pfr. 127, *D 113*
Frank, W. 45
Frantz, K. 163, 353
Franz Joseph I. 27, 197, 278
Frederking *D 46*
Fresenius, W. 353, 363, *D 77, 138*
Freud, S. 119, 353, 367
Fried, A. H. 119, 123, 128, 353, *B*
Friedrich II. 10, 65, 79, 145, 217, 230, 247, 255, 264, 335
Friedrich Wilhelm III. 367, 369
Friedrich Wilhelm IV. 284, 353, 368
Frommel, E. 22 ff., 29, 354, *B*, *D 8 bis 10, 14–15*
Frommel, M. 22 f., 154, 181, 354, *B*
Frommel, O. H. 194, 354
Frymann, D. 39, 67, 354
Fuchs, E. 41 f., 64, 354

Garfield, J. A. 25, 194
Geibel, E. 23, 104, 107, *D 10*
Geiß, I. 41, 114, 354
Gerlach, E. L., L. V. u. O. V. 162, *B*
Gerok, K. v. 22 f., 184, 354, *B*
Geyer, Chr. 111, 118, 139, 355, 361, 369, *B*, *D 75–76*
Ginsberg, E. 34 f., 355
Goethe, J. W. v. 151, 166, 210
Gogarten, F. 78 f., 82, 142 f., 149
Goguel, M. 63
Gomperz, H. 115 f., 126, 355
Goyau, G. 74, 92 f., 355, *B*
Grauert, H. v. 75 f., 84
Grillparzer, F. 159
Grimm, J. 161
Grondijs, L. H. 78

Hackenschmidt, D. *D 52*
Haller, J. 48, 70, 355
Hallgarten, G. W. 204, 355
Hardenberg, K. A. v. 153
Harleß, A. v. 20, 355 f., *B*
Harnack, A. v. 26, 47, 55, 62 f., 66 ff., 83, 91 f., 107, 109, 126, 132, 204, 356, 362 ff., *B*
Hartmann, F. v. 80, 287, *B*, *D 88*
Hartmann, W. 162
Hase, K. v. 147 f., 356, *B*
Hauptmann, G. 116
Haußleiter, G. 204
Hegel, G. W. F. 16, 79, 95, 103, 109, 122, 141, 153
Heine, H. 77
Helmolt, H. 124
Hengstenberg, E. W. 161 f., *B*
Hennig, O. 204
Herder, J. G. 124
Herrmann, W. 62 f., 204, 356
Hertling, G. v. 75
Herzog, J. *D 63*
Herzog, R. 117, 144, *D 140*
Hesekiel, G. 23
Hesse, H. 117, 356
Heuss, Th. 137, 151, 356
Hindenburg, P. v. 70, 102, 121, 231 f., 280, 300, 335 f.
Hitler, A. 48, 67, 90, 133
Hitze, F. 75
Hoffmann, A. 143
Hoffmann, Chr. 122 f., 357, *B*
Hoffmann, W. 22, 122, 161, 357, *B*

Hohenlohe, v. 20, 27
Holdermann, F. *D 87*
Holtzendorff, v. 26
Horst, M. 165
Hosenthien, A. 130, *D 118*
Huber, F. 167
Humboldt, W. v. 124
Hunzinger, L. H. 18, 139

Ihmels, L. 144, 357, *D 128*

Jäckh, E. 324, 364, 369
Jahn, F. L. 147
Jameson, E. 94, 358
Jannasch *D 104*
Jentsch, K. 67
Jerusalem, W. 116
Johann, E. 40
Johannes d. T. 296, 306
Joseph II. 210

Kähler, M. 136, 358
Kähler, S. A. 48, 358
Kaftan, J. 35, 164, 172, 358, *B*
Kaftan, Th. 204
Kant, I. 36, 79, 115, 122, 136 f., 153, 227, 254, 315, 324, 367
Keil, W. 174, 358
Keller, S. 104
Keppel, A. 18
Ketteler, W. E. v. 27 ff., 198, *B*, *D 18*
Kiefl, F. X. 74, 76, 83
Kiehr, M. *D 21*
Kirchbach, H. v. 194
Kirmß, P. 103, 139, *D 102*
Klopstock, F. G. 168, 241, 302
Knöpfler, A. 76, 81, 273
Kögel, R. 22, 45 f., 136, 152, 183, 359, *B*
Köhler, F. 79, 97 ff., 100 ff., 106, 112, 129 f., 134 ff., 154 ff., 166 f., 359
Köhler, J. 117
König, K. 104, 139, 359
Körber, A. 96, 359, *D 139*
Körner, Th. 287
Köstlin, K. 122
Köstlin, Th. 35
Kotowski, G. 40 f., 116, 359
Krebs, E. 75, 84, 136, 359, *B*, *D 120*
Kremers, H. 359, *D 93*
Külpe, O. 116, 359
Kupisch, K. 23, 360
Kutter, H. 149, 360

Lagarde, A. de 160, 360
Lagarde, P. de 66 f., 79, 159 ff., 324, 360, 363, 366, *D 143*
Lahusen, D. F. 37, 71, 91, 139, 204, 239, 357, 360, *D 44, 78*
Lassalle F. 168
Lasson, G. 117
Lehmann, W. 139, 152, 360, *D 141*
Leo, H. 162
Leo XIII. 83
Le Seur, E. 50, 168, 361, *D 148*
Le Seur, P. 204, 357, *B*
Lessing, G. E. 90, 151
Lewek, G. 95, 284, 361
Lippert, P. 76, 102, 130, *B*, *D 99 bis 100, 116*
Lissauer 323
Loofs, F. 35, 204, 361, *B*
Luçon 77
Ludendorff, E. v. 38, 59, 70, 102
Ludwig XIV. 45, 264
Ludwig, E. 41, 116, 361
Lütgert, W. 91, 151, 361
Luthardt, C. E. 137
Luther, M. 19, 24, 51, 65, 79, 95, 110, 115, 121, 136, 148 f., 152 f., 158, 160, 162, 171, 206, 221, 247, 259, 270, 293, 321, 324 f., 365, 367, 369
Lynar, E. v. 37, 43, 361

Mann, G. 31, 361
Mann, H. u. Th. 116 f.
Marc, F. 91 f., 108, 149, 361
Marsch, W. D. 51, 103, 131, 135
Mattmüller, M. 40, 361
Maupassant, G. de 146
Mausbach, J. 75 f., 79, 83, 116, 361, *B*, *D 80, 85, 109*
Max v. Baden 66, 263, 362
Mehnert, G. 9, 31, 44 f., 58, 104, 362
Meinecke, F. 35, 68 f., 116, 141, 166, 256, 362
Meinertz, M. 79, 83 f., 269, 281, 294, 315, 343, 362
Meinhof, C. 204
Meister, A. 76
Menken, G. 115

Mercier, D. J. 77, 362
Merkle, S. 62
Merz, G. 165, 362
Messer, A. 79, *B*
Meyer, O. 52, *D 41*
Michaelis, G. 48, 362
Mirbt, C. 35, 204, 362, *B*
Missalla, H. 9, 362
Moltke, H. v. 17, 165, 168, 324
Mommsen, Th. 159
Motschmann, G. 9, 362
Müller, Diakon 171
Mulert, H. 162, 363
Muth, C. 74 ff., *B*, *D 84*

Napoleon I. 15, 66, 115, 140, 153, 199, 230, 264, 333
Napoleon III. 15, 28 f., 183 f., 196, 200, 284
Natorp, P. 32, 363
Naumann, F. 34, 36, 62, 66, 68, 74, 108 f., 125, 137, 151, 168, 241, 363, *B*, *D 68*
Neuberg, A. 173, 363
Neufville, E. de 204
Neumann, C. 169
Nicolai, G. F. 114, 119 ff., 128, 149 ff., 165, 169, 363, *D 110*
Nielsen *D 40*
Nietzsche. F. 39, 133, 157, 159
Nithack-Stahn 121, 127, 299
Nitzsch, K. J. 104
Nostitz-Rieneck, R. v. *D 94*

Oncken, H. 35 f., 363
Overbeck, F. 91

Paul, C. 204
Paulus 162, 234, 258, 272, 300, 319, 325 f., 341
Pesch, Chr. 80, 139, 151, *B*, *D 122*
Petersen, P. 170, *D 155*
Pfeilschifter, G. 73 ff., 79, 81, 268, 271 ff., 286, 364
Piechowski, P. 17 ff., 105 f., 111 f., 132 f., 154 ff., 364, *D 3–7*
Pieper, A. 83, *B*
Pius IX. 29, 183 f.
Planck, K. Chr. 121 ff., 364
Pleßner, H. 103, 161, 364
Poertner, B. 74, *D 81–83*
Pohle, J. 79, *B*, *D 86*
Poincaré, R. 224
Prellwitz, G. 78
Pressel, W. 9, 58, 132, 364
Pummerer, A. 130, *D 117*

Quandt, J. *D 101*
Quidde, L. 119, 127

Rade, M. 31, 33 f., 37, 51, 58, 61, 66, 69, 74, 109 f., 123, 125, 127, 170 ff., 364, *B*, *D 57, 59, 62, 67, 70–73, 103, 131, 137*
Ragaz, L. 40, 65, 364
Ranke, L. v. 35, 107
Reinkens, J. H., 28 f., *B*. *D 20*
Renan, E. 146, 359, 365, *B*
Richard III. 211
Riezler, K. 39
Ritschl, A. 39, 91 f., 94 ff., 106, 124, 126 f., 134, 136, 139, 160 f., 365, *B*, *D 121*
Ritschl, O. 39, 365
Rittelmeyer, F. 121, 139, 143, 299, 365, *B*, *D 124, 157*
Robertson, W. 132, 365
Rogge, B. 155, 191, 365, *B*, *D 136*
Rohrbach, P. 68, 107 f., 365, *B*
Rolffs, E. 292, 296, 319, 363, 365
Rolland, R. 118 f., *B*
Romberg 21, 182 f.
Rosenberg, A. J. 162, 365
Rost, H. 74
Rothe, R. 124
Rückert, F. 161

Sacher, H. 79, 83 f., 269, 281, 294, 315, 343, 362
Sauer, J. 76 f.
Sawicki, F. 76
Schäfer, D. 68, 366
Schäfer, R. 94, 366
Scharnhorst, G. v. 153
Scheler, M. 116 ff., 366
Schemann, L. 160, 366
Schenkendorf, M. v. 160
Schian, M. 103 f., 166, 173, 339, 366, *B*
Schieder, Th. 25 ff., 366
Schiller, F. 101, 142, 155, 227, 252, 315
Schlatter, A. 52, 62, 366

Schleiermacher, D. 105, 151, 153, 244, 321, 364
Schlunck, R. 56, 150, 366, *B*
Schmerl, W. S. 55, 173, 314
Schmid, L. 161 f., 366
Schmidlin, J. 76
Schneller, L. 366, *D 149*
Schopenhauer, A. 159
Schowalter, A. 101, 139, 366
Schreiber, A. W. 204
Schrempf, Chr. 301
Schrörs, H. 76, 84, 366, *B, D 156*
Schubert, H. v. 29, 366, *D 12*
Schulte, A. 75, 367
Schulze-Delitzsch, H. 26
Schuster 143, *D 123*
Schwalb 17, 112, 180 f.
Schwarte, M. 72, 144, 328, 367
Schwarz 105 f., 154, 156
Schwerin 68, 262
Seeberg, R. 47, 62 ff., 68, 85, 147, 164, 214, 250 f., 367, *B, D 64*
Seitz, J. 131
Seitz, M. 55, 367
Sell, F. C. 66 ff., 116 ff., 367
Simon, E. 119, 367
Sombart, W. 124, 144, 367
Spahn, M. 75 f., *B*
Spiecker, F. A. 204
Stadelmann *D 48*
Stahl, F. J. 24, 367
Stange, E. 173, 363, 368
Stein, L. v. 124, 153, 324
Stoecker, A. 17, 25, 29, 34, 40, 45, 91 f., 106, 147, 163 f., 368, *B, D 16, 132, 145*
Strauß, D. F. 146, 359, *B*
Strauß, E. 117
Suttner, B. v. 115, 119, 123, 128 f., 143, 165, 368, *B, D 125, 147*
Switalski, W. 76
Sybel, H. v. 10, 35, 368

Thikötter, J. 106, 181, 368
Thomas v. Aquin 79, 139, 317
Titius, A. 114 f., 368, *B*
Tolstoi, L. 151, 301
Tolzien, G. 369, *D 33*
Traub, G. 61, 66, 70, 109, 143, 158, 369, *B, D 60–61, 127, 133*
Traub, Th. *D 39*
Treblin, W. 171
Treitschke, H. v. 10, 26, 35, 65 ff., 69, 79, 87, 91, 96 f., 107, 126, 133, 140, 142, 159, 369, *B*
Troeltsch, E. 72, 111, 369, *B, D 79*

Uhlhorn 106, 182
Umfrid, O., 119, 123 ff., *B, D 112*

Veller 130, *D 115*
Vico, G. B. 124
Viebig, C. 117
Vigener, F. 27 ff., 198, 368
Vogt, E. 33
Vorwerk, D. *D 105*

Wagner, R. 107, 147
Walther, W. 110, 368, *D 106*
Warneck, J. 204
Weber, L. 95, 123, 361, *D 96*
Wedekind, F. 117
Wehberg, H. 119, 363, 370
Weinel, H. 127
Werckshagen, K. 22, 147
Wieland 121, 127, 299
Wilhelm I. 15, 23, 25 f., 29, 39, 42, 97, 168, 185, 192, 195 f., 198 ff., 234, 258, 284, 331, 366, 368
Wilhelm II. 26, 40 ff., 78, 80, 90, 94, 109, 116, 124, 147 f., 173, 202, 209 f., 212 ff., 228, 253, 263, 271, 287 ff., 298, 326, 332, 335 ff., 369, *D 24–25, 27, 30*
Wilke, F. *B, D 142*
Wilson, T. W. 38, 58, 66, 254, 280
Witte *D 47*
Witz-Oberlin, D. A. 53
Wobbermin, G. 35, 204
Wohlenberg, G. 54, 169, *B*
Wundt, W. 35, 63, 204
Wurm, Th. 70
Wurster, P. 52 ff., 215, 219, 223, 229, *D 49*

Zahn, A. 18, 21, 112, 155 f., 183
Zech, M. 18
Zehnter, J. 111, *D 107*
Zezschwitz, G. v. 17, 161, 163, *B, D 1–2, 144*
Zimmermann, O. 79, 82, *D 92*
Zurhellen 55, 139
Zurlinden, S. 89